21世纪高职高专精品教材·国际商务专业

U0656988

International Business Negotiation and Communication

国际商务谈判与沟通

（第三版）

凌云 主编

东北财经大学出版社
Dongbei University of Finance & Economics Press
大连

图书在版编目（CIP）数据

国际商务谈判与沟通 / 凌云主编. —3版. —大连：东北财经大学出版社，
2020.4（2022.6重印）

（21世纪高职高专精品教材·国际商务专业）
ISBN 978-7-5654-3816-5

Ⅰ.国… Ⅱ.凌… Ⅲ.国际商务–商务谈判–高等职业教育–教材 Ⅳ.F740.41

中国版本图书馆CIP数据核字（2020）第042584号

东北财经大学出版社出版

（大连市黑石礁尖山街217号 邮政编码 116025）

网 址：http://www.dufep.cn

读者信箱：dufep@dufe.edu.cn

大连天骄彩色印刷有限公司印刷 东北财经大学出版社发行

幅面尺寸：185mm×260mm 字数：376千字 印张：17.75

2020年4月第3版 2022年6月第2次印刷

责任编辑：张晓鹏 石建华 刘贤恩 责任校对：何 力

封面设计：张智波 版式设计：钟福建

定价：38.00元

教学支持 售后服务 联系电话：（0411）84710309

版权所有 侵权必究 举报电话：（0411）84710523

如有印装质量问题，请联系营销部：（0411）84710711

第三版前言

随着我国国际地位的提升和国力的日益增强，参与的国际交往和国际贸易不断增多，国际商务谈判和沟通的行为大量增加，国际商务谈判与沟通已经成为现代国际商务人员必须具备的基本技能。全国高职院校国际贸易实务、电子商务、金融管理、报关与国际货运、市场营销等涉外商科类专业也都开设了相关课程。鉴于此，我们编写了《国际商务谈判与沟通》一书。本书自2014年2月出版以来，已历两版，深受广大读者的欢迎，2017年3月出版的本书第二版还荣获2019年度大连市科学著作奖二等奖，此次修订就是在此基础上完成的。与国内同类教材相比，本书的特色更加鲜明。

本书将国际商务谈判与沟通实践中的工作和应具备的职业能力作为圈定教材范围的标准，设计了谈判与沟通基础、国际商务谈判和商务沟通实践三大项目，每一项目下设若干个教学任务单元，包括认识谈判、认识沟通、国际商务谈判的准备、国际商务谈判过程、国际商务谈判的语言特征及技巧、国际商务谈判礼仪、国际商务应酬沟通、客户沟通8项教学任务。每项教学任务单元首先引入"课程思政要求""导学案例"，进而提出本任务单元的"任务目标"，在此基础上本着理论够用的原则穿插加入"谈判小案例""谈判小故事""沟通小案例""沟通小故事""礼仪小案例""礼仪小故事""小贴士"等栏目，以生动有趣的鲜活实例和美文阐释理论，顺应当今碎片化阅读的特点，使学生轻松地学习和阅读，更便于学生在教师的指导下掌握基本的国际商务谈判和沟通的策略和技巧，为下一步的操作训练做准备。最后，附以"拓展阅读""课堂实训""课后练习"等内容。此次修订，各栏目也做了许多更新，引入了最新的内容和鲜活的案例。"拓展阅读"精选了相关的经典篇章，旨在拓展学生的知识面，开阔其视野，启迪其思维；"课堂实训"是教师课堂教学的主要内容，通过教学情境设计、案例分析讨论、角色模拟扮演、谈判与沟通能力测试等方式、方法，让学生在做中学、学中做，学做结合，强化其国际商务谈判和沟通的各项技能，不断提高谈判和沟通能力；"课后练习"由案例分析、思考与训练两部分构成，题型丰富，方便实用，目的是在课后进一步强化学生的国际商务谈判和沟通技能。

本书既可作为高职高专商科类专业谈判与沟通课程的教材，也可作为商务人员提高商务谈判与沟通能力的自我训练手册，还可作为各类企业进行相关岗位培训用书。

本次修订由凌云负责并任主编，高琳任副主编。参与修订的人员编写分工如下：凌云编写任务1、任务3、任务6和任务8；高琳编写任务2、任务4和任务7；张岩松、薛大明编写任务5。全书最后由凌云、高琳统稿。

本书在编写过程中参考了大量书籍、报刊文献和网络资料，吸收了国内学者最新的研究成果，在此向各位专家、学者表示衷心的感谢。

由于作者学识和能力有限，书中难免有疏漏之处，敬请读者不吝赐教。

编　者

2019年12月

目 录

项目1 谈判与沟通基础

项目2 国际商务谈判

项目3　商务沟通实践

项目1
谈判与沟通基础

谈判就像走钢丝，充满着刺激、悬念、满足感，既是一门科学，也是一门艺术。

——［美］拿破仑·希尔

谈判的目的不是输赢、单赢，而是双赢、多赢。

——杨祖红《隐谈判：后台交易》

沟通是把一个组织中的成员联系在一起，以实现共同目标的手段。

——［美］巴纳德

任务 1

认识谈判

课程思政要求

（1）进行社会主义核心价值观教育。

（2）进行爱国主义教育。

（3）开展诚信教育、法律意识教育和道德意识教育；塑造职业形象，提高职业素养。

（4）促进学生全面发展。

导学案例　　　　　　　　　"你切我挑"的陷阱

美国谈判学会会长、著名律师尼尔伦伯格讲过一个著名的分橙子的故事：有一个妈妈把一个橙子分给两个孩子，不管从哪里下刀，两个孩子都觉得不公平。两个人吵来吵去，最终达成了一致：由一个孩子负责切橙子，另一个孩子选橙子。结果，这两个孩子按照商定的办法各自获得了一半橙子，双方都很高兴。

在国际商务谈判中经常会用到"你切我挑"的方法，这种方法看似公平，但存在着致命的双方利益损失陷阱，主要原因是双方事先没有了解清楚彼此的需求。对外经济贸易大学王健教授为"你切我挑"的故事编写了续集。

一个孩子把半个橙子的皮剥掉扔进了垃圾桶，把果肉放到榨汁机里榨果汁喝；另一个孩子把果肉挖掉扔进了垃圾桶，把橙子皮留下来磨碎了，混在面粉里烤蛋糕吃。从上面的情形我们可以看出，虽然两个孩子各自拿到了看似公平的一半，然而，他们各自得到的东西却未物尽其用。这说明他们事先并未做好沟通。也就是说，两个孩子并没有申明各自利益所在。没有事先申明价值导致双方盲目追求形式上和立场上的公平，结果，双方各自的利益并未在谈判中达到最大化。

我们试想，如果两个孩子充分交流各自所需，或许会有多个方案和情况出现。可能的一种情况就是，遵循上述情形，两个孩子想办法将皮和果肉分开，一个拿果肉去榨汁，另一个拿皮去烤蛋糕。

也可能经过沟通后是另外的情况，恰恰有一个孩子既想用皮烤蛋糕，又想喝橙汁。这时，如何能创造价值就非常重要了。想要整个橙子的孩子提议可以将其他问题拿出来一块谈。他说："如果把这个橙子全给我，你上次欠我的棒棒糖就不用还了。"其实，他的牙齿已经被蛀得一塌糊涂，父母上星期就不让他吃糖了。另一个孩子想了想，很快就答应了。他刚刚从父母那儿要了5元钱，准备买糖还债。这次他可以用这5元钱去打游戏，才不在乎这酸溜溜的橙汁呢。两个孩子的谈判思考过程实际上就是不断沟通、不断创造价值的过程。双方在寻求对自己利益最大的方案的同时，也在满足对方最大利益的需要。

资料来源　陈丽清，韩丽亚. 现代商务谈判［M］. 北京：经济科学出版社，2010.

问题：

（1）"你切我挑"的陷阱是什么？

（2）"你切我挑"对国际商务谈判有何启示？

（3）你认为究竟什么是谈判？

任务目标

（1）了解谈判的概念、特点和要素，掌握谈判的基本原理。

（2）把握国际商务谈判的概念、特点和类型。

（3）掌握和运用国际商务谈判的原则。

美国谈判专家赫伯·科恩说过："世界是张谈判桌，万事均可谈判。"谈判是人类交往行为中一种非常普遍的社会现象。大到国家之间政治、军事、外交、科技、文化的相互往来（如我国"入世"谈判），小到个人之间的交往（如商议去哪儿度假），都离不开谈判。谈判涉及诸多领域，如政治、经济、军事领域等。随着市场经济的飞速发展及全球经济一体化进程的加快，经济领域的谈判特别是国际商务谈判，在社会生活中扮演着越来越重要的角色。

1.1　谈判

1）谈判的概念

谈判说起来既简单又复杂。说它简单，是因为谈判与我们的生活息息相关，随处可见；说它复杂，是因为它的内容极为广泛，是一项既充满智慧、勇气，又充满艺术和技巧的人类活动，要给它下一个准确的定义，并不是一件容易的事。在给谈判下一个准确而完整的定义之前，我们首先来看看谈判的几个基本特征。

（1）非单一性。谈判不能是自己与自己谈判，必须要有两方或多方参与。这是谈判的首要特征。当谈判参与方为两个以上时，称为三方谈判、四方谈判或多边谈判等。

（2）目标性。谈判一定要有明确的目标。谈判产生的直接动因就是谈判的参与者有需求并希望得到满足，这种需求无法自我满足，必须有他人的许可。谈判者参与谈判的最终目的是满足各自的利益需求，而这种需求的满足又不能无视他方需求的存在。满足利益的需求越强烈，谈判的需求也就越强烈。没有明确的目标，谈判就没有产生的理由。

（3）交流性。谈判是一个相互交流的过程，不能由一方说了算，谈判各方的目的和需求都会涉及和影响他方需要的满足。就谈判而言，谈判的开始意味着某种需求希望得到满足或某个问题需要得到解决。由于谈判参与者的各自利益、思维方式不尽相同，存在一定的差异和冲突，因而谈判的过程实际上就是各方相互作用、磋商和沟通的过程，在此过程中不断调整各方的利益关系，直至最后达成一致意见。

（4）公平性。只要谈判各方是自愿参与，在谈判时对谈判结果具有否决权，这样的谈判就是公平的，无论它的结果看起来是多么不公平。其公平性体现在谈判的自愿参与、自主决策和自我负责上，只要没有强迫，不存在一方"打劫"的谈判就都是公平的谈判。

综上所述，我们认为谈判是参与各方为了满足各自的需求，协调彼此之间的关系，通过磋商而共同寻找双方都能接受的方案的活动。

谈判有广义和狭义之分。广义的谈判泛指一切为寻求意见一致而进行协商、交涉、商量、磋商的活动。比如，公司职员为加薪或升职与老板进行的沟通，父母为孩子购买玩具进行的协商等都属于广义的谈判。可以说，广义的谈判在日常工作和生活中是随处可见的。狭义的谈判仅仅指正式场合下的谈判，并且用书面形式反映谈判结果。

谈判小案例1-1  一个英国旅行社业务员的亲身经历

伦敦柯斯塔罗旅行社的业务员常跟西班牙一家连锁旅馆的业务经理见面会谈，讨论下一季度的订房。会谈的时候，柯斯塔罗旅行社的业务员提出：客户抱怨旅馆的各个服务项目，要求变动；还有几项服务上的缺点，要旅馆改善。西班牙连锁旅馆的经理一项一项查看，大部分的项目都同意改善，最后他停下来，叹口气说："先生，我以为这是一次谈判，但我全在让步。""不错"，旅行社代表说，"你停止让步，我就开始谈判。"

分析提示1-1

资料来源 佚名. 商务谈判——不战而胜［EB/OL］.［2014-11-23］. http://www.doc88.com/p-7714 040526647.html.

2）谈判的构成要素

谈判的构成要素，是指从静态的角度分析构成谈判活动的必要因素。没有这些构成要素，谈判就无从进行。

（1）谈判主体。所谓谈判主体，是指参加谈判活动的当事人。其具有双重性：一是指参加谈判的一线当事人，即出席谈判、上谈判桌的人员；二是指谈判组织，即谈判者所代表的组织。除单兵谈判外，一线的当事人通常是一个谈判小组。小组成员包括谈判负责人、主谈人和陪谈人。其中，谈判负责人是谈判桌上的组织者、指挥者，起到控制、引导和场上核心的作用；主谈人是谈判桌上的主要发言人，他不仅是谈判桌上的主攻手，也是谈判桌上的组织者之一，其主要职责是根据事先制定的谈判目标和策略，同谈判负责人密切合作，运用各种技巧与对方进行协商和沟通，使对方最终接受己方的建

议和要求或和对方一起寻找双方都能接受的共同点；陪谈人包括谈判中的专业技术人员和记录员、翻译等，他们主要为谈判提供技术咨询服务以及记录谈判过程，消除语言障碍。谈判的当事人可以是双方，也可以是多方。

谈判小案例 1-2　　　　　　　　　　不得不承担的损失

分析提示 1-2

中国内地某公司（以下称甲方）与中国香港某承建有限公司（以下称乙方）曾就乙方负责的某酒楼的建筑工程项目进行了若干轮谈判。合同规定：该工程总建筑面积约 1 000 平方米，预算总造价约 300 万元人民币，按甲方建筑工程设计院的设计图纸施工，质量规格要符合能抵抗 8 级地震的条件。第一期工程完工，甲方验收时，发现已完工部分的质量不合格，甲方就工程质量问题与乙方发生严重争执，后甲方被迫向当地法院起诉。法院受理此案后，通过香港某律师行的协助，对乙方的资信情况作了调查，结果发现：乙方确实系在香港注册的有限责任公司，但注册资金仅为 2 000 元港币。根据法律的规定，有限责任公司承担责任的能力仅限于其注册资本。这意味着即使甲方胜诉，乙方无论给甲方造成多大的损失，其赔偿额最高也仅限于 2 000 元港币。甲方得知该详情后，不得不放弃赔偿要求，转而要求解除合同。最后，法院依照甲方的要求，以被告的权利能力和行为能力不足为由，终止了合同，甲方只追回了已付给乙方的全部定金，其他损失只能自己承担。从该案例可以看出，甲方受损的根本原因在于谈判前没有查清乙方的主体资格，即使合同中对工程造价、质量条款均已作出规定，也无法避免自己的损失。

资料来源　佚名. 商务谈判 [EB/OL]. [2018-05-26]. http://www.doc88.com/p-1485044140312.html.

（2）谈判客体。它是指谈判中双方所要协商解决的问题，也就是谈判议题。谈判客体大致要具备三个条件：一是它对双方的共同性，也就是这一问题是双方共同关心并希望得到解决的；二是可谈性，亦即谈判的时机要成熟；三是它必然涉及参与各方的利益关系。

（3）谈判目的。它是构成谈判活动不可缺少的因素。只有谈判主体和谈判客体，而没有谈判目的，就不能构成真正的谈判活动，而只是闲谈。谈判各方鲜明的目的性，使得谈判是在涉及各方利益、存在尖锐对立或竞争的条件下进行的，无论谈判桌上大家表面上如何谈笑风生，实质上都是各方智慧、胆识、应变能力的一次交锋。而闲谈由于不涉及各方的利害关系，通常都是轻松愉快的。

（4）谈判背景。它是指谈判所处的客观条件。任何谈判都不可能孤立地进行，而必然处在一定的客观条件之下并受其制约。客观存在的谈判条件能为谈判者实施谈判策略与技巧提供依据。这种背景既包括外部的大环境，如政治、经济、文化等，也包括外部的微观环境，如市场、竞争情况等，还包括参与谈判的组织和人员背景，如组织的行为理念、规模实力、财务状况、市场地位，谈判当事人的职位级别、教育程度、工作作风、心理素质、谈判风格、人际关系等。

以上是构成谈判的四个基本要素，这些要素不仅影响谈判活动的具体进行，也是分析和研究谈判的依据。

谈判小案例1-3　　　　　　　　　　　　　　　　　　　　图德拉

分析提示1-3

　　有一个商人叫图德拉（Tudela），在20世纪60年代中期，他只是一家玻璃制造公司的老板。他喜欢石油行业，希望能做石油生意，于是自学成才成为石油工程师。偶然的一天，他从朋友那里得知阿根廷即将在市场上购买××万美元的丁烷气体，他立刻决定去那里看看是否能弄到这份合同。到达阿根廷时，他这个玻璃制造商在石油行业既无老关系，也无经验可言，只是凭着一股勇气硬闯。当时他的竞争对手是非常强大的英国石油公司和壳牌石油公司。在做了一番摸底以后，他发现了一件事——阿根廷牛肉供应过剩，正想不顾一切地卖掉牛肉。单凭知道这一消息，他就已获得了竞争的第一个优势。于是，他告诉阿根廷政府："如果你们向我买××万美元的丁烷气体，我一定向你们购买××万美元的牛肉。"阿根廷政府欣然同意，他以买牛肉为条件，争取到了阿根廷政府的合同。图德拉随即飞往西班牙，发现那里有一家大造船厂因缺少订单而濒临倒闭。这是西班牙政府面临的一个政治上棘手而又特别敏感的问题。图德拉告诉这家造船厂："如果你们向我买××万美元的牛肉，我就在你们造船厂订购一艘造价××万美元的超级油轮。"西班牙人不胜欣喜，通过他们的大使传话给阿根廷，要将图德拉的××万美元的牛肉直接运往西班牙。图德拉的最后一站是美国费城的太阳石油公司。他对他们说："如果你们租用我正在西班牙建造的价值××万美元的超级油轮，我将向你们出售××万美元的丁烷气体。"太阳石油公司同意了。就这样，一个玻璃制造商成功地做成了××万美元的石油交易，他的竞争对手只能自叹不如。

　　3）谈判的基本原理

　　谈判的本质、核心任务是什么？谈判的产生条件与工具又是什么？诸如此类的问题构成了谈判的基本原理。

　　（1）谈判的本质是人际关系的一种特殊表现。我们知道，人是自然属性和社会属性的统一体，二者缺一不可。人的社会属性，决定了从地球上有了人的那一天起，人就不可避免地要为了物质或精神方面的需要而彼此打交道。这就是人与人之间的关系，简称人际关系。谈判是讨论、协商，因此，就不能只有一个人或一方，而至少需要两个人或两方。那么，它就必然表现为一种人与人之间的关系。可是，人际关系多种多样，如师生关系、同学关系、血缘关系等，我们当然不能简单地把多种多样的人际关系都归结为谈判关系。谈判乃一种特殊类型的人际关系。

　　（2）谈判的核心任务是说服另一方理解或接受自己所提出的观点。由于人们所处的自然环境与社会环境存在差别，人的文化素质、道德素质等极不平衡，其心理发展状况呈现出不同的层次或水平，人们所追求、所维护的基本利益肯定不一致，一些人所要追求的基本利益，可能不是另一些人追求的；一些人所要维护的基本利益，可能和另一些人想要维护的基本利益正好相反。存在差异的双方如希望彼此的需要都得到满足，可以考虑的方式就是双方之间互相沟通，进行协商对话，而这就是谈判。通过谈判，双方可在需要和利益方面得到协调和适应。

谈判小案例1-4　　　　　　　　　　　贵国的××经理您熟悉吗?

分析提示1-4

　　在一次出口产品交易会上,某国的一位商人想从我国的某拖拉机厂订购一批农用拖拉机,但是他不太相信该拖拉机厂的产品质量和销路。拖拉机厂的代表并没有单纯地用一些枯燥的技术指标来说服他,而是拉家常式地问道:"贵国的××经理您熟悉吗?"客商说:"熟悉,当然熟悉。我们都是做农用机械生意的,还合作过呢。"厂代表说:"噢,那您为什么不向他了解一下情况呢?去年他从我们厂买了一大批拖拉机,可是大赚了一笔啊。"客商回到住处后,立即通过国际长途电话验证了上述信息,第二天就高兴地与拖拉机厂签订了订购合同。

　　资料来源　陈文汉. 商务谈判实务［M］. 北京:电子工业出版社,2013.

　　(3)谈判产生的条件是双方在观点、礼仪和行为方式等方面既相互关联,又相互冲突。谈判的核心任务是一方试图说服另一方理解或接受自己的观点、基本利益以及行为方式。这就表明谈判产生的前提条件,是人们在观点、基本利益和行为方式等方面出现了不一致。如果不存在这种不一致的情况,人们也就无须进行谈判了。但是,我们不能由此得出一个简单的结论,即只要人们在观点、基本利益和行为方式等方面出现了不一致,就一定会导致谈判的产生。

　　谈判产生的重要条件之一,就是两个人或两方在观点、基本利益和行为方式等方面出现了既互相联系又有差别或冲突的状况。因此,谈判行为是合作与冲突的对立统一。例如,甲企业生产的产品急需推销,乙企业认为销售甲企业产品是有利可图的,或认为甲企业产品可作为本企业生产的原材料,这就构成了甲乙之间的相互联系。然而,甲、乙两家企业又都是独立的商品生产者,它们各自所代表的基本利益不允许它们无偿地调拨,这就使它们既要维护自身的利益,又要考虑对方的利益,从而求得两者的协调。这就需要借助于谈判。

谈判小案例1-5　　　　　　　　　　　　　图书馆内的争执

分析提示1-5

　　有两个人在图书馆发生了争执,一个要开窗户,一个要关窗户。他们互不相让,没有一个办法使他们都满意。这时,图书管理人员走了进来。她问其中的一个人为什么要开窗户,"吸一些新鲜空气";她又问另一个人为什么要关窗户,"不让纸被吹乱了"。"为什么不试试打开旁边的一扇窗户呢?这样既可以有新鲜空气,又避免了穿堂风。"图书管理员说。

　　资料来源　白远. 国际商务谈判:理论、案例分析与实践［M］. 北京:中国人民大学出版社,2015.

　　(4)谈判的关系构成,是双方在物质力量、人格、地位等方面相对独立或对等。并非人们在观点、基本利益和行为方式等方面出现了不一致,就一定会产生谈判;也不是人们在观点、基本利益和行为方式等方面存在着既相互联系又相互冲突的状况,就一定会产生谈判。例如,奴隶与奴隶主在观点、基本利益和行为方式等方面很不一致。不仅如此,他们在这些方面也是既相互联系又相互冲突的,但是他们之间不会也不可能出现谈判现象。这是因为奴隶主把奴隶看作会说话的工具。奴隶失去了人身自由,奴隶主掌握了对奴隶生杀予夺的大权，依靠强制力压迫奴隶，使其服从自己。由此可见，人与人之间构成谈判这种关系，还需要依赖于另一个重要条件，即作为谈判的双方，必须在物质力量、人格、地位等方面都获得了（哪怕是暂时获得了）相对独立或对等的资格。

在谈判的过程中，谈判的一方如果由于特殊原因，失去了与对方对等的力量或地位，那么对方可能很快就不把他继续作为谈判对手了，并且可能图谋采取另外的方式来解决问题。这时，谈判将转化为非谈判。因此，任何谈判者要想使谈判正常地进行下去，都必须发展和壮大自己的物质力量，保持自己独立的人格和地位。

1.2　商务谈判

1）商务谈判的概念

在了解商务谈判的概念之前，先要弄清楚商务的概念。商务是指一切有形与无形资产的交换或买卖事宜。按照国际习惯划分，商务行为可分为四种：①直接的商品交易活动，如批发、零售等；②直接为商品交易服务的活动，如运输、仓储、加工整理等；③间接为商品交易服务的活动，如金融、保险、信托、租赁等业务活动；④具有服务性质的活动，如商品信息发布、咨询、广告等。此外，按照商务行为所发生的地域不同，商务还有国内商务和国际商务之分。

商务谈判（Business Negotiation）是指参与各方为协调彼此的经济关系、满足贸易的需求，围绕标的物的交易条件，通过信息交流、磋商达到交易目的的行为过程。英国谈判专家马什则下了这样的定义："所谓商务谈判（或称交易磋商），是指贸易双方为了各自的目的，就一项涉及双方利益的标的物在一起进行洽商，通过调整各自提出的条件，最终达成一项双方都满意的协议这样一个不断协调的过程。"商务谈判是买卖双方为了促成交易而开展的活动，是最普遍的谈判类型，具体包括商品买卖、投资、劳务输出输入、技术贸易、经济合作谈判等。

产生商务谈判的前提是：双方（或多方）有共同的利益，也有分歧之处；双方（或多方）都有解决问题和分歧的愿望；双方（或多方）愿意采取一定行动达成协议；双方（或多方）都能互利互惠。

2）商务谈判的特点

商务谈判既有谈判的一般特征，又有它独特的一面。

（1）以利益为目的。谈判是具有鲜明的目的性的，通常来说，谈判不止一个目的，但不同类型的谈判都有自己的首要目的。比如，政治谈判关心的是政党、团体的根本利益，军事谈判的目的涉及双方的安全利益，虽然这些谈判都可能会涉及经济利益，但其重点并不是经济利益。而商务谈判的首要目的则是获取经济利益，在满足经济利益的前提下才涉及其他非经济利益。当然，各种非经济利益也会影响到商务谈判的结果，但其最终目的仍是经济利益。比如，在购销谈判中，供方希望把价格定得尽量高一些，而需方则希望尽量压低价格。在借贷谈判中，借方总是希望借款期限长一些、利息低一些；而贷方则希望期限短一些、利息高一些。所以，人们通常以获取经济利益的大小来评价一项商务谈判的成功与否。

（2）以价格为核心。价格谈判是商务谈判的核心环节，有人把商务谈判称为讨价还价，这是因为商务谈判所涉及的因素很多，但其核心是价格。双方经过谈判，最后到经济利益的划分，主要通过价格表现出来；双方在其他利益上的得失，或多或少都可以折算为价格，并通过价格的升降反映出来。例如，在购销谈判中，买方可以通过加大购买量来诱使卖方降低价格，这是数量因素在价格上的折算。另外，产品质量、付款条件等因素都可能影响最终的价格。但是，有些情况下这种折算是行不通的。比如，卖方提供的产品质量低于买方的最低心理标准，这时候，即使卖方大幅降低价格，买方也可能不会接受，甚至会退货或提出索赔。

了解了这一点之后，在商务谈判中，我们应该一方面以价格为中心，坚持自己的利益；另一方面又不能仅仅局限于价格，应该拓宽思路，设法从其他利益因素上争取应得的利益。因为，与其在价格上与对手争执不休，还不如在其他利益因素上使对方在不知不觉中让步。这是商务谈判人员需要注意的。

谈判小案例1-6　　　　　　　　　　　　　　　　　　　　**座　钟**

分析提示1-6

一对夫妻在浏览杂志时看到一个作为广告背景的老式座钟，非常喜欢。妻子说："这个座钟是不是你见过的最漂亮的一个？把它放在过道或客厅当中，看起来一定不错吧？"丈夫说："的确不错！我也正想找个这样的钟摆在家里，就是不知道多少钱。"他们决心到古董店找那个座钟，并商定出价不能高于400元。3个月后他们终于在一家古董店的橱窗里看到了那个座钟，妻子兴奋地叫了起来："就是这个钟！没错，就是这个座钟！"丈夫说："记住，我们说过不超出400元。"他们走近那个座钟。"喔！"妻子说："钟上的标价是750元啊，回家算了。"丈夫说："还是谈谈价试一试吧，找了那么久，不差这一会儿。"夫妻商量了一下决定由丈夫来谈价钱，争取用400元买下。

丈夫鼓起勇气对售货员说："我看到你们要卖的这个座钟上蒙了不少灰，显得有些旧了，一定是很久没卖出去了，我给你出个价，只出一次价，你别被吓到，准备好了吗？"他停了一下来增强效果说："你听着啊，250元！"

售货员连眼也不眨一下说道："卖了，那座钟是你的了。"

那个丈夫的第一反应是什么呢？洋洋得意？"我真的很棒！不但得到了优惠，还得到了我想要的东西。"不是，绝不是！他的最初反应必然是："我真蠢！我该出价150元才对！"你也猜得到他的第二个反应："这个座钟怎么这么便宜？一定是有什么问题。"

最后他还是把那个座钟放在了客厅里，它看起来非常美丽，好像也没什么问题。但夫妻二人为此事耿耿于怀，这样的情形持续了无数个夜晚。

资料来源　佚名. 价格磋商是谈判的需要［EB/OL］.［2009-10-30］. http：//sale.nlp.cn/2009-10-30/51849.html. 有改动。

（3）以合同条款为结果。商务谈判的结果是由双方协商一致的协议或合同来体现的。合同条款实质上反映了各方的权利和义务，其严密性与准确性是保障谈判各方获得各种利益的重要前提。有些谈判者在商务谈判中下了很大气力，好不容易为自己争取到了较有利的结果，对方为了得到合同，也迫不得已作了许多让步，似乎已经获得了这场谈判的胜利，但在拟订合同条款时，则掉以轻心，不注意合同条款的完整、严密、准确、合理、合法，其结果是被谈判对手在条款措辞或表述技巧上设置了陷阱，不仅把到手的利益丧失殆尽，而且要为此付出惨重的代价，这种例子在商务谈判中屡见不鲜。因此，在商务谈判中，谈判者不仅要重视口头上的承诺，还要重视合同条款的准确和严密。

（4）以时效性为要求。与政治、军事谈判相比，商务谈判更注重时效性。这是因为商场上竞争激烈，商机稍纵即逝，错过了时机，即使在谈判中取得了胜利，也会使谈判的结果失去价值和意义。比如，在零售购销谈判中，错过了销售旺季，就只能大打折扣或不计成本销售了。所以，在商务谈判中，谈判者都非常讲求谈判的效率和合同履行的时间保证。

以上是商务谈判的共性特点。对国际商务谈判来说，由于其是一项跨国界的活动，所以还具有一定的特殊性。其表现为政治性强，以国际商法为准则，以及由于经济体制和社会文化背景、价值观、思维方式、风俗习惯、语言等不同，影响谈判的因素大大增加，造成谈判的难度加大。

小贴士1-1　　　　　　　　　　商务谈判能力的"八字箴言"

谈判能力在每种谈判中都起着重要作用，无论是商务谈判、外交谈判还是劳务谈判，各方谈判能力的强弱决定了谈判结果的差别。对谈判中的每一方来说，谈判能力都来源于8个方面，就是NO TRICKS（诚实、不要花样）8个字母所代表的8个单词——Need，Option，Time，Relationship，Investment，Credibility，Knowledge，Skill。

"N"代表需求（Need）。对买卖双方来说，谁的需求更强烈一些呢？如果买方的需求更强烈，卖方就拥有相对较强的谈判力；相反，如果卖方非常希望卖出自己的产品，买方就拥有较强的谈判力。

"O"代表选择（Option）。如果谈判不能最后达成协议，那么双方会有什么选择？如果你可选择的机会较多，对方认为你的产品或服务是唯一的或者没有太多选择余地，你就拥有较强的谈判资本。

"T"代表时间（Time）。谈判中可能会出现有时间限制的紧急事件，如果买方存在时间上的压力，自然会增强卖方的谈判力。

"R"代表关系（Relationship）。如果与潜在顾客之间建立了强有力的关系，在同潜在顾客谈判时就会拥有关系力。但是，也许有的顾客觉得卖方只是为了推销，因而不愿建立深入的关系，这样，在谈判过程中将会比较吃力。

"I"代表投资（Investment），即在谈判过程中投入了多少时间和精力。为此投入越多、对达成协议承诺越多的一方往往拥有较低的谈判力。

"C"代表可信性（Credibility）。潜在顾客对产品的可信性也是影响谈判力的一个因素，如果推销人员知道你曾经使用过他的产品，而其产品具有价格和质量等方面的优势，这无疑会增强卖方的可信性，但这一点并不能决定最后能否成交。

"K"代表知识（Knowledge）。知识就是力量，如果你充分了解了顾客的问题和需求，并预测到你的产品能满足顾客的需求，你的知识无疑增强了对顾客的谈判力；反之，如果顾客对产品拥有更多的知识和经验，顾客就有较强的谈判力。

"S"代表技能（Skill）。这可能是增强谈判力最重要的内容了。不过，谈判技巧是综合的学问，需要广博的知识、雄辩的口才、灵敏的思维等。

总之，在商务谈判中，应该善于利用"NO TRICKS"中的每种谈判力，再加上NO TRICKS。

1.3 国际商务谈判

1）国际商务谈判的概念

国际商务谈判（International Business Negotiation）是指在国际商务活动中，处于不同国家或不同地区的商务活动当事人为满足某一需要，通过信息交流、磋商达到交易目的的行为过程。国际商务谈判是国际商务活动的重要组成部分，是国际商务理论的主要内容，是国内商务谈判的延伸和发展。

进一步，我们认为，狭义的国际商务谈判是在固定的谈判场所或网络进行的，主要是指在国际商品、劳务、技术、投资、经济合作等方面进行的有针对性、有特定谈判人员、有特定谈判地点与特定议题的谈判。广义的国际商务谈判贯穿于国际销售、营销以及每一次商务谈话和活动中甚至与之相关的活动中。

国际商务谈判，从实质上看，是以某种利益需求的满足为预期目标，谈判双方或多方处于相互独立或对等的地位，双方或多方相对平等地对话，谋求合作、协调彼此之间关系的国际交往活动。谈判是各方沟通信息、交换观点、相互磋商、达成共识的过程。概括起来，可以把国际商务谈判理解为这样一个过程：谈判双方或多方根据各自不同的需求，运用所获得的信息，就共同关心或感兴趣的问题进行磋商，协调各自的经济利益，谋求妥协，从而使双方或多方达成协议。在现实中，国际商务谈判各方的利益目标都是满足自己的需要。国际商务谈判是从不平衡转变到平衡、从无序到有序的过程。其出发点是合作、磋商和利己，即以合作的目的开始谈判，经过磋商，双方达成一致，最终达到双赢、多赢的目的。

2）国际商务谈判的特点

国际商务谈判既具有一般商务谈判的特征，又具有其特殊性。一般商务谈判都是以经济利益为目的，以价格作为谈判核心的，而国际商务谈判则具有以下几个特点：

（1）政策性强。国际商务谈判既是一种商务交易谈判，也是一项国际交往活动，具有较强的政策性。由于谈判双方的商务关系是两国或两个地区之间整体经济关系的一部分，常常涉及两国或两个地区之间的政治和外交关系，因此，在国际商务谈判中，当事人会面对一个以上国家的法律、政策和政治权力等方面的问题。这些法律和政策可能是不统一的甚至是彼此直接排斥的。所以，国际商务谈判必须贯彻执行国家的有关方针政策和外交政策；同时，还应注意国别政策，以及执行对外经济贸易的一系列法律和规章制度。

（2）影响因素复杂多样。国际商务谈判具有跨国家或跨地区性，组织利益受多方面因素的制约，既有政治、经济、文化、科技等客观因素，也有谈判主体的情绪、性格、知识、文化等主观因素。此外，影响国际商务谈判的风险因素也较多。在国际商务谈判中，除了要考虑运输风险、价格风险、商业信用风险以外，还要考虑安全风险、政治风险和外汇风险等。因此，在国际商务谈判的准备阶段和谈判过程中，都要注意摸清对方的资信情况和经营能力，密切注意有关市场变化情况、外汇市场的走势等，并综合考虑对方国家（地区）对中国的政治态度和两国（地区）政府之间的经贸关系，以便在谈判过程中正确决策，避免失误。

（3）遵循国际商法。国际商务谈判的结果会带来资产的跨国转移，因此必然会涉及国际贸易、国际结算、国际保险、国际运输等一系列问题。由于不同国家在法律、贸易政策、商业习惯等方面存在差异，因此，在国际商务谈判中要以国际商法为准则，并以国际惯例为基础。谈判人员要熟悉各种国际惯例、对方所在国的法律条款、国际经济组织的各种规定和国际法，如《联合国国际货物销售合同公约》《跟单信用证统一惯例》等。这些是一般国内商务谈判不会涉及的，应当引起国际商务谈判人员的特别重视。

（4）谈判难度大。由于国际商务谈判的参与者代表了不同国家或地区的利益，有着不同的社会文化和经济、政治背景，人们的价值观、思维方式、行为方式、语言及风俗习惯各不相同，因此影响谈判的因素更加复杂，谈判的难度更大。在实际的谈判过程中，对手的情况千变万化，作风各异，不同的表现反映了不同谈判者有不同的价值观和不同的思维方式。因此，谈判者必须有广博的知识和高超的谈判技巧，不仅能在谈判桌上因人而异、运用自如，而且要在谈判前注意资料的准备、信息的搜集，使谈判按预定的方案顺利地进行。在处理与当地商人的关系时，不能在不知情的情况下生搬硬套固定的文化模式，而需在深入了解当地文化的基础上作出现实的假定。

3）国际商务谈判的类型

国际商务谈判的内容是多种多样的，因此其具体类型也是多种多样的。从我国国际经济活动的主要内容和具体对象上看，经常碰到的国际商务谈判类型有[①]：

（1）国际货物买卖谈判。它有两种形式：一种是现汇贸易谈判；另一种是易货贸易谈判。国际货物买卖谈判主要是买卖双方就买卖货物本身的有关内容，如货物数量、质量，货物的转移方式、时间，货物买卖的价格条件、支付方式，货物交易中双方的权利、义务和责任等进行的谈判。它是国际商务谈判中数量最多的一种，在企业的国际经济活动中占有很重要的地位。

（2）国际投资谈判。其主要是创办企业方面的谈判。就我国企业而言，主要涉及以下两方面：一是创办海外企业的谈判，主要是指我国企业到境外开办企业的谈判；二是创办外商投资企业的谈判，主要是指外商在中国境内举办中外合资企业、中外合作企业和外商独资企业的谈判。这种谈判是投资者就投资活动中涉及的权利、义务、责任和相

---

①　于国庆. 国际商务谈判 [M]. 大连：大连理工大学出版社，2012.

互间的关系所进行的谈判，对企业来说是经常性的，由于涉及面广、影响大、周期长而显得尤其重要。在以往的国际商务谈判中，有的企业经验不足，为了达成协议一再让步，结果给自己造成了损失，很难挽回；也有的企业一味采取强硬的态度对待对方，结果谈判旷日持久，迟迟达不成协议。这两种极端的做法都是不可取的。

（3）国际租赁谈判及"三来一补"谈判。国际租赁谈判是指我国企业从国外租用机器设备而进行的国际商务谈判。这种谈判主要涉及机器设备的选定、交货、维修保养，租赁期满机器设备的处理，租金的计算与支付以及在租赁期内租赁公司与承租企业双方的责任、权利、义务等。

"三来一补"谈判是在我国许多企业尤其是中小企业中开展得十分活跃的一种国际商务谈判。"三来"是指外方来料加工、来样加工和来件装配业务。这方面谈判的内容主要包括来料、来件的时间，加工质量的认定，成品的交货时间，原材料的损耗率，加工费的计算与支付等。"一补"是指补偿贸易。谈判涉及的内容包括技术设备的作价、质量要求、补偿产品的选定与作价、补偿时间、支付方式等。随着我国对外经济活动越来越活跃，"三来一补"的形式也有所发展，不仅可以是外方"三来"，也可以是我方"三去"。补偿贸易也可以是我们提供设备，由外方用产品补偿。也就是在谈判中进行权利、义务、责任的换位，其基本要求仍是一样的。

（4）国际建设项目谈判。它通常又称大型项目谈判，如针对一些利用外国政府或国际金融组织贷款的大型市政建设和环保项目以及重要的技术改造项目进行的谈判。其主要是围绕项目建设的目的、内容、发展前景、融资条件、招标与发包等一系列经济与技术问题而进行的谈判。国际建设项目谈判通常分两部分进行：第一部分是由双方政府主管该项目的部门会同有关经济部门就双方合作的总体设想和商务关系进行的原则谈判，谈判涉及面较广，包括建设项目的性质、作用，建设项目的投资、贷款总额及支付方式，建设项目在建设过程中双方的权利、责任等内容；第二部分是具体的技术和商务谈判，由双方具体实施建设的部门或企业进行直接谈判，谈判涉及的内容较专业，往往就其中一些技术细节，工程所用材料和设备、工程的技术标准、验收方式等进行谈判。前后两部分谈判是相辅相成的，第一部分谈判决定了第二部分谈判的范围和要求，而第二部分谈判也是第一部分谈判的必要补充。两部分的有机结合和互相补充决定了整个建设项目的成败，所以这种谈判要比其他谈判更加复杂，要求也更高。

（5）国际技术贸易谈判。它是指技术的接受方（买方）与技术的转让方（卖方）就转让技术的形式、内容、质量规范、使用范围、价格条件、支付方式以及双方在技术转让过程中的一些权利、义务和责任关系等进行的谈判。随着我国经济建设的发展和改革开放的深化，一方面需要从国外引进大量的先进技术，另一方面国内的技术也将越来越多地进入国际市场。因此，国际技术贸易谈判成为我国企业国际商务谈判的重要方面，日益受到重视。

（6）国际融资谈判。它是指双方就如何提供进出口信贷，组织国际银团融资，在对方国发行债券、股票，提供资金担保等所进行的谈判。这类谈判常常涉及融资条件、融资成本、支付方式、担保范围以及发展中国家的外汇管理等问题。

（7）国际服务贸易谈判。它是目前国际贸易中应用面十分广泛并且发展得较快的谈判，包括运输、咨询、广告、项目管理、设计、劳务、旅游等方面的商务合作谈判。服务贸易涉及的常常不是货物，也不是有形的工程，而主要是无形的贸易，是以提供某一方面的服务为特征的。随着第三产业的发展和国际交流的频繁，服务贸易在国家之间的开展变得越来越经常化和多样化，这类谈判所占的比重也越来越大，成为国际经济活动中越来越重要的方面。

（8）国际并购谈判。国际并购的内涵非常广泛，一般是指兼并和收购。兼并又称吸收合并，即两种不同事物因故合并成一体。企业兼并指两家或者更多的独立企业、公司合并组成一家企业，通常由一家占优势的公司吸收一家或多家公司。收购指一家企业用现金或者有价证券购买另一家企业的股票或者资产，以获得该企业的全部资产、某项资产的所有权或对该企业的控制权。在国际并购谈判中，由于交易额一般都比较大，国际影响也比较大，所以必须计划周详，充分考虑影响谈判效果的各种环境因素。在中国当前的对外收购中，政治因素和文化因素是影响谈判成功与否的关键性因素。

（9）损害和违约赔偿谈判。它与前几种类型的国际商务谈判相比，是一种比较特殊的谈判。损害是指在国际商务活动中出于某一方当事人的过失给另一方当事人造成的名誉损失、人员伤亡损失和财物损失；违约是指在国际商务活动中并非因不可抗力的发生，合同的一方不履行合同或违反合同的行为。对损害和违约负有责任的一方应向另一方赔偿经济损失。在损害和违约赔偿谈判中，首先要根据事实和合同分清责任的归属，在此基础上，才能根据损害的程度协商经济赔偿的范围和金额以及处理某些善后工作。随着我国国际商务活动的深入开展，损害和违约赔偿谈判是经常发生的，这方面的谈判应引起充分的重视，以维护我方的合法权益。

小贴士1-2　　　　　　　　　　　　**商务谈判的模式**

影响商务谈判进行的因素主要有速度快慢与条款顺序，由此构成谈判的四种模式，如图1-1所示。

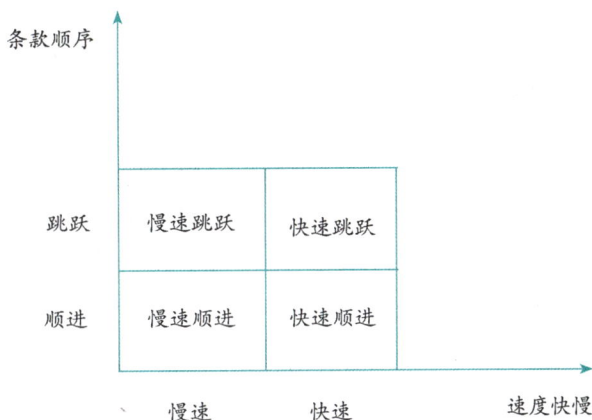

条款顺序	慢速	快速
跳跃	慢速跳跃	快速跳跃
顺进	慢速顺进	快速顺进

速度快慢

图1-1　商务谈判的模式

（1）快速顺进谈判模式。这是指谈判节奏快，按事先商定的条款顺序逐一磋商。其适用于交易对象熟悉、内容简单重复、背景稳定的谈判。

（2）快速跳跃谈判模式。这是指谈判节奏快，不按事先商定的条款顺序逐一磋商，而是根据需要选择某些条款先行谈判。其适用于提出主题、解决焦点问题、时间灵活的谈判。

（3）慢速顺进谈判模式。这是指谈判节奏慢，需要长时间按事先商定的条款顺序逐一磋商。其适用于交易对象熟悉，但内容复杂、背景稳定的谈判。

（4）慢速跳跃谈判模式。这是指谈判节奏慢，需要长时间进行，且不按事先商定的条款顺序逐一磋商，而是根据需要选择某些条款先行谈判。其适用于交易对象不熟悉，并且内容复杂、背景不稳定的谈判。

资料来源　聂元昆. 商务谈判学［M］. 北京：高等教育出版社，2016.

4）国际商务谈判的原则

（1）合作原则。它是指在国际商务谈判中应坚持将对方作为合作对象的原则。参与谈判的各方究竟是合作者还是竞争者历来是谈判学家在理论上争论的焦点。在国际商务交往中，谈判一直被认为是一种合作或为合作而进行的准备。因此，国际商务谈判最圆满的结局应当是谈判的所有参与方各取所需，得偿所愿，同时也都照顾到其他各方的实际利益，是一种多赢的局面。

如果把谈判对方看作对手，在国际商务谈判过程中必然要论出输赢，无论如何，这都不是国际商务谈判最理想的结果。正如谈判专家尼尔伦伯格所指出的："陷入输赢的谈判状况时，我们越想胜利，奋战得就越艰苦，因为对方也期望胜利。"

（2）合法原则。它是指国际商务谈判必须遵循相关的国际法和双方或多方国家的法律、法规、政策。合法原则具体体现在：一是谈判主体合法，即要审查谈判参与各方及谈判人员的合法资格。二是谈判议题合法，即谈判所要涉的项目必须是法律允许的。对于法律明文规定禁止交易的项目，其谈判显然违法，如贩卖国家保护文物、贩卖毒品、贩卖人口、走私货物等。三是谈判手法合法，即应通过公正、公平、公开的方式达到谈判目的，而不能采用某些不正当手段，如窃听、暗杀、暴力威胁、行贿受贿等。

（3）双赢原则。国际商务谈判的共赢原则就是双赢原则。它是谈判双方最终为寻求好的谈判结果所要遵循的原则。一次好的谈判，其结局应该是谈判各方都有赢的感觉。运用双赢原则，就是要尽量扩大双方的共同利益，而后再讨论与确定各自分享的比例，这就是我们通常所说的"把蛋糕做大"。一次好的谈判不是把一个蛋糕一切两半，而是在切分这个蛋糕之前尽量使它变得更大。在国际商务谈判中，如果把一些主要方面的原则先确定好，然后通过双方的努力把"蛋糕"做得足够大，那么利益及其划分问题的解决就相对容易了。这就要求我们在谈判中注意设计双赢或多赢的解决方案。

谈判小案例1-7　　　　　　　　　　　　　　　　谁赢了？

1964年，一位美国人和他12岁的儿子在伦敦海德公园玩飞盘。当时，在英国很少有人看过飞盘游戏，因此，他们父子俩的游戏吸引了一大群人围观。最后，有位英国绅士走过来问那位父亲："对不起，打扰您一下，我在这里已经看你们玩了半个小时了，你们到底谁赢了？"英国人提出这个问题，显得他有点傻乎乎，因为如果飞盘玩得好，父子就都是赢家。谈判也是如此。在今天看来，大多数情况下问一位谈判者"谁赢了"，就像问一对夫妇"你们谁赢得了这场婚姻"一样滑稽。

资料来源 吴湘频. 商务谈判［M］. 北京：北京大学出版社，2014.

分析提示1-7

（4）自愿原则。它是国与国之间进行商务谈判的前提，是指作为谈判主体的当事各方出于对自身利益目标的追求来参加谈判，没有任何外来的压力和他人的驱使。国际商务谈判的自愿原则还体现在谈判双方都具有独立的行为能力和决策能力，能够按照自己的意志在谈判中就有关问题作出自己的选择。只有在自愿的前提下，谈判各方才会有合作的要求和诚意，才会互补互惠、互谦互让，平等地竞争，最后使各方都能获得满意的谈判结果。谈判如果出现强迫性行为，自愿原则就会受到破坏，被强迫的一方势必要退出谈判，最终导致谈判破裂。

（5）平等互利原则。在国际商务谈判中，要坚持平等互利原则，既不能把自己的理念强加于人，也不接受不平等的条件。我国是社会主义发展中国家，平等互利是我国对外政策的一项重要原则。平等是指在进行国际商务谈判时，不论国家贫富、客户大小，只要对方有诚意，就要一视同仁，既不能强人所难，也不能接受对方无理的要求。某些外商利用垄断地位抬价和压价时，必须不卑不亢，据理力争。对于某些经济落后的国家或地区，我们也不能以势压人，应当一视同仁。互利是要求商务谈判双方在适应对方需要的情况下，互通有无，使双方都有利可得，以促进彼此的经济发展。

谈判小案例1-8 　　　　　　　　　　　**对事不对人**

在一家由美国人投资经营的日本工厂中，由于劳资纠纷，工人举行了罢工。据美方经理介绍：工人早在六周前就向资方提出了警告，举行罢工的当天，双方经过协商达成了一致的意见，罢工结束之后，工人们主动打扫了示威场地，清理了满地的烟头、纸屑，恢复了原来清洁的面貌。第二天，工人们又自发地加班，完成了因罢工而拖欠的生产任务。美方经理对此种做法非常不解，就询问其中一位罢工工人，这位工人是这样回答他的："我们对资方有些意见，想让您知道我们对此事是极其严肃的，唯一的办法就是举行罢工。但这也是我们的公司，我们不愿让您认为我们对公司是不忠诚的。"这位工人的回答给我们的谈判拓展了一个新思路，那就是在谈判中基于我们对对方提出的某一条款有意见，我们不得不言辞犀利，那是因为我们希望对手知道我们对此事的重视程度和严肃性，我们并不想搞僵双方的关系，我们进行谈判的目的在于谋求一种互利、共赢的结局。

分析提示1-8

资料来源 陈文汉. 商务谈判实务［M］. 北京：电子工业出版社，2013.

（6）客观原则。在国际商务谈判过程中，应充分理解对方的利益所在，并绞尽脑汁地寻求各种互利的解决方案，同时也要重视与对方发展良好的合作关系。

利益冲突不能采取其他方式协调时，在国际商务谈判中使用客观标准就能起到非常重要的作用。谈判者在运用客观标准时，应注意以下几个问题：

第一，标准的公平性、普遍性和适用性。通常，在国际商务谈判中，标准可以有多种形式，不同国家、不同社会制度的标准差异极大。坚持公正、公平的原则确定标准，就可以使其更好地发挥作用。一般遵循的客观标准有市场价值、行业标准、成本、有效性、对等原则、相互原则等。客观标准的选取要独立于双方的意愿，要公平和合法，并且在理论上和实践中均是可行的。某些谈判内容可参照的标准有很多，选择哪一个取决于标准的适用性。比较好的做法是找一个双方都认为是公正的第三方，请他建议一种解决争端的标准。

第二，建立公平的分割利益的步骤。例如，两个小孩分橙子，"一个人切，由另一个人先挑选切开的半个橙子"；大宗商品贸易由期货市场定价进行基差交易；在两位股东持股相等的投资企业中，委派的总经理采取任期轮换法等。这些都是通过一定步骤来公平分割利益的例子。

第三，善于阐述自己的理由并接受对方提出的合理的客观依据。在国际商务谈判中，一定要用严密的逻辑推理来说服对手，对方认为公平的标准必须对你也公平；运用你所同意的对方的标准来限制对方漫天要价，甚至两个不同的标准也可以谋求折中。

第四，不要屈从于对方的压力。来自谈判对手的压力可能是多方面的，如贿赂、最后通牒、以信任为借口让你屈从、抛出不可让步的价格等，对此不能屈从，而要灵活化解。但是无论哪种情况，都要让对方陈述理由，讲明所遵从的客观标准。

（7）利润原则。它是国际商务谈判成功的保证。利润包括谈判自身的利润和社会收益。国际商务谈判自身的利润是指最短的时间、最少的人力和资金投入达到预期的谈判目标的收益。其社会收益是综合考虑项目对社会的影响，是谈判主体应承担的社会责任。例如，在与外商合资建厂时，要考虑该项投资是否会对自然环境造成污染等。国际商务谈判的利润原则要求把实现组织的自身利润和社会收益统一起来。所以，既取得了谈判的自身利润，又取得了良好的社会收益，才符合国际商务谈判的利润原则。只有这样，才能保证国际商务谈判获得成功。

（8）诚信原则。它是指在国际商务谈判中不欺诈，诚信地履行合同。谈判的结果是由双方协商一致的协议或合同来体现的。协议或合同条款实质上体现的是谈判各方的权利和义务，是谈判活动的结晶。它代表着谈判双方或多方在谈判过程中的相互承诺，同时又是根据有关的国际法规和国际惯例的要求制定的，因此对谈判各方具有同等的权威性、指导性和约束力，成为一定时期内在某项国际经济活动中谈判各方的行为准则，各方必须遵循。总之，只有在谈判中遵循遵法、守约、诚信的原则，谈判各方达成的协议才具有法律效力，当事各方的权益才能受到法律的保护。我们必须警惕国际商务谈判中的欺诈行为。

（9）防诈原则。它是指在国际商务谈判中防止被欺诈的原则。比如，在国际商务谈判中，一旦决定购买对方的厂房，就要仔细审查房屋施工验收报告，从中掌握对方厂房的质量情况，并仔细检查厂房的其他情况；要逐项审查所有的合同条款。购买设备和出口商品时亦然。国际商务谈判中欺诈几乎无处不在，有时甚至令人防不胜防，所以防诈原则千万不要忘记。

（10）灵活原则。它是指要善于应变，不拘泥于常见。由于国际商务谈判中情况变化快，有时甚至是瞬息万变，因此要做一个灵活的谈判人，灵活地作出选择。国际商务谈判中不确定因素很多，更需要根据谈判情境采取积极灵活的应对策略，包括谈判战略的适时转换、谈判策略的因势而变。

（11）本土化原则。它是指国际商务谈判要充分考虑国家之间的文化差异、社会经济差异、企业之间的差异，使谈判符合所在国的文化特点和要求等。产品谈判本土化要求产品及其品牌反映当地市场的特点和居民的消费偏好；营销方式谈判本土化要求在营销渠道、广告、销售等方面符合本地市场的要求。谈判人力资源本土化是最根本、最深刻的本土化，有着"一箭双雕"的作用。国际商务谈判要在一个国家的商务活动中获胜，必然需要一批熟悉该国政治、经济、文化、法律、风土人情的人才，使谈判行为符合该国的国情，有时重金聘请本土化谈判人才也是国际商务谈判取胜的利器之一。

小贴士1-3　　　　　　　　　　　　　　　　日本的文化

　　日本固有的文化传统随时可以从其商家的谈判风格中体现出来。日本商家宴请外国客人时，主人不是坐在离主宾最近的地方，而是坐在末席。因为按照日本的文化解释，请人吃饭的主要目的是用美味佳肴款待客人，而不是社交，因此主人理应全心全意地款待和服侍客人，而不应与主宾坐在一起接受招待人员的服侍。英国出版的《百国旅游手册》中指出，"访问日本的外国人必须懂得，日本人即使被上级责备时，他仍会向你微笑，这并不说明他们无羞耻感，他们的想法是用微笑来使本来已很不愉快的事稍微变得愉快一些，甚至当日本人家中有人去世，你向他表示慰问时，他也会微笑着向你道谢"。他们并不只有在高兴或表示同意、赞许时才微笑，他们把微笑视为一种礼节，即使在感到尴尬甚至悲哀时也会向对方微笑。

　　因此在谈判桌前，客方听到高兴之处时切不可对日本朋友贸然发出笑声，更不可大笑；反之，如果日本谈判者发出了笑声，那么对方应当做的不是随之发笑，而应弄清他发笑的原因，并考虑适当地向其表示歉意。这又与其他国家的习俗大相径庭。

　　资料来源　汤秀莲. 国际商务谈判［M］. 北京：清华大学出版社，2009.

（12）求同存异原则。在国际商务谈判中，谈判双方会存在商业习俗、法律制度、文化背景的差异以及利益上的分歧，但也蕴藏着利益上的一致。这就要求谈判者分清各方的利益所在，对于一致之处，要适时达成协议；对于一时不能弥合的分歧，不强求一致，允许保留，以后再谈。遵守求同存异原则，首先要求谈判者正确地对待谈判和谈判对手。谈判的前提是各方需要和利益的不同，但谈判的目的不是扩大分歧，而是弥合分歧，使各方成为谋求共同利益、解决问题的伙伴。此外，谈判者要在利益分歧中寻求相互补充的契合利益，达成满足各方需要的协议。表面上看，谈判者之间价值观、需要以及利益的不同会给谈判带来阻力，其实不然，正是利益的分歧、需求的差异才使得各方可以相互补充、相互满足，这就是谈判各方的互补效应。

谈判小故事1-1　　　　　　　　　　善于求同的富兰克林

那年，富兰克林在费城的选举中获胜，担任了公职。在竞选过程中，富兰克林与一位著名人士结下了不解之缘。

富兰克林与那位先生在某些问题上的观点相异，而富兰克林又非常需要那位先生的支持。后来，富兰克林得知那位先生酷爱藏书，常引以为荣，还特别珍藏了一套书籍，其中有一册是非常珍贵的善本。于是，富兰克林写了一封信给那位先生，请求他将那册善本借给自己。那位先生接到信后，几乎马上就派人把书送了过来。一个星期以后，富兰克林将书送还，并附了一封热情洋溢的感谢信，向他深表谢意。结果，下一次两人碰面时，那位先生第一次主动与富兰克林交谈，并表示愿意竭尽全力与富兰克林合作，支持富兰克林竞选。富兰克林运用求同存异原则赢得了那位先生的友谊。

资料来源　佚名. 商务谈判概述［EB／OL］.［2015-11-21］. http：//www.doc88.com／p-7778261024911.html.

小贴士1-4　　　　　　　　　　　　哈佛谈判原则

哈佛商学院以其独特的案例教学法，培育了大量的商业巨擘。哈佛商学院流传着一句格言："世界上的一切都是可以谈判的。"历经数百年，哈佛商学院已经形成了一套称雄全美的商务谈判训练体系和著名的哈佛谈判原则。哈佛谈判原则最早由哈佛谈判研究中心提出，在全世界范围内的日常经济与政治生活中大量运用，具体可以简而概述为以下四点：

第一，区别对待。区别人与事，对事不对人，对事实强硬，对人要温和。参与谈判的人将对方视为并肩合作的同事，尊重谈判对手，只争论事实问题，而不攻击对方人身，这将有助于谈判的进展。

第二，以利益为中心。谈判的重点是利益，不应该是立场。谈判人员应该将利益即谈判的目标作为讨论的重点，而不要争执立场问题。谈判时应摒弃原有的主观偏见，围绕双方的共同利益展开协商。

第三，选择应具有弹性。在谈判开始之前，应该制订可供选择的方案，这样在进行决策时有一定的选择余地，可减少被动局面。事先制订方案，可以避免临时决定的极端和片面。

第四，制定标准。谈判中坚持的条件必须依据某些客观标准，所提出的方案要有据可依，而不是凭空臆想。在双方利益难以调和的情况下，要想说服对方，必须使用某些客观、公平的标准，使对方接受这个条件不会感到吃亏或屈尊，从而使协商得到公平解决。

资料来源　王运金，常浩. 关于哈佛商务谈判四原则的思考［J］. 知识经济，2012（9）.

小贴士1-5　　　　　　　　电话谈判中如何制造好的"第一印象"

在电话谈判中，虽然谈判双方未直接谋面，但间接地制造好的"第一印象"仍然非常重要。有经验的专家认为，以下方法行之有效：一是端正打电话的态度。总是抱着对方就在眼前的感觉来打电话，能够使对方感到他是在同一个"了不起的人"谈话。二是表情诚恳。人的笑容、情绪会通过他的声调表现出来。三是发声有力、响亮。声音可以传递自己的心情给对方。四是适度地使用附和帮腔语，如"是，是的"或"嗯，嗯"等。五是措辞正确得体。六是注意"这，这个"或"那，那个"之类口头禅的使用。七是每句话从头到尾清清楚楚，不要拖泥带水。八是以问候致礼开始，以致礼道谢结束。

资料来源　杨群祥. 商务谈判［M］. 5版. 大连：东北财经大学出版社，2017.

小贴士1-6

几种谈判方式的比较见表1-1。

表1-1　几种谈判方式的比较

谈判方式　　比较内容	面对面谈判	电话谈判	函电谈判	网上谈判
接触方式	直接	间接	间接	间接
表达方式	语言	语言	文字	文字
商谈内容	深入、细致	受限制	全面、丰富	全面、丰富
情感氛围	可利用	无法利用	无法利用	无法利用
个性心理	有影响	有影响	不影响	不影响
联系方式	慢、窄	快速、广泛	较慢、较窄	快速、广泛
费用	最大	较大	较少	很少
适用范围	一对一 大型项目	一对一 小型项目	日常交易 国际贸易	日常交易 国际贸易

资料来源　杨群祥. 商务谈判［M］. 5版. 大连：东北财经大学出版社，2017.

拓展阅读

国际商务谈判的方式

商务谈判的方式是指谈判双方（或多方）用来沟通、协商的途径和手段。国际商务谈判的方式分为口头式谈判和书面式谈判两大类。

1）口头式谈判

口头式谈判是指谈判双方以口头方式提出与谈判相关的议题，并进行口头磋商，不提交任何书面形式的文件，一般是企业派出业务员到对方处登门谈判或者邀请客户到本企业谈判或到第三地谈判等。其主要包括面对面谈判和电话谈判两种方式。

（1）面对面谈判。它是指谈判双方（或多方）直接地、面对面地就谈判内容进行沟通、磋商和洽谈。一般正规的、重要的谈判多以面对面的谈判方式进行。面对面谈判具有较大的灵活性。谈判双方能够在广泛了解市场动态、对方的资金、信誉和谈判作风等情况后，再制订出详细的、切实可行的谈判方案，并可以利用直接面谈的机会，进一步了解谈判对手的需要、动机、策略及人员的个性等，也可根据面对面谈判的情势及时、灵活地调整谈判计划和谈判策略。另外，这种谈判方式比较规范。双方在谈判桌前就座，营造了正规谈判的气氛，能使谈判人员很快地进入角色，谈判的内容深入细致。面对面谈判便于谈判双方就关键问题、协议的条款进行反复沟通、磋商和洽谈，更易达成谈判目标，有利于建立长久的贸易伙伴关系。谈判双方直接接触、沟通后容易产生感情，增进了解。这种谈判方式的最大缺点是己方的谈判意图容易被对手摸透，而且决策的时间较短、费用高、时间耗费较长，与客户联系面也相对较窄。

（2）电话谈判。它是借助电话进行沟通和协商，寻求达成交易的一种谈判方式。谈判双方互不见面，又相隔遥远，一般多在彼此了解的客户或合作者之间进行。电话谈判的优点是快速方便和联系广泛，可以避免长途旅行，能节省开支；电话谈判的缺点也比较明显，时间紧迫，某些事项容易被遗漏，常因对答仓促而难做完整的记录，容易引起误解和产生纠纷。电话谈判的技巧是争取主动，做好准备，集中精神，听说有度，把握节奏，及时更正和做好记录。

2）书面式谈判

书面式谈判是指买卖双方利用文字或图表等书面语言交流信息、协商条件。其一般通过交换信函、电报、传真、网络信息等方式就有关问题进行磋商，求得一致意见。书面式谈判适用于交易条件比较规范、明确，内容比较简单，谈判双方彼此比较了解的谈判；对一些内容比较复杂、需随机应变而双方又缺少必要的了解的谈判是不适用的。最常见的书面式谈判主要有函电谈判和实时网络谈判。

函电谈判是指通过邮政、电传、传真等途径进行磋商，以寻求达成交易的书面谈判方式。函电谈判与电话谈判有相同之处，也有不同之处。相同之处在于两者都是远距离、不见面的磋商；不同之处在于函电谈判是用文字表达，而电话谈判则是用语言来表达。函电谈判在国际商务谈判中使用得最普遍、最频繁，但在国内商务谈判中则较少使用。函电谈判的优点是：方便准确；有利于谈判决策；材料齐全，有据可查；节省时间和成本。此外，在函电谈判中，谈判人员是不见面的。各方谈判代表可以不考虑谈判对手的身份、地位、个性等，从而把主要精力集中到交易条件的磋商上，成交较为理性。函电谈判的缺点是：用书面文字沟通，有可能出现词不达意的情况，使对方耗时揣摩，甚至会造成谈判各方的不同解释，引起争议和纠纷；由于谈判各方代表不见面，因此无法通过观察对方的语态、表情、情绪以及习惯动作等来判断对方的心理活动，从而难以运用语言与非语言的技巧；谈判各方缺少了面对面的接触，讨论问题往往不深入、不细致，彼此的印象、情感也不深刻。

实时网络谈判作为一种特殊的书面谈判方式，以互联网技术为平台，采取人机对话的方式，集电话谈判和函电谈判之优点，为买卖双方的沟通提供了丰富的信息和低廉的沟通成本。其优点具体表现为：加强了信息交流；有利于慎重决策；降低了谈判成本；改善了服务质量；增强了企业的竞争力；提高了谈判效率。实时网络谈判也存在不足，主要表现为：商务信息公开导致竞争对手的加入；互联网的故障、病毒等会影响商务谈判的开展；因不法商业行为的影响，导致网络信任度低。

资料来源　吴湘频. 商务谈判［M］. 北京：北京大学出版社，2014.

课堂实训

1）谈判能力测试

你的谈判能力如何？请回答下列问题测试一下自己的谈判能力：

（1）在买议价商品的时候，你是否觉得很为难？

①一般不会　　　　②很难说　　　　③是

（2）你觉得谈判就是让对方接受你的条件吗？

①不是　　　　②很难说　　　　③是

（3）在一次谈判没有取得预期效果的时候，你会尝试换一种方式再次努力吗？

①会　　　　②有时会　　　　③不会

（4）在和他人谈判之前，你觉得是否必须全面了解对方的情况？

①是　　　　②很难说　　　　③不必

（5）在谈判的时候，你是否觉得充分考虑对方的利益自己就会吃亏？

①不是　　　　②难说　　　　③是

（6）在谈判时，你是否觉得应该居高临下不给对方留足面子？

①不是的　　　　②要视情况而定　　　　③是的

（7）你觉得对方坚持自己的立场是"冷漠无情"吗？

①不是　　　　②难说　　　　③是

（8）在谈判的时候，你喜欢用反问句式代替直接陈述吗？

①非常喜欢　　　　②有时会用　　　　③几乎不用

（9）你觉得为了赢得一场谈判而失去一个朋友值得吗？

①不值得　　　　②难说　　　　③值得

（10）你是否认为只有达成双赢的谈判才是成功的谈判？

①是　　　　②难说　　　　③不是

得分指导：

（1）每个问题选择①得2分；选择②得1分；选择③得0分。

（2）总分在0～12分，说明你的谈判能力较差，必须加强这方面的学习；13～16分，说明你的谈判能力一般，仍需要继续学习和锻炼，不断提高自己；得分在17分以上，说明你的谈判能力很强。

（3）这个评价并不是对你谈判能力的一个准确衡量，而是一种定性评估。你的得分体现的是你目前的水平，而不是表明你潜在的能力。只要不断学习、积极实践，你完全可以提高自己在这方面的能力。

2）模拟谈判

（1）案例介绍。

比三个商人更聪明的专家

某年4月5日，美国谈判专家史蒂芬斯决定建个家庭游泳池，建筑设计的要求很简单：长30英尺、宽15英尺，有温水过滤设备，并且在6月1日前竣工。

隔行如隔山，谈判专家史蒂芬斯在游泳池的造价及建筑质量方面是个彻头彻尾的外行，但是这并没有难倒他。史蒂芬斯首先在报纸上登了个建造游泳池的招商广告，具体写明了建造要求。很快有A、B、C三位承包商前来投标，各自报上了详细标单，里面有各项工程费用及总费用。史蒂芬斯仔细地看了这三张标单，发现三位承包商所提供的抽水设备、温水设备、过滤网标准和付款条件等都不一样，总费用也有不小的差距。

于是4月15日，史蒂芬斯约请这三位承包商到自己家里商谈。第一位约定在上午9点钟，第二位约定在9点15分，第三位约定在9点30分。三位承包商如约准时到来，但史蒂芬斯客气地说，自己有件急事要处理，过会儿一定尽快与他们商谈。三位承包商只得坐在客厅里彼此交谈，一边耐心地等候。10点钟的时候，史蒂芬斯请承包商A先生进到书房去商谈。A先生一进门就介绍自己干的游泳池工程一向是最好的，对建史蒂芬斯的家庭游泳池胸有成竹，认为是小菜一碟。同时，他还顺便告诉史蒂芬斯，B先生曾经丢下许多未完的工程，现在正处于破产的边缘。

接着，史蒂芬斯出来请第二个承包商B先生进行商谈。他从B先生那里又了解到，其他人提供的水管都是塑料管，只有B先生所提供的才是真正的钢管。

而后，史蒂芬斯出来请第三个承包商C先生进行商谈。C先生告诉史蒂芬斯，其他人所使用的过滤网都是品质低劣的，并且往往不能彻底做完，而自己则绝对能做到保质、保量、保工期。

不怕不识货，就怕货比货，有比较就好鉴别。史蒂芬斯通过耐心倾听和旁敲侧击的提问，基本上弄清了游泳池的建筑设计要求，特别是掌握了三位承包商的基本情况：A先生的要价最高，B先生的建筑设计质量最好，C先生的价格最低。经过权衡利弊，史蒂芬斯最后选中了B先生来建造游泳池，但只给了C先生提出的标价。经过一番讨价还价之后，谈判终于达成一致。就这样，三个精明的商人没斗过一个谈判专家。史蒂芬斯在极短的时间内，不仅使自己从外行变成了内行，而且还找到了质量好、价格便宜的承包商。

这个质优价廉的游泳池建好之后，亲朋好友对其赞不绝口，对史蒂芬斯的谈判能力也佩服得五体投地。但史蒂芬斯却说出了下面发人深省的话："与其说我的谈判能力强，倒不如说我用的竞争机制好。我之所以成功，主要是设计了一个公开竞争的舞台，并请三位商人在竞争的舞台上做了充分的表演。竞争机制的威力，远远胜过我驾驭谈判的能力。一句话，我选承包商，不是靠相马，而是靠赛马。"

资料来源　佚名．比三个商人更聪明的专家［EB/OL］．［2012-03-23］．http：//www.360doc.com/content/12/0323/13/9065836_196937446.shtml.

（2）实训要求。以案例提供的情景为背景，四个学生一组，分别扮演史蒂芬斯以及承包商A先生、B先生和C先生，进行谈判练习。

3）商务谈判实训：公平的谈判

（1）实训目的与要求。

①实训目的。了解商务谈判过程中为什么不同的谈判主体必须是平等的，不平等的谈判会产生什么样的后果。

②实训要求。充分体会商务谈判过程中不同主体平等表达意见和立场的感觉，以及因主体地位不平等在谈判中所遭遇的尴尬。

（2）实训背景。

①你和几个朋友计划合伙开办一家劳务中介公司，营业执照等还没有来得及办理。由于急于开展业务活动，你和朋友们分头去各企业、学校联系合作事宜，看看那些合作者将怎样与你洽谈。

②利用假期，你到一家具有法人资格的公司（如保险公司、某产品销售公司）的业务部门工作，在熟悉了公司的业务内容后，代表公司进行一次业务洽谈。

（3）实训过程。根据两种不同的身份，按照项目内容各草拟一份周密的业务洽谈计划，并按照计划的步骤选择相应的机构去寻求与他们合作，进行商谈，看看谈判效果怎样。

（4）实训评议。

课后练习

1）案例分析

案例分析一

奥康为何获得谈判成功

GEOX是意大利最大的制鞋企业，以营销起家，产品遍及全球55个国家和地区，年增速超过50%。浙江奥康集团是一家以皮鞋为主业的全国民营百强企业，以3万元起家，以营销制胜于中国市场。

在中国加入世贸组织之初，GEOX准备在中国建立一个亚洲最大的生产基地，为了寻找合作伙伴，GEOX花了两年的时间对中国市场进行调研，先后考察了包括奥康在内的8家中国著名鞋业公司。为了在谈判中取得成功，GEOX公司做了充足的准备，拟定了长达几十页的协议文本。在谈判中，GEOX的总裁Polegato先生甚至能够熟练地将几十页的协议文本框架及条款背出来。

在双方正式谈判之前，奥康对谈判成功的心理预期极低，但还是为迎接Polegato一行进行了周密的准备和策划。此外，公司通过一位香港翻译全面了解了GEOX公司的情况，包括资信情况、经营状况、市场地位、此行目的以及谈判对手个人的一些情况，而且专门成立了以总裁为首的接待班子，拟订了周密的接待方案。

Polegato一行一到达机场，奥康马上安排礼仪小姐献上鲜花，然后安排对方住下，并在上海包下豪华游轮宴请对方游船赏月。在谈判过程中，双方在一些谈判内容上出现了分歧，主要体现在两个方面：一是对担保银行的确认，奥康提出以中国银行为担保银行，对方不同意，最后选择以中国香港某银行作为担保银行；二是关于以哪国法律解决日后争端的问题，GEOX提出必须以意大利法律为准绳，而奥康选择以中国法律为准绳，最后确定以第三国（英国）法律作为争端解决依据。

经过一系列的谈判，2003年2月14日西方情人节当天，双方签订了合作协议。奥康负责GEOX在中国市场的品牌推广、网络建设和产品销售，GEOX借奥康之力布网中国，而奥康也借助GEOX的全球网络走向世界。最后，奥康总裁王振滔把一个寓意"花好月圆"的青田玉雕赠送给了Polegato先生。

资料来源　张吉国. 国际商务谈判 [M]. 济南：山东人民出版社，2010.

思考与讨论：

（1）浙江奥康为什么能在谈判中获得成功？

（2）本案例对你有何启示？

案例分析二

联想收购IBM的PC业务谈判

2005年5月1日，联想集团正式对外宣布以6.5亿美元现金及价值6亿美元股票，总计12.5亿美元完成IBM全球PC收购业务，任命杨元庆接替柳传志担任联想集团董事局主席，柳传志担任非执行董事。前IBM高级副总裁兼IBM个人系统事业部总经理斯蒂芬·沃德（Stephen Ward）出任联想CEO及董事会董事。IBM公司将拥有联想集团18.5%左右的股份。

收购背景

1981年，IBM率先开创了PC市场并创建了行业标准。在1994年之前，IBM一直是PC技术和市场的领头羊。从那以后，IBM的PC销售额不断下滑，亏损逐步加大。因此，IBM首席执行官萨姆·帕米萨诺制定了新策略：放弃低利润的硬件业务，走出无利可图的PC市场。2002年，IBM决定出售PC业务，并陆续关闭、转让、出租了在全球各地的工厂，只保留了在日本的大和实验室和在深圳的IIPC。IBM剥离PC业务的心意已决，几年以来，该公司不断寻求买家洽谈转手事宜，但希望新东家能继续将其PC业务发展下去，富士通、西门子和东芝等多家世界级企业都与其接洽过。

联想在2000—2003年制定的战略是多元化的相关经营，除了PC以外，还开发软件集成项目。但3年多来不是很成功，2003年年底联想董事局决定调整战略，只留下手机和PC业务，公司业务向海外发展，走国际化道路。IBM高级副总裁2003年年底和联想接触，表示希望合作，PC部分让联想收购，联想集团符合其收购要求。

谈判历程

联想收购IBM的PC业务谈判分三步进行：

（1）2003年11月至2004年5月——谈判的调研准备阶段。联想谈判小组的主要工作是了解对方的情况和提出有关收购的商业方案。在联想内部，收购所涉及的部门包括行政、供应链、研发、IT、专利、人力资源、财务等，各个部门都派出了专门小组全程跟踪谈判过程。谈判项目组又分成若干个小组，有财务组、HR组、销售组、市场组、研发组、法律事务组、服务组等，每个小组由3~4名员工组成，人数接近100人。在内部团队之外，联想还聘请了诸多专业公司协助谈判，麦肯锡担任战略顾问，高盛担任并购顾问，安永、普华永道作为财务顾问，奥美公司作为公关顾问参与。联想对IBM分布在全球的PC业务情况进行了大量的摸底、考察和论证，分析利弊，做足了调研阶段的各项工作，做到了知己知彼。

（2）2004年6—10月——谈判的实质性磋商阶段。深思熟虑之后，联想拿出了初步方案，包括收购范围、收购价格及支付方式、合作方式，谈判进入到最艰苦的实质性阶段。双方在各个方面进行交涉，其中主要是价格问题和如何解决IBM的PC专利问题。

（3）2004年10—12月——谈判的冲刺阶段。IBM的最初报价约为20亿美元，杨元庆称一半的时间都用来讨论收购价格，而专利问题是在谈判的最后时刻才达成一致的。12月8日，在经历了长达13个月的漫长而艰苦的谈判之后，联想对"蓝色巨人"IBM全球PC业务的跨国收购终于尘埃落定，联想的首席财务官马雪征在此次收购交易书上签字。收购谈判工作也宣告完成。

谈判的意义

联想的这次收购是中国资本在使用国外资源方面一次大规模的尝试。如果联想这次收购不成功，那么不仅对联想的国际化战略有影响，对整个中国的国企、民企对外发展都将产生影响。如果收购成功，联想将一跃成为全球第三大PC制造商。和IBM合作以后，联想的实力有了三方面的提升：一是品牌形象得到了提升；二是企业规模扩大；三是由于进行更大规模的采购和销售，集团的效率得到了提高。因此，此次收购谈判的意义非常重大。在联想成功收购了IBM的PC业务后，经过一年的整合，联想集团走上了快速发展的道路。作为国际奥委会全球合作伙伴和2008年北京奥运会计算技术设备独家提供商，联想集团成为一家具有国际竞争力的跨国企业，成功进入世界500强。联想的收购谈判尽管过程漫长，历尽艰辛，但无论对联想集团还是对IBM公司，此次收购谈判显然是一个双赢的谈判。

资料来源　聂元昆. 商务谈判学［M］. 北京：高等教育出版社，2016.

思考与讨论：

（1）联想收购谈判的交易条件有哪些？关键的交易条件是什么？

（2）为什么联想收购IBM PC业务的谈判是双赢的谈判？

案例分析三

独家揭秘中俄天然气谈判内幕：普京望离华前达成协议

2014年5月21日，在俄罗斯总统普京离开上海返回莫斯科前的最后一刻，中俄签署了一份为期30年、总价高达4 000亿美元的天然气合作协议。这意味着两个大国经过一场耗时10年的谈判、长达20年的博弈，艰难地实现了共赢。这份"世纪大单"引发了全球各方的强烈关注、好奇和猜测：20世纪90年代初，俄罗斯非常积极地伸出了橄榄枝，中方为何不太热心？谈判最艰难时，中方人员一直往俄罗斯跑，为何俄方不愿意谈？普京第二次担任总统后，为什么狠狠地批评俄罗斯天然气工业股份公司（以下简称"俄气"）高管"太不现实"？这次在上海，普京为什么希望在离开之前达成协议，哪怕是最后一刻？中方代表一直坚持"一是不能按照欧洲的价格来对待亚洲；二是必须考虑中国市场的接受能力"，否则"免谈"，这是为何？这次签约成功，真如外界所猜测的那样，只是因为乌克兰问题这一特殊背景吗？4 000亿美元大单的供应商"俄气"，究竟是何方神圣，竟然有一位总统、三位总理做过该公司的老板……

据俄媒报道，在此之前的两天，中俄双方一直在谈判。"俄气"总裁米勒透露，协议是在北京时间5月21日早晨4点钟才明朗的。"这是一次艰难的谈判。"俄罗斯问题专家、中国社科院中国边疆史地研究中心主任邢广程判断，双方应该都作出了让步，"在谈判过程中，双方的利益都照顾到了。"中石油与"俄气"签署的"中俄东线供气购销合同"商定，从2018年起，俄罗斯开始通过中俄天然气管道东线向中国供气，输气量逐年增长，最终达到每年380亿立方米，累计30年，总价为4 000亿美元。主供气源地为俄罗斯东西伯利亚的伊尔库茨克州科维克金气田和萨哈共和国恰扬金气田；"俄气"负责气田开发、天然气处理厂和俄罗斯境内管道的建设；中石油负责中国境内输气管道和储气库等配套设施建设。"这是一个多方努力推动的结果。当然，这也是一个双方妥协的结果。"内部人士说，"谈判就是相互妥协至达成一个双方比较认可的协议。"

附：中俄天然气谈判大事记

1994年：中俄签订《天然气管道修建备忘录》。

1999年："俄气"和中石油达成意向性的天然气出口协议，俄方开价0.18美元/立方米，中方出价0.165美元/立方米，后因国际能源市场价格飙升，双方最终未能签署合同。

2006年3月：中俄签署《供气谅解备忘录》，俄承诺修建东西两条天然气管道，计划从2011年起的30年内，每年向中方出口600亿～800亿立方米的天然气。

2008年：中俄建立副总理级常规天然气谈判机制。

2009年6月：中俄元首签署《天然气合作谅解备忘录》；同年10月，两国签署协议，规定从2014年或2015年起，俄每年对华输送700亿立方米天然气。

2011年10月：中俄总理举行第16次定期会晤，但未就价格达成一致，谈判接近破裂。

2012年6月：俄总统普京访华，中俄油气谈判重启。

2012年12月："俄气"和中石油证实达成西线项目意向，商定就互惠决策展开对话。

2013年3月：中国国家主席习近平访俄，中石油和"俄气"签署了初步共识协议。

2013年10月：俄称与中石油基本商定了对华供气的定价公式，双方或在年底签署供气合同。

2014年4月：俄罗斯副总理德沃尔科维奇访华，"俄气"与中石油发表声明称，双方的供气合同谈判取得显著进展。

2014年5月：普京访华，中俄签署东线天然气合作协议。

资料来源　佚名. 独家揭秘中俄天然气谈判内幕：普京望离华前达成协议［EB/OL］.［2014-06-03］. http：//news.xinhuanet.com/world/2014-06-03/c_126572857.htm.有改动.

思考与讨论：

（1）在这场谈判中，中方的底线是什么？

（2）为什么说中俄双方天然气谈判是一场艰难而又共赢的谈判？

2）思考与训练

（1）如何实现谈判中的"双赢"？

（2）怎样理解谈判双方是问题的解决者而不是敌人或朋友？

（3）你在生活中常常扮演谈判者的角色吗？你能举一两个你参与过的谈判事例吗？

（4）国际商务谈判的原则有哪些？

（5）在国际商务谈判中，为什么要把人和问题分开？怎样才能做到把人和问题分开？

任务 2

认识沟通

课程思政要求

（1）进行社会主义核心价值观教育。

（2）进行爱国主义教育。

（3）开展诚信教育、法律意识教育和道德意识教育。

（4）塑造职业形象、提高职业素养。

（5）促进学生全面发展。

导学案例　　　　　　　　土著人的最高礼节

有一天，哈佛商学院的一位教授接到一位非洲土著用电烙刻出的请柬，邀请他到非洲讲授部落的竞争力战略。

教授为了表示对土著人的尊敬，准备了好几套西装。土著人为了表示对文明国度知名教授的尊敬，准备按照部落至高礼节欢迎。

讲课的第一天，教授西装革履地出现在土著人面前，讲了一整天，一直在冒汗。为什么呢？原来土著人以最高礼仪在听课——男女全部一丝不挂，只戴着项圈，私处也只遮盖着树叶，在下面黑压压地站成一片。

第二天，教授的讲课同样也是一个冒汗的过程。为了入乡随俗，教授也脱得一丝不挂，只戴了个项圈，私处也只遮盖着树叶；但是土著人为了照顾教授的感情，吸取了头一天的教训，全部西装革履地出席。

直到第三天，双方做了很好的沟通，台上台下全穿西装，竞争力战略的讲授才顺利地进行下去。

资料来源　佚名. 哈佛教授的第三天［EB/OL］.［2011-02-15］. http://zuowen.chazidian. com/zuowensucai5308/.

问题：

（1）根据本案例中的信息，谈谈沟通的作用何在。

（2）本案例对你有何启示？

任务目标

（1）了解沟通的内涵、种类以及沟通的要素。

（2）熟悉沟通的过程。

（3）明确沟通障碍产生的原因并能予以克服。

（4）把握商务沟通的内涵、原则和发展趋势。

2.1　沟通

1）沟通的内涵

沟通是各种技能中最富有人性化的一种技能。社会就是由人互相沟通所形成的网络。沟通贯穿于人们的一切活动之中，人们已经习惯于生活在沟通的汪洋大海中，很难设想，要是没有沟通，人们该怎样生活。美国相关机构曾经对25名优秀的管理人员做过调查，发现他们76%的工作时间是用于非正式接触的。在现代信息社会中，管理人员对信息的搜索、加工和处理能力已经成为决定其职场竞争力的关键因素。要成为一个优秀的管理人员，必须具备良好的沟通能力。

所谓沟通，就是发送者与接收者之间为了一定的目的，运用一定的符号所进行的信息传递与交流的过程。沟通过程涉及沟通主体（发送者和接收者）和沟通客体（信息）的关系以及信息发送者为影响接收者而使用的语言或非语言的行为。在沟通过程中，信息以怎样的方式被传送，又如何传递给接收者，接收者如何解读信息，信息最终以怎样的方式被理解，都与沟通过程中主体的语言行为息息相关。具体来说，要正确理解沟通的含义，可以从下述几点来把握：

（1）有效的沟通既要传递事实，又要传递发送者的价值观及个人态度。

（2）有效的沟通意味着信息不仅被传递，而且还要被理解。

（3）有效的沟通在于双方能准确理解彼此的意图。

（4）沟通是一个双向动态的反馈过程。这种反馈并非一定要通过语言表现出来，接收者也可以通过其表情或目光、身体姿势等形式将信息反馈给发送者，从而使发送者得知接收者是否接收与理解了其所发出的信息，并了解接收者的感受。

2）沟通的种类

（1）按照组织系统划分，沟通可分为正式沟通和非正式沟通。

第一，正式沟通。其包括以下几种类型（如图2-1所示）：

● 链式沟通。在链式沟通中，居于两端的人只能与邻近的一个成员联系，居中的人则可分别与临近的两人沟通信息。

● 轮式沟通。其沟通网络在组织中代表一个主管直接管理部属的权威系统。

● 圆式沟通。此形态可以看成是链式沟通形态的一个封闭式控制结构，表示5个人依次联络和沟通。其中，每个人都可同时与两侧的人沟通信息。

● 全通道式沟通。这是一个开放式的网络系统，其中每个成员之间都有一定的联系，彼此可随时沟通。此方式集中化程度很低。

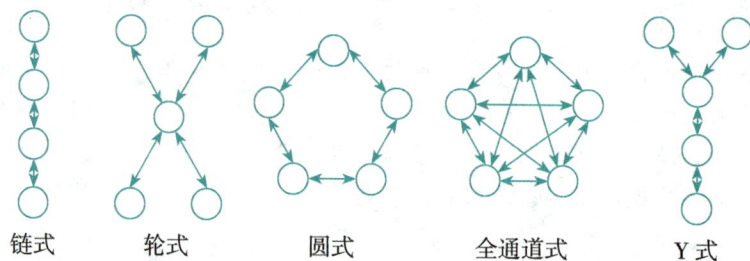

图 2-1　正式沟通类型

● Y 式沟通。在该形态中，只有一个成员位于沟通网络的中心，成为沟通的媒介。在组织中，这一网络大体相当于从组织领导、秘书班子再到下级主管人员或一般成员的纵向关系。

各种正式沟通方式的比较见表 2-1。

表 2-1　　　　　　　　　　　　各种正式沟通方式的比较

沟通的特点	链式	轮式	圆式	全通道式	Y 式
解决问题的速度	稍快	快	慢	快	中
正确性	高	高	低	中	高
领导者的突出性	相当显著	非常显著	不显著	无	中
士气	低	非常低	高	高	中

第二，非正式沟通，其包括以下几种类型（如图 2-2 所示）：

● 单线式。其传播方式是通过一连串的人，把信息传播给最终的接收者。

● 集束式。其传播方式是把信息有选择地告诉自己的朋友或有关的人，这是一种藤式的沟通传递。

● 偶然式。其传播方式是按偶然的机会来传播信息，有些人未接收到信息。这与个人的交际面有关。

● 流言式。其传播方式是一个人主动将信息传播给所有与他接触、交往的人。

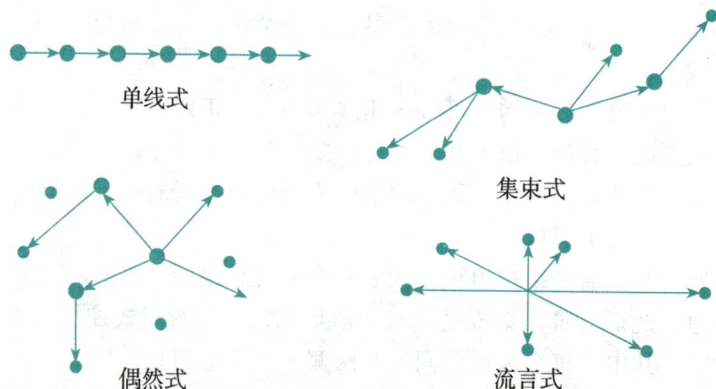

图 2-2　非正式沟通类型

（2）按照信息传递的方向划分，沟通可分为向上、向下、平行和斜向沟通。

向上沟通是指居下者向居上者陈述实情、表达意见，即我们通常所说的下情上达，如臣对君、子对父、下属对上司的沟通等。向下沟通与向上沟通正好相反，是居上者向居下者传达意见、发号施令等，即我们通常所说的上情下达。平行沟通是指同阶层人员的横向联系，如公司内部同级部门之间都需要平行沟通，以促进彼此间的了解、加强合作。平行沟通的目的是交换意见，以求心意相通。

这三种方向的沟通，对任何人而言都是常用的，而且流动的方向并非一成不变，而是随着具体情况的不同而随时改变。

沟通小案例 2-1　　　　　　　　　　　　　　　　**小孩子的"磨功"**

有个小孩要出去玩，妈妈正在厨房忙，没好气地说："不准出去！"

"为什么？"小孩问。

"不为什么！不准就是不准！"妈妈说。

"为什么？"小孩又问。

"不为什么！就是不准！"

"为什么？"小孩又问。

"不为什么！"

"为什么？"小孩又问了好几遍。

妈妈实在受不了了："好啦，好啦，你出去玩吧！"

分析提示 2-1

资料来源　佚名．沟通是什么［EB/OL］．［2018-07-01］．https://wenku.baidu.com/view/b187f202bed5b9f3f90f1c9a.html.

（3）按照是否进行反馈划分，沟通可分为单向沟通和双向沟通。单向沟通和双向沟通的比较见表 2-2。

表 2-2　　　　　　　　　　　　　　单向沟通和双向沟通的比较

特点 \\ 类型	速度	准确性	传递者	接收者	干扰	条理性	反馈
单向沟通	快	低	压力小	无信心	小	有条理	无
双向沟通	慢	高	压力大	有信心	大	无条理	有

沟通小故事 2-1　　　　　　　　　　　　　　　　**父亲与女儿的沟通**

一个女儿对父亲抱怨事事都那么艰难。她不知该如何应付生活，有点自暴自弃。她已厌倦抗争和奋斗，好像一个问题刚解决，新的问题就又出现了。

她的父亲是位厨师，他把她带进厨房。父亲先往三只锅里倒入一些水，然后把它们放在旺火上烧。不久锅里的水烧开了。他往第一只锅里放些胡萝卜，第二只锅里放入鸡蛋，最后一只锅里放入咖啡豆。他将它们浸入开水中煮，一句话也没说。

女儿咂咂嘴，不耐烦地等待着，想知道父亲在做什么。大约 20 分钟后，父亲把火关了，把胡萝卜捞出来放入碗中，把鸡蛋放入另一个碗内，然后又把咖啡倒在一个杯子里。做完这些后，他才转身问女儿：“亲爱的，你看见什么了？”“胡萝卜，鸡蛋，咖啡。”她回答。

他让她靠近些并让她用手摸摸胡萝卜。她摸了摸，注意到它们变软了。父亲又让女儿拿起鸡蛋并打破它。将壳剥掉后，她看到的是一只煮熟的鸡蛋。最后，他让她喝那杯咖啡。品尝到香浓的咖啡，女儿笑了。她怯声问道：“父亲，这意味着什么？”

他解释说，这三样东西面临同样的逆境——煮沸的开水，但其反应各不相同。胡萝卜入锅之前是强壮的、结实的，毫不示弱，但进入开水后，它变软了、变弱了。鸡蛋原来是易碎的，它薄薄的外壳保护着它呈液体的身体，但是经开水一煮，它的身体变硬了。而粉状咖啡豆则很独特，进入沸水后，它们倒改变了水。“哪个是你呢？”他问女儿，“当逆境找上门来时，你该如何反应？你是胡萝卜，是鸡蛋，还是咖啡豆？”

资料来源　佚名. 故事［EB/OL］.［2019-03-18］. https://www.douban.com/note/710788785/.

3）沟通的准备与过程

（1）沟通的准备。沟通双方需要交换信息，发送信息的时候要明确发送的方式、发送的内容和发送的地点。为了提高沟通效率，需做如下准备工作：

第一，明确沟通目的。凡事预则立，不预则废。在与他人沟通之前，心里一定要有一个明确的目的，如想得到客户的约见、想给客户留下良好的印象、想使客户对公司的产品感兴趣等。毫无目的的沟通只能算作闲聊，当然闲聊也是沟通，也有目的，如休闲、娱乐等，但这不是有效的工作沟通。

第二，制订沟通计划。明确了沟通的目的后就要有较为详细的计划，包括怎样与他人沟通，先说什么，后说什么。如果情况允许，最好列一个表格，把与沟通有关的内容（如要达到的目的、沟通的主题、方式、时间、地点、对象和一些注意事项等）都列举出来。实践证明，计划制订得越充分，沟通的效果就越好。

第三，预测可能遇到的异议和争执。俗话说，世界上没有两片完全相同的树叶，自然也不可能存在两个观点、信念完全相同的人。心心相印的至亲好友之间都会产生大大小小的分歧，何况在工作中接触的都是同事甚至是陌生人。所以，对于可能出现的异议和争执，首先要有充分的心理准备；其次要根据具体情况对其可能性进行尽可能准确的预测，可以根据所掌握的沟通内容和沟通对象等的具体情况自己作出预测，这有利于提升沟通效果。著名的SWOT分析法在一定程度上明确了沟通所需确认的基本分析要素，这些要素包括：S——strength（优势），W——weakness（劣势），O——opportunity（机会），T——threat（威胁）。通过对这些要素的分析，最终较为准确地把握双方的优势、劣势，设定一个更合理的目标或者说沟通各方都能够接受的目标。

沟通的主要目标归类情况见表2-3。

（2）沟通的过程。它是指发送者将信息通过一定的渠道传递给接收者的过程。沟通过程如图2-3所示。

沟通的具体步骤如下：

第一步，发送者获得某些观点或事实（即信息），并且有传送出去的意向。

表2-3 沟通的主要目标归类

功能	取向	目标	理论及研究焦点
表达感情	感情	提高组织角色的接受程度	满足、冲突、紧张、角色
激励士气	影响	致力于组织目标的达成程度	权力、顺从、期望、行为改变、学习
信息传递	技术	供给决策所需资料的程度	决策、信息处理、决策理论
任务控制	结构	澄清任务及责任明确程度	组织设计

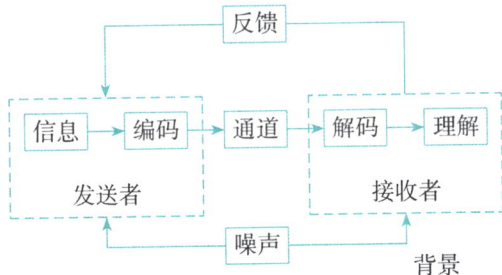

图2-3　沟通过程模式图

第二步，发送者将获得的观点、事实以言辞来描述或以行动来表示（即编码），力求不使信息失真。

第三步，信息通过某种通道传递。

第四步，接收者由通道接收到信息符号。

第五步，接收者将获得的信息解码，转化为其主观理解的意思。

第六步，接收者根据他理解的意思加以判断，以采取不同的反馈行为。

由此可见，一个看起来简单的沟通过程事实上包含许多环节，这些环节都有可能产生沟通障碍，从而影响沟通目的的实现。现在可以理解，为什么每天我们都有可能遇到因沟通而出现的误解、尴尬甚至是矛盾和冲突。

（3）沟通过程中的要素。要想取得沟通的最佳效果，首先必须把握沟通过程中的要素，这主要包括如下几方面：

第一，发送者与接收者。沟通的主体是人，任何形式的信息交流都需要有两个或两个以上的人参加。由于人与人之间的信息交流是双向的互动过程，所以，把一个人定义为发送者，而把另一个人定义为接收者，这只是相对而言的，这两种身份也可能发生转换。在信息交流过程中，发送者的功能是产生、提供用于交流的信息，是沟通的初始者，处于主动地位；而接收者则被告知事实、观点或被迫改变自己的立场、行为等，所以处于被动地位。发送者和接收者这种地位对比的特点对信息交流的过程有着重要影响。

第二，编码与解码。编码是发送者将信息转换成可以传输的信号的过程。解码就是接收者将获得的信号翻译、还原为原来的含义。编码与解码的过程是沟通成败的关键。最理想的沟通，应该是经过编码与解码两个过程后，接收者形成的信息与发送者发送的信息完全吻合。也就是说，编码与解码完全"对称"。"对称"的前提条件是双方拥有类似的知识、经验、态度、情绪和情感等。如果双方对信息符号及信息内容缺乏共同经验，则容易缺乏共同语言，那么就无法达到共鸣，从而使编码、解码过程不可避免地出现误差和障碍。

第三，信息。在沟通过程中，人们只有通过"符号-信息"的联系才能理解信息的真正含义。由于不同的人往往有着不同的"符号-信息"系统，因而接收者的理解有可能与发送者的意图存在偏差。

第四，通道。它是发送者把信息传递到接收者那里所借助的媒介物。口头交流的通道是声波，书面交流的通道是纸张，网上交流的通道是互联网，面对面交流的通道是口头语言与身体语言的共同表现。在各种通道中，影响力最大的仍是面对面的原始沟通方式。因为它可以最直接地感受到彼此对信息的态度与情感，因而，即使在通信技术高度发达的美国，总统竞选时候选人也总是不辞辛苦地四处奔波去选民面前演讲。

第五，背景。它是指沟通所面临的总体环境，任何形式的沟通都必然受到各种环境因素的影响。沟通的背景通常包括以下几个方面：

心理背景，即沟通双方的情绪和态度。它包括两方面内容：一是沟通者的心情和情绪，如兴奋、激动、悲伤、焦虑，不同的心情和情绪会影响沟通的效果。二是沟通双方的态度。如果沟通双方彼此敌视或关系淡漠，其沟通常常会由于偏见而出现误差，双方都较难准确理解对方的意思。

社会背景，即沟通双方的社会角色及相互关系。不同的社会角色及相互关系有着不同的沟通模式。上级可以拍拍你的肩头，告诉你要勤奋、敬业，但你绝不能拍他的肩头，告诉他要乐于奉献。因为对应于每一种社会角色及相互关系，无论是上下级关系，还是朋友关系，人们都有一种特定的沟通方式；只有采取与社会角色及相互关系相适应的沟通方式，才能得到人们的认可。

文化背景，即沟通者的价值取向、思维模式、心理结构的总和。通常，人们体会不到文化背景对沟通的影响。实际上，文化背景影响着每一个人的沟通过程，影响着沟通的每一个环节。当不同文化发生碰撞、交融时，人们往往能较明显地发现这种影响。例如，由于文化背景的不同，东西方在沟通方式上存在着较大的差异：东方重礼仪，多委婉；西方重独立、多坦率。东方多自我交流、重心领神会；西方少自我交流、重言谈沟通。东方认为和谐重于说服，西方认为说服重于和谐。这种文化差异使得不同文化背景下的管理人员在沟通时遇到不少困难。

物理背景，即沟通发生的场所。特定的物理背景往往会营造出特定的沟通气氛。如在能容纳千人的大礼堂进行演讲与在自己的办公室高谈阔论，其气氛和沟通过程是大相径庭的。而在嘈杂的市场听到一则小道消息与接到一个电话特意告知你一则小道消息，给你的感受也是截然不同的，前者显示出的是随意性，而后者体现的却是神秘性。

第六，噪声。妨碍信息沟通的任何因素都可以称为噪声，噪声存在于沟通过程的各个环节。典型的噪声包括以下三个方面的因素：

一是影响信息发送的噪声：表达能力不佳、词不达意；逻辑混乱、艰深晦涩；知识经验不足，给解码造成困难；发送者不守信用、形象不佳等。

二是影响信息传递的噪声：信息遗失、外界噪声的干扰、缺乏现代化的通信工具进行沟通、沟通媒介选择不合理等。

三是影像信息接收和理解的噪声：知觉的选择性，使人们习惯于对某一部分信息敏感，而对另一部分信息"麻木不仁""充耳不闻"；接收者的选择性理解，使他们往往根据自己的需要对信息进行过滤，造成信息传递的差异化；信息量巨大，过犹不及，使接收者无法分清主次，对信息的解码处于抑制状态等。

第七，反馈，即将信息返回发送者处，并对信息是否被接受和理解进行核实。这是沟通过程的最后一个环节。通过反馈，信息交流变成一个双向的动态过程，这样双方才能真正把握沟通的有效性。如果反馈显示接收者接收到了信息并理解了信息的内容，这种反馈称为正反馈，反之则称为负反馈。反馈可以检验信息传递的程度、速度和质量。获得反馈的方式有很多种，直接向接收者提问，或者观察接收者的面部表情，都可获得其对传递信息的反馈。但只借助观察来获得反馈还不能确保沟通的效果，将观察接收者与直接提问法相结合能够获得更为可靠、完整的反馈信息。

沟通小故事2-2 　　　　　　　　　　　**董事长的疑虑**

有一次，董事长主持会议，由于他十分重视这次会议，因而对上级贵宾喜不喜欢打开窗户非常介意。打开窗户，恐怕外面的嘈杂声音会传进来，使得上级贵宾不耐烦；关闭窗户，又怕空气不够流通，影响上级贵宾的情绪。只要窗户的开启或关闭不合上级贵宾的意思，就可能会降低会议的效果。他又没有办法直接询问上级贵宾是把窗户关起来还是让它开着，因为问了等于白问，上级贵宾大多这样回答："随便，都可以。"

上级贵宾并不是没有主见，也完全不是客气，而是一旦回答得太肯定，大家会传话出去："好官僚，一定要把窗户关上，根本不管大家的感受。人那么多还要关窗户，真不知道是怎么想的。"或者是："官僚十足，董事长问他要不要关上窗户，他毫不客气地下命令：不用。打官腔打惯了，对谁都改不了，真是可怕。"无论怎么回答，对上级贵宾都很不利。

在这种情况下，董事长只好用眼睛看着那位有良好默契的干部某甲，某甲就会自行思索："有什么事情要我做呢？"他知道此时此地不宜发问，其实也用不着开口，他看看周遭的事物，想想可能的状况，很快就体会出董事长的用意，站起来走过去把窗户关好。这个行为由于不是出于董事长的指示，这时上级贵宾可以直言不讳地告诉某甲："不要关，开着比较好。"某甲回答："对，对，开着空气更流通。"这样，董事长心中的疑虑才一扫而空。

资料来源　佚名．人际关系与沟通［EB/OL］．［2015-11-16］．http://blog.sina.com.cn/s/blog_ea1b01e60102wb0m.html.

4）有效沟通的条件

（1）高情商是有效沟通的先决条件。长久以来，高智商一直被视为事业和生活方面成功的先决条件，后来人们发现仅凭高智商是远远不够的，情商在事业的发展和创造幸福生活中也扮演着重要角色。在美国，曾有人追踪过哈佛大学一些学生在中年的成就，从对薪水、生产力、社会地位等诸多方面的考察来看，在校考试成绩高的学生不见得社会成就就高。就一个40岁左右的中年人而言，智商与其当时的社会地位有一定的关系，但影响更大的是处理挫折、控制情绪、与人相处的能力。在社会中生存，每个人都必须面对纷繁复杂的关系网，情商高低决定了人一生的去向，与外界沟通的程度取决于人的情商高低。社会交际能力较差、不大"会来事儿"的人，常常感觉活得很累，他们活没少干、力没少费、辛苦没少搭，却常常事与愿违，得不偿失。纵使他们获得了足够的成功机会，最后也可能因不会交际而错失机会，功败垂成。因此，沟通能力的优劣可以决定一个人的成功与否，情商又决定沟通能力的优劣。要提高沟通能力，首先要提高情商。

（2）良好的文化素养是有效沟通的前提。沟通的信息是包罗万象的。在沟通中，我们不仅传递信息，而且还在表达情感、提出意见。要想有效地与人沟通，就必须具备一定的文化素养。沟通手段的运用、社交礼仪的展现、言语表达的技巧、处理问题的"度"的把握，都是一个人综合素质的体现。美国著名汉学家约翰·塞维斯在一篇刊登在《洛杉矶时报》的纪念文章中这样描写周恩来总理给人留下的印象："凡是见过周恩来的人，没有谁会忘记他。他精神饱满，富有魅力，长相英俊，这是原因之一。他给人的第一印象是他的眼睛，浓密的黑眉毛下边有一双炯炯有神的眼睛，在凝视着你。你会感觉到他在全神贯注地看你，会记住你和他说过的每句话。这是一种使人立即感到亲切的罕见的天赋。1941年在重庆第一次见到他时，我的感觉就是这样。在重庆和延安的那些日子里，同他谈话，每次都是思想、智慧的交锋，愉快得很。他文雅、和蔼、机警而不紧张，不会使人提心吊胆，幽默而不挖苦人或说话带刺。他能非常迅速地领会你的想法，但从来不在你表达遇到困难时表示不耐烦。他思维敏捷而不耍花招，言行如行云流水而不夸夸其谈，他总是愿意开门见山地谈问题，而又总设法寻找共同的见解。他在设法使我们趋向于赞同他对中国和世界事务的看法，他自己对这些看法是深信不疑的。但是他这样做，靠的是冷静的说理、清晰温和的措辞、广博的历史知识和对世界的了解及深入掌握的事实和细节。"文化素养决定着一个人的行为方式，也决定着一个人沟通能力的高低。

（3）语言表达能力是有效沟通的重要基础。人际沟通主要靠语言，语言表达能力和技巧直接影响着人际沟通的效果。提高语言表达能力首先要培养自己的语感。语感是指人对语言的感知和反应能力，也叫语言的触发功夫。语感强的人具有很强的语言感知能力和语言反应能力，前者是指当一连串线性结构的语流通过听觉或视觉传入自己大脑的时候，能迅速而准确地领会其含义；后者是指当某种事物或变故呈现在眼前，或某种意念产生于脑海时，能快捷地找到准确而生动的词语，并进行语言的编码，将其连贯有序地表达出来。清末的梁启超有一次到武昌讲学，拜访当时的湖广总督张之洞。张之洞自恃位厚爵显、才高学富，想难为梁启超一番，便出了个上联，让他答对："四水江第一，四时夏第二，先生居江夏，谁是第一？谁是第二？"这个问题很难回答：江淮河汉四水，长江排第一；春夏秋冬四季，夏天为第二。你梁启超来到我坐镇的江夏，谁居首位呢？梁启超自然听出了对方的倨傲之势，却又不好说自己居于对方之上。那么该怎么说呢？他稍加思索，便对出了下联："三教儒在先，三才人在后，小子本儒人，何敢在前？何敢居后？"如今人们日常沟通交谈，很少出题作诗、对对联了，但这种对语言的感知和反应如此之迅捷、精确和简练的智慧，确实是一个人应该掌握的。

提高语言表达能力还要注意语言表达的简洁、精炼，这是说话的基本功。它体现的是说话人分析问题的快捷和深刻程度，是其认识能力和思维能力高超的表现。它能使听者在较短时间内获得较多的有用信息，有助于博得听者的好感，也是说话人性格果断的表现。要做到这一点，头脑里必须储存一定量的材料，并且临场交流时能选用恰当的词语表达思想，思路清晰，层次分明。

提高语言表达能力也要注意语言表达的生动形象。生动形象是语言魅力的基本因素，能增强语言的感染力、吸引听众的注意力。要善于运用各种修辞方法，把深刻的道理寓于具体的事实中，使之通俗易懂。语言的幽默风趣能使你到处受欢迎。幽默也是一种智慧，是人的内在气质在语言运用中的外显，在人际沟通时能活跃气氛、化解尴尬。

此外，委婉含蓄这一语言技巧在交际中的作用也是很大的，是人际交往的缓冲术。在拒绝对方的要求、表达与对方不同的意见或批评对方时，可绕过一些难以直言的内容，维护对方的自尊、给对方留以面子。

沟通小故事 2-3   **孔子与颜回**

孔子被各地所聘，携众弟子讲学，但是迟迟得不到报酬。当时，孔子生活拮据，当地村民给了他们一些米粮，孔子想，这个米饭让谁来煮我才放心呢，他想到了大弟子颜回。颜回平日忠厚老实，不贪图小便宜，于是他就把煮米饭的任务交给了颜回，颜回欣然接受。过了一会儿，孔子忍受不了米饭香味的诱惑，便到厨房，刚到厨房门口，就看到了这样一幕，颜回正手抓着米饭，大口地吃着，孔子十分生气，自己最喜爱的弟子怎么会这样呢？孔子回到了书房，此时大弟子把米饭也端进了书房让师傅吃，孔子心想，我要考验他一下，看看颜回是否真的不懂尊师重道。于是，孔子就和颜回说："我们难得吃一回米饭，先祭祭祖吧！"古时，祭祖必须用干净的食物，如果食物被沾染了肮脏的东西，那就是对祖先的大不敬。当时，颜回一听要祭祖，扑通一声给师傅跪了下来，说："师傅不能祭祖，因为这些米饭已经被我抓过了，也吃过了。"孔子当时心中暗喜，想孺子还算可教，接着颜回说了一句让孔子非常震惊的话："因为厨房年久失修，又没有清理过，当我打开锅盖时，热气使棚上的灰掉到了锅里，米饭脏了，我想扔掉太可惜了，我把这些脏的吃掉，既可以让我吃饱，也可以让师傅您吃到干净的米饭，多好啊。"当时，孔子心中深深叹息，原来我亲眼看到的也不是真的。

资料来源　佚名．孔子沟通［EB/OL］．［2012-03-28］．https://wenku.baidu.com/view/2d4f8996daef5ef7ba0d3cc7.html.

5）沟通的基本原则

人们在社会生活中进行沟通和交往，不仅要有良好的、正当的动机，遵循普遍的社会道德规范，而且需要采取正确的方法并遵循一定的原则。

（1）尊重原则。人人都有自尊心，都有受人尊重的需要，都期望得到他人的认可、注意和欣赏。这种需要的满足会增强人的自信心和上进心；反之，则会使人失去自信，产生自卑感，甚至影响其人际交往。因此，在沟通中首先要遵循相互尊重的原则。这要求沟通者注意言行举止，尊重对方的人格和自尊心，尊重对方的思想感情和言行方式。这里既包括要善于运用相应的礼貌用语，如称呼语、迎候语、致谢语、致歉语、告别语、介绍语等；也包括遣词造句的谦恭得体、恰如其分，如多用委婉征询的语气；还包括平易近人、亲切自然的态度。当然，对对方的尊重不仅表现在沟通形式上，还表现在沟通中所交流的信息和思想观念上，即要把对方放在与己平等的地位上，以诚相待，摒弃偏见，讲真话。

沟通小故事2-4　　　　　　尊重是不分对象的

尊重是不分对象的，学会善待每一个人，有时你会得到意外的收获。福斯米德先生受命为公司新落成的办公楼采购320台空调机。他下决心要把这件事办好，一定要让领导满意。经过充分考虑，他决定在确定供货商之前，进行一次充分的调查。除了考察价格和质量之外，他认为还应该考虑供货方的售后服务情况。因为售后服务在成交之前只能靠对方的承诺来判断，可是仅凭承诺不足以规避风险。他要寻找一家真正关心顾客利益的销售商。对于那些只做"一锤子买卖"、对顾客的利益漠不关心的销售商，坚决不与他们合作。

于是，福斯米德先生开始走访空调专卖店和综合电器商场。他隐瞒了自己的身份，闭口不提购买空调机的事情。他一家一家地推开商家的店门，当那些满脸笑容的店员问他是否要购买空调机的时候，他就立即告诉他们说："不，我只是想为家里那台空调机配一个空调罩。不知你们能否卖给我一个？"

在听到他的话之后，几乎所有的店员都立即将脸上的笑容冷却下来，他们对这种小买卖没有丝毫的兴趣，福斯米德对他们的态度变化早有心理准备。

后来，他只好扩大自己的走访范围。他在一家规模稍小的空调店受到了自始至终的热情对待。那家商店的店员并没有表现出不耐烦，他们很热情地向他推荐了各种款式的空调罩供他选择。几天之后，福斯米德把一笔巨额订单交给了这家愿意卖给他空调罩的商店，并允许商店在两个月之内把320台空调机分3批送到他们公司。对这家商店而言，仅仅是因为对一位只是想购买一个空调罩的顾客热情相待而意外地获得了一份巨额订单。

尊重每一个来访的人，是这家商店赢得福斯米德先生信任的秘诀。这是一个再简单不过的秘诀，但是世界上90%的人却忽视了其中的道理。

资料来源　张韬，施春华，尹凤芝. 沟通与演讲［M］. 北京：清华大学出版社，2010.

（2）简洁原则。宝洁公司对简洁原则作了具体规定，如交给高级经理审阅的文件每份不得超过两页。良好的人际沟通追求简洁，主张用最少的文字传递大量的信息。无论对谁，沟通简洁都是一个基本点。每一个人的时间和精力都是有价值的，没有人喜欢不必要的烦琐交谈、没完没了又毫无结果的会议。

（3）理解原则。它要求沟通者善于换位思考，站在对方的立场上设身处地地考虑，体会对方的心理状态与感受，这样才能产生与对方趋向一致的共同语言。同时，还要耐心、仔细地倾听对方的意见，准确领会对方的观点、意图和要求，这既可以表现出对对方的尊重和重视，也可以更加深入地了解对方。

沟通不仅是信息的传递，更是对信息的理解和把握，准确地理解信息的意义才是良好的沟通。理解又是人际沟通的润滑剂，凡事一被理解就顺畅了。我们常说"理解万岁"，懂得理解的人，他的沟通能力一定很强，会受到普遍欢迎。

沟通小故事2-5　　　　　　　　　　　　　　　　理解万岁

一家电梯公司与某酒店订有维修合同。酒店经理不愿让电梯一次停2个小时以上，因为这样会给客人造成不便，但这次维修起码需要8个小时。电梯公司的代表给酒店经理打了电话，不过他并没有在时间上讨价还价，而是说："我知道你们酒店生意很好，不愿让电梯停太长时间，这样会给客人造成不便，我理解您的忧虑，我们一定尽力使您满意。可是我们检查后发现需要大修，否则将会带来更大的损坏，那样电梯可能得停更长时间了。我想您更不愿给客人造成几天的不便吧。"最后经理同意停8个小时，这较停几天更可取一些。正因为电梯公司的代表对经理方便客人的立场表示理解，才能够说服经理接受他的建议，而没有引起经理的不悦。

资料来源　张韬，施春华，尹凤芝. 沟通与演讲［M］. 北京：清华大学出版社，2010.

（4）宽容原则。人际沟通中双方要心胸开阔、宽宏大量，把原则性和灵活性结合起来，只要不是原则性的重大问题，应力求以谦恭容忍、豁达超然的态度来对待各种分歧、误会和矛盾，以诙谐幽默、委婉劝导等与人为善的方式来缓解紧张气氛，消除隔阂。事实证明，沟通中心胸开阔、态度宽容、谦让得体、诱导得法，会使沟通更加顺畅，并赢得对方的配合与尊重。

沟通小故事2-6　　　　　　　　　　　　　　　　建在北极极点

贝聿铭是著名的华裔建筑设计师，在一次正式宴会中，他遇到了这样一件事：当时嘉宾云集，他的邻桌坐着一位美国百万富翁。在宴会中，这个百万富翁一直在喋喋不休地抱怨："现在建筑师不行，都是蒙钱的，他们老骗我，根本没有水准。我要建一个正方形的房子，很简单嘛，可是他们做不出来，他们不能满足我的要求，都是骗钱的。"贝聿铭听到后，风度非常好，没有直接反驳这位百万富翁，他问："那您提出的是什么要求呢？"百万富翁回答："我要求这个房子是正方形的，房子的四面墙全朝南！"贝聿铭面带微笑地说："我就是一个建筑设计师，您提出的这个要求我可以满足，但是我建出来这个房子您一定不敢住。"这个百万富翁说："不可能，你只要能建出来，我肯定敢住。"贝聿铭说："好，那我告诉您我的建筑方案，在北极的极点上建这座房子，因为在极点上，所以各个方向都是朝南的。"

（5）准确原则。良好的人际沟通是以准确为基础的。所谓准确，是指沟通所用的符号和传递方式能被接收者正确理解。在沟通中，典型的不准确信息有：数据不足，资料解释错误，对关键因素不了解，存在没有意识到的偏见，以及对信息的夸张传递等。如果传递的信息不准确、不真实，不仅会给沟通造成极大的障碍，还会失去对方的信任和理解。因此，为了保证沟通的准确性，在信息收集过程中应注意选择可靠的信息来源，用准确的语言或精确的数字客观地记录原始信息；在信息加工过程中，应采用科学的方法，尽可能排除人为因素（如加工者的主观偏见、智力或技术水平的不足）对信息内容及其价值的客观性的干扰。

（6）及时原则。坚持沟通的及时原则，就是要求在信息传递和交流过程中一定要注意信息的时效性，既要注意传递信息的主要内容，又要注意信息产生作用的时间、范围及条件，做到信息及时传递、及时反馈，这样才能使信息不因时间问题而失真。

（7）坦诚原则。坦诚就是以诚相待，"精诚所至，金石为开"。"诚"的核心是为人处世讲究忠诚老实、光明磊落，力求做到说话、办事实事求是、襟怀坦荡，不隐瞒自己的思想观点，有什么讲什么，是非分明；在与人相处中敢于坚持真理、伸张正义、主持公正、言而有信、遵守诺言。

沟通小故事2-7　　　　　　　　　　　　　　　　真　诚

日本企业之神、国际化电器企业松下电器公司的创始人松下幸之助有句名言："伟大的事业需要一颗真诚的心与人沟通。"松下幸之助正是凭借这种真诚的人际沟通艺术，驾轻就熟地与不同职业、身份、地位的客户交往，赢得了他人的信赖、尊重和敬仰，使松下电器成为全球电器行业的巨人。

有人做过一项统计，从描述人品的词语中选出你认为最重要的几个，真诚被排在了第一位。崇尚真诚是时代的主旋律。真诚既然是人心所向，在沟通中我们就应该坚持它。沟通最基本的心理保证是安全感，没有安全感的沟通交往是难以进行的，只有抱着真诚的态度与人沟通，才能得到令人满意的效果；一个人如果不善言辞，但有真诚就足够了，没有什么比真诚更能打动人。

在西方经济萧条时期，有个女孩子好不容易找了份工作，在一家首饰店做销售员。一天早晨清扫时，她不小心打翻了首饰盒，六枚戒指只找回了五枚。这时她发现有位男青年匆匆向门口走去，女孩凭直觉断定准是他捡走了，因为早晨首饰店里人很少。女孩子赶上去叫住了他，很真诚地说："您知道现在工作很难找，这是我的第一份工作，家里还有母亲等我赡养。"男青年顿了一会儿，跟她握了一下手（戒指在手里），说："祝你好运！"女孩子用真诚打动了他。

资料来源　张韬，施春华，尹凤芝. 沟通与演讲［M］. 北京：清华大学出版社，2010.

（8）谦虚原则。谦虚是我国的传统美德，也是搞好人际关系的一条重要法则。在与人沟通、交往时，切不可自以为是，认为自己比别人强，摆出一副高高在上、盛气凌人的面孔；否则，不仅得不到他人的好感，还很难与他人合作共事。

（9）灵活多变原则。人际关系是一个复杂的系统，沟通和交往的形式、方法也要以变应变，即对不同的人和事要采取不同的对待方法，不能固守教条，要具体问题具体分析，灵活多变，讲究策略。

（10）渐进原则。人际交往一般都有一个逐步发展的过程，即分初交、常交和深交三个阶段。在三个不同的交往阶段，应该把握不同的交往尺度。在初交阶段，常有拘谨、别扭等不自然的感觉，此时要注意消除不安、紧张和胆怯的情绪，也要注意不能无休止地表达自己的观点，防止初次交往就给人留下不好的印象。进入常交阶段后，随着交往次数的增多和友谊的增强，应注意观察和了解对方的情况，特别是性格、兴趣和爱好等方面，寻找和发现双方的共同点、共鸣点，加固友谊的基础。到了深交阶段，双方在长期的接触中会产生深厚的友谊，一旦有了这种友谊，应该倍加珍惜。

（11）互动原则。沟通是互动的，不是一方的事，需要双方共同参与。有传递有反馈，有说有听，才有双方意见的交流，在来来回回的互动中达成共识。那么，如何实现互动呢？共享说话权利是互动的前提。在与人交谈时，口齿伶俐固然是件好事，但是用之过度，独自一人滔滔不绝地大发评论，就是不识趣了。谈话不该一个人唱独角戏，每个人都有表现的本能欲望，所以共同支配时间对沟通尤为重要。要尽可能长话短说，言简意赅。给他人时间，听听他人的高见，既是对对方的尊重，也会让你有所收获。克林顿就说过，他在倾听他人的讲话时能学到很多东西。此外，在交流时，不要只是谈论你自己，更不要自我吹嘘，这种炫耀会影响你的形象，必要的神秘感反倒会增添你的魅力。

在沟通时，不要总是谈论自己，尤其是在众人聚会的场合，最糟的莫过于将所有话题都集中在自己身上。只要场合及语法恰当，应尽可能用"你（您）"做每个句子的开头。这样会立刻抓住听者的注意力，同时能得到他人正面的回应。

要想得到对方的反馈，需要有一定的策略。美国前总统罗斯福的方式很简单，就是在与人接触的前一个晚上，花点时间研究一下客人的背景。等到见面时，共同的话题就会源源不断，谈话自然让对方兴趣盎然。在这种氛围中，沟通就能更顺畅。

将自己的愿望变成对方的，就能达到双赢。威森为一家画室推销草图，他经常去拜访一位著名的服装设计师，设计师从不拒绝接见，但也从来不买他的东西。威森在一次次失败后，改变了思路，他把未完成的草图带到服装设计师的办公室："如果您愿意的话，希望您帮我一个小忙，这是一些尚未完成的草图，能否请您告诉我，我们应该如何完成它们才能对您有所帮助？"威森说。这位服装设计师默默地看了那些草图一会儿，然后说："把这些草图留在我这儿几天，然后再回来找我。"三天以后威森又去了，获得了服装设计师的某些建议，取了草图回到画室，按照服装设计师的意思把它们修饰完成。结果呢？全部被接受了。

6）沟通的障碍

沟通的过程就是人与人之间信息、思想感情交流和行为互动的过程。在现代社会，沟通的范围不断扩大，沟通的频次不断增加，沟通的水准不断提高，因而沟通的障碍因素也比以往更复杂。分析和研究沟通的障碍因素，对调节人们的沟通行为、搬掉沟通过程中的"绊脚石"、克服障碍，具有重要意义。

（1）心理障碍。现实中有很多因素会成为人际沟通的障碍。在这些障碍中，表现最为突出的是人际间的心理障碍。人的兴趣、态度、情绪、思想、性格、价值等因人而异，这些差异使人们在沟通中很容易带上主观成分，自觉不自觉地用自己的观点对信息加以过滤，从而有意无意地使信息歪曲，给人际沟通造成不同程度的危害。

其一，知觉障碍。在人际沟通中，我们认知对象时，经常会出现不同程度的知觉障碍，最常见的有第一印象、晕轮效应和刻板印象。

● 第一印象。心理学家做过这样一个试验，让被试者看两种性格类型：

性格A：聪明—勤奋—易冲动—爱批评—顽固—嫉妒心强

性格B：嫉妒心强—顽固—爱批评—易冲动—聪明—勤奋

试验结果表明，人们对性格A有好印象。其实，性格A和性格B的内容完全一样，只是顺序不同罢了。这表明：当不同信息结合在一起时，我们总是倾向于前面的信息，而忽视后面的信息；即使人们同样注意后面的信息，但也会认为后面的信息是非"本质的""偶然的"。这就是第一印象的作用。所谓第一印象，是指在人际沟通中，人们对第一次经历的事件往往留下深刻的印象，成为一种心理定式而难以改变。

第一印象是有层次的。当一个人在商店享受到某个营业员的热情服务时，他所得到的不仅是对这个营业员的印象，还包括对整个商店的印象；当一个人千挑万选地购回一台洗衣机，刚一使用就发现有毛病时，他对这台洗衣机、这一品牌、这一生产厂家的不良印象也许就再也无法挽回了。第一印象除了有层次性外，还有广泛性、拖延性，因此难免以偏概全，妨碍人们准确地、全面地认识事物。当然，第一印象也不是不能改变的。随着人与人相互交往的加深，还可以修正第一印象，最后给对方以客观、公正的评价。

● 晕轮效应。所谓晕轮效应，是指从对象的某种特征推及对象的总体特征，从而对对象产生美化或丑化印象的一种心理定式。称之为晕轮效应，是因为它像月晕一样，会在真实的现象面前产生一个更大的假象：人们隔着云雾看月亮时，在月亮外面有时还能看到一个光环，这个光环是虚幻的，只是月亮的光通过云层中的冰晶所折射出的光现象，事实上并不存在这样一个物质的、真实的光环。晕轮效应也和第一印象一样普遍。人们走进礼品店，选购的往往是包装精美、价格偏高的礼品。因为精美的包装、偏高的价格往往使人产生晕轮效应，认为里面的东西会像精美的包装一样好，会和偏高的价格相一致。在公共关系中，名片越印越精致、品种款式越来越多，出现了所谓的名片效应，有些人甚至被这种现象所迷惑，这其实是晕轮效应的典型范例。

晕轮效应是一种以偏概全的主观心理臆测，其错误在于：第一，它容易抓住事物的个别特征，习惯以个别推及一般，就像盲人摸象一样，以一点代替全面；第二，它把并无内在联系的一些个性或外貌特征联系在一起，断言有这种特征就必然会有另一种特征；第三，它说好就全面肯定，说坏就整体加以否定，这是一种受主观心理影响很大的认识障碍。

● 刻板印象。所谓刻板印象，是指在人际沟通中，人们对某个群体或事物形成的一种概括而固定的看法。生活在同一地域和同一文化背景中的人们，常常表现出许多的相似性，如同一个民族和国家的人有着大致相同的风俗习惯。职业、年龄、地域相同的人，在思想、行为等方面也都较为接近。例如，商人大多是较为精明的；知识分子一般是文质彬彬的；山东人直爽、乐于助人，而上海人灵活、善于应酬等。以上这些相似的特点被概括地反映到人们的认识当中，并被固定化，便产生了刻板印象。

刻板印象一旦形成，具有非常高的稳定性，很难被改变。即使与其相反的事实出现，人们也倾向于坚持它，而非否定或修改事实。刻板印象具有一定的消极作用，它使人们的认识僵化和停滞，阻碍人们接近新事物、开拓新视野。持有刻板印象的人在判断他人时把群体所具有的特征都附加到他身上，也常常导致过度概括的错误。显然，知识分子未必个个都文质彬彬，上海人也不见得个个都善于应酬。

其二，心理品质障碍。这包括自卑心理、害羞心理、嫉妒心理等。

● 自卑心理。自卑是指个人由于某些生理或心理缺陷及其他原因（如智力、记忆力、判断力、气质、性格、技能等欠佳）而产生的轻视自己，认为自己在某个方面或某几个方面不如他人的心理。具有自卑心理的人往往缺乏自信，在交往活动中想象成功的经验少，想象失败的体验多。这种情绪在与权威、长者、名人交往时，表现得更为突出。自卑是一种消极的心理状态，在人与人的交往中有着严重的阻碍作用，往往使沟通双方难以形成一种平等的对话，进而影响彼此真情实感的交流。严重者，会失去交往的愿望，成为一个性格孤僻的人。

自卑心理一般表现为一种自我否定的心理定式，包括对自身的否定和对社会组织的否定，认为样样比不过别人，自暴自弃，不能正确地评估、判定自己所代表的社会组织，对人际沟通的期望值很低，把需要沟通的对象限定在狭小的范围内，以与熟悉的人交往为满足，而不想去开辟新的交往渠道、建立新的交往空间、扩充新的公众队伍。

自卑心理形成的原因是多方面的。从主观方面讲，有两个原因：一是对自己的期望值不高，把自己的交往局限在小圈子里，行动上畏缩不前，当遇到新的交往情境时，总是害怕失败，担心遭到他人的耻笑和拒绝；二是某些生理上的短处容易导致自卑，如残疾、长相不佳等。从客观方面讲，也有两个原因：一是家庭背景因素，二是社会地位因素。这两方面情况较差也易导致自卑，如四处碰壁，挫伤了积极性而产生自卑心理。

怎样克服自卑心理呢？一要正确认识、恰当评价自己和组织的优势，树立自己代表的社会组织所特有的自豪感和自信心；要善于发现自己的长处、肯定自己的成绩，不要把他人看得十全十美、把自己看得一无是处，应认识到他人也有不足；经常回忆那些经过努力而成功的事情，对一些没做好的事情进行自我暗示，如"不要紧，别人也不见得就能做好，自己再努力一把也许会把事情做好"。另外，注意发现他人对自己好的评价。每个人总是以他人为镜子来认识自己的，不是所有的人都会对自己作出较低的评价的。赏识、理解、了解自己的人总是有的，关键是要自己去捕捉，将捕捉到的好的评价作为自我评价系数，以增强自信心，克服自卑心理。二要塑造自己坚强的性格。一个人被自卑心理所困扰，丧失进取心，通常与其性格怯懦、意志薄弱有关，而那些自信心强、勇于进取的人，往往性格比较开朗、大胆、意志坚强。对已露出自卑苗头的人来说，要注意通过锻炼、自我教育等方法，培养自己坚强的性格，增强性格的独立性，摆脱人们尤其是权威人士对自己的成见，使自己在交往中日益成熟起来。三要积极引导沟通对象给予必要的信息反馈，从反馈中体验成功。

● 害羞心理。害羞是人常见的心理障碍之一。虽然未必人人都像古诗中说的那样"千呼万唤始出来，犹抱琵琶半遮面"，但对初涉人际沟通领域的人来说，害羞是家常便饭。这种心理会产生腼腆的感觉，如紧张不安、扭扭怩怩，丧失认识公众的良机。

为什么会害羞呢？从心理学角度分析，有三个方面的原因：一是认识性害羞。这是由于人们认识自己时过分注重"自我"，总是担心和怀疑自己的言行不能得到他人的承认，生怕自己的言行被他人耻笑。这种心理状态加上缺乏临场经验，就使得一些人在人际沟通中特别是在自己不熟悉的环境中往往表现得害羞、胆怯。二是挫折性害羞。有的人以前并不害羞，他们活泼、开朗、善于交际，但由于种种主客观原因，连遭挫折，结果变得害羞、胆怯、消极被动。三是气质性害羞。害羞还与个人的气质类型有关。一般来说，性格内向和有忧郁气质的人，通常会害羞。

怎样克服害羞心理呢？一要多一些自信心。一个人一旦失去了自信，便会在沟通中显得手足无措。因此，要克服害羞心理，就要找回丢掉的自信心。在沟通中，即使遇到比自己强的人，也不要缩手缩脚，不敢将自己的能量释放出来。尺有所短，寸有所长，你的长处可能正是别人的短处。如果你能对自己有一个全面客观的评价，提高自信心，你就会在公众面前落落大方、潇洒自如。二要锻炼解决复杂问题的能力。怕沟通，主要是缺乏处理棘手问题的能力。因此，不妨主动地寻求外部刺激，鼓起勇气，向自己提出挑战，敢说第一句话，敢于迈出第一步，在沟通实践中发挥自己的交往技能，把可交往的沟通对象视为自己的重要工作对象。当迈出第一步后，你就会感觉这道障碍不过如此，很容易超越。三要注意成功的积累。要善于从小事做起，总结成功的经验。哪怕是小小的成功，对克服自卑心理也是十分有益的。为此，要不断分析、总结以往沟通工作的经验教训，挖掘出富有积极意义的正面材料，激发交往成功的愉快体验，从而强化自身的沟通意识，增强沟通的勇气和信心。四要充分做好沟通前的准备工作。由于自卑心理的作用，人在沟通过程中，自己说什么、做什么等社交行为往往很难给人留下简明清晰的印象，焦虑、恐慌随之产生。克服的根本办法是：准备充分，不断收集社会组织与公众等方面的信息；在沟通开始之前，将如何开场、如何发问、发问的具体内容、要解决的核心问题、可能出现的障碍、解决的办法等一系列问题，在心里预演一遍，直至滚瓜烂熟、如数家珍。另外，与陌生人接触以前，可以阅读有关材料，听介绍，看影片、录像等，这样"知己知彼"，在与他人交谈时就会踏实、自然、轻松自如、情绪稳定、侃侃而谈了。

● 嫉妒心理。古人把嫉妒这一消极心理状态视若"灾星"。嫉妒古已有之，《三国演义》中"既生瑜，何生亮"的故事就是典型的一则。三国时期，周瑜面对诸葛亮的足智多谋和超人的军事才能，没有把嫉妒之情化为自己奋起的雄心，而是将"熊熊的烈火"喷射出来，伤害他人，屡屡失策，终于在"既生瑜，何生亮"的悲鸣中倒下，断送了自己的宏伟业绩。简单地说，嫉妒心理就是当个人的愿望得不到满足时对造成这种不满足的原因的一种怨恨。嫉妒心理是社交的大敌，它打击别人，贻误自己，腐蚀风气，以损人开始，以害己告终。由于嫉妒心理的作祟，一定范围内的人际关系可能因此而失去和谐，变得紧张起来。

在人际沟通过程中，嫉妒心理主要表现在三个方面：一是嫉妒他人利益上的满足；二是嫉妒他人各方面的进步；三是嫉妒他人的独创与改革。在嫉妒心理作用下，唯恐对方超过自己，因此，采用消极保守的方法对待对方，人为地阻止了相互间交往关系的发展。

怎样克服嫉妒心理呢？一要心胸开阔。加强个人道德品质建设，驱除以自我为中心的小团体主义和个人主义思想，努力使自己成为胸怀宽广、心地无私的人，"大肚能容，容天下难容之事"，显现出具有"大家风度"的社交风范，"以胸阔之海淹没嫉妒之舟"。二要端正认识。嫉妒心理常常是由错误的认识造成的，即你取得了成绩，便说明我没有成绩；你成功了，便是对我的威胁、对我利益的侵占，要注意摒弃这一不良认识。三要学会比较。善于从比较中学习他人的长处，从而克服自己的短处，而不是以己之长比人之短。四要自我反省。嫉妒时常是在不知不觉中产生的，故应时常反省一下，看看自己是否染上了不良情绪。如果你能够意识到自己在嫉妒，你就会控制或消除这种处于萌芽状态的情绪。

（2）文化障碍。它是指人们由于言谈举止、风俗习惯等的不同，在相互沟通时所产生的各种分歧和冲突。随着世界性市场的形成，人们在沟通中开始重视文化因素，正如美国《公共关系手册》中所指出的那样："对外关系的交恶，十有八九不是出于利益的冲突，而是语言文化、传统等方面的隔阂。"文化障碍包括如下方面：

其一，语言障碍。人与人之间的沟通主要是借助语言来进行的（包括口头语言和书面语言），而语言只是交流思想的工具，并不是思想本身，它只是用以表达思想的符号系统。由于人们的语言修养不同、表达能力不同，对同一种思想观念或事物，有的表达得很清楚，有的表达得不清楚。同样，对同一组信息，有人听后马上理解了，有人听来听去不知其所以然；有人听后作这样的解释，有人听后又作那样的解释。用各种不同的语言或者文字表达思想，往往会出现听不懂、曲解或断章取义的现象，形成语言障碍。例如，一位非洲国家的朋友来到中国的一家宾馆，用法语要求住一个单间，并说"我是部长"。由于服务员只懂几句常用的法语，对"我是部长"这一关键词语不熟悉，因而闹得很不愉快。可见，不同国度、不同民族之间的沟通会遇到语言上的障碍。实际上，即使在同一国度里的同一个民族，因地区不同，往往也会使人倍尝语音、语义不通之苦。侯宝林的相声中有过这样的描述：外地人到上海理发店理发，理发师说要"打打头"（理发的意思），把顾客弄得莫名其妙，从而闹出了不少笑话。

沟通小故事 2-8　　　　　　　　　　　　　　　　　　**一场灾难性差错**

第二次世界大战后期，日本的败局已定。1945 年 7 月 26 日，《波茨坦公告》发表，日本当局一看盟方提出的投降条件比他们原先想象的要宽大得多，便高兴地决定把公告分发给各报刊登载。7 月 28 日，铃木首相接见了新闻界人士，在会上公开表示他将"mokusatsu"同盟国的最后通牒。可惜这个词选得太不好了，首相原意是说他的内阁准备对最后通牒"予以考虑"，可是这个词还有另外一个意思，就是"置之不理"。事也凑巧，日本的对外广播机构恰恰选中了这个词的第二个意思并译成对应的英语"take no notice"。此条消息一经播出，全世界都听到了日本已拒绝考虑最后通牒，而不是正在考虑接受。消息播出后，美方认为日本拒绝公告要求，便决定对其予以惩罚。

8月6日，美军在广岛投下了威力巨大的原子弹。这真是一场灾难性差错，导致数万生灵涂炭！

资料来源　李占文，钟海. 人际沟通与交往［M］. 北京：科学出版社，2018.

要克服语言障碍，必须注意"三忌"：一忌夸夸其谈。不分对象、不分场合的夸夸其谈，极易造成语言障碍。二忌涉及敏感话题。对男士不问收入，对女士不问年龄。向别人提出敏感话题，极易造成对方的不快甚至终止交谈。三忌一知半解。有这样一个小故事：日本前首相森喜朗的英语说得不好，结果在接见来访的美国前总统克林顿时闹出了笑话。森喜朗与克林顿一相见，他马上向克林顿问好："How are you?"（你好！），结果由于他蹩脚的发音说成了"Who are you?"（你是谁?），克林顿不禁一愣，以为这是森喜朗的幽默，就也"幽他一默"说："I'm Hilary's husband."（我是希拉里的丈夫）。哪知森喜朗的英语听力也同样不行，他不假思索地回答："Me too."（我也是）。真是南辕北辙，令人大跌眼镜。对于外语，有的人不懂得词语的背景和使用场合，随便拿来就用，结果造成了误解。例如，法国巴黎某服装店在门口用英文写道"Have a fit"（请进来大发脾气），其实，服装店不过是想请顾客进店试穿一下，但由于不懂英语短语的特殊用法，生造了"Have a fit"这样的词句，就变成"大发脾气"了。

其二，观念障碍。观念属于思想范畴，由一定的经验和知识积累演化而成，是一定社会条件下人们接受、信奉并用以指导自己行动的理论和观点。不同年龄、不同阅历、不同社会背景的人，会有不同的观念，这种观念上的差异会成为他们之间沟通的障碍。例如，青年人认为老年人保守僵化，老年人认为青年人幼稚轻浮。

怎样克服观念障碍呢？一要了解他人的思想观念，正视分歧，然后再设法加强沟通，改变公众的思想观念；二要从自身角度消除一些消极的、跟不上时代潮流的思想观念，如封闭观念、极端观念等；三要克服思想僵化、故步自封的毛病，善于接纳进步的新观念；四要多站在沟通对象的立场上考虑问题，如要消除组织公共关系人员在与公众沟通时报喜不报忧、夸大成绩、避谈缺点、维护组织利益的偏狭观念，可开展"假如我是一名顾客（公众）"的活动，通过角色互换来消除双方的交往障碍。

其三，习俗障碍。习俗即风俗习惯，是在一定文化、历史背景下形成的具有固定特点的调整人际关系的社会因素，如礼节方式、审美传统等。习俗世代相传，是长期重复出现而约定俗成的习惯，虽然不具有法律的强制力，但对人们的行为和思想有相当大的约束力和影响，不可忽视。

忽视习俗因素往往会造成误解，导致沟通失败，甚至会使沟通对象大受伤害，再也不愿往来。曾有这样一件事：一天，六位外国海员来北京某饭店用餐。海员们胃口好，豪饮之际，那一盘盘端上来的菜肴如风卷残云，被一扫而空。唯有那条大黄鱼，只吃了上面的一半，下面的一半却没动。笑盈盈的服务员小姐见此情景，便热情地拿起公筷，把鱼翻了过来。想不到这几位海员勃然大怒，把筷子一摔，离席而去。这位服务员小姐一片好心，为什么反而触怒了海员呢？原来，海员长年在海上工作，最担心的是翻船，而把鱼翻个身，"翻"这个动作是他们最忌讳的。"忌讳"也是风俗习惯的一部分。

怎样克服习俗障碍呢？一要知俗。在与各类沟通对象尤其是同外国人打交道时，要注意了解他们的社会文化环境，了解其民情风俗、生活习惯、兴趣爱好、忌讳、节日等，掌握沟通对象的这些信息，会使自己成为适应不同风俗的行家里手。二要随俗。当与沟通对象特别是在外国与外国人交往时，要尊重其风俗习惯，做到入乡随俗，切不可把自己的习俗作为通行标准，强加于人。入乡随俗是对沟通对象的尊重，一定会赢得对方好感的。

其四，文化程度障碍。如果沟通双方的受教育程度、经验水平、文化素质和文明程度差距过大，信息接收者对信息的内涵不理解或不接受，也会造成沟通障碍。

沟通小故事2-9　　　　　　　　　　　　　　　　　　　**秀才买柴**

有一个秀才去买柴，他对卖柴的人说："荷薪者过来！"卖柴的人听不懂"荷薪者"（担柴的人）三个字的意思，但是听得懂"过来"，于是把柴担到秀才面前。秀才问他："其价如何？"卖柴的人听不大懂这句话的意思，但是明白"价"这个字，于是告诉秀才价钱。秀才接着说："外实而内虚，烟多而焰少，请损之（你的木柴质量不好，燃烧起来会浓烟多而火焰小，请减些价钱吧）。"卖柴的人因为听不懂秀才的话，于是担着柴走了。

资料来源　莫林虎. 商务交流［M］. 北京：中国人民大学出版社，2008.

（3）社会障碍。社会系统方面的沟通障碍有很多，这里主要探讨一下空间距离和组织结构。

其一，空间距离障碍。发送者与接收者空间距离过远、中间环节过多，就有可能使信息失真或被歪曲；传递工具不灵、通信设备落后，会造成接收者不了解信息内容；信息在传递过程中还会受到自然界各种物理噪声的干扰，更加重了沟通障碍。

怎样消除空间距离障碍呢？一要缩短距离。一方面，从缩短物理距离入手，尽可能地与沟通对象面对面地沟通，从而减少空间距离障碍；另一方面，从心理距离入手，运用各种媒介表达情意，打动沟通对象，如有的企业公关人员每到新年或客户过生日时都寄贺卡，以示祝贺，这就缩短了双方的心理距离。二要改善信息交流工具，实现信息传递的现代化。随着社会的发展，人们不断改善交流工具，开辟新的沟通渠道。如对讲机、录音邮件等各种信息交流工具的发明，以及航空、航海、铁路、公路等交通事业的发展，为人们进行远距离交往提供了方便。

其二，组织结构障碍。其主要表现在以下几个方面：

● 传递层次过多造成信息失真。组织结构庞杂、内部层次过多，往往会使信息传递每经过一个层次都产生差异，使信息失真或流失，积累起来，便会给沟通效果带来很大影响。

沟通小故事2-10　　　　　　　　　　　　　　　　**命令传递的过程**

据说历史上某部队一次命令传递的过程是这样的：

——少校对值班军官：今晚8点左右，在这个地区可能会看见哈雷彗星，这种彗星每隔76年才能看见一次。命令所有士兵穿野战服在操场上集合，我将向他们解释这一罕见的现象。如果下雨就在礼堂集合，我会给他们放一部关于彗星的影片。

——值班军官对上尉：根据少校的命令，今晚8点，76年出现一次的哈雷彗星将在操场上空出现。如果下雨，就让士兵穿着野战服列队前往礼堂，这一罕见现象将在那里出现。

——上尉对中尉：根据少校的命令，今晚8点，非凡的哈雷彗星将身穿野战服在礼堂出现。如果操场上有雨，少校将下达另一个命令，这种命令每隔76年才出现一次。

——中尉对上士：今晚8点，少校将带着哈雷彗星在礼堂出现，这是每隔76年才有的事。如果下雨，少校将命令彗星穿上野战服到操场上去。

——上士对士兵：在今晚8点下雨的时候，著名的76岁的哈雷彗星将军将在少校的陪同下，身着野战服，开着他那"彗星"牌汽车，经过操场前往礼堂。

经过五次传递，少校的命令已经变得面目全非，信息失真率达到90%以上。

资料来源　朱俊旭. 信息传递过程中"失真"的代价［EB/OL］.［2011-10-20］. http://www.docin.com/p-667127483.html.

● 沟通渠道单一造成信息量不足。这种沟通中的组织障碍主要是指信息的传递基本上是单向的——上情下达。组织结构的安排不便于从下往上提建议、商讨问题，因而送到决策层的信息量明显不足。

● 机构臃肿造成沟通缓慢。市场竞争要求组织迅速决策，迅速占领市场，而机构臃肿却造成组织与沟通对象沟通慢，这极不适应市场经济的要求。

消除组织结构方面的沟通障碍，对形成健康的社会舆论和风尚具有重要作用。我们应从自身做起，从每件小事做起，为消除组织结构方面的障碍作出脚踏实地的努力。

其三，社会角色障碍。这包括社会地位不同造成的障碍、社会角色不同造成的障碍、年龄差异造成的障碍和性别差异造成的障碍。

● 社会地位不同造成的障碍。居高位、掌实权的人物如果官僚主义作风严重，下属就会敬而远之，由此便阻塞了上下沟通的渠道。克服社会地位障碍的有效方法是发扬民主，干群广泛接触，经常对话，相互听取意见。

● 社会角色不同造成的障碍。在管理过程中，如果管理者不能以平等的态度对待下属，总喜欢用教训人的口吻与下属说话，那么他与下属之间就会产生隔阂，导致管理沟通的障碍。解决的办法是管理者发扬民主作风，对下属要尊重，有事一起商量，共同寻求解决问题的途径，这样才能实现有效沟通。

沟通小案例2-2　　　　　　　　　　　　　　对　话

分析提示2-2

老板：这项工作到现在都还没有完成！

雇员：我一直都在想办法，只是……

老板：不要强调客观原因，耽误工作造成的损失，从你这个月的薪水中扣除！

雇员：是，对不起，老板，我尽快吧。

资料来源　莫林虎. 商务交流［M］. 北京：中国人民大学出版社，2008.

● 年龄差异造成的障碍。年龄是人的阅历的体现和反映，是时代的年轮和缩影。不同年龄的人所处的时代不同、环境不同，就决定了每个年龄段的人无不带着其所处时代的烙印，因此其思想观点、行为习惯甚至世界观也有所差别，这正是人们所说的"代沟"。可以说，与不同年龄阶段的人沟通，代沟是主要障碍。

● 性别差异造成的障碍。由于性别差异，男性和女性有不同的语言表达方式和习惯。有研究表明：男性通过交谈来强调自己的身份，而女性通过交谈来改善人际关系。也就是说，男性的说和听是一种表达独立意识的行为，而女性的说和听是一种表示亲密的行为。因此，对许多男性而言，交谈主要是为了保持个体独立和维持社会等级秩序与身份；而对许多女性来说，交谈则是为了亲近而进行的活动，女性通过交谈寻求认同和支持。例如，男性经常会抱怨女性一遍又一遍地谈论她们的困难，女性则批评男性没有耐心听她们说。实际情况是，当男性听女性谈论问题和困难时，他们总是希望通过提供解决方案来表现他们的独立和对问题的控制；相反，女性则将谈论困难看作是拉近彼此距离的一种方法，女性谈论困难是为了获得支持和理解，而不是想听取男性的建议。

7）沟通障碍的克服

尽管在人际沟通中会遇到各种各样的障碍，但只要人们树立正确的沟通理念，采用科学的沟通渠道和方法，就能克服沟通中的障碍，实现有效沟通。具体来说，克服人际沟通障碍的总体策略与技巧主要有以下几种：

（1）明确沟通目的。沟通双方在沟通之前必须弄清楚沟通的真正目的是什么，动机是什么，要对方理解什么。确定了沟通目标，沟通内容就容易理解了。

（2）保持积极的态度。态度对人的行为具有非常重要的影响。在人际沟通中要尽可能保持乐观、积极、向上的态度，避免消极、悲观的态度，在沟通中保持平和的心态，这样才能达到沟通的预期效果。

（3）尊重别人的观点和意见。在沟通中，无论自己是否同意对方的意见和观点，都要学会尊重对方，给予对方说出意见的权利，同时将自己的观点更有效地与对方进行交换。

（4）坚持实事求是，以理服人。在人际沟通过程中，说话办事要实事求是，言论行为要符合社会规范，相处交往要体谅他人。与人交往发生矛盾时，最好的办法是避开对方最有力的攻击，寻找对方薄弱环节有理有力地进行反击，以理服人。如果在与人交往中发现自己确实错了，切不可强词夺理，不妨主动认错，赔礼道歉，这样显得诚恳而又豁达，更易赢得别人的谅解、同情和赞许。

（5）以情动人。在人际沟通中要善于驾驭自己的感情，根据不同的人、事、环境以及气氛，恰当地、情真意切地表达自己的喜怒哀乐，以打动对方。只有真正的感情才具有力量，才能够感染和打动人。

（6）正确地运用语言。在人际沟通过程中，语言是必不可少的工具。正确地运用语言，遣词造句准确恰当，中心鲜明突出，逻辑思维严密，语言流畅，语气语调依人依事合理选择，恰到好处，就能够保证人际沟通获得更大的成功。

（7）保持积极健康的心态，进行换位思考。在人际交往过程中，做到"己所不欲，勿施于人"，经常进行心理换位。同时，还要保持良好的心态，积极主动地与他人进行沟通，做到不卑不亢、平等真诚，这样才能避免自卑和自负心理造成的沟通障碍，赢得他人的尊重。

（8）用非语言信息打动人。非语言信息往往比语言信息更能打动人。因此，如果你是信息发送者，就必须确保你发出的非语言信息有强化语言信息的作用。如果你是信息接收者，则要密切注意对方非语言信息的提示，以便全面理解对方的意思、情感。

（9）选择恰当的时间和地点进行沟通。一定要选择在对方清醒的时间传递信息，并且传递信息时有张有弛、疏密得当，让接收信息的人感到轻松愉快；在地点上，要尽量减少干扰因素，使沟通双方感到轻松自然。

（10）针对沟通对象进行沟通。发送者要根据接收者的心理特征、知识背景等状况，调整自己的谈话方式和措辞，要避免以自己的职务、地位、身份为基础去进行沟通。

小贴士2-1   两次效果迥然不同的裁员

由于受全球经济危机的影响，一家网络公司的经营遭到严重打击，最后决定裁员。

第一次裁员。

地点：公司的会议室。

方式：通知全部被裁人员到会议室开会，在会议上宣布被裁人员名单，并且要求每个人立即拿走自己的东西离开办公室。

效果：公司所有被裁员工都感到很沮丧，离开后到处诉说对原公司的不满，造成了较坏的社会影响。留用的员工人人自危，极大地影响了公司的士气。

第二次裁员。

地点：星巴克咖啡厅。

方式：人事专员在咖啡厅单独约见每个被裁人员，耐心、细致地向他们解释公司的决策，由于公司的原因致使他们暂时失去了这份工作，请他们谅解，并给他们一个月的时间寻找下一份工作。同时表示，如果公司运营情况好转，需要聘请人员，会首先想到重新聘请这些老员工。

效果：被约谈的员工得知情况后，都接受了事实，并且表示，公司需要他们的时候随时可以通知，他们会毫不犹豫地再回到公司。留用的员工听说后，觉得公司尊重员工，颇为欣慰，企业向心力由此增强。

资料来源　武洪明，许湘岳. 职业沟通教程［M］. 北京：人民出版社，2011.

2.2 商务沟通

1）商务活动与商务沟通

任何组织和个人，为了生存和发展，都必然参加社会活动，并从中获取各种物质、能量和信息，直接或间接地通过交换为社会提供产品或服务。这些与市场相关的活动，通常被称为商务活动或商业活动。商务就是指参与市场活动的主体（厂商、政府、个人与家庭）围绕卖方以营利为目的的出售和买方以生存和发展为目的的商品购买的各种相关经济活动的集合。

商务的概念包含以下三个层次：第一，为保证生产活动正常运行所进行的采购、销售、储存、运输等活动，是商务组织最基本的商务活动。第二，为稳定商务组织主体与外部的经济联系及有效开展购销活动所进行的商情研究、商业机会选择、商务洽谈、合同签订与履行、商务纠纷（冲突）处理等活动，是为生产和购销服务的商务活动。第三，为保持自身的竞争优势和长期稳定发展所进行的塑造组织形象、制定和实施竞争战略、扩张经营资本、开拓新市场、防范经营风险等活动，是战略性商务活动。上述三个层次相互联系、相互影响，构成了一个完整的商务体系。

商务沟通，是指商务组织为了顺利地经营并取得经营成功，为求得长期的生存和发展，营造良好的经营环境，通过组织大量的商务活动，凭借一定的渠道，将有关商务经营的各种信息发送给商务组织内外既定对象（接收者），并寻求反馈以求得商务组织内外的相互理解、支持与合作的活动。可见，商务沟通是指在商务活动中，沟通者之间运用一定的沟通方式相互传递信息、交流思想、表达情感的一个过程。沟通的方式多种多样，有面对面的有声语言的交谈，也有书面文字和肢体动作等无声语言的传递；有大型会议的演讲、报告，也有小组讨论的热烈争执。无论哪种沟通方式，作为企业组织管理中的基础性工作，商务沟通在现代经济生活和工作中都有着非常重要的作用。

2）商务沟通的功能

商务组织是由许多不同的部分和成员所构成的一个整体，这个整体有其特定的目的和任务。而这个整体中的每个成员，并不都是绝对理性的，他可能是一个充满了情绪变化、成见、自负甚至虚荣的人。如果没有良好的沟通环境，可以想象一下将会是怎样一种情景。总经理任命小李当总经理助理，可是小李迟迟不来报到；财务部小吴刚向甲公司汇去 10 万元钱购买原料，而小王第二天又向甲公司汇去 10 万元；工人老黄根据工程师设计的图纸生产的零件，下一道工序根本不能用；中国员工埋怨外国员工不了解中国国情，外国员工抱怨中国员工素质太低……这样下去，不要多久，这个商务组织非垮台不可。

沟通小故事 2-11　　　　　　　　　　　　　　安全帽

俄克拉荷马州的乔治·强斯顿是一家建筑公司的安全检查员，检查工地上的工人有没有戴安全帽，是强斯顿的职责之一。据他报告，每当发现有工人在工作时不戴安全帽，他便会用职位上的权威要求工人改正。其结果是，受指责的人常显得不悦，而且等他一离开，就又把帽子拿掉。

后来强斯顿决定改变沟通方式，当他再看见有的工人不戴安全帽时，无论是因为戴着不舒服还是帽子尺寸不合适，他都用愉快的声调告诉工人戴安全帽的重要性，然后用商量的口吻提醒他们在工作时最好戴上。这样的效果果然比以前好得多，也没有工人显得不高兴了。

有效沟通是企业经营管理和我们个人在社会生活中经常遇到的基本问题。人与人之间要达成真正的沟通并不是一件易事，商务组织是离不开沟通的。概括地讲，商务组织沟通的作用主要体现在以下几方面：

（1）实现信息资源共享。商务沟通是企业提高效率和共享信息资源的重要途径之一。通过商务组织外的信息沟通可以获得有关外部环境的各种信息与情报，如政治及经济政策、行业状况与发展趋势、消费市场的动态等。通过商务组织内的信息沟通可以了解员工的意见倾向和工作结果，把握他们的劳动积极性与需求，洞察各部门之间的关系与管理效率。在组织中只要有两个人以上共同工作，就一定要分享信息，否则工作将无法进行。管理人员要把组织的目标、决策、操作指示传达给操作人员，操作人员要把对指示的理解、工作的结果反馈给管理人员。员工之间要分享的信息相当广泛，如科技的新发展、个人经验、对操作的评价、上级的指示等。因此，通过沟通，企业内部人员能够在合作与协调上达成一致，从而能够尽快地调整资源分配，提高工作效率。

（2）促进人际关系和谐。组织内部良好的沟通文化可以使所有员工真实地感受到沟通的快乐和绩效。加强内部的沟通管理，既可以使管理层工作更加轻松，也可以使普通员工大幅度提高工作绩效，同时还可以增强组织的凝聚力和竞争力。

良好的沟通，可以增强员工的认同感和忠诚度，使员工感受到自己是公司的一员，从而发挥员工的积极性和自主意识。所以，沟通不仅仅是为了保证组织内部信息流动的畅通，也是为了体现对员工意见的重视和对员工的尊重。众所周知，无论在日常生活中还是在实际工作中，人们相互沟通思想与交流感情都是一种重要的心理需要，沟通可以解除人们内心的紧张与怨恨，使人们心情舒畅，而且在沟通中会产生共鸣和共情，促进彼此的了解，改善相互之间的关系。如果一个商务组织的信息沟通渠道堵塞，员工间的意见难以沟通，将使他们产生压抑、郁闷的心理。这不仅会影响员工的心理健康，还会影响商务组织的正常生产。组织内部的良好沟通，可能会改进管理，改善组织内部的人际关系，使内部职能有效地衔接，从而形成组织合力，较好地发挥企业的整体力量。

（3）调动员工参与管理。通过沟通，组织内部人员能够在合作和协调上达成一致，从而能够尽快地调整资源分配，提高工作效率。我们以企业中重要的销售工作为例，从某种意义上来说，销售产品并不仅仅是销售人员的工作，需要企业内部所有人的协作配合，如果企业不能与顾客建立起长久的关系，再好的销售经理也无法独自实现业绩目标。所以，这个工作特性对销售经理的沟通能力提出了很高的要求。事实上，只有具备了卓越的对内沟通能力，销售经理才能胜任本岗位的管理工作，才有可能整合组织的资源来顺利实现既定目标。因此，沟通既可以促进领导改进管理方式，又可以调动广大员工参与管理的积极性，使员工增强信心，积极主动地为商务组织献计献策，增强主人翁责任感，从而增强商务组织内部的凝聚力，使商务组织蓬勃发展。

（4）促进企业科学决策。管理者与员工通过不断的沟通讨论有关工作进展情况、潜在的障碍和问题、解决问题的办法以及管理者如何帮助员工等问题。这种沟通贯穿于管理的始终。其重要作用不仅在于能够前瞻性地发现问题并在问题出现之前予以预防，还在于它能把管理者与员工紧密联系在一起，经常性地就存在的问题进行讨论，共同解决问题，消除障碍，达到科学决策的目的。

（5）激发员工创新意识。随着我国管理民主化的不断加强，目前许多商务组织采取了各种各样的形式在本组织中展开全方位的沟通活动，如高层接待日、意见箱制度、恳谈餐会、网上建议等。通过这些渠道可以让员工进行跨部门的讨论、思考、探索，而这往往潜藏着无限的创意。所以，一个成功的商务组织，其沟通渠道往往是畅通的。另外，任何一个商务组织（部门或个人）的决策过程，都是把情报信息转变为行为的过程。准确、可靠、迅速地搜集、处理、传递和使用情报信息是科学决策的基础。因此，科学决策的确定与商务组织的沟通范围、方式、时间、渠道是密不可分的。

（6）有效传播企业文化。企业文化必须靠物化才能生根。所谓物化，就是组织（主要是企业）制造出优秀的产品，给客户提供优良的服务。企业文化作为意识形态，需要以物质作为支撑，反过来物质又推进意识形态的深化和升华。因此要塑造企业文化，不仅要从理念上形成认识与理解，更重要的是建立传播和执行企业文化的沟通渠道。没有这个渠道，企业文化就如同一纸空文，虚而不实，从而步入形而上学的误区。

企业应力求通过搭建良好而畅通的沟通渠道，使企业文化有效地传播，从而保证企业文化执行力的正确性、方向性、把握性等，让企业文化潜移默化地影响员工，成为企业员工的精神纲领，指导员工的言行举止，以此体现企业的形象与风范。

（7）塑造组织良好形象。商务组织在公众心目中的形象除了商务组织本身有意识地传播外，大多数时候是在与公众的日常交往和大量的商务沟通中建立和形成的。例如，商务组织与消费者之间的关系，是在商务组织为消费者提供产品或服务时建立的，是在与消费者之间形成使用与服务的关系中发展起来的。当你的产品或服务与消费者的需求之间存在距离时，如果你能急消费者之所急，想消费者之所想，与消费者及时沟通，理解并掌握消费者的需求，并尽力予以满足，即使还存在一定差距，你也依然会在消费者心中树立起良好形象。

（8）赢得公众的大力支持。在市场经济条件下，在法律允许的范围内，经济（商务）组织可以对部分资源进行优化配置。商务组织的竞争力与商务组织资源配置的优化程度成正比，而资源配置的优化程度又与商务组织的对外沟通和协调能力成正比。在对外经营领域、资源配置领域和信息来源领域，任何商务组织都必须与公众进行充分沟通与协调。例如，与消费者进行有效沟通，有利于提高其对本企业及产品的满意度和忠诚度，促成大量的潜在购买者转变为现实购买者，提升本企业产品销售额的直接增长速度；与政府、媒体保持良好的沟通关系，有利于获得大量有用信息、政策支持和正面宣传；与投资者（或金融机构）进行有效沟通，有利于加强彼此的了解和信任，创造良好的投资氛围，增强其对企业的信心，从而吸引新的投资者，增强本企业的融资能力；与供应商保持良好的沟通关系，可获得稳定充足的货源，保证本企业的生产经营活动和产品质量处于长期的稳定状态，并维持在一个较高的水平上，从而使企业拥有持久的竞争力；与竞争伙伴沟通与协调，可以力争形成双赢的局面，表现出自己规范的竞争行为，可以赢得竞争伙伴的尊重，在行业中保持自己的信誉和形象，由此才能形成竞争中的合作关系。

（9）化解企业冲突危机。商务沟通的过程是理解、协助的过程，是商业活动中实现价值、创造价值的途径。在商业业态不断变革的今天，商务沟通必须通过外部说服、现代媒体、品牌信用以及零售终端等各方面沟通渠道的建立，来与外部进行顺畅的沟通。

有效的商务沟通是双向的和互动的信息流动，商务组织在与政府、社区、媒体和消费者的沟通过程中，不仅能及时了解外界对本组织的看法、期望、意见和建议，同时也将自身的经营理念、产品信息、改进措施和对社会公众的关爱传达出去。这种互动既可以极大地促进商务组织更新市场策略，及时把握市场动态，抓住商机，又可以及时帮助本组织对负面影响采取补救措施，重获公众信任，化解公关危机。

谈判小故事 2-12　　　　　　　　　　　　　　**焦急的李经理**

星期一通常是公司最繁忙的日子，当李经理走进办公室的时候，秘书早将一沓文件放在他的办公桌上。每天都要花费大量的时间处理很多这样的文件，李经理很是头疼。

李经理开始埋头处理文件的时候，电话铃响了，是技术总监打来的，他告诉李经理他准备辞职。最近一直在公司内部流传的小道消息"公司的竞争对手在挖技术总监"的事情被证实了，李经理心中一阵恼火。技术总监了解公司最新开发产品所有的第一手资料，而这些资料是竞争对手梦寐以求的，技术总监此时投奔到对手旗下是对公司很不利的事情。既恼怒又担心的李经理在电话中没想好如何跟技术总监谈这件事，而技术总监又很快挂断了电话。

放下电话，李经理一时也想不出什么好办法，他着急地在屋子里踱步。此时，秘书推门进来说，员工们对此次裁员计划有很多不满，特别是前两天裁掉老刘这件事。老刘已在公司工作多年并即将退休，这样裁员让员工觉得公司很无情，大家也没有安全感，需要经理给出一个解释，此时被裁掉的员工代表也聚集在会议室里等待经理的说法。裁员本身已经影响了公司的士气，但一想到可能要面对盛怒的离职员工的代表，李经理不由得产生一丝担忧，这可不是一般的谈话，如果处理不好，带来的后果可能是不堪设想的。

眼下技术总监的辞职电话干扰了他的注意力，他甚至猜想竞争对手已经掌握了新产品的技术，接下来他该怎么办？需要与竞争对手的人力资源部经理联系吗？还是直接汇报上司？还是找技术总监本人谈话呢？

可是目前最紧急的问题是他该如何面对并说服离职员工代表。由于焦急，他竟然找不到合适的说辞来向大家解释公司目前的处境。与员工代表会谈的时间就要到了，可李经理还在自己的办公室里焦急地走来走去……

资料来源　佚名. 商务沟通［EB/OL］.［2019-04-08］. http://www.doc88.com/p-4189152365055.html.

拓展阅读

商务沟通的发展趋势

随着商业竞争的日益加剧、全球经济一体化浪潮的掀起以及技术的不断进步，商务活动和商务沟通都在不断发生着变化。这些变化主要表现在[①]：

1) 对质量和客户需求的重视

向顾客提供高质量的产品和优质的服务是许多企业的成功之道。当今许多经营灵活、反应敏捷的公司都通过关注顾客的需求进行重新定位而成长起来。美国一家家具公司的总裁曾经说："别想着我们该卖什么，问问顾客需要什么，我们来组织生产，满足他们。"现在，这家家具公司销售的产品和提供的服务范围甚至扩大到通过计算机辅助设计，为顾客提供办公室装修方案等。

注重质量和客户需求，核心仍在于沟通。集思广益和团结协作等工作方法通常能收到事半功倍的效果。好主意、好办法通过沟通可以在公司广泛传播；创意者也能为大家所认识。要想真正了解顾客的需要，管理者既要聆听他们有声的意见，也要关注他们那些无声的表示。

2) 现代信息技术被广泛用于商务活动中

技术领域的革命为商务活动提供了更多的可供选择的沟通手段和平台。传真、电子邮件、视频会议等新的科学技术手段已经被广泛运用于商务活动中。新技术的应用可以使企业的每位员工平等地获取信息，也可以帮助企业在节省资金的同时更好地为顾客服务。例如，美国运通公司在开通了客户在个人终端上进行电子查询的业务以后，核查每件包裹投递状况的费用由以前的 5 美元锐减为 5 美分，仅此一项每年就能够节约近 200 万美元。新技术的使用要求每位管理者都跟上时代前进的步伐，更好地运用这些信息技术实现高效沟通。

3) 商务沟通呈多元化发展趋势

正如我们所看到的那样，商务活动已经变得十分国际化，跨国公司的不断涌现使越来越多的管理者面临跨越文化与国界的人际沟通问题。这对管理者来说是一个很大的挑战，因为来自不同文化背景的人很容易因为文化上的差异而导致文化冲击的出现。这就要求管理者必须更多地掌握跨文化沟通的知识，在尊重对方的基础上，灵活、机智地与来自不同国家和地区（文化背景）的人沟通，并且帮助来自不同文化背景的员工互相理解。

4) 讲求团队精神

为了提高产品质量，同时降低生产消耗，越来越多的公司开始启用跨职能的项目小组。例如，在新西兰北岛海军航空站，由 10 位来自不同部门的中层管理人员组成的合作小组团结协作，改进了战斗机配件的加工工序。他们将加工、运送每个零件的时间减少了 42%，从而为海军在一年半时间内节约了近 170 万美元。

结组或形成团队的优势在于能够互相学习，共同认识问题、解决问题，分散领导，互相协同而不是硬性分派任务，建设性地处理矛盾，鼓励人尽其才，恪尽职守。

---

① 黄漫宇. 商务沟通 [M]. 北京：机械工业出版社，2010.

课堂实训

1）测试：你是一个善于沟通的人吗？

通过下面的测试，你会对自己的沟通能力有所把握。

（1）你刚刚跳槽到一个新单位，面对陌生的环境，你会怎样做？

A.主动向新同事了解单位的情况，并很快与新同事熟悉起来

B.先观察一段时间，逐渐接近与自己性格合得来的同事

C.不在意是否被新同事接受，只在业务上下功夫

（2）你一个人跟着旅游团去旅游，一路上你的表现是怎样的？

A.既不请人帮忙，也不和人搭话，自己照顾自己

B.游到有兴致时才和别人交谈几句，但也只限于同性

C.和所有人说笑、谈论，也参与他们的游戏

（3）因为你在工作中的突出表现，领导想把你调到你从未接触过的岗位，而这个岗位你并不喜欢，你会怎样做？

A.表明自己的态度，然后听从领导的安排

B.认为自己做不好，拒绝

C.欣然接受，有挑战才更有意义

（4）你与一同学的性格爱好颇为不同，当产生矛盾的时候，你怎么做？

A.把问题暂且放在一边，寻找你们的共同点

B.妥协，假意服从此同学

C.非弄明白谁是谁非不可

（5）假设你是一个部门的主管，你的下属中有两人因为关系不合而常到你面前互说对方的坏话，你怎样处理？

A.当着一个下属的面批评另一个下属

B.列举他们各自的长处，称赞他们，并说明这正是对方说的

C.表示你不想听他们说这些，让他们回去做事

（6）你认为对于青春期子女的教育方式应该是怎样的？

A.经常发出警告，请老师协助

B.严加看管，限制交友，监听电话

C.朋友式对待，把自己的过去讲给孩子听，让他自己判断，并找些书来给他看

（7）你有一个依赖性很强的朋友，经常打电话与你聊天，当你没有时间陪他的时候，你会怎样做？

A.问他是否有重要事，如没有，告诉他你现在正忙，回头再打给他

B.马上告诉他你很忙，不能与他聊天

C.干脆不接电话

（8）你因为一次小小的失误，在同事间产生了不好的影响，你怎么办？

A.走人，不再看他们的脸色

B.保持良好心态，寻找机会挽回影响

C.自怨自艾，与同事疏远

（9）有人告诉你某某说过你坏话，你会怎样做？

A.从此处处提防他，不与他来往

B.找他理论，同时揭他的短

C.有则改之，无则加勉，如果觉得他的能力比你强，则主动与他交往

（10）看到与你同龄的人都已小有成就，而你尚未有骄人业绩，你的心态如何？

A.人的能力有限，我已做了最大努力，可以说问心无愧了

B.我没有那样的机遇，否则……

C.他们也没有什么真本领，不过是会溜须拍马而已

（11）你虽然只是公司的一名普通员工，但你的责任心很强，你如何把自己的意见传达给最高领导？

A.写一封匿名信给他

B.借送公文的机会，把你的建议写成报告一起送去

C.在全体员工大会上提出

（12）在同学会上，你发现只有你还是个"白丁"，你的情绪会是怎样的？

A.表面若无其事，实际心情不佳，兴趣全无

B.并无改变，像来时一样兴致勃勃，甚至和同学谈起自己的宏伟计划

C.一落千丈，只顾自己喝闷酒

（13）在朋友的生日宴会上，你结识了朋友的同学，当你再次看见他时你会怎样做？

A.匆匆打个招呼就过去了

B.一张口就叫出他的名字，并热情地与之交谈

C.聊了几句，并留下新的联系方式

（14）你刚被聘为某部门的主管，你知道还有几个人也曾经关注着这个职位，上班第一天，你会怎样做？

A.把问题记在心上，但立即投入工作，并开始认识每一个人

B.忽略这个问题，让它消失在时间中

C.个别谈话，以确认关注这个职位的人

（15）你和小王一同被领导请去吃饭，回来后你会怎样做？

A.比较隐晦地和小王交流几句

B.同小王热烈谈论吃饭时的情景

C.闭口不谈，埋头工作

评分标准：

	(1)	(2)	(3)	(4)	(5)	(6)	(7)	(8)	(9)	(10)	(11)	(12)	(13)	(14)	(15)
A	2	0	1	2	0	1	2	0	1	2	0	1	0	2	1
B	1	1	0	1	2	0	1	2	0	1	2	2	2	1	0
C	0	2	2	0	1	2	0	1	2	0	1	0	1	0	2

结果分析：

0~10分：在与人沟通方面你还很欠缺，你基本上是个我行我素之人，即使在强调个性的今天，这也是不可取的。你性格太内向，这是你与人沟通中的一大障碍。你应该在认识到自己的不足的同时尽量改变这种性格，跳出自己的小圈子，多与人接触，凡事看看别人的做法，这样，你就有希望成为一个受欢迎的人。

11~25分：你的沟通能力比上不足比下有余，再加把劲儿，就可以游刃有余地与人交流了。你的缺点是，做事求完美，总希望问题能解决得两全其美，而实际上是不可能的；不管别人，按你所想。提高你的沟通能力的法宝是主动出击，这会使你在人际交往中赢得主动权，这样，你的沟通能力自然会迈上一个新台阶。

26~30分：你可以大声地对别人说：与人沟通，我行。因为你知道如何表达自己的情感和思想，能够理解和支持别人，所以，无论是同事还是朋友、上级还是下级，你都能和他们保持良好的关系。但值得注意的是，你不可炫耀自己的这种沟通能力，否则会被人认为你是故意讨好别人，是虚伪的。尤其在不善于与人沟通的人面前，要隐而不要显，以真诚去打动别人，你的好人缘才会维持长久。

2）实训：问题解决与沟通

目的：沟通的方法有很多，当环境及条件受到限制时，你是怎样去改变自己的，用什么方法来解决问题。

形式：将全体学员分组，每组14~16人。

类型：问题解决方法及沟通。

时间：30分钟。

材料：摄像机、眼罩及小贴纸。

场地：教室。

操作程序：

（1）让每位学员戴上眼罩；

（2）给他们每人一个号，但这个号只有本人知道；

（3）让小组根据每人的号数，按从小到大的顺序排列出一条直线；

（4）全程不能说话，只要有人说话或摘下眼罩，游戏结束；

（5）全程录像，并在点评之前放给学员看。

相关讨论：

（1）你是用什么方法来通知小组你的位置和号数的？

（2）沟通中都遇到了什么问题，你是怎么解决这些问题的？

（3）你觉得还有什么更好的方法？

3）沟通游戏：找到合适的距离

游戏目的：让游戏者知道沟通需要合适的距离，使双方通过沟通确定他们的最佳距离。

游戏人数：10人。

游戏场地：不限。

游戏时间：30分钟。

游戏用具：无。

游戏步骤：

（1）两人一组，让其面对面站着，间隔2米。让两个人一起向对方走去，直到其中一方（如A）认为是比较合适的距离（即再往前走，他会觉得不舒服）便停下。

（2）让小组中的另一个人，如B，继续往前走，直到他认为不舒服为止。

（3）现在每个小组都至少有一个人觉得不舒服，而且事实上，也许两个人都不舒服，因为B觉得他侵入了A的舒适区，没有人愿意这样。

（4）现在请所有人回到座位上去，给大家讲解四级自信模式。

（5）将所有的小组重新召集起来，让他们按照刚才的站法站好，然后告诉A（不舒服的那一位），现在他们进入自信模式的第一阶段，即很有礼貌地劝他的同伴离开他，例如："请你稍微站远一点好吗？这样让我觉得很不舒服！"注意，要尽可能地礼貌，面带微笑。

（6）告诉B，他的任务就是对A笑一笑，然后继续保持那个姿势，原地不动。

（7）A中现在有很多人已经对他的搭档感到恼火了，他们进入第二级，有礼貌地重申他的界限，例如："很抱歉，但是我确实需要大一点的空间。"

（8）B仍然微笑不动。

（9）现在告诉A，他下面可以自由选择怎么做来达到目的，但是一定要依照四级自信模式，要有原则，要控制自己的不满情绪，尽量达成沟通和妥协。

（10）如果小组已经完成了劝服的过程，就回到座位上。

四级自信模式：

第一级：通过有礼貌地提出请求，设定你个人的界限。你可以使用下面的表述："你介意往后退一步吗？""我觉得我们的距离有点近。"

第二级：有礼貌地再次重申你的界限或边界。你可以使用下面的表述："很抱歉，我真的需要远一点的距离。"

第三级：描述不尊重你的界限的后果。你可以使用下面的表述："这对我很重要，如果你不能往后退一点，我就不得不离开。"

第四级：实施结果。你可以使用下面的表述："我明白，你选择不接受，正如我刚刚所说的，这意味着我将不得不离开。"

问题讨论：

（1）当有人跨越到你的区域时，你是否会觉得很不舒服？如果别人不接受你的建议，你会有什么感觉？

（2）是不是每一组的B都退到了让A满意的地步，是不是有些是A和B妥协以后的结果？

（3）有多少人采用了全部的四级自信模式？有没有人只采用了一级，对方就让步了？有没有人直接使用了第四级或直接转身离开？

培训师语录：

只要大家心平气和地沟通，总会找到双方的合适距离。

人与人之间要保持合适的沟通距离：距离太远，不利于及时沟通和深入沟通；距离太近，会让人产生紧张和压迫感，影响沟通效果。

课后练习

1）案例分析

案例分析一

拿破仑·希尔亲身经历的故事

拿破仑·希尔叙述过这样一段亲身经历：有一天，有位老妇人来到我的公司，送进来她的名片，并且传话，她一定要见到我本人。我的几位秘书虽然多方试探，却无法使她透露访问的目的及性质。因此，我认为，她一定是位可怜的老妇人，想要向我推销一本书。同时，我想起了母亲，于是我决定到会客室去，买下她所推销的书——不管是什么书，我都决定买下来。

当我走出我的私人办公室，踏上步道时，这位老妇人——她站在通往会客室的栏杆外面——脸上露出了微笑。

我曾经见过许多人微笑，但从未见过有人笑得像这位老妇人这般甜蜜。

这是那种具有感染力的微笑，因为受到她的精神影响，我自己也开始微笑起来。

当我来到栏杆前时，这位老妇人伸出手来和我握手。一般来说，对于初次到我办公室访问的人，我一向不会对他太友善，因为如果我对他表现得太友善了，当他要求我做我所不愿做的事情时，我将很难拒绝。

不过，这位亲切的老妇人看起来如此甜蜜、纯真而无邪，因此，我也伸出手去。她握住我的手，到这时候，我才发现，她不仅有迷人的笑容，而且还有一种神奇的握手方式。她很用力地握住我的手，但握得并不太紧。

她的这种握手方式向我的头脑传达了这项信息：她能和我握手，令她觉得十分荣幸。在我的公共服务生涯中，我曾经和数千人握过手，但我不记得有任何人像这位老妇人这般精通握手的艺术。当她的手一碰到我的手时，我可以感觉到我自己"失败"了。我知道，不管她这一次是要什么，她一定会得到，而且我还会尽量帮助她实现这项目标。

换句话说，那个深入人心的微笑，以及那个温暖的握手，已经解除了我的"武装"，使我成为一个"心甘情愿的受害者"。

这位老妇人十分从容，好像她拥有了整个宇宙一般（而我当时真的相信，她拥有这种能力）。她说："我到这儿来，只是要告诉你（接着，就是一个在我看来十分漫长的停顿），我认为你所从事的，是今天世界上任何人都比不上的最美好的工作。"她在说出每一个字时，都会温柔但紧紧地握一握我的手，用以强调。她在说话时，会望着我的眼睛，仿佛看穿了我的内心。

在我清醒之后（当时的样子仿佛昏倒了，这已经成为我办公室助手之间的一大笑话），我立即伸手打开房门的小弹簧锁，说道："请进，亲爱的女士，请到我的私人办公室来。"我像古代骑士那般殷勤而有礼地向她一鞠躬，然后请她进去坐一会儿。

在之后的45分钟内，我静静聆听了我以前从未听过的一次最聪明而又最迷人的谈话，而且都是我的这位客人在说话。从一开始，她就占了先，而且一路领先，在她把话说完之前，我一直不想去打断她的话。

她坐在那张大椅子上之后，立刻打开了她所携带的一个包裹，我以为是她准备向我推销的一本书。事实上，确实是书，是我当时主编的一份杂志的合订本。她翻阅这些杂志，把她在书上做了记号的部分都一一念出来。同时，她又向我保证说，她一直相信，她所念的部分都有成功哲学作基础。

在她这次访问的最后3分钟内，在我处于一种完全被迷惑，而且能够彻底接受别人意见的状态下，她很巧妙地向我说明了她所推销的那种保险的优点。她并没有要求我购买，但是，她说明的方式，在我心理上造成了一种影响，驱使我自动想要购买。而且，虽然我并未向她购买这些保险，但她仍然卖出了一部分保险，因为我拿起了电话，把她介绍给另一个人，结果她后来卖给这个人的保险金额，是她最初打算卖给我的保险金额的5倍。

资料来源　佚名. 迷人的非语言沟通［EB/OL］.［2014-08-05］. http://www.x2bu.com/3/view-6046924.htm.

思考与讨论：

（1）老妇人与拿破仑·希尔的人际沟通成功吗？为什么？

（2）本案例对你有何启示？

案例分析二

午　餐

有一位叫培洛的美国人，曾是IBM排名第一的推销员，创造过用17天完成全年销售任务的奇迹。后来，培洛决定自己创业，公司叫作EDS。当公司发展到几万名员工后，他把这个公司以30亿美元的价格，卖给了美国通用汽车公司。卖之前，美国通用汽车公司的总裁到了培洛的EDS总部，他看了之后很满意。这位总裁对培洛说："你的公司管理得不错，我们应该有很多合作的空间和机会。"到了午餐时间，他问培洛："贵公司主席用餐的餐厅在哪里？"培洛说："我们公司没有啊！"总裁问："那贵公司有没有高级主管用餐区？"培洛说："对不起，总裁，我们公司没有。"总裁问："那我们今天中午怎么吃饭啊？"培洛说："就排队跟员工一起吃自助餐好了。"美国通用汽车公司的总裁到了他即将收购的公司，连一个主管的餐厅都没有，还要排队吃自助餐？这位总裁觉得不可思议。排队取餐之后，他问培洛："我们坐在哪里？"培洛说："就跟员工一起坐呀!"于是那位总裁一边吃一边与员工聊天。吃到一半的时候,培洛说:"我们换一张桌子吧。"这位通用汽车的总裁觉得更不可思议了。吃完之后,通用汽车的总裁说:"培洛呀,虽然你这个公司没有什么高级主管餐厅,但你公司的菜是我吃过的自助餐里最好的。"原来培洛在企业里天天排队吃自助餐,是在监督厨房;而他每餐中间换一桌跟基层的员工聊天,是为了时刻了解公司的营业状况。

资料来源 远航人. 培洛的走动式进餐 [EB/OL]. [2012-07-20]. http://blog.sina.com.cn/s/blog-65cf16480104q2u.html.

思考与讨论:

(1) 你同意培洛的做法吗?为什么?

(2) 本案例对你有何启示?

案例分析三

通天塔

有这样一个寓言故事:人类的祖先最初讲的是同一种语言。他们在底格里斯河和幼发拉底河之间,发现了一块异常肥沃的土地,于是就在那里定居下来,修起城池,建造起繁华的巴比伦城。后来,日子越过越好,他们决定在巴比伦修一座通天的高塔,来作为集合的标记,以免分散。因为大家语言相通,同心协力,通天塔修建得非常顺利。上帝耶和华得知此事,又惊又怒:因为上帝是不允许凡人达到与自己同样的高度的。他看到人类这样统一、强大,心想,人类讲同样的语言,就能建起这样的巨塔,日后还有什么办不成的事情呢?于是,上帝决定让人世间的语言发生混乱,使人们相互之间语言不通。人们各自操起不同的语言,感情无法交流,思想很难统一,就难免出现互相猜疑、各执己见、争吵斗殴的现象,这就是人类之间误解的开始。修造工程因语言纷争而停止,团队的力量消失了,通天塔也就半途而废了。

资料来源 佚名. 通天塔 [EB/OL]. [2017-01-18]. http://chinakidking.com.cn/v2/vip/ShowArticle.asp? ArticleID=2787.

思考与讨论:

(1) 请结合实际分析该寓言的含义。

(2) 本案例对你有何启示?

案例分析四

关 心

财务部陈经理结算了一下上个月部门的招待费,发现有1 000多元钱没有用完。按照惯例,他会用这笔钱请手下员工吃一顿,于是他走到休息室叫员工小马通知其他人晚上吃饭。

快到休息室时,陈经理听到休息室里有人在交谈,他从门缝看过去,原来是小马和销售部员工小李两人在里面。

"呃",小李对小马说,"你们部陈经理对你们很关心嘛,我看见他经常用招待费请你们吃饭。"

"得了吧,"小马不屑地说道,"他就这么点本事来笼络人心,碰到我们真正需要他关心、帮助的事情，他没一件办成的。就拿上次公司办培训班的事来说吧，谁都知道假如能上这个培训班，工作能力会得到很大提高，升职的机会也会大大增加。我们部几个人都很想去，但陈经理却一点都没察觉到，也没积极为我们争取，结果让别的部门抢了先。我真的怀疑他有没有真正关心过我们。"

"别不高兴了"，小李说，"走，吃饭去吧。"

陈经理只好满腹委屈地躲进自己的办公室。

资料来源 佚名. 经理与下属：没有为下属争取机会［EB/OL］．［2015-02-19］. http: //www.doc88.com/p-1347546137579.html.

思考与讨论：

（1）本案例中，陈经理与部下在沟通上存在什么问题？

（2）假如你是陈经理，你会怎么做？

2）思考与训练

（1）你用公用电话与你的朋友联系和你通过电子邮件与你国外的朋友联系，请说出在这两个沟通过程中，沟通的各个要素是什么。

（2）回顾你一天的学习、工作和生活，列举哪些是沟通活动，并简要描述其效果。

（3）通过媒体报道或其他途径，搜集相关资料，列举近期某商务组织所进行的沟通活动，并简要评述其效果。

（4）你认为跨国企业中，沟通最大的障碍来自哪里？为什么？

（5）在沟通遇到障碍时，人们经常提到代沟，请问代沟主要体现在哪些方面？你与家长之间有代沟吗？代沟能不能消除？

（6）有人说沟通能力是决定商务组织管理人员职场竞争力的关键，你如何看待这个问题？

（7）随着现代信息技术的进步，我们的沟通方式正在发生哪些变化？

项目 2
国际商务谈判

谈判是一种能力、风尚和智慧。

——杨祖红《隐谈判：后台交易》

第一流的谈判高手是变色龙。他们在谈判时的态度、举止、方法和姿态，将因对手而异。你需要了解谈判桌上的对手，包括他们的动机、企图，采用什么策略谈判，以及他们最终想从你身上得到什么。

——［美］唐纳德·特朗普《看我怎么教你，三十亿人生》

根据我的经验，世界上根本没有什么所谓的先进的谈判技巧，无非是善于将原有的核心技巧运用到更为复杂的环境中去而已。

——［美］盖温·肯尼迪《谈判是什么》

任务3

国际商务谈判的准备

课程思政要求

（1）进行社会主义核心价值观教育。

（2）进行爱国主义教育。

（3）开展诚信教育、法律意识教育和道德意识教育。

（4）塑造职业形象、提高职业素养。

（5）促进学生全面发展。

导学案例　　　　　　　　一场没有硝烟的战争

日方在举办的农业加工机械展销会上，展出的设备正是中国几家工厂急需的关键性设备，于是中方某公司代表与日方代表在上海举行谈判。按惯例，日方首先报价1 000万日元，中方马上判断出其价格含"水分"。中方对这类产品的性能、成本及在国际市场上的销售行情了如指掌，并暗示生产厂家并非他独此一家。最终中方主动提出休会，给对方一个台阶。当双方重又坐到谈判桌旁时，日方主动削价10%，中方据该产品近期在其他国家的行情，认为750万日元较合适，日方同意，最后中方根据掌握的信息及准备的一些资料，让对方清楚，除他外还有其他一些合作伙伴，在中方坦诚、有理有据的说服下，双方最终握手成交。

资料来源　刘宏，白桦. 国际商务谈判［M］. 4版. 大连：东北财经大学出版社，2019.

问题：

（1）中方取得谈判成功的关键是什么？

（2）如何在谈判中争得主动权？

任务目标

（1）能够开展谈判背景调查。

（2）能够合理配备谈判人员，组成具有强谈判力的谈判小组。

（3）能够全面地搜集谈判资料，进行充分的资料准备。

（4）能够制订科学实用的谈判方案。

（5）能够合理地选择谈判时间和地点，并布置谈判场地。

（6）能够开展模拟谈判，为正式谈判的成功奠定基础。

3.1 谈判的背景调查

国际商务谈判的背景条件是影响谈判的重要因素，是商务谈判中不可忽视的客观要素，同时也是商务谈判准备工作中必不可少的环节。这是因为国际商务谈判是在一定的政治、经济、文化、社会制度和法律环境中进行的，这些背景环境将会直接影响到谈判的成功与否。因此，充分、全面地了解和分析谈判的背景环境将有助于谈判者制订正确的谈判计划。对于参与国际商务的企业而言，谈判本身的成功并不是最终的目的，更重要的是合同的履行。如果一个企业花费了巨大的精力、物力，最终按照己方的意愿达成了协议，但是在实际履约的过程中却因为某些客观因素的限制导致合同成为一纸空文，这样的谈判并不能算是成功的谈判。因此，在谈判之前，作为谈判者必须要对客观存在的背景环境进行翔实的调查。

对任何一项谈判内容的调查研究应努力做到以下几点要求：第一，调查的内容要有明确的范围，不能漫无边际。第二，搜集材料要多渠道、多层次，能够反映事物的全貌。第三，整理材料时要细心，留下能够反映事物本质和特性的材料。第四，在分析材料时要科学、客观。能够做到以上几点还是远远不够的，接下来要了解的是谈判的背景调查。背景调查的内容也不尽相同，主要由影响国际商务谈判的主要因素决定，一般包括政治状况、经济条件、政策和法律、宗教信仰、文化习俗、商业习惯、基础设施和气候等[1]。

1）政治状况

英国的谈判专家P.D.V.Marsh在其所著的《合同谈判手册》中对谈判背景调查作了系统的归类，其中提到首先要做的就是政治状况的调查。政治状况与一个国家或地区的政治体制是紧密联系在一起的，因此这一部分调查的主要内容应该包括下列几个方面：

（1）政治背景和政局的稳定程度。政治背景主要是指该项目是否抱有政治目的，该项目是否会引起对方国家政府或者领导人的注意，以及买卖双方政府之间是否存在某种政治关系等。动荡的政局容易使谈判中止或者使已经达成的协议变成一纸空文，这样会造成重大损失。政局的稳定不仅仅指国内无动乱或者战乱，对方国家的大选或者政府换届也可能对谈判和签约造成影响。

（2）两国的关系。商务活动无一例外会受到外界因素的影响。如果两国关系友好，谈判中碰到的困难可能借助国家的干预进行解决，成功的可能性较大。同时，在履行合同的过程中，如果遇到相应的困难，可以借助政府或者国家之间的友好关系协调解决，因此执行合同的可靠性较大。但是如果双方属于没有建立外交关系的国家或者敌对国，谈判时交易双方可能会受到政府的干扰，这会增加谈判的障碍。即使能够签约，履行合同的困难也会很大，因为谈判双方在出现问题时无法寻求政府帮助。即使没有遇到经济

或技术上的麻烦，也许还会受到政府的歧视或者遭遇其设置的重重障碍。从这个角度看，两国的关系极大地影响着谈判项目的成败和合同履行的难易。

（3）两国的政治和经济体制。政治体制和社会制度的不同都会影响商务谈判的结果，这是因为不同的政治制度和社会制度往往使人们在思想意识上对对方采取一定的歧视态度或者敌对态度，这相当于在谈判中设置了一堵墙。因此谈判者需要了解对方国家的政治体制和社会制度，在最大程度上消除这两种因素对谈判的影响。经济体制影响商务谈判体现在：在计划经济体制下，企业间的交往要受到国家计划的约束，因为只有列入国家计划的交易项目才会有相应的计划指标，这样的项目才能谈判；在市场经济体制下，企业拥有较大的自主权，企业自身就可以决定交易的内容。因此，事先了解对方国家的经济体制有助于在谈判之前对对方的自主权作出准确的分析和判断。

（4）对方国家对企业的管制程度。政府对企业的管制程度会直接影响企业自主权的大小。如果国家对企业的管制程度高，在谈判的过程中政府会干预谈判的内容，在涉及关键性问题时，企业本身无权作出决定，只能由政府有关部门来进行决策。从这一角度看，谈判成功与否将直接取决于政府的有关部门，而不是企业。相反，如果国家对企业的管制程度较低，那就意味着企业享有较大的自主权，此时谈判的成败则完全取决于企业自身。

2）经济条件

一国的经济发展状况反映了该国国内投资、消费和进出口水平。如果经济发展状况良好，经济发展趋势稳定，那么该国就拥有良好的发展对外贸易的环境；反之，如果一国的经济增速放慢，或者经济处于停滞或危机状态，那么该国的对外贸易的发展必然会受到影响。国际商务谈判的最终目的是要形成跨国资产流动，因此该国经济条件对商务谈判有着不可忽视的影响。在进行背景调查时，应主要考虑下列因素：经济运行机制、外汇储备、汇率波动、支付信誉、税法、外汇支付能力及货币的自由兑换等。这里主要叙述的是外汇支付能力和货币的自由兑换情况。

（1）该国的外汇支付能力。首先，一国的外汇支付能力主要取决于其外汇储备和外债。如果外汇储备充足且远高于其外债，可以说明该国在对外支付方面能力较强；反之，则较弱。其次，要看该国出口产品的结构。如果该国的出口产品以初级产品为主，附加值较低，说明该国的换汇能力较差；反之，则较强。

（2）该国货币的自由兑换情况。能够自由兑换的货币通常不存在风险。如果该国的货币不能自由兑换，汇率的变动趋势和兑换的限制条件必将成为交易双方的敏感话题。交易双方的货币如果不能自由兑换，那么就会涉及如何兑换和用什么样的货币来支付的问题。汇率的变化对双方都有风险，如何将风险降到最低，需要双方协商解决。

3）政策和法律

影响国际商务谈判的一国或地区有关的政策和法律制度主要包括以下几个方面：该国或地区的政策和法律制度；该国或地区的政策和法律的执行情况；法院受理案件的时间长短；执行他国法律的仲裁裁决需要的条件等。

4）宗教信仰

在一个国家或地区，影响国际商务谈判的宗教信仰因素有以下两个方面：

（1）在该国或地区占主导地位的宗教信仰。由于宗教信仰对人的思想行为有着重要而直接的影响，因此在国际商务谈判中首先要了解该国或地区有无宗教信仰。如果有，占主导地位的宗教信仰是什么？有宗教信仰的人和无宗教信仰的人的思想行为方式有什么不同？同样是信仰宗教的人，信基督教与信伊斯兰教的人的思想行为又有什么不同？宗教信仰对人的行为方式影响的客观存在，使其成为国际商务谈判背景调查的重要环节。

（2）宗教信仰对该国或地区在政治、法律、经济乃至个人行为等方面的影响。对于宗教色彩浓厚的国家或地区，一般其施政方针、法律制度等都会受到宗教教义的影响。同时，人们对其他人的行为认可，也会受到宗教信仰的约束。在经济上，一个国家或政府甚至企业对于来自不同宗教信仰国家的谈判可能持有歧视或敌对的态度或施加种种限制。由于宗教信仰对个人的社会交往和行为有着深刻的影响，有无宗教信仰的人或信仰不同宗教的人在社会交往方式、思维模式、价值取向以及行为选择等方面必然存在着极大的不同。节假日和工作时间也会由于宗教信仰的不同而不同。为避免发生冲突，对宗教信仰及其影响因素的调查成为国际商务谈判必不可少的环节。

5）文化和习俗

不同的国家有不同的文化和习俗，这些文化和习俗在一定程度上影响着谈判活动。在谈判中，应该注意以下几点：首先，用合乎习俗的称呼，让对方感觉熟悉。其次，穿着要合乎对方的社会规范。再次，注意人们习惯谈论的话题，比如是否可以谈论政治、宗教或者皇室新闻等。最后，注意业务洽谈时间的选择是否会引起对方的不愉快，见面是否应准备礼品，礼品的内容和包装有什么习俗，如何赠送，妇女是否可以参与业务，如果参与，是否与男子具有同等的权利。

6）商业习惯

影响国际商务活动的商业习惯主要有以下几个方面：该国企业的决策程序；语言文字以及翻译；在商业活动中，该国是否存在贿赂现象；在正式场合，双方领导及陪同人员的发言次序；企业在洽谈业务时，有无商业间谍活动以及律师的作用等。

7）基础设施、后勤供应和自然资源气候

一国的基础设施、后勤供应和自然资源、气候等因素会影响国际商务谈判活动。

（1）基础设施。交通状况、运输能力、通信能力、港口设施、建筑设备等会在一定程度上影响国际商务谈判活动。例如，在设施落后的港口进行装运，由于没有现代化的装卸设备，如果涉及装卸大型设备，就很难应对，谈判即使成功，也会由于无法成功装卸或成本太高而无法具体执行。

（2）后勤供应和自然资源。后勤供应主要指该国的人力、物力、财力等状况。要进行设备生产，是否有必要的、充足的熟练工人和技术人员，有无建设所需的物质材料、电力能源、水力资源等。

　　　　　　　　　　　　　惨痛教训

苏州某公司听说南非市场很诱人，便希望将自己的产品打入南非市场。为了摸清合作伙伴的情况，公司决定组团到南非进行实地考察。到达南非后，对方立即安排他们与南非公司的总经理会面，会面地点被安排在一个富丽堂皇的大饭店里。考察团在电梯门口遇到一位满面笑容的招待员，她将考察团引入一间装修豪华的房间。

坐在皮椅上的总经理身材肥胖，手中夹着雪茄，一副自信的表情，充满激情地介绍了公司的情况、经营战略和未来的打算。总经理的介绍和他周围所有的一切都深深打动了考察团，他们深信这是一个可靠的、财力雄厚的合作伙伴。考察团回国后，很快给他们"财力雄厚"的伙伴发去了第一批价值100多万美元的货物。然而，这批货物如同泥牛入海，发出后就没了音信。公司只好再派人去调查，此时才发现他们掉进了一个精心设计的圈套里。那位肥胖的"总经理"原来是当地的一个演员，装修豪华的接待室不过是临时租来的房间。待真相大白之后，再去寻找这家公司，才知道它已经宣告破产了。

资料来源　佚名. 经典案例集锦［EB/OL］.［2012-03-03］. http://www.360doc.com/content/12/0303/15/7006058_191355683.shtml.

（3）气候。气候状况如雨季的长短、雨量的大小、全年的平均气温、冬季与夏季的温差、空气的平均湿度、地震情况等，不仅会间接地影响国际商务谈判活动，还会影响到合同的履行。

　　　　揭秘：中国石油设备进口谈判的较量

20世纪60年代末，中国首次就大型石油设备进口与外界进行接触。有关领导认为国家能源安全问题不能轻易让外国人看透，在保密与协调方面做了大量工作，谈判在非常严格的保密状态下进行。在与有关国家的石油设备出口商进行谈判和比较之后，中方选择了与一家日本企业进行实质性谈判。

然而，谈判一开始，中方即陷入被动，日方对中国所需的设备类型、配套程度、钻头种类、进尺深度，以及中国的运输条件、油田气候条件等了如指掌。自谈判协议达成至20世纪90年代初，日本对华石油设备出口量占中国进口量的半壁江山，几乎垄断了中国石油设备进口市场。

直到20世纪90年代中期，中国石油工业部门通过对日交流才发现，日本人当时对谈判信息采用了美国中央情报局所称的一种叫"镶嵌图"的方法：

1966年7月，《中国画报》首次刊载铁人王进喜手推钻钳、头戴狗皮帽的照片，日方由此推断：中国的新油田处于零下30℃的北方地区。

通过照片还原分析技术判断油田井架结构特征，日方由此推断：中国的新油田处于偏东北地区。

1966年8月，进京向国庆献礼的运送原油的列车抵达北京西郊一个小车站时，日本人测量了列车头和储油罐上灰尘的厚度。日方由此判断：中国新油田的具体位置应在哈尔滨与齐齐哈尔之间。

1966年10月，《人民中国》刊登的宣传王进喜的文章中透露了一个叫"马家窑"的地名，日方由此推断：那个叫作大庆的油田就在安达车站附近。

大庆油田是什么时候开始开发的呢？王进喜原在玉门油田，1959年参加国庆观礼后就悄无声息了一段时间，日方由此推断：大庆油田的开发时间为1959年9月。

资料来源　张强. 商务谈判学［M］. 北京：中国人民大学出版社，2014.

3.2　谈判人员的组织

1）谈判的人员准备

（1）谈判小组人员数量的准备。谈判小组应由几个人组成没有统一的规定，就一般谈判来讲，谈判小组以不超过四个人最为理想。

当然，这并不是说谈判小组成员一定是四个人，确定小组成员人数关键是看需要。如果是大型谈判或复杂谈判，四个人会显得势单力薄，专业知识不够，甚至会被对方认为是不重视，谈判人员也可能多达十几人、几十人。有时，谈判不需要有人提供专门知识，则选派两人参加较为理想。当一人主谈时，另一人观察情况，考虑对策，以便于协商统一意见。

（2）谈判小组成员的构成。在商务谈判中，根据谈判工作的作用形式，谈判小组可由以下人员组成，见表3-1。

表3-1　　　　　　　　　　　　谈判小组成员的构成

组成人员	主要职责
主谈人员	主谈人员是指谈判小组的领导人或首席代表，是谈判小组的核心，是代表本方利益的主要发言人，整个谈判主要是在双方主谈人员之间进行的
商务人员	商务人员由熟悉商业贸易、市场行情、价格形势的贸易专家担任，在谈判中主要负责确定商品品种、规格、商品价格，敲定交货的时间与方式，明确风险的分担等事宜
技术人员	技术人员由熟悉生产技术、产品标准和科技发展动态的工程师担任，在谈判中负责对有关生产技术、产品性能、质量标准、产品验收、技术服务、包装、加工工艺、使用、维护等问题的谈判，也可为商务谈判中价格决策作技术顾问
财务人员	商务谈判中所涉及的财务问题相当复杂，财务人员应由熟悉财务成本、支付方式及金融知识，具有较强的财务核算能力的财务会计人员担任，主要职责是对谈判中的价格核算、支付条件、支付方式、结算货币等与财务相关的问题进行把关，协助主谈人员制定好有关财务条款
法律人员	法律人员由精通经济贸易各种法律条款，以及法律执行事宜的专职律师、法律顾问或本企业熟悉法律的人员担任。其职责是做好合同条款的合法性、完整性、严谨性的把关工作，也负责涉及法律方面的谈判，以保证合同形式和内容的严密性、合法性及合同条款不损害己方的合法权益

组成人员	主要职责
翻译人员	在商务谈判中，翻译人员是谈判中真正的核心人员，应由精通外语、熟悉业务的专职或兼职翻译人员担任，主要负责口头与文字翻译工作，沟通双方的意图，配合谈判运用语言策略。一个好的翻译，能洞察对方的心理和发言的实质，活跃谈判气氛，为主谈人提供重要信息和建议，同时也能为本方人员在谈判中出现的失误寻找改正的机会和借口
其他人员	其他人员是指谈判必需的工作人员，如记录人员或打字员，其具体职责是准确、完整、及时地记录谈判内容，一般由上述各类人员中的某个人兼任，也可委派专人担任。虽然不作为谈判的正式代表，却是谈判小组的工作人员

（3）谈判小组成员间的相互配合。谈判小组成员间的相互配合、相互支持有多种形式，比如，当主要发言人介绍我方谈判意图、情况时，其他人员为发言人提供资料、数据等。互相介绍是谈判双方相互接触和认识必不可少的环节。怎样通过介绍给对方留下良好的第一印象，需要一定的策略技巧。例如，我方谈判小组负责人向对方介绍一位小组成员时，他可以说"这是我们的财务会计李××"，也可以说"这是我们的会计李××，他具有15年财务工作的丰富经验，曾负责审查过金额达1 500万美元的贷款项目"。对比之下，显然后一种介绍更有影响力，会在第一次接触中，给对方一定的心理压力。这种方法在介绍己方主要谈判成员时，十分有效。

在事先安排的情况下插话也是成员间默契的一种形式，如对谈判小组成员的发言表示赞同、支持，或是为发言者作进一步的证明，可在同事谈话停顿或告一段落时插话。

谈判小组成员间的表情、神态、动作也有助于相互沟通、支持。如我方代表讲话时，其他成员聚精会神地倾听，不时赞同地点点头，做些必要的补充，就会给对方留下良好的心理印象，加重所阐述问题的分量。

谈判小故事3-3　　　　　　　　**负责人与主谈人的错误配合**

在日本X公司向中国Y公司引进家用电器产品时，X公司的中村先生将报价给了Y公司的业务人员，并于某年某月到Y公司进行谈判。当中村先生与Y公司主管业务的C先生谈判搁置时，中村先生要求宴请C先生及其上司。C先生及其上司F经理接受了邀请。席间气氛十分活跃，中村先生在席上送F经理健身器一套，F经理表示这正是他喜欢的东西。席后中村先生希望F经理挤出时间参加谈判，F经理满口答应次日参加谈判。晚宴后，因酒喝得较多，C先生和F经理就此分手，当晚无话。

次日，双方继续谈判，中村先生一看F经理没到场，便问C先生："今天F经理为什么没来会谈？"

C先生愕然："F经理没跟我讲呀！"

中村先生："能否请您给F经理打个电话？"

C先生不情愿地说："可以。"

C先生在会谈间拨通电话："F经理，中村先生说您答应参加谈判的，您看怎么办？"

F经理："噢，是的，昨天晚上，我随便说了一句，他当真了，好！我马上来。"

F经理到会场后，中村先生十分高兴，把C先生搁在一边，对F经理很热情，谈判态度也好转了。整个上午既解释，又诉苦，既表忠心，又讨好，欲尽快结束谈判，并当着F经理面把价格降了两次，共降了5%，并要F经理还价。

F经理问C先生："双方差距还有多大？"

C先生回答："40%。"

F经理对中村先生说："我看你态度不错，我们双方共同努力一下，各让一半即20%如何？"

中村先生："我坚决响应您的建议。鉴于我在前面已让了两步，贵方也让这么多后，再折中，即我方与贵方在35%的基础上折中，我方再让17.5%。"

F经理："那就这么办。"

C先生脸露难色，散会后向F经理讲："中村先生报价较虚，我们原计划让其降价30%以上。"

F经理："怎么不早讲呢？"

C先生说："我不知道您要参加谈判。"

资料来源　佚名. 商务谈判案例库〔EB/OL〕.〔2017-09-30〕. https://max.book118.com/html/2011/0619/311300.shtm.

（4）后备力量配置。比较大型或重要的谈判，常常要准备一定的后备力量。后备力量的人选可能是企业或部门的经理、负责人，也可能是专门业务人员、技术人员，以备出现问题时能及时与企业有关人员取得联系，必要时可调整、更换技术人员。

谈判小组要得到后备力量的支持，必须协调同他们的关系。谈判小组在谈判之前，要明确自己的责任范围、权限范围，以免因责任不清而发生冲突，贻误战机。在谈判中，必须及时同企业的后备人员沟通情况及商谈有关问题，以进一步加强商务谈判的主动性。

（5）国际商务礼仪。谈判代表要有良好的综合素质，谈判前应整理好自己的仪容仪表，穿着要整洁、正式、庄重。一般来说，男士应刮净胡须，穿西装时必须打领带；女士穿着宜正式，不宜穿细高跟鞋，应化淡妆。有关谈判人员的商务礼仪规范见任务6。

2）合格谈判小组的标准

合格谈判小组的标准包括以下三个：

（1）知识互补。它包含两层意思：一是谈判人员具备自己的专长，都是处理不同问题的专家，在知识方面相互补充，形成整体的优势。例如，谈判人员分别精通商业、外贸、金融、法律和专业技术等知识，就会组成一支知识全面而又各自精通一门专业知识的谈判队伍。二是谈判人员书本知识与工作经验的互补。谈判队伍中既有高学历的青年学者，也有身经百战具有丰富实践经验的谈判老手。高学历学者可以发挥理论知识和专业技术的特长，有实践经验的人可以发挥见多识广、成熟老练的优势，这样知识与经验互补，才能提高谈判队伍的整体战斗力。

（2）性格协调。谈判队伍中的谈判人员性格要互补协调，将不同性格人员的优势发挥出来，互相弥补不足，才能发挥整体队伍的最大优势。性格活泼开朗的人善于表达、反应敏捷、处事果断，但是性情可能比较急躁，看待问题也可能不够深刻，甚至会疏忽大意；性格稳重沉静的人办事认真细致，说话比较谨慎，原则性较强，看问题比较深刻，善于观察和思考，理性思维比较明显，但是他们可能不够热情，不善于表达，反应也可能相对迟钝，处理问题不够果断，灵活性较差。如果将这两类性格的人组合在一起，分别担任不同的角色，就可以发挥出各自的性格特长、优势互补、协调合作。

小贴士3-1　　　　　　　　　　　　谈判人员的性格类型

（1）独立型。其特点是：性格外露，善于交际，决断能力强，敢负责任，上进心强，为人热情，善于洞察谈判对手心理。他们不愿意接受他人过多的命令和约束，有的甚至期望指挥他人，乐于承担自主性强和能充分发挥个人才能的工作。

（2）活跃型。其特点是：性格外露，活泼开朗，情感丰富，精力旺盛，富有朝气和想象力；善于交际，思维敏捷，善于捕捉时机，容易与对手迅速成交，技术熟练，但情绪易波动，业务学习和工作有时也不够踏实，因而成熟度不够。这类人员适于从事流动性大、交际面广的工作。

（3）急躁型。其特点是：性格开朗，为人率直，情感易变，随性急躁，接待对方谈判人员时态度热情，但显得浮躁，与对方发生矛盾时容易激动，态度因情绪波动而变动。这类人员适于从事简单的、易于快速完成的工作。

（4）顺应型。其特点是：性格柔和，为人随和，独立性差，喜欢按别人的意见办事，情绪比较稳定，接待谈判对手时态度谦和、诚恳认真，介绍情况实事求是，能尊重对方的意见，尽量满足对方的要求，很少与对方发生争吵。但一旦发生矛盾就显得束手无策，依赖于他人解决问题。他们适于从事正常的、不紧迫的工作。

（5）精细型。其特点是：性格沉着冷静，情绪稳定，工作细致，有条不紊，善于观察对方心理，对谈判对手的态度反应极为敏感，与对方发生矛盾时能细致分析、冷静处理，但工作缺乏魄力和开拓精神。这类人员一般适于从事精密细致的工作。

（6）沉静型。其特点是：性格内倾，性情孤僻，高傲自赏，不爱交际，情感内隐，对待谈判对手表现得较冷淡，沉默寡言，但一般较耐心，很少与对方发生争吵，对谈判对手提出的问题一般用简单的语言回答，反应迟缓。这类人员一般适于从事较少交往的独立工作。

资料来源　佚名．商务谈判组织［EB／OL］．［2017-09-20］．http://www.doc88.com/p-9384962629690.html.

（3）分工与合作。谈判小组中的每个人都要有明确的分工和自己特殊的任务，不能越位工作，角色混淆，遇到争议时不能七嘴八舌、争先恐后地发言，该谁讲谁讲，要有主角和配角、中心和外围、台上和台下的区别。谈判队伍要分工明确，纪律严明。当然，分工明确的同时要注意，大家都要为一个共同的目标而通力合作，协同作战。

基于上述几个方面的原因和经验，一般认为由四人组成谈判小组比较合适。但这只是一般的谈判，由于谈判的具体内容、范围、性质，特别是谈判人员的经验、素质和能力不同，谈判小组的规模也不同。无论什么样的谈判，归结到一点，就是谈判小组既能实现谈判目标，又可以实现高效率。

3）谈判人员的素质和能力

国际商务谈判成功与否的决定因素在于商务谈判人员的素质和能力。因此，选拔优秀的谈判人员是进行商务谈判的重要环节。优秀的谈判人员应具备下列素质和能力：

（1）良好的思想品德。参与国际商务谈判的人员，无论是领导、普通的谈判员还是翻译员都应该具备良好的思想品德，即谈判者在谈判的过程中，不仅要维护国家、企业和个人的经济利益，还要维护国家、企业和个人的形象，不能因贪图诱惑或个人的利益而出卖国家或企业的商业机密，损害国家或企业的利益。因此，良好的思想品德是挑选谈判人员的第一要素。

（2）强烈的责任感和主观能动性。谈判最终的目的是坚持原则，达成目的。这就要求参与谈判的人员在谈判过程中始终坚守职责，不能轻言放弃，要有耐心和信心，同时具备开拓进取的精神，而且要把谋求国家和企业的利益放在首位，不能假公济私。在国际商务谈判过程中，要积极主动，能够独当一面。

（3）较高的个人修养和必备的涉外知识。其一，在谈判过程中，要注重礼仪和礼节，要做到举止优雅、谈吐大方、不卑不亢，尤其不能崇洋媚外，凡事应顾全大局。同时，还应能经受挫折，保持自信的态度应对各种问题。另外，要善于倾听，无论对方的观点如何，应听完之后再发表意见，不能断章取义。其二，谈判者应事先了解我国和对方国家的相应政策、法律和法规，避免发生无效的谈判行为，更不能发生违法行为。因此，必备的涉外知识可以防止谈判者在谈判过程中出现失误。

（4）必需的心理素质和能力。良好的心理素质是谈判人员必需的基本素质，其中包括人的心理活动的速度、强度、灵活性和稳定性等。在谈判实践中表现为灵活的应变能力、敏捷的创造性思维能力、准确的分析推理能力、较强的运筹能力和果断的决策能力。不管如何细致的谈判准备都不可能预料到谈判中可能发生的所有情况，因此谈判人员必须具备沉着、机智、灵活的应变能力，以控制谈判的局势。应变能力主要包括处理意外事件的能力、化解谈判僵局的能力、巧妙袭击的能力等。如果不具备良好的心理素质，即使谈判者的知识再丰富，能力再强，谈判技巧再多，也会因为一个或者两个考虑不周的问题而失去谈判先机。

（5）必备的专业知识和能力。谈判的准备阶段和洽谈阶段充满了多种多样、始料未及的问题和假象，优秀的谈判者能够通过观察、思考、判断、分析和综合的过程并结合本次谈判所涉及的有关专业方面的内容，了解对方的真实意图。同时，熟练掌握谈判技巧，能够灵活运用自己的专业知识，分清主次，善于抓住事物最本质的问题，不本末倒置。

（6）较强的语言文字运用能力和健康的身体素质。谈判是人类利用语言工具进行交往的一种活动。谈判就是信息交流和磋商的过程，交流的顺利与否取决于语言文字的运用是否得当。信息交流如果存在障碍，即使签订合同，在履约的过程中也会产生重重问题。一个优秀的谈判者，应该能够通过语言的感染力强化谈判的艺术效果。谈判中的语言包括口头语言和书面语言两类。无论是哪类语言，都要求准确无误地表达自己的思想和情感，使对手能够正确领悟你的意思，这是最基本的要求。谈判中的语言不仅应当准确、严密，而且应生动、形象、富有感染力。语言运用能力还直接关系到交流是否顺畅和谈判气氛是否融洽。语言风趣幽默的人在谈判中往往更能吸引人的注意，能够活跃气氛，化解矛盾，促使谈判成功。另外，谈判的复杂性、艰巨性也要求谈判者必须有一个良好的身体素质。谈判者只有具有充沛的精力、健康的体魄，才能适应谈判超负荷的工作需要。

小贴士 3-2   **商务谈判者的特质**

以下是美国谈判大师卡洛斯总结的商务谈判者应该具备的12种特质：

（1）有能力和对方商谈，并且赢得他们的信任。

（2）愿意并且努力地做计划，能了解产品及一般的规则，同时还能找出其他可供选择的途径，勇于思索及复查所得到的资料。

（3）具有良好的商业判断力，能够洞悉问题的症结所在。

（4）有忍受冲突和面对模棱两可字句的耐心。

（5）有组织去冒险、争取更好的目标的能力。

（6）有智慧和耐心等待事情真相的揭晓。

（7）认识对方及其公司里的人，并和他们交往，以利于交易的进行。

（8）品格正直，并且能使交易双方都有好处。

（9）能够敞开胸怀，听取各方面的意见。

（10）商谈时具有洞悉对方的观察力，并且能够注意到可能影响双方的潜在因素。

（11）拥有丰富的学识、良好的计划及公司对他的信任。

（12）稳健，必须能够克制自己，不轻易放弃，并且不急于讨别人的喜欢。

3.3 谈判资料的准备

谈判小故事 3-4   **信息决定成败**

一家大公司要在某地建立一个分支机构，于是找到当地某电力公司，协商以低价优惠供应电力，但对方自恃是当地唯一一家电力公司，态度很强硬，谈判陷入了僵局。这家大公司的主谈人员私下了解到：电力公司对这次谈判非常重视，一旦双方签订了合同，便会使这家电力公司起死回生，摆脱即将破产的厄运，这说明这次谈判的成败对它来说关系重大。这家大公司主谈便充分利用了这一信息，在谈判桌上表现出绝不让步的姿态，声称："既然贵方无意与我方达成一致，我看这次谈判是没有多大希望了。与其花那么多钱，倒不如自己建个电厂划得来。过后，我会把这个想法报告给董事会的。"说完，便离席不再谈了。电力公司谈判人员叫苦不迭，立刻改变了态度，主动表示愿意给予最优惠价格，从而使主动权掌握在了大公司一方。至此，双方达成了协议，大公司取得了谈判的成功。

资料来源　佚名. 商务谈判［EB/OL］.［2015-06-25］. https://www.docin.com/p-1196917447. html.

1）谈判资料准备的内容

从理论上来讲，信息越全面越好，所有与谈判有关的信息都要尽可能地搜集。在实践中，由于受客观条件的限制和从人力、物力、财力等成本方面的考虑，信息搜集时要分清主次，要有针对性，体现效益性。谈判信息搜集的主要内容包括市场信息、技术信息、政策法规信息、行业状况信息、谈判对手的信息、谈判者自身的状况以及其他信息等。

（1）市场信息。市场信息是反映市场经济活动特征及其发展变化的各种资料、数据、消息和情报的统称。市场信息的内容很多，归纳起来主要包括以下几个方面：

第一，国内外市场分布情况。它主要包括：与谈判相关的商品市场的政治经济条件、分布的地理位置、运输条件、市场辐射的范围、市场潜力和容量以及特定市场与其他市场的经济联系等。

第二，市场商品需求信息。它主要包括：与谈判有关的商品的市场容量；消费者的数量及其构成；消费者家庭收入及购买力；潜在需求量及现实需求量；消费者对该商品及其服务的特殊要求；本企业产品的市场覆盖率、市场占有率及市场竞争形势对本企业销售量的影响等方面。

第三，市场商品销售信息。它主要包括：与谈判有关的商品的市场销售量；商品的销售价格；该商品的发展趋势及市场寿命周期；拥有该类产品的家庭所占比率；消费者对该类产品的需求状况；该类产品的购买频率；季节性因素；消费者对新老产品的评价及要求；商品营销的策略。通过对产品销售方向的调查，谈判者能大体掌握市场容量、销售量，有助于确定未来的谈判对象及产品销售（或购买）数量。

第四，市场竞争方面的信息。它主要包括：竞争对手的数量；竞争对手的经济实力；竞争对手的营销能力；竞争对手的产品数量、种类、质地、知名度、信誉度；消费者偏爱的品牌及价格水平；竞争性产品销售的性能与状况；各主要竞争对手所能提供的售后服务方式；各主要竞争对手所使用销售渠道的形态，即是生产者负责销售，还是中间商负责销售；各主要竞争对手所使用的销售渠道的规模与力量；各主要竞争对手所使用的广告类型与广告支出额等。

通过对产品竞争情况的调查，谈判者能够掌握己方同类产品竞争者的情况，寻找他们的弱点，有利于在谈判桌上击败竞争对手；也能预测己方的竞争力，使自己保持清醒的头脑，在谈判桌上灵活掌握价格弹性，更好地打开己方产品的销路。

（2）技术信息。在技术方面，应搜集的主要资料有：产品的生产周期、竞争能力以及该产品与其他产品相比在性能、质地、标准、规格等方面的优缺点等的资料；同类产品的专利转让或应用方面的资料；该产品生产单位的工人素质、技术力量及设备状态方面的资料；该产品的配套设备和零部件生产与供给状况以及售后服务方面的资料；产品开发前景和开发费用方面的资料；该产品的品质或性能鉴定重要数据或指标及其各种鉴定方法，以及导致该产品发生技术变革的各种潜在因素等。

（3）政策法规信息。在谈判开始前，应当详细了解有关的政策、法令，以免在谈判时因不熟悉政策、法令而出现失误。应搜集的政策法规信息包括：谈判双方有关谈判内容的法律规定，这是判断当事人经营是否合法的依据。特别是在国际贸易中，要了解对方国家或地区各种税收的税率、税种与征税依据方面的资料，是否与我国签订了避免双重征税的协议（非WTO成员方）；了解有关国家的金融状况，如外债、创汇能力及创汇渠道，以及进出口外汇管理的有关规定等。

（4）行业状况信息。行业的状况主要指行业规模、行业和产品的生命周期、行业成本结构和决定行业成功的因素，这也是在涉及对外投资、合资办厂或开发新产品、进入新领域时必须要了解的信息。

第一，行业规模。搜集现有的同行业的相关资料，分析是处于扩张、不变还是紧缩状态，得出该行业可能的发展趋势和规模，从而决定本企业的发展趋势和规模。

第二，行业和产品的生命周期。搜集不同国家不同阶段该行业的发展周期和同类产品的生命周期的相关资料，以及在各个时期产品的竞争力等资料。

第三，行业成本结构。成本与经济收益直接相关，因此对行业状况信息的搜集需要对行业成本进行估算，对行业成本的结构进行调查，这样才有可能知道该行业的成本有无下降的可能，利润是否有上升的空间。

第四，决定行业成功的因素。一种产品可能带来一个行业的兴盛，同样，行业的繁荣也可以给产品带来无限生机。要使产品在市场上占有一席之地，可通过对行业成功案例的搜集来分析其成功的因素，从而分析与谈判相关产品的前景。

（5）谈判对手的信息。在信息搜集的过程中，对谈判对手的情报资料进行搜集和调研分析是非常重要的。同一个事先毫无了解的对手进行谈判，其困难程度和风险程度是可想而知的。谈判对手的情况是复杂多样的，主要应了解以下内容：

第一，对方的经济实力和资信。首先要了解对方是否是合法的经营主体，有无独立承担民事责任的能力；审查对方的注册资本、资金状况、收支状况、销售状况、资产负债等有关情况；了解对方企业的经营及管理状况和经营能力等。

第二，对方真正的谈判需求。例如，对方谈判的动机，对方谈判要达到的目标，对方能接受的最低条件，对方谈判的诚意以及可能采取的谈判策略等。

第三，对方参加谈判人员的情况。对方谈判代表有无缔结合同的授权；对方谈判小组的决策者和幕后决策者的个性特征；对方谈判小组成员的知识结构、人际交往、谈判能力、心理素质、性格特征、个人经历、爱好；对方的谈判风格；对方以往参加谈判的经验及成败情况等。

第四，对方谈判的时限。它是指对手所拥有的谈判时间及谈判的最后期限。

第五，对方掌握的信息情况。对方拥有的信息和可能掌握的核心机密；对方对我方的了解程度及信任程度等。

谈判小案例3-1　　　　　　　　　掌握历史情报，逼出谈判底牌

我国某厂与美国某公司谈判设备购买生意时，美商报价218万美元，我方不同意，美方降至128万美元，我方仍不同意。美方诈怒，扬言再降10万美元，118万美元不成交就回国。我方谈判代表因为掌握了美商交易的历史情报，所以不为美方的威胁所动，坚持再降。第二天，美商果真回国，我方毫不吃惊。果然，几天后美方代表又回到中国继续谈判。我方代表亮出在国外获取的情报——美方在两年前以98万美元将同样设备卖给了匈牙利客商。情报出示后，美方以物价上涨等理由狡辩了一番后将价格降至合理。

分析提示3-1

资料来源　陈文汉. 商务谈判实务［M］. 北京：电子工业出版社，2013.

（6）谈判者自身的状况。在谈判前的准备中，不仅要调查分析谈判对方的情况，还应掌握和分析自身的状况。谈判者自身的状况，是指谈判者所代表的组织和本方谈判人员的相关信息，主要包括以下方面：

第一，本方经济实力。本方经济实力主要包括：本方产品及服务的市场定位、财务状况、销售情况；企业的融资能力、负债状况；企业有形资产和无形资产的价值；产品生产能力、研发能力、设备状况、技术先进性程度及完好率；企业经营管理理念、管理水平及经营状况等。

第二，国际商务谈判项目的可行性分析。进行项目可行性分析需要对项目涉及的资金、原材料、技术、管理、销售前景及其对企业综合实力的影响进行全面的评估。

第三，本方商务谈判的目标定位及相应的策略定位。谈判的目标定位包括最低目标定位和最高目标定位，即预先设定国际商务谈判的界点和争取点。我方的谈判方案及相应策略的谋划，包括可以让步的界限和应争取的利益等，都需要进行可行性研究分析。

第四，本方商务谈判人员的实力。内容包括本方参加谈判人员的知识结构、人际交往及谈判的能力、心理素质、性格特点、工作作风；成员间的熟悉及配合默契程度；身体和谈判士气状况；以往参加谈判的经验及成败情况等。

第五，本方所拥有各种相关资料的准备状况。内容包括拥有资料的齐全程度，特别是对核心情报的把握程度，以及本方谈判人员对资料的熟悉程度。其中，哪些资料可以在谈判中作为背景资料提供给对方，哪些资料将在关键场合发挥独特的作用等。

此外，了解本方在谈判中的时间期限也是相当重要的。

（7）其他信息。进行国际商务谈判还应当了解以下信息：

第一，政治状况信息。主要了解对方国家和地区的政局稳定性，政府对企业的管理

制度，与我国政府之间的关系状况，谈判对手的政治背景，该国家和地区的政治体制及经济体制等。

第二，宗教信仰信息。了解该国家或地区的主要宗教以及宗教信仰对社会经济生活的影响，宗教是否存在国别状况，是否影响该国家或地区的政治、法律制度，是否影响人们的交往，有哪些宗教禁忌等。

第三，民俗信息。社会风俗习惯有时会对国际商务谈判活动产生意想不到的影响。熟知对方的民俗，可以在商务活动中做到"入乡随俗"，按照当地人习惯和熟悉的方式与对手交往，可以快速缩短心理距离，赢得对方的好感和信任。

通过以上对谈判双方情况的综合分析，就可以对双方实力及其影响因素加以判定，从而策划和制定相应的谈判策略，把握谈判发展的方向，掌握谈判的主动权。

2）谈判资料搜集的原则

（1）可靠性原则。其要求搜集的信息资料真实可靠，要选用经过验证的结论、经过核准的数据和经过确认的事实。这就要求搜集资料时，一要注意资料来源的真实可靠，可采用多种方法，从不同角度来反映客观事实，切忌凭主观臆断作出结论；二要在后期的信息资料处理过程中注意鉴别、去伪存真，对于模糊程度较大或不明确的资料要暂时搁置，以免给谈判工作埋下隐患。

（2）全面性原则。搜集到的信息资料必须是与国际商务谈判本身有关的全方位的信息资料，力求全面系统，能从整体上反映事物的本质，不能仅仅靠支离破碎的信息来评估某些事物。尤其是一些重要的信息，要尽可能详细、网开四面、广泛搜集、避免遗漏。

（3）适用性原则。信息资料的搜集要力求全面系统，但同时这是一项内容繁杂的工作，需要耗费大量的精力和时间，短时间内做到全面系统又有很大困难。这就要求在资料搜集过程中秉持适用性原则，将与谈判有最密切联系的信息资料作为重点考虑内容，将最急需了解的问题作为调查优先考虑的内容，这样才能提高信息资料搜集的工作效率，争取时间，占据主动。

（4）长期性原则。信息资料的搜集是国际商务谈判前的一项准备工作，又是企业的一项长期任务。在企业经营管理过程中重视信息的重要作用，建立完善的信息搜集网络，不间断地将各种重要信息随时进行搜集存档，就可以为企业经营、国际商务谈判不失时机地提供各种决策依据。如果平时不重视信息搜集工作，事到临头匆匆忙忙调查，就很难保证资料搜集工作的周密和完善。可以说，信息资料的搜集工作不仅是谈判人员的临时任务，也应该是企业各方面都要承担的长期任务。

谈判小案例 3-2　　　　　　　　　　**松下在"寒暄"中失去先机**

日本松下电器公司创始人松下幸之助先生刚"出道"时，曾被对手以寒暄的形式探测了自己的底细，因而使自己产品的销售大受损失。他第一次到东京找批发商谈判时，刚一见面，批发商就友善地对他寒暄："我们第一次打交道吧？以前我好像没见过你。"批发商想用寒暄托词，来探测对手

分析提示 3-2

究竟是生意场上的老手还是新手。松下先生缺乏经验，恭敬地回答："我是第一次来东京，什么都不懂，请多关照。"正是这番极为平常的寒暄答复，使批发商获得了重要的信息：对方原来只是个新手。批发商问："你打算以什么价格卖出你的产品？"松下又如实地告知对方："我的产品每件成本是20元，我准备卖25元。"

批发商了解到松下在东京人地两生，又暴露出急于要为产品打开销路的愿望，因此趁机杀价，"你首次来东京做生意，刚开张应该卖得更便宜些。每件20元，如何？"结果没有经验的松下先生在这次交易中吃了亏。

资料来源　黄捷，孙佳，郗敬华. 商务谈判［M］. 北京：教育科学出版社，2014.

寒暄不仅可以营造友好和谐的谈判气氛，也是在谈判之始观察对方情绪和个性特征、获取有用信息的好方法，最容易引起对方兴趣的话题莫过于谈到他的专长。有这样一个案例：被美国人誉为"销售权威"的霍伊拉先生就很善于这样做。一次他要去梅依百货公司拉广告，他事先了解到这个公司的总经理会驾驶飞机。于是，他在和这位总经理见面互做介绍后，便随意问了句："您在哪儿学会开飞机的？"一句话，触发了总经理的谈兴，他滔滔不绝地讲了起来，谈判气氛显得轻松愉快，结果不但广告有了着落，霍伊拉还被邀请乘坐了总经理的私人飞机，和他交上了朋友。

3）谈判资料搜集的渠道

在确定好要调查的内容和要搜集的资料之后，就应该确定如何搜集充分的资料，通过哪些途径能够搜集到客观、公正、准确的资料。下面提供一些搜集资料的途径：

（1）从国内有关单位或部门搜集资料。各个国家都有专门的部门或机构从事信息搜集和信息咨询工作。这些机构既包括政府部门，也包括以营利为目的的商业性机构。在国内可能提供信息资料的单位有商务部、中国国际贸易促进委员会及其各地的分支机构、中国各大银行的咨询机构和一些提供咨询服务的公司以及国内的报纸、杂志等新闻媒介。当然，还可以咨询与谈判对手有过业务往来的国内企业等。

谈判小故事3-5　　　　　　　　　　**作家雅各布的消息来源**

1935年3月20日，有个名叫伯尔托尔德·雅各布的作家被德国特务从瑞士绑架了，因为这位人物引起了希特勒（Hitler）的极度恐慌。他出版了一本描述希特勒新军里的组织情况的小册子。这本172页的小册子描绘了德军的组织结构、参谋部的人员布置、部队指挥官的名字、各个军区的情况，甚至谈到了最新成立的装甲师里的步兵小队。小册子列举了168名指挥官的姓名，并叙述了他们的简历。这些在德国都属于军事机密。希特勒为此勃然大怒，他要求情报顾问瓦尔特·尼古拉上校弄清楚雅各布的材料是从哪里窃取的。上校决定让雅各布本人来解答这个问题，于是便发生了上面的这次绑架。在盖世太保的审讯室里，尼古拉对雅各布盘问道："雅各布先生！告诉我们，你写书的材料是从哪里来的？"雅各布的回答却大大出乎他的意料："上校先生，我的小册子里的全部材料都是从德国报纸上得到的。例如，我写的哈济少将是第17师团指挥官，并驻扎在纽伦堡，因为当时我从纽伦堡的报纸上看到了一则讣告。这条消息说新近调驻在纽伦堡的第17师团指挥官哈济少将也参加了葬礼。"雅各布接着说："在一份乌尔姆的报纸上，我在社会新闻栏里发现了一宗喜事，就是关于菲罗夫上校的女儿和史太梅尔曼少校举行婚礼的消息。这篇报道提到了菲罗夫是第25师团第36联队的指挥官，史太梅尔曼少校的身份是信号军官。此外，还有从斯图加特前往参加婚礼的沙勒少将，报上说他是当地的师团指挥官。"真相终于大白，雅各布并非间谍，却在做着被认为只有间谍才能做到的事情。

　　资料来源　乔淑英，王爱晶. 商务谈判［M］. 北京：北京师范大学出版社，2007.

　　（2）从国内机构在国外设立的分支机构及与本单位有联系的当地单位搜集资料。我国驻外使馆、领事馆、商务代理处等相关机构都负有了解当地经济发展动态和企业经营状况的职责，其主要的目的就是为国内企业的贸易和投资活动提供可靠的信息来源和恰当的建议。另外，中国银行以及国内其他金融、投资机构在世界各地都有众多的经营网点，为国内企业提供相应的信息，是它们所提供的服务的一部分。还有部分大型企业已经在国外建立了分支机构或办事处，这些分支机构或办事处对当地的经济发展状况和市场环境比较熟悉，也可以作为信息的来源。

　　（3）从公共机构提供的已出版的刊物和内部资料中获取信息。这些公共机构有可能是官方的，也有可能是以营利为目的的，它们可以提供已经出版的各种资料，包括报纸、网络报刊和各类专业杂志，这是搜集信息最容易的渠道。如图书馆中关于贸易统计数据的年鉴、有关市场基本经济信息的资料、各种产品交易的统计资料和各类企业的信息，国家统计机关公布的统计资料，专业组织或研究机构提供的调查报告等。

　　（4）本企业或本单位直接派人员到对方国家或地区考察，搜集资料。在国际商务活动中，如果交易复杂、金额较大、工程项目较大、交易履行时间较长，为确保能够获得客观全面的信息资料，可以由本单位或本企业直接派人到对方企业进行实地考察和了解信息，从而获得资料。需要注意的是，在出国之前应尽可能多地搜集对方的资料，在已有的资料中筛选真实的内容，同时在时间安排上给自己留下充足的可支配时间，按自己的日程办事，利用各种机会深入了解对方，获取资料。

　　4）谈判资料搜集的方法

　　（1）观察法。它是指调查者亲临调查现场，借助于自己的视觉、听觉等感觉器官，对市场经营活动中发生的经济行为进行观察、分析、判断，来搜集市场动态信息。它包括直接观察法、间接观察法、比较观察法。直接观察法即亲自到现场去观察消费者选购商品的反应及购货成交率。间接观察法即调查者围绕要调查的问题，采取各种措施，从侧面进行间接观察。比较观察法即调查者要了解消费者喜欢哪些商品，就把需要比较的商品置于同一商店或同一城市里销售，以比较顾客的选择态度。

小贴士3-3　　　　　　　　　　　　　　收视率调查

　　一家美国广告公司为了解它们的广告在拉美各国的收视率，选择了中美洲的两个城市，并在征得有关政府和相关家庭的同意后，在数千个电视机上装上特定的装置，把用户所看的电视节目记录下来，然后再对这些资料进行汇总，以了解广大用户平时喜欢看哪些电视台的节目，为日后选择合适的电视台重新进行广告宣传做好准备。

观察法的优点是可以得到较为真实可靠的信息，但这种方法有时受客观条件的限制。比如，受交通条件限制，不能亲自到现场直接观察；或是受技术条件限制，不能间接观察；或是受观察者主观意识的影响带有偏见，使信息失真等。

（2）访谈法。它是指调查者围绕要调查的问题选择调查对象进行面对面的问答，以调查和搜集特定对象对产品使用的意见和反应。它可以是个别采访，也可以是召集众多人的座谈会，听取他们对有关商品或合作项目的意见和要求。采用这种方法调查，在访谈之前，应拟好调查提纲，根据需要了解问题的主题，有针对性地设计一些问题，做到有的放矢。

（3）问卷法。它是指调查者根据所要调查的内容事先印刷好问卷，发放给相关人员，填好后集中收上来进行分析。问卷中可以包括是非题、选择题、问答题、评定题等。这种方法的优点是利于实现调查者的主导意向，可以广泛获得相关信息。难点是如何把被调查者的积极性充分调动起来，使填写的问卷内容真实可靠。

（4）归纳法。这是一种综合的分析方法，通过平时对各种资料（有声的、无声的信息）的搜集，并进行整理归类、研究、分析，去伪存真，然后获得自己需要的信息。这种调查方法要求调查人员具有较好的综合能力，应变能力强。

（5）试销调查法。顾名思义，它是指通过试销某种商品，搜集有关该商品的资料。使用这种方法时先要拟定试销方法，选择试销地点、时间；试销范围一般由小到大逐步扩展。采用这种方法时应该注意及时跟踪用户使用情况，认真总结分析用户的呼声，把反馈的意见及时公布于众，扩大商品的影响。

（6）跟踪法。它是指销售人员对某一产品或商情进行长时间的连续追踪调查，以掌握产品的使用意见和市场需求变化的动态信息。这种调查方法对企业及时了解市场变化规律、调整产品结构、改进产品生产工艺等，有着重要作用。

小贴士3-4　　　　　　　　　　　　　　　某化妆品公司的跟踪调查

中外合资宝洁化妆品有限公司生产出一款新型护肤用品——玉兰油。为顺利进入某地市场，销售人员在产品促销时，采用免费试用的办法向消费者赠送小袋样品，然后通过对消费者的使用情况连续跟踪调查，得到了她们使用产品后的真实感受和反应等信息。在此基础上，采取相应的销售策略，使产品顺利地进入了该市场。

（7）实验法。它是指有关人员通过亲自参与产品的使用体验活动来搜集产品相关信息，如食品品尝、服装试穿、产品或设备试用等。在产品的销售现场采用这种方法，能够在消费者中起到良好的示范作用，并以消费者的身份获得关于产品的有价值的第一手资料。

小贴士3-5　　　　　　　　　　　　　　　　　　销售实验

某儿童食品生产企业对包装袋内附赠玩具是否有助于销售进行了实验。其选定两个相邻的便利店，在其中一家投放有附赠玩具的食品，另一家则投放没有附赠玩具的食品。半个月后进行交换。实验结果表明，有附赠玩具的食品比没有附赠玩具的食品销售量增加约30%。根据这一情况，食品企业决定对所有产品均采用附赠玩具的包装策略，以扩大产品的销售量。

5）谈判信息资料的处理

（1）谈判信息资料处理的目的。对搜集来的大量谈判信息资料，必须按照一定的原则与方法进行处理，处理的主要目的如下：

其一，鉴别资料的真实性和可靠性，即去伪存真。在实际情况下，由于各种原因，有时搜集到的信息可能是片面的、不完全的，有的甚至是虚假的、伪造的，因此必须进行整理、分析和筛选。这样才能做到去粗取精、去伪存真，为己方谈判所用，真正发挥信息的作用。

其二，在保证信息资料真实性与可靠性的基础上，结合谈判项目的具体内容，分析各种因素与谈判项目的关系，并根据它们对谈判的重要性和影响程度进行排序，在此基础上制订出具体的谈判方案和对策。

（2）谈判信息资料处理的程序。这包括：

第一，信息资料的鉴别和分析。信息资料的鉴别主要是对搜集的资料进行评价分析，剔除某些不真实的信息、某些没有足够证据证明的信息、某些带有较多主观臆断色彩的信息，保存那些可靠的、有可比性的信息，避免造成错误的判断和决策。

第二，信息资料的归纳和分类。对搜集到的信息资料进行初步的鉴别分析后，对认为有用的需要保存的信息，应按时间顺序、问题性质、反映问题角度等分门别类地排列，如根据其重要性的不同，可将其分为三等，即可立即利用的信息、将来肯定用上的信息和将来可能派上用场的信息。只有如此，才能为信息的充分利用奠定基础。

第三，信息资料的研究和保存。信息资料的研究主要是指在比较、判断的基础上，对所得资料进行深度加工，即从表面现象去探求信息资料内在的本质，由此问题逻辑推理到彼问题，由感性认识上升到理性认识，形成新的概念、结论，为谈判决策提供指导和参考。信息资料也不能随便摆放，要按分类要求，编制完整的检索目录和内容提要，放到专门的资料架或卡片箱中，以便随时查找该资料或加放同类资料。同时，还要注意信息的保密工作，关键的谈判信息的泄露有时会导致谈判全局的失败。

3.4　谈判方案的拟订

1）拟订谈判方案的基本要求

谈判方案是指在谈判开始之前对谈判目标、议程、策略等预先所做的安排，是在对谈判信息进行全面分析、研究的基础上，根据双方的实力对比为本次谈判制定的总体设想和具体实施步骤。拟订谈判方案是谈判准备工作的核心。一份周密细致的谈判方案是保证谈判顺利进行的必要条件。制订国际商务谈判方案的基本要求是：简明、具体、灵活。

（1）简明。所谓简明，是以高度概括的文字对方案进行叙述，尽量使谈判人员在头脑中对谈判问题留下深刻的印象，便于记住其主要内容与基本原则，在谈判中能随时根据方案要求与对方周旋。

（2）具体。所谓具体，是指方案的制订要以谈判内容为基础，具有可操作性。谈判总目标应该细化成若干个分目标或子目标，即从高处着眼，从低处着手，形成环环相扣、层层衔接、首尾呼应的目标体系和策略体系。运用组合策略的优势在于每一步的推进看似简单，不使花招，整体合成起来，却是玄机妙藏，疏而不漏。

（3）灵活。所谓灵活，是指在谈判过程中灵活机动地去掌握谈判方案。谈判过程中会发生一些突发事件和意外事件，谈判人员在复杂的情况下要想取得比较理想的效果，就必须使谈判方案具有一定的灵活性。谈判人员在不违背谈判原则的前提下，根据情况变化，在权限允许的范围内灵活处理各种问题。因为谈判方案只是谈判一方的主观设想或各方简单磋商的产物，不可能把影响谈判过程的各种随机因素都估计在内，所以在制订谈判方案时对可控因素和常规事宜可安排得细些，对无规律可循的事项可安排得粗些，便于在谈判过程中灵活机动地去掌握。例如，谈判目标可以设立可供选择的多个目标，谈判指标有上下浮动的余地。当情况变动比较大、原方案不适应时，可以实施另一种备用的方案。

2）谈判方案的拟订过程

（1）确定谈判主题。主题是谈判的基本目的，也是谈判的核心。整个谈判活动都要围绕主题进行，都要为主题服务。

主题必须简单明了，最好能用一句话就可以具体体现出来，如商品交易谈判主题可确定为"与德国××公司洽谈××型号机床引进项目"。如果是选择贸易方式的谈判，主题可以简化为"以优惠条件确定中国××公司产品在日本市场上的代理商"。在外事争端中，它可以是"以友好的方式解决我国出口大米索赔一案"。

谈判的主题要简洁、明确、具体。它不仅要包括谈判的主要内容，还要有利于我方谈判人员掌握、阐述。当然，主题不是一成不变的。随着准备工作的进展、讨论分析的深化，谈判的主题也需要不断提炼、精确，从而更好地起到提纲挈领的作用。

（2）确定谈判目标。国际商务谈判目标是指谈判要达到的具体目标，它指明谈判的方向和要求达到的目的、企业对本次谈判的期望水平。国际商务谈判的目标主要是以满意的条件达成一笔交易，确定正确的谈判目标是保证谈判成功的基础。谈判的目标可以分为3个层次：

其一，最低目标是谈判必须实现的最基本的目标，是谈判的最低要求，若不能实现，宁愿谈判破裂，放弃商贸合作项目，也不愿接受比最低目标更低的条件。因此，也可以说最低目标是谈判者必须坚守的最后一道防线。

其二，可以接受的目标。可以接受的目标是谈判人员根据各种主、客观因素，经过对谈判对手的全面评估，对企业利益的全面考虑、科学论证后所确定的目标。这个目标是一个区间或范围，是己方可努力争取或作出让步的范围。谈判中的讨价还价就是在争取可接受目标的实现，可接受目标的实现往往意味着谈判取得成功。

其三，最高目标，也叫期望目标。它是本方在国际商务谈判中所要追求的最高目标，也往往是对方所能忍受的最高程度。它也是一个点，如果超过这个点，往往要冒谈判破裂的风险。因此，谈判人员应充分发挥个人的才智，在最低目标和最高目标之间争取尽可能多的利益，但在这个目标难以实现时是可以放弃的。

假如在公司的某次谈判中以出售价格为谈判目标，则对以上3种目标可以表述为：①最高目标是每台售价1 400元；②最低目标是每台售价800元；③可以接受并争取的价格为800~1 400元。

值得注意的是，谈判中只有价格这样一个单一目标的情况是很少见的，一般的情况是存在着多个目标，这时就需考虑目标的优先顺序。在谈判中存在着多重目标时，应根据其重要性加以排序，确定是否所有的目标都要达到，哪些目标可舍弃，哪些目标可以争取达到，哪些目标又是万万不能降低要求的。

（3）确定谈判要点。谈判的要点包括以下三个方面：谈判内容、谈判议程、总结评价。

第一，谈判内容。它因交易项目不同而有所区别。因此，在谈判开始之前，应根据交易项目确定谈判内容的主要方面，也就是合同的谈判条款。例如，石油买卖谈判，双方必须磋商商品品质、数量、交货期限、价格、付款、运输、保险、索赔等条款。如果是工程项目谈判，磋商的条款就是集中讨论规格、检验、价格、交货、付款、留置权、承包服务等内容。

在确定谈判应磋商的具体条款的同时，还应考虑每一条款按什么样的标准达成协议及对方可能提出的要求和作出的让步，而我方能在哪些问题上让步，哪些不能让步。把所要确定条款的要求标准同我方战略决策及制定的标准联系起来，列出比较详细的提纲。

谈判内容的确定，不仅要在企业决策层进行认真的协商讨论，还要有谈判小组的主要成员参与。有些条款的目标应让每一个谈判小组成员清楚，以使大家同心协力，达到既定目标。

第二，谈判议程。它主要是指谈判的议事日程。谈判的议程是决定谈判效率高低的重要因素，因此谈判者必须对谈判的全过程给予认真考虑，做到统筹兼顾。

•确定谈判议题。所谓谈判议题，就是谈判双方提出和讨论的各种问题。确定谈判议题首先必须明确己方要提出哪些问题，要讨论哪些问题。要对所有问题进行全盘比较和分析：哪些问题是主要议题，要列入重点讨论范围；哪些问题是非重点问题；哪些问题可以忽略；这些问题之间是什么关系，在逻辑上有什么联系。还要预测对方会提出什么问题，哪些问题是己方必须认真对待、全力以赴去解决的，哪些问题可以根据情况作出让步，哪些问题可以不予讨论。

•谈判议程的阶段。其包括开局阶段、报价阶段、磋商阶段和成交阶段。谈判议程的安排确定，要同谈判这几个发展阶段相结合，其中还价步骤和合同签订步骤十分重要，必须留有充分的时间，以供双方讨论协商。同时，还要安排好在谈判每一阶段告一段落时休会的时间、娱乐的时间等。

在拟定谈判议程时，还要注意两个问题：一是它的互利性，不仅要符合我们自己的需要，也要兼顾对方的实际利益和习惯做法。二是它的伸缩性，日程安排不能太死板，一点调整的余地都没有，否则，一旦出现问题，将手忙脚乱，陷于被动。

● 谈判议程的安排。在谈判中，谈判的进程、谈判内容的商榷要围绕着事先拟定的谈判日程安排。要把谈判的议程与谈判主题、谈判要点紧密结合起来。谈判的议程有以下几种安排：一是先易后难的安排，即将谈判中双方可能不易达成协议的议题放在后面，而先从双方已经有一定共识的问题开始谈起。由小到大讨论问题，容易营造友好的谈判气氛。二是先难后易的安排，与上一种安排恰恰相反，这种安排有助于集中时间和精力解决重点问题。要避免对方在枝节问题上纠缠不休。三是混合型的安排，即难易议题交错，这种安排有利于调节谈判气氛，增进谈判者解决问题的信心。

一般来说，在国际商务谈判中，有争议的问题不宜放在最开始，因为这样做很可能破坏整个谈判过程的气氛，也不宜放在最后，因为这又可能由于谈判时间不充裕而影响问题的解决，甚至妨碍今后的合作或谈判。常见的安排是将有争议的问题放在谈成几个问题之后，而将一两个较易达成的问题安排在最后。结束前应对双方都满意的问题给予简单热情的总结性陈述。

当然，议程的安排与讨论方式并非绝对。在实践中，也有一些谈判人员不分重要问题与次要问题，先把彼此可能达成协议的条件提出来，然后再在有分歧的问题上争取彼此的让步，寻求妥协。

第三，总结评价。这里的总结是指每当谈判告一段落时，谈判人员应抽出时间，对谈判的内容进行回顾、总结、评论，明确我方在哪些问题上取得了进展，所采取的策略、方法是否正确，效果如何，外界有什么新变化，原先的方案是否需要修改，是否需要调整人员等。这样，就可以及时总结经验教训，提出新对策，掌握谈判的主动权。

小贴士3-6　　　　　　　　　　**关于引进K公司矿用汽车的谈判方案**

5年前我公司曾经引进K公司的矿用汽车，经试用，性能良好。为适应我矿山技术改造的需要，打算通过谈判再次引进K公司矿用汽车及有关部件的生产技术。K公司代表于4月3日应邀来京洽谈。

1.谈判主题

以适当的价格谈成29台矿用汽车及有关部件生产技术的引进。

2.目标设定

（1）技术要求：①矿用汽车车架运行1 500小时不能开裂。②在气温40摄氏度条件下，矿用汽车发动机停止运转8小时以上，在接入220伏电源后，发动机能在30分钟内启动。③矿用汽车的出动率在 85% 以上。

（2）试用期考核指标：①一台矿用汽车使用 10 个月（包括一个严寒的冬天）；②车辆出动率达 85% 以上；③车辆装载量 3 750 小时，行程 3 125 千米；④车辆装载量达 31 255 立方米。

（3）技术转让内容和技术转让深度：①利用购买 29 台矿用汽车为筹码，K 公司无偿地（不作价）转让车架、厢斗、举升缸、总装调试等技术。②技术文件包括：图纸、工艺卡片、技术标准、零件目录手册、专用工具、专用工装、维修手册等。

（4）价格：①××××年购买 W 公司矿用汽车，每台成交价为 23 万美元；5 年后的今天仍能以每台 23 万美元成交，那么可将此定为价格下限。②5 年时间按国际市场价格浮动 10% 计算，今年成交的可能性价格为每台约 25 万美元，此价格为上限。

3.谈判程序

第一阶段：就车架、厢斗、举升缸、总装调试等技术附件展开洽谈。

第二阶段：商定合同条文。

第三阶段：价格洽谈。

4.日程安排

第一阶段：4 月 5 日上午 9：00—12：00，下午 3：00—6：00。

第二阶段：4 月 6 日上午 9：00—12：00。

第三阶段：4 月 6 日晚上 7：00—9：00。

5.谈判地点

第一、第二阶段的谈判安排在公司 12 楼洽谈室。

第三阶段的谈判安排在××饭店二楼咖啡厅。

6.谈判小组分工

主谈：张×为我谈判小组总代表。

副主谈：李×为主谈提供建议，或伺机而谈。

翻译：叶×随时为主谈、副主谈担任翻译，还要留心对方的反应情况。

其他成员：成员 A 负责分析技术方面的条款和谈判记录；成员 B 负责分析动向、意图、财务及法律方面的条款。

资料来源　佚名．谈判与合同文案［EB/OL］．［2018-02-18］．https://www.jinchutou.com/p-33858919.html.

3.5　谈判时空的选择

1）谈判时间的选择

从"时间就是金钱，效率就是生命"的观点来看，精心选择好谈判时间是很有必要的。选择谈判时间可以从以下两个方面考虑：

（1）谈判时间的长短。这里要考虑的因素如下：①谈判准备的程度。如果已经做好参加谈判的充分准备，谈判时间安排得越早越好，而且也不怕马拉松式的长时间谈判；

如果没有做好充分准备，不宜匆匆忙忙开始谈判，俗话说"不打无准备之仗"。②谈判人员的身体和情绪状况。如果参加谈判的人员多为中老年人，要考虑他们的身体状况能否长时间地谈判。如果身体状况不太好，可以将一项长时间谈判分割成几个较短时间的阶段性谈判。③市场形势的紧迫程度。如果所谈项目与市场形势密切相关，瞬息万变的市场形势不允许稳坐钓鱼台式的长时间谈判，谈判就要及早开始，不要拖太长的时间。④谈判议题的需要。对于多项议题的大型谈判，不可能在短时间内解决问题，所需时间相对长一些；对于单项议题的小型谈判，没有必要耗费很长时间，力争在较短时间内达成一致。

（2）选择谈判时间的策略。其包括以下几点：

其一，主要的议题或争执较大的焦点问题，最好安排在总谈判进程的3/5时提出来，这样既经过一定程度的意见交换，有一定基础，又不会因拖得太晚而显得仓促。

其二，合理安排好己方各谈判人员发言的顺序和时间，尤其是关键人物的出场和关键问题的提出应该选择最成熟的时机，当然也要给对方人员足够的时间表达意向和提出问题。

其三，不太重要的议题、容易达成一致的议题可以放在谈判的开始阶段或即将结束阶段，应把大部分时间用在关键性问题的磋商上。

其四，己方的具体谈判期限在谈判开始前要保密，如果对方摸清了己方的谈判期限，就会在时间上用各种方法拖延，待到谈判期限临近时才开始谈正题，迫使己方为急于结束谈判而匆忙接受不理想的结果。

其五，在枯燥的谈判过程中适当安排一些文娱活动，既可活跃气氛、增进友谊，又可松弛神经、消除疲劳，这是非常必要的。但是文娱活动的安排也不能过多，如果谈判进行一周的话，安排一两次文娱活动就可以了，且最好安排在谈判的第二天以及商谈焦点性问题的当天。此外，安排的活动内容不要重复，要尽量丰富一些；要注意不能使文娱活动成为谈判对方借此疲劳己方、实现其谈判目标或达到其他目的的手段。

谈判小故事3-6　　　　　　　　　　**美国谈判专家在日本的经历**

美国谈判专家赫伯·科恩一次去东京与日本人谈判。

谈判之前科恩高兴异常，他对自己说："神赐福予我，我要轻松赢取日本人。"

一周后，科恩坐在飞往东京的飞机上，准备参加一次为期14天的会议，他带了一大堆分析日本文化背景和心理的书籍并且告诉自己："我要好好地大干一场。"

飞机在东京着陆后。出关前，两位彬彬有礼的日本谈判人员笑容可掬地欢迎他，科恩很满意他们的态度。

两个日本人协助他通过海关，然后引科恩坐入一辆豪华的礼车。科恩舒服地靠在轿车后面的丝绒椅背上，他们则僵硬地坐在两张折叠凳子上。科恩对坐在拥挤的前座的日本人说道："后面宽敞得很，你们为什么不一块儿坐在后面？"

他们答道："噢，不，像您这么有地位的人，来参加这种重要的会议，显然您必须好好休息。"科恩对他们的回答感到非常满意。

车子在行驶当中，一位接待科恩的人说："最近东京去美国的机票十分紧张，您回去的时间确定了吗？是否已经订好了回程的机票？"

科恩心想：他们真是善解人意。伸手到口袋中拿出机票并让他们看清行程。但他却没有想到，日本人知道了科恩谈判的截止时间，而科恩却不知道他们的截止时间。

日本人没有立刻开始谈判，他们先安排科恩参观并体验了日本礼仪及文化。在一个多星期的时间内，科恩忙碌地在各地参观，由皇宫到京都的神社全都看遍了，甚至被安排了一项英语讲授的课程来说明日本人的信仰。

每天晚上有四个半小时，他们让科恩坐在硬地板的软垫子上，享受着传统的晚宴款待。每当科恩提到何时开始谈判时，日本人总是答道："噢，有的是时间啊！"

会议终于在第12天开始，但是必须提前结束才不会耽误18点的高尔夫球运动。第13天，会议也必须提前结束以便参加为科恩举办的欢送会。最后，第14天的早上，终于渐渐谈到重点，正当科恩要提出意见时，接科恩去机场的汽车已然到达，大家挤在车内一路继续谈判。就在汽车抵达终点刹车之时，他们完成了这笔交易的谈判。

回国之后的许多年，当科恩的老板提起这件事时总是说："这是日本人自偷袭珍珠港事件后最大的一次收获。"

为什么会有这样的结果？就因为日本人探知了科恩的谈判期限，他们不做任何妥协，摸准了科恩不愿空手而回的心理，这就是科恩谈判失败的主要原因。

资料来源　高定基. 实践谈判秘诀（13）——谈判专家科恩被击败［EB/OL］.［2012-05-22］. http：//www.bmlink.com/news/887170.html.

2）谈判地点的选择

谈判地点的选择不是一件随意的事情，恰当的地点往往有利于取得谈判的主动，谈判者应当很好地加以利用。通常，有三种方案可供谈判者选择。

（1）己方场地（主场）谈判。

第一，主场谈判的优势。在可供选择的谈判地点中，许多专家都倾向于选择己方的场所。在己方场地举行谈判，占据天时、地利、人和，从获胜的可能性角度讲，确有特定的好处和明显的优势。其主要有如下方面：

• 谈判者在己方的领地谈判，不需要再去适应新的时间、空间及人际关系环境，有较好的心理态势，自信心较强，并可以把精力更集中地用于谈判。同时，谈判队伍与高层领导之间的沟通较为方便，信息资料获取便捷，决策过程中的压力较小。

• 可以选择己方较熟悉和喜欢的具体谈判场所，并按照自身的文化习俗和喜好布置谈判场所。

• 作为东道主，可以通过安排谈判之余的活动，从文化上、心理上向对方施加潜移默化的影响，从而主动掌握谈判过程。

• 可以节省外出谈判的差旅费用和旅途时间，降低谈判成本，提高经济效益，并可以免除旅途疲劳等对谈判的不利影响。

第二，主场谈判的劣势。其主要有如下方面：

• 由于身在公司所在地，不易与公司工作脱钩，谈判人员经常会因公司事务需要解决而受到干扰，分散其注意力。

• 由于与公司高层沟通方便，谈判人员易产生依赖心理，一些问题不能自主决断而频繁地请示领导，也会造成失误与被动。

• 主场谈判的东道主要负责安排谈判会场及谈判中的各项事宜，要负责客方人员的接待工作，安排宴请、游览等活动，负担较重。

另外，在主场谈判中，作为东道主，必须懂得礼貌待客，包括邀请、迎送、接待、洽谈组织等。礼貌可换来信赖，它是主场谈判者谈判中的一张王牌，它会促使谈判者积极思考东道主谈判者的各种要求。

（2）对方场地（客场）谈判。

第一，客场谈判的优势。其主要有：

• 己方谈判人员可以全身心投入谈判，避免主场谈判时来自工作单位和家庭事务等方面的干扰。

• 在高层领导规定的范围内，更有利于发挥谈判人员的主观能动性，减少谈判人员的依赖性，提高其决断力。

• 己方不需要负责具体的场所准备事务。同时，可以实地考察对方公司的各方面情况，获取直接的信息资料。

第二，客场谈判的劣势。其主要有：

• 与公司本部相距较远，联系沟通相对不便，为信息的传递及资料的获取带来了不利影响，某些重要事项也得不到及时磋商解决。

• 需要花费时间和精力去适应新的环境，克服旅途劳累、时差不适应等因素带来的不利影响。

• 在谈判具体场所、谈判日程等的安排方面处于被动地位。

另外，在客场谈判中，必须事先了解谈判地的风土人情，以免作出会伤害对方感情但稍加注意即可防止的事情；在谈判过程中要审时度势、灵活反应，克服客场处境的各种不利因素，争取主动。在国际商务谈判中，还要配备必要的翻译、代理人员，不能随便接受对方推荐的人员，以防泄露机密。

（3）中立场地（第三地）谈判。一般情况下，谈判双方对谈判地点的重要性都有充分的认识。由于谈判双方冲突较大、政治关系微妙等原因，在主客场地都不适宜的情况下，可选择中立地点谈判，即选择主客场地之外的第三地进行谈判。

第一，第三地谈判的优势。中立场地谈判，对双方来讲都是平等的，不存在偏向，所以气氛冷静，不易受环境干扰，双方都比较注重自己的声望、礼节，容易减少误会，能比较客观地处理各种复杂问题和某些突发性事件，直至最后达成某种默契或协议。

第二，第三地谈判的劣势。谈判双方要为谈判地点的确定而谈判，但地点的确定要使谈判双方都满意也不是一件容易的事，毕竟在第三地谈判的方式通常被相互关系不融洽、信任程度不高的谈判双方所采用，所以在这方面要花费谈判双方不少的时间和精力。

总之，谈判地点的三种基本选择各有优势又都有不足。通常，谈判涉及重大的或难以解决的问题时，最好争取在己方所在地进行；商谈一般性问题或需要了解对方情况时，也可在对方所在地进行。中立场地谈判通常被相互关系不融洽、信任程度不高尤其是过去相互敌对、仇视、关系紧张的谈判双方所选用，可以有效地维护双方的尊严，防止下不了台阶。在实际谈判时，在这三种选择的基础上，还可根据实际需要做适当的变化，如有些多轮大型谈判可在双方所在地交叉进行。

谈判小故事3-7　　　　　　　　　日本与澳大利亚的煤铁谈判

日本是一个自然资源匮乏而经济十分发达的国家。以钢铁和煤炭资源来说，其优质的铁矿和煤炭的储藏量都非常低，又因第二次世界大战前实行的经济军事化和战后以经济成倍增长计划为特点的经济起飞，其铁矿和煤炭的矿藏已开采殆尽。

而与此相反，澳大利亚是一个幅员辽阔、自然资源丰富的大国。日本渴望购买澳大利亚的煤和铁，在国际贸易中，澳大利亚一方却不愁找不到买主。按理说，日本人的谈判地位低于澳大利亚，澳大利亚一方应该在谈判桌上占据主动地位。可是，精明的日本人却以大量订购澳方煤、铁并免费提供来回机票为诱饵，将澳大利亚的谈判者请到日本去谈生意。

澳大利亚人到了日本，一般比较谨慎、讲究礼仪，而不至于过分侵犯东道主的权益，因而日本方面和澳大利亚方面在谈判桌上的相互地位发生了显著的变化。澳大利亚人过惯了富裕舒适的生活，他们的谈判代表到了日本之后没过几天，就住不惯日本的木屋和榻榻米，吃不惯东方式的日本饭团和鱼子酱，急切想回到故乡别墅的游泳池、海滨和妻儿身旁去，所以在谈判桌上常常表现出急躁的情绪和急于求成的心理。

作为东道主的日方谈判代表却不紧不慢、不慌不忙地讨价还价，有时还故意停下来，介绍一下日本的风情民俗，甚至陪对方出游、出席舞会，以此加剧澳方代表的急躁心理和回归情绪，掌握了谈判的主动权。结果，日本方面仅仅用少量招待费和来回机票作"诱饵"，就钓到了"大鱼"，取得了在谈判桌上的胜利：他们以低于国际市场近一半的价格获得了澳方大量的煤、铁订单。

资料来源　宁一. 世界商道［M］. 北京：地震出版社，2006.

3）谈判场所的布置及通信、食宿安排

（1）谈判场所的布置。较为正规的谈判场所应该包括三个房间：主谈判室、密谈室、休息室。

第一，主谈判室的布置。主谈判室应当宽大舒适，光线充足，色调柔和，空气流通，温度适宜，使双方能心情愉快、精神饱满地参加谈判。谈判桌居于房间中间。主谈判室一般不宜装设电话，以免干扰谈判进程，泄露相关秘密。主谈判室一般也不要安装录音设备，录音设备对谈判双方都会产生心理压力，使双方难以畅所欲言，影响谈判的正常进行。当然，如果双方协商好也可配备。

第二，密谈室的布置。密谈室是供谈判双方内部协调机密问题单独使用的房间。它最好靠近主谈判室，有较好的隔音性能，室内配备黑板、桌子、笔记本等物品，窗户上要有窗帘，光线不宜太亮。作为东道主，绝不允许在密谈室安装微型录音设施偷录对方的密谈信息。作为客户，在外地对方场所谈判，使用密谈室时一定要提高警惕。

第三，休息室的布置。休息室是供谈判双方在紧张的谈判间隙休息用的，休息室应该布置得温馨、舒适，以使双方放松一下紧张的神经。室内最好摆放一些鲜花，播放轻柔的音乐，准备一些茶点，以便于调节心情，舒缓气氛。

谈判小故事3-8　　　　　　　　　　　谈判场地的心理作用

中国浙江义乌一家私营纽扣厂的经理，在法国巴黎时装周上与世界某著名品牌时装公司的代表相遇，前者很想与后者建立业务关系，以便将自己的纽扣及饰品出口给这家大名鼎鼎的法国时装公司。法国时装公司的代表看了纽扣厂经理带去的纽扣样品后，邀请他一周后到公司总部面谈。在时尚气派的大会客厅里，纽扣厂经理面对如此华丽的环境，有一种自惭形秽的感觉。其实，这正是法国时装公司的谈判策略之一：一方面，通过世界著名大公司与中国小企业的对比，通过本方华丽时尚的展厅和高雅的会客厅与对方普通小作坊的对比，给来者营造心理上的压力；另一方面，法国时装公司摸准了纽扣厂经理担心在法国逗留太久费用太高、希望尽快达成交易的急切心理，迫使对方降低期望值，进而在纽扣和饰品的报价上作出较大的让步。

资料来源　窦然. 国际商务谈判与沟通技巧［M］. 上海：复旦大学出版社，2009.

（2）谈判桌摆放及座次安排。谈判双方的座位安排对谈判气氛的营造、内部人员之间的交流、谈判双方便于工作都有重要的影响。谈判座位的安排也要遵循国际惯例，讲究礼节。通常，可以安排三种方式就座：

其一，长方形或椭圆形。双边谈判一般采用长方形或椭圆形谈判桌。以长方形谈判桌为例，通常主方、客方各坐一边，若谈判桌横放（如图3-1所示），则正面对门为上座，应属于客方；背面对门为下座，应属于主方。这种座位安排方法适用于比较正规的、严肃的谈判。它的好处是双方相对而坐，中间有桌子相隔，有利于己方信息的保密，各方谈判人员相互接近，便于商谈和交流意见，也可形成心理上的安全感和凝聚力。它的不利之处在于人为地造成双方的对立感，容易形成紧张、对立的谈判气氛，不利于双方关系的融洽，需要运用语言、表情等手段缓和这种紧张、对立的气氛。

谈判桌竖放的情况如图3-2所示。

其二，圆形。多边谈判一般采用圆形谈判桌（如图3-3所示），国际上称为"圆桌会议"。采用圆桌谈判，谈判各方围桌交叉而坐，尊卑界限被淡化了，彼此感到气氛较

客方主谈人

主方主谈人

—正↑门—

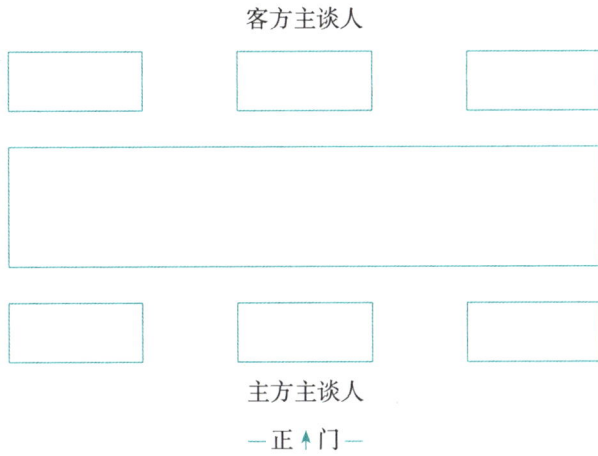

图 3-1　谈判桌横放示意图

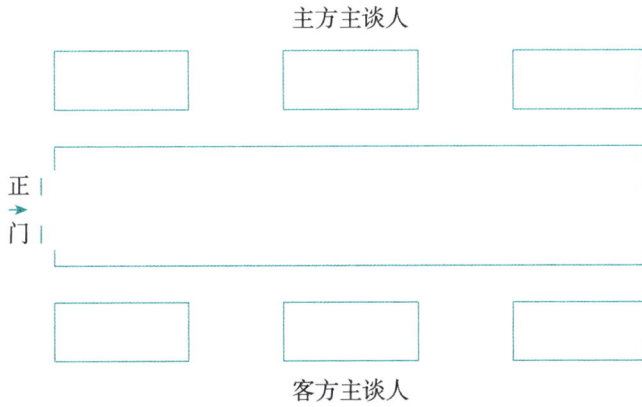

主方主谈人

正
→
门

客方主谈人

图 3-2　谈判桌竖放示意图

为和谐、融洽，容易达成共识。不利之处是双方人员被分开，每个成员都有一种被分割、被孤立的感觉。同时，也不利于己方谈判人员之间协商问题和资料保密。

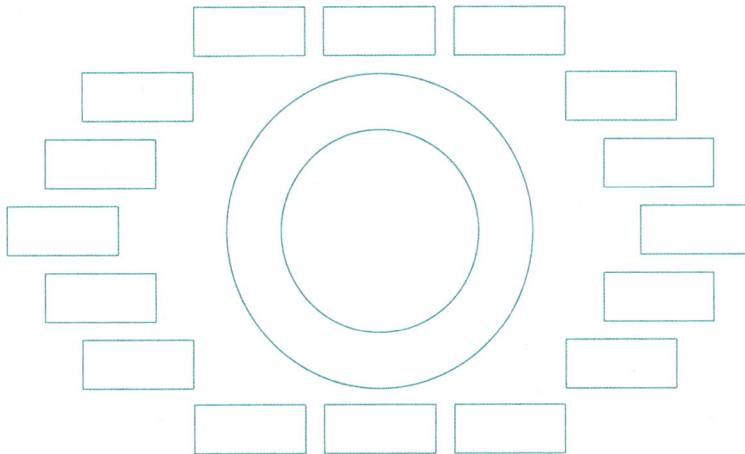

图 3-3　圆形谈判桌摆放示意图

其三，马蹄形。小型谈判也可不设谈判桌，直接在会客室进行，双方主谈人在中间长沙发就座，"主左客右"，译员在主谈人后面，双方其余人员分坐两边，呈马蹄形（如图3-4所示），这样双方交谈比较随和友好。但较正式的谈判，不宜采用这种方式。

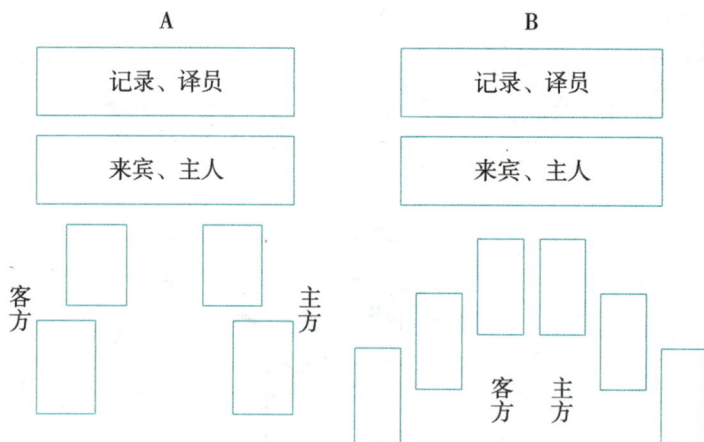

图3-4　马蹄形谈判桌摆放示意图

谈判小故事3-9　　　　　　　　　　　　　　利用环境的优势轻取对手

日本老资格政治家河野一郎在他的回忆录中清晰地描述了20世纪50年代他与苏联领导人布尔加宁的一次谈判，他利用环境的优势轻取对手。当他来到谈判会议室准备就座时，苏联人按惯例让他先行选择，河野环视了一下，就近选了一把椅子说："我就坐在这儿吧。"布尔加宁说了声"好"，便在河野对面坐了下来。事后，河野讲，他选的椅子在方向上是背光线的，谈判中他很容易看到对方的表情，甚至布尔加宁流露出的倦容。河野宣称这是他多年外交谈判的一个秘诀。

资料来源　李品媛. 国际商务谈判［M］. 武汉：武汉大学出版社，2006.

（3）通信设施的完善。谈判设施的配置与完善十分重要。谈判活动要有效进行，要求各方之间信息交流充分，上下反馈及时。而这些都是通过谈判场所的通信设施来实现的。我们不赞同那种在这些方面施展手段，对对手的沟通设置障碍来谋取己方利益的做法。所以，无论是哪方做东道主，这一点一定不要忽视。要使谈判人员能够很方便地打电话、发传真，要具备良好的灯光、通风和隔音条件。最好在举行谈判的会谈室旁边配备专门的设施，供谈判人员挂些图表或进行计算。除非双方都同意，否则不要配有录音设备，经验证明，录音设备有时对双方都会起副作用，使人难以畅所欲言。

（4）食宿安排。食宿条件的好坏将直接影响谈判者的精力、情绪和工作效率。食宿条件欠佳，往往会使对方产生对立情绪。在食宿安排中应充分注意到对方的文化、风俗和特殊习惯，特别是对一些有特殊禁忌的人员要十分尊重。东道国一方对来访人员的食宿安排应周到细致、方便舒适，但不一定要豪华、阔气，按照国内或当地的标准条件招待即可。许多外国商人，特别是发达国家的客商，十分讲究效率，不喜欢烦琐冗长的招待仪式。此外，适当组织客人参观游览、参加文体娱乐活动也是十分有益的。在某种程度上，住宿地和餐桌常常是正式谈判暂停后的缓冲和过渡地带，不仅会很好地调节客人的旅行生活，也是双方增进了解、融洽彼此关系的重要场合，甚至是解决谈判难题的关键场地。

谈判小故事 3-10　　　　　　　　　　和谐融洽的谈判气氛

　　1972 年 2 月，美国总统尼克松访华，中美双方将要展开一场具有重大历史意义的国际谈判。为了营造一种融洽和谐的谈判环境和气氛，中国方面在周恩来总理的亲自领导下，对谈判过程中的各种环境都做了精心又周密的准备和安排，甚至对宴会上要演奏的中美两国民间乐曲都进行了精心的挑选。在欢迎尼克松一行的国宴上，当军乐队熟练地演奏起由周总理亲自选定的《美丽的亚美利加》时，尼克松总统简直惊呆了，他绝没想到能在中国北京听到他如此熟悉的乐曲，因为这是他平生最喜爱的并且指定在他的就职典礼上演奏的家乡乐曲。敬酒时，他特地到乐队前表示感谢，此时，国宴达到了高潮，这种融洽而热烈的气氛也同时感了美国客人，促使此后的谈判都在和谐融洽的氛围下进行。一个小小的精心安排，营造了和谐融洽的谈判气氛，这不能不说是一种高超的谈判艺术。

　　日本首相田中角荣 20 世纪 70 年代为恢复中日邦交正常化到达北京，他怀着等待中日间最高首脑会谈的紧张心情，在迎宾馆休息。迎宾馆内温度舒适，田中角荣的心情也十分舒畅，与随从的陪同人员谈笑风生。他的秘书早坂茂三仔细看了一下房间的温度计，是"17.8℃"。这一田中角荣习惯的"17.8℃"使得他心情舒畅，也为谈判的顺利进行创造了条件。

　　资料来源　龚荒，李克东. 商务谈判：理论·策略·实训［M］. 北京：清华大学出版社，北京交通大学出版社，2010.

小贴士 3-7　　　　　　　　　　德国商人重视模拟谈判

　　德国商人以严谨缜密而著称于世，不管是大企业还是小企业，也不论是大型复杂的谈判还是小型简单的谈判，德国商人总是以一种不可辩驳的权威面目出现，而他们也常常控制着谈判桌上的主动权。这要归功于他们对模拟谈判的重视。对德国商人来讲，事先演练某场谈判是一个必然的程序，他们对谈判中可能发生的小事都做周密准备，对谈判中可能会发难的问题拟定详细答案。这很自然地增强了其谈判实力，为成功谈判奠定了基础。笔者曾参与过一次中德冶金设备谈判，总体感受是中方提出的每一个问题，德方就像把答案已经打印出来一样熟练回答，而对德方提出的问题，中方准备得并不充分。

　　资料来源　袁其刚. 商务谈判学［M］. 北京：电子工业出版社，2014.

拓展阅读

模拟谈判

　　一项完整的谈判计划，除了确定谈判方案外，还应包括模拟谈判。实际上，这是在谈判正式开始之前，根据具体情况提出各种假设，进行谈判演习，找出谈判方案中存在的问题并进行改进。

1）模拟谈判的必要性

模拟谈判一般在谈判方案确定之后和正式谈判之前进行，主要用于改进和完善谈判的准备工作，检查谈判方案中可能存在的漏洞。其必要性主要体现在以下三个方面：

首先，模拟谈判能够使谈判者发现谈判方案中的问题或准备工作不充分的地方，有利于及时纠正，更利于争取谈判的主动权。谈判方案通常是谈判人员根据主观经验规划的，尽管进行了大量的资料准备和充分的分析，但是难免有疏忽的地方。模拟谈判则有助于谈判者从对方的角度思考问题，使谈判者能够及早发现问题，及时查漏补缺，使谈判方案具有实用性和有效性。

其次，模拟谈判能够使谈判者获得谈判经验，在谈判练习中提高谈判能力。模拟谈判可以训练和提高谈判人员的应变能力，为实际的谈判发挥做好铺垫。

最后，模拟谈判为谈判人员的分工配合提供练习机会，磨合谈判队伍，提高己方谈判小组整体的默契程度和谈判能力。谈判人员在实际谈判中需要做到默契配合，提高整体的谈判能力。

2）模拟谈判假设条件的拟定

模拟谈判的效果如何，假设条件的拟定是关键。拟定假设条件是指在前期信息资料准备工作的基础之上，根据某些既定的事实或常识，将某些事承认为事实，不管这些事现在和将来是否发生，仍视其为事实进行判断和推理，从而预测真正的谈判业务发生后可能出现的问题、产生的后果。

依照假设的内容，可以把假设条件分为三类：对客观环境的假设、对谈判对手的假设和对己方的假设。

（1）对客观环境的假设。对客观环境的假设包括对环境、时间、空间的假设，目的是估计主客观环境与本次谈判的联系和影响的程度，做到知己知彼，找出相应的对策。

（2）对谈判对手的假设。对对手的假设主要是预计对方的谈判水平、心理状态、愿意冒险的程度、可能会采用的策略以及面对己方的策略如何反应等关键性问题。

（3）对己方的假设。对己方的假设主要是对谈判者自身的心理素质、谈判能力的自测及自我评估，对企业自身经济实力的考评，对谈判策略及谈判准备方面的评价等。在拟定假设条件时应注意以下三个方面的内容：

其一，为了提高假设的准确度，应尽可能让具有丰富谈判经验的人提出假设。

其二，假设的情况应以所掌握的信息资料为依据，以客观事实为基础，切忌纯粹凭想象主观臆造。

其三，在谈判中，常常由于双方误解事实真相而浪费大量的时间，也许曲解事实的原因就在于一方或双方假设的错误。所以，谈判者必须牢记，自己所做的假设归根结底只是一种推测，带有或有性，如果把假设条件当作必然的事实去参加实际谈判，将是非常危险的。

3）模拟谈判的方法

（1）全景模拟法。这是指在想象谈判全过程的前提下，企业有关人员扮成不同的角色所进行的实战型排练。这是最复杂、耗资最大但也往往是最有效的模拟谈判方法。这种谈判方法一般适用于大型的、复杂的、关系到企业重大利益的谈判。在采用全景模拟法时，应注意以下两点：

第一，合理地想象谈判的全过程。有效的想象要求谈判人员按照假设的谈判顺序展开充分的想象，不只是想象事情发生的结果，更重要的是事物发展的全过程。想象在谈判中双方可能发生的一切情形，并依照想象的情况和条件，演习双方交锋时可能出现的一切局面，如谈判的气氛、对方可能提出的问题、我方的答复、双方的策略和技巧等。合理的想象有助于谈判的准备更充分、更准确。所以，这是全景模拟法的基础。

第二，尽可能地扮演谈判中所有会出现的人物。这里有两层含义：一方面是指对谈判中可能会出现的人物都有所考虑，要指派合适的人员对这些人物的行为加以模仿；另一方面是指主谈人（或其他在谈判中准备起重要作用的人员）应扮演谈判中的每一个角色，包括自己、己方的顾问、对手和他方的顾问。这种对人物行为、决策、思考方法的模仿，能使我方对谈判中可能遇到的问题、人物有所预见；同时，处在别人的位置上进行思考，有助于我方制定更加完善的策略。任何成功的谈判，从一开始就必须站在对方的立场和角度上来看问题。而且，通过对不同人物的角色扮演，可以帮助谈判者了解自己所充当的谈判角色，一旦发现自己不适合扮演某个在谈判方案中规定的角色，可及时加以更换，以避免因角色的不适应而引起的谈判风险。

（2）讨论会模拟法。这种方法类似于"头脑风暴法"。它可分为两步：①企业组织参加谈判的人员和一些其他相关人员召开讨论会，请他们根据自己的经验，对企业在本次谈判中要谋求的利益、对方的基本目标、对方可能采取的策略、我方的对策等问题畅所欲言。不管这些观点、见解如何标新立异，都不会有人指责，有关人员只是忠实地记录，再把会议情况上报领导，作为决策的参考。②请人针对谈判中可能发生的种种情况、对方可能提出的问题等提出疑问，由谈判小组成员一一加以解答。

讨论会模拟法特别欢迎反对意见。这些意见有助于己方重新审核拟订的谈判方案，从多角度和多种标准来评价方案的科学性和可行性，不断完善准备的内容，提高成功的概率。国外的模拟谈判对持反对意见者倍加重视。然而，这个问题在我国企业中长期没有得到应有的重视。讨论会往往变成了"一言堂"，领导往往难以容忍反对意见。这种讨论会不是为了使谈判更加完善，而是成了表示赞成的一种仪式。这就大大地违背了讨论会模拟法的初衷。

（3）列表模拟法。这是一种最简单的模拟方法，一般适用于小型的、常规性的谈判。具体操作过程是这样的：通过对应表格的形式，在表格的一方列出我方在经济、科技、人员、策略等方面的所有缺点和对方的目标及策略；在另一方则相应地罗列出我方针对这些问题在谈判中应采取的措施。这种模拟方法最大的缺陷在于它实际上还是谈判人员的一种主观产物，它只是尽可能搜寻问题并列出对策，至于这些问题是否真的会在谈判中发生，这一对策是否起到预期的作用，由于没有通过实践的检验，因此不能百分之百地认为这些对策是完全可行的，对于一般的国际商务谈判，只要能达到八九成的胜算就可以了。

4）模拟谈判的总结

模拟谈判的总结环节是必不可少的，因为模拟谈判的目的就在于总结经验，发现问题，提出对策，完善谈判方案。这是一种预测性的总结，其应包括以下主要内容：对方的立场、观点、目标、风格、精神等；对方的反对意见及解决办法，相关妥协的可能性及其条件；己方的有利条件及运用状况；己方的弱点及改进措施；谈判所需的信息资料是否充足完善；双方各自的妥协条件及可共同接受的条件；对方谈判的底线及谈判破裂的界限。

5）参观游览

如果时间允许，特别是接待首次来访的客户，东道主通常应安排一些参观游览活动。参观游览的地方可以考虑以下几类：

（1）与谈判有关的工厂、设备和产地。

（2）当地著名的标志性景观。

（3）享誉海外的本地特色文化餐饮和购物场所。

（4）客人感兴趣的其他名胜古迹。

在谈判期间安排客人参观游览，一是可以加深国外客户对东道国文化的了解；二是可以调节客人的旅途不适感，放松心情；三是可以增进了解，融洽彼此之间的关系。这些均有利于谈判的进行。一般来说，参观名胜古迹、游览市容的开销不大，东道主可以全额买单。当然，参观还须注意避开敏感和机密的地方，如我国军事禁区、保密工厂或生产线等。

课堂实训

1）制定谈判目标

（1）实训目的：熟悉谈判三级目标的特点和作用；掌握谈判目标的确定方法；掌握和认识谈判人员准备的重要性和必要性；掌握如何进行谈判人员的准备和分工。

（2）实训要求：模拟谈判目标的确定；根据本实训项目的谈判背景，如果你是苏州丝绸厂的谈判负责人，应用所学的知识为本次谈判制定谈判目标。

（3）实训背景：中国香港的丝绸市场长期以来一直是中国内地、日本、韩国、中国台湾和中国香港等国家和地区制造商的天下。然而近年来中国内地生产的丝绸产品由于花色品种和质量等问题在香港地区的市场份额大幅度下降，企业的生产面临着极大的挑战。为改变这一不利状态，苏州丝绸厂决定开发新产品，拓展新市场，向欧美市场进军。在经过一番周密的市场调研后，苏州丝绸厂根据消费者的喜好、习惯和品位以及新的目标市场的特点和文化背景，开始小批量地生产各种不同花色、不同风格、不同图案的丝绸产品，力求满足不同层次、不同背景的人群需要。苏州丝绸厂的产品平均成本构成为：原料坯绸的价格是每码（0.91414米）5美元，印染加工费是每码2.48美元。同类产品在欧洲市场上的最高价格可以卖到每码30美元，在中国香港地区的平均零售价是每码15美元左右。现有一位法国商人欲购进一批丝绸产品，前来苏州丝绸厂洽谈购买事宜。

资料来源　吴炜，邱家明. 商务谈判实务［M］. 重庆：重庆大学出版社，2008.

（4）实训过程：

假设你是苏州丝绸厂的谈判人员：①你最乐于接受的价格（最高期望目标）是多少？为什么？②你在谈判中可以接受的价格（可接受目标）是多少？为什么？③你在谈判中的价格底线（最低限度目标）是多少？为什么？

（5）实训评议：_____。

2）完成模拟谈判"二手汽车销售"

要求：分卖方和买方两种立场完成模拟谈判"二手汽车销售"，以体会如何尽可能使自己的利益最大化。

二手汽车销售

（1）用于卖方。你登广告推销一辆已经使用了5年的雪佛兰牌轿车，卖价为4 200美元。这是一辆灰色的四门轿车，带有空调设备、动力刹车和自动换挡装置。它有V-6缸（6缸排列成V字形状）发动机。

①车况介绍。你是这辆车的车主，驾驶这辆车已经行驶了42 000千米。车的内部比较清洁，车的外部有一些刮痕和锈斑，车的轮胎在行驶10 000千米后需要更换，刹车在行驶5 000千米后也将不得不更换。一副车轮胎的价格在45～110美元，取决于所购轮胎的质量和行驶的里程数。更换新的刹车装置的价格在120～190美元。车垫子已经磨损。在车的右前门上有一个凹痕。司机驾驶座的弹簧弹性较差。汽车的自动换挡处漏油，你的机械师说需要换一个新的垫圈，这要花152美元。

据书店出售的《拉尔夫旧车价格手册》介绍，一辆旧雪佛兰轿车的基本零售价格是3 400美元。所谓基本条件，指的是有动力方向盘、动力刹车和自动换挡装置；一般状况为一年行驶10 000千米，带有一般的磕碰、生锈或其他的机械问题。在市场上实际售出价格可能低于书中所提及的基本零售价格的50%以下或高于它的90%以上。你见过同样条件的小轿车广告售价为6 000美元，但车主声称已行驶的里程数很低并且车的状况非常好。偶尔也有广告售价为2 500美元的情况，说车的行驶状况良好。但最常见的广告售价为3 000～4 000美元。雪佛兰牌小轿车在你们那个地区是比较受欢迎的品牌。

②谈判背景。你在6周前预订了一辆新的庞蒂克牌轿车，已接到商家通知必须在7天内取货。汽车经销商最初提出按照以旧换新的形式以2 200美元购进你的雪佛兰牌轿车。你拒绝了经销商的提议，因为你认为自己销售能够卖出更好的价钱。

有3个人对你的售车广告作出了反应。头两个人在看了车以后没有出价，但表示假如他们有兴趣的话，将会和你电话联系。5天过去了，你仍然没有得到他们的消息。还有一个人驾驶了这辆车，也检查了车况，并有望出价。这是目前唯一有希望的买主。

你希望尽可能把自己的车卖个好价钱。你不能接受对方低于3 600美元的出价。你希望对方以现金或者担保支票来支付，并且在3日内交款取车。

（2）用于买方。你正想购买一辆二手车，并且看到一则广告推销一辆已使用了5年的雪佛兰牌轿车，售价为4 200美元。这是一辆灰色的四门轿车，带有空调设备、动力刹车和自动换挡装置，它有V-6缸发动机。

①车况介绍。同卖方的车况。

②谈判背景。你所在的公司派你到该城市工作几年，因此你需要购买一辆小轿车作暂时之用。在这种情况下买一辆二手车是最合适的。你必须在3天之内开始工作，时间是有限的。

你已经与这辆车的车主进行了接触。在驾驶了这辆车并做了必要的检查后，你决定商谈价格问题。你估计车主的出价将在2 500美元～4 200美元，而你打算接受的价格最高不能超过3 500美元。

课后练习

1）案例分析
案例分析一

不被压低的价格

中方某公司向韩国某公司出口丁苯橡胶已一年，第二年中方又向韩方报价，以继续供货。中方公司根据国际市场行情，将价格从前一年的成交价每吨下调了120美元（前一年为1 200美元/吨），韩方表示可以接受，建议中方到韩国签约。中方人员一行二人到了首尔该公司总部，双方谈了不到20分钟，韩方说："贵方价格仍太高，请贵方看看韩国市场的价格，3天以后再谈。"中方人员回到饭店感到被戏弄，很生气，但人已来首尔，谈判必须进行。

中方人员通过有关协会搜集到韩国海关丁苯橡胶进口统计数据，发现从哥伦比亚、比利时、南非等国的进口量较大，从中国的进口量也不少，中方公司是占份额较大的一家。价格水平南非最低但高于中国产品价。哥伦比亚、比利时的价格均高于南非。在韩国市场的调查中，批发价和零售价均高出中方公司现报价的30%～40%，市场价虽呈降势，但中方公司的给价是目前世界市场最低的价格。为什么韩国人员还这么说？中方人员分析，对手以为中方人员既然来了首尔，肯定急于拿合同回国，可以借此机会再压中方一手。那么韩方会不会不急于订货而找理由呢？中方人员分析，若不急于订货，为什么邀请中方人员来首尔？再说韩方人员过去与中方人员打过交道，签过合同，且执行顺利，对中方的工作很满意，这些人突然变得不信任中方人员了吗？从态度上看不像，他们来机场接中方人员，且晚上一起喝酒，保持了良好的气氛。从上述分析来看，中方人员共同认为：韩方意在利用中方人员客场谈判的心理压价。根据这个分析，经过商量，中方人员决定在价格条件上做文章。首先，态度应强硬（因为来之前对方已表示同意中方报价），不怕空手而归。其次，价格条件还要涨回市场水平（即1 200美元/吨左右）。最后，不必等两天再给韩方通知，仅一天半就将新的价格条件通知韩方。

在一天半后的中午前，中方人员打电话告诉韩方人员："调查已结束，得到的结论是：我方来首尔前的报价低了，应涨回去年成交的价位，但为了老朋友的交情，可以下调20美元，而不再是120美元。请贵方研究，有结果请通知我们，若我们不在饭店，则请留言。"韩方人员接到电话后一个小时即回电话约中方人员到其公司会谈。韩方认为：中方不应把过去的价再往上调。中方认为：这是韩方给的权利，我们按韩方要求进行了市场调查，结果应该涨价。韩方希望中方多少降些价，中方认为原报价已降到底。经过几回合的讨论，双方同意按中方来首尔前的报价成交。这样，中方成功地使韩方放弃了压价的要求，按计划拿回合同。

资料来源　佚名. 十二个经典实用的商务谈判案例及解析［EB/OL］.［2012-05-29］. http: //wenku.baidu.com/view/b26b9ca0f524ccbff121847f.html.

思考与讨论：

（1）结合上述材料，谈谈国际商务谈判中信息的重要性以及搜集信息的原则和方法。

（2）本案例对你有哪些启示？

案例分析二

有备无患

我国某冶金公司要向美国购买一套先进的组合炉，于是派一位高级工程师与美商谈判。为了不负使命，这位高级工程师做了充分的准备工作，他查找了大量有关冶炼组合炉的资料，花了很大的精力调查国际市场上组合炉的行情以及美国这家公司的历史、现状及经营情况。谈判开始，美商一开口要价150万美元。中方工程师列举各国成交价格，使美商目瞪口呆，终于以80万美元达成协议。当谈判购买冶炼自动设备时，美商报价230万美元，经过讨价还价压到130万美元，中方仍然不同意，坚持出价100万美元。美商表示不愿继续谈下去，把合同往中方工程师面前一扔，说："我们已经做了这么大的让步，贵公司仍不能合作，看来你没有诚意，这笔生意就算了，明天我们回国了。"中方工程师闻言轻轻一笑，把手一伸，做了一个优雅的"请"的动作。美商真的走了，冶金公司的其他人有些着急，甚至埋怨工程师不该把价格压得这么紧。工程师说："放心吧，他们会回来的。同样的设备，去年他们卖给法国只有95万美元，国际市场上这种设备的价格100万美元是正常的。"果然不出所料，一个星期后美方又回来继续谈判了。工程师向美商点明了他们与法国的成交价格，美商又愣住了，没有想到眼前这位工程师如此精明，于是不敢再报虚价，只得说："现在物价上涨得厉害，比不了去年。"工程师说："每年物价上涨指数没有超过6%。一年时间，你们算算，该涨多少？"美商被问得哑口无言，在事实面前，不得不让步，最终以101万美元达成了这笔交易。

资料来源　张吉国. 国际商务谈判［M］. 济南：山东人民出版社，2010.

思考与讨论：

（1）请分析中方在谈判中取得成功的原因及美方处于不利地位的原因。

（2）本案例对你有何启示？

案例分析三

戴高乐在自己的私人别墅谈判

1958年，阿登纳访问法国，与戴高乐举行会晤。戴高乐选择了他在科隆贝的私人别墅接待阿登纳。这栋别墅的环境十分幽雅，房间里的布置虽说不上华丽，但给人非常舒适的感觉。会谈在戴高乐的书房里举行。阿登纳进入书房后，举目四望，周围都是书橱，收藏有各种史学、哲学、法学著作。阿登纳认为，从一个人的书房陈设就可以多方面了解这个人。后来他多次向他的随从人员谈到戴高乐的书房给他留下的良好印象。首次会谈给双方留下了良好而深刻的印象，为之后签订法国与联邦德国友好条约奠定了基础。

资料来源　佚名. 商务谈判过程［EB/OL］.［2017-01-18］. http://www.docin.com/p-399381210.html.

思考与讨论：

（1）戴高乐为什么选择自己的私人别墅作为双方首次会谈的地点？

（2）本案例对你有何启示？

2）思考与训练

（1）你是某公司的谈判人员，国外A公司第一次与你公司做交易，准备购买你公司的产品，领导要求你搜集有关的谈判信息，你需要搜集哪些信息？通过哪些渠道搜集？对这些信息怎样进行分析、整理？请你写出一个方案来。

（2）学院计划建两间分别拥有160、290个座位的多媒体教室。假定你是此项目的负责人，试就多媒体设备供应商的资信、技术水平、服务质量和价格条件等进行市场调查，并拟一份关于购买多媒体设备的谈判方案。

（3）如果你是谈判的买方，在谈判中你最关心的内容是什么？反之，如果你是谈判的卖方，你会注重哪些方面的东西？

（4）谈判的准备工作从何时开始，到何时结束？怎样才能知道己方准备工作已经足够了？

（5）思考一场你正在准备的谈判，尽你所能明确地说出你对对方利益与价值观念的假设。详细指明你如何在谈判中验证这种假设。你将会采用什么样的谈判方案？如果你的假设最终完全是错误的，你计划如何改进你的谈判方案？

（6）在国际商务谈判中，谈判者在选择谈判场合时要考虑哪些因素？

（7）嘉禾公司急需一批加工皮鞋的原料，但供货方由于路途太远，只能进行电话谈判，作为谈判人员，请作出具体谈判方案。

（8）如何培养优秀的谈判人员？

（9）从团队整体角度思考，提高团队的谈判效率的途径有哪些？

任务 4

国际商务谈判过程

课程思政要求

（1）进行社会主义核心价值观教育。

（2）进行爱国主义教育。

（3）开展诚信教育、法律意识教育和道德意识教育。

（4）塑造职业形象、提高职业素养。

（5）促进学生全面发展。

导学案例　　　　　　　中日之间的一次索赔谈判

我国从日本S汽车公司进口了大批FP-148货车，使用时普遍发生严重质量问题，致使我国蒙受巨大经济损失。为此，我国向日方提出索赔。

谈判一开始，中方简明扼要地介绍了FP-148货车在中国各地的损坏情况以及用户对此的反应。虽然中方在此只字未提索赔问题，但已为索赔说明了理由和事实根据，展示了中方的谈判威势，恰到好处地拉开了谈判的序幕。日方对中方的这一招早有预料，因为货车的质量问题是一个无法回避的事实，日方无心在这一不利的问题上纠缠。日方为避免劣势，便不动声色地说："是的，有的车子轮胎炸裂，挡风玻璃炸碎，电路有故障，铆钉震断；有的车架偶有裂纹。"中方察觉到对方的用意，便反驳道："贵公司代表已到现场看过，经商检和专家小组鉴定，铆钉非属震断，而是剪断，车架出现的不仅仅是裂纹，而是裂缝、断裂！而车架断裂不能用'有的'或'偶有'，最好还是用比例数据表达，这样更科学、更准确……"日方淡然一笑说："请原谅，比例数据尚未准确统计。""那么，对货车质量问题贵公司能否取得一致意见？"中方对这一关键问题紧追不舍。"中国的道路是有问题的。"日方转了话题，答非所问，中方立即反驳："诸位已去过现场，这种说法是缺乏事实根据的。""当然，我们对贵国的实际情况考虑得不够……""不，在设计时就应该考虑到中国的实际情况，因为这批车是专门为中国生产的。"中方步步紧逼，日方步步为营，谈判气氛渐趋紧张。中日双方在谈判开始不久，就在如何认定货车质量问题上陷入僵局。日方坚持说中方有意夸大货车质量问题："货车的质量问题不至于到如此严重的程度吧？这对我们公司来说，是从未发生过的，也是不可理解的。"此时，中方觉得是该举证的时候了，于是将有关材料向对方一推说："这里有商检、公证机关的公证结论，还有商检拍摄的录像。如果……""不！不！对商检、公证机关的结论，我们是相信的。我们是说贵国是否能够作出适当让步；否则我们无法向公司交代。"日方在中方所提质量问题的攻势下，及时调整了谈判方案，采用以柔克刚的手法，向对方踢皮球，但不管怎么说，日方在质量问题上设下的防线已被攻克了，这就为中方进一步提出索赔要求打开了缺口。随后，双方就FP-148货车损坏归属问题取得了一致的意见。日方一位部长不得不承认，这是由设计和制作上的质量问题所致。初战告捷，但是我方代表意识到更艰巨的较量还在后头，索赔金额的谈判才是根本的。

随即，双方谈判的问题升级到索赔的具体金额上——报价、还价、提价、压价、比价，一场毅力和技巧的谈判竞争展开了。中方主谈判人擅长经济管理和统计，精通测算。他翻阅了许多国内外的有关资料，在技术业务谈判中，他从来不凭"大概"和"想当然"，认为只有事实和科学的数据才能服人。此刻，在他的纸笺上，在大大小小的索赔项目旁，写满了密密麻麻的阿拉伯数字。这就是技术业务谈判，只能依靠科学准确的计算。根据多年的经验，他不紧不慢地提出："贵公司对每辆车支付的加工费是多少？这项总额又是多少？""每辆车10万日元，总计5.84亿日元。"精明强干的日方主谈判人淡然一笑，与其副手耳语了一阵，问："贵国报价的依据是什么？"中方主谈判人将车辆损坏后各部件需如何修理、加固，花费多少工时等逐一报价。"我们提出的这笔加工费并不高。"接着中方又用了欲擒故纵的一招："如果贵公司感到不合算，派员维修也可以，但这样一来，贵公司的耗费恐怕是这个数的好几倍。"这一招很奏效，顿时把对方将住了。日方被中方如此精确的计算所折服，自知理亏，转而以恳切的态度征询："贵国能否再压低一点？"此刻，中方意识到，针对具体数目的实质性讨价还价开始了。中方答道："为了表示我们的诚意，可以考虑贵方的要求，那么，贵公司每辆出价多少呢？""12万日元。"日方回答。"13.4万日元怎么样？"中方问。"可以接受。"日方深知，中方在这一问题上已作出了让步。于是双方很快就此项索赔达成了协议，日方在此项目上共支付7.76亿日元。

然而，中日双方争论的索赔数额最大的项目却不在此，而是高达几十亿日元的间接经济损失赔偿金。在这一巨大数目的索赔谈判中，日方率先发言。他们也采用了逐项报价的做法，报完一项就停一下，看中方代表的反应，但他们的口气却好似报出每一个数据都是不容打折扣的。最后，日方统计出可以给中方支付赔偿金30亿日元。中方对日方的报价一直沉默不语，用心揣摩日方所报数据中的漏洞，把所有的"大概""大约""预计"等含糊不清的字眼都挑了出来，有力地抵制了对方采用的浑水摸鱼的谈判手段。

在此之前，中方谈判班子昼夜奋战，精心准备。在谈判桌上，中方报完每个项目的金额后，都讲明这个数字测算的依据，在那些有理有据的数字上打的都是惊叹号。最后中方提出间接经济损失赔偿金70亿日元！

日方代表听到这个数字后，惊得目瞪口呆，半天说不出话来，连连说："差额太大，差额太大！"于是，双方又进行不断的报价、压价。

"贵国提出的索赔额过高，若不压半，我们会被解雇的。我们是有妻儿老小的……"日方代表哀求着。老谋深算的日方主谈判人使用了哀兵制胜的谈判策略。

"贵公司生产如此低劣的产品，给我国造成多么大的经济损失啊！"中方主谈判人接过日方的话头，顺水推舟地使用了欲擒故纵这一招："我们不愿为难诸位代表，如果你们做不了主，请贵方决策人来与我们谈判。"双方各不相让，只好暂时休会。这种拉锯式的讨价还价，对双方来说是一种毅力和耐心的较量。在谈判桌上，率先让步的一方就可能陷入被动。

随后，日方代表急用电话与日本S公司的决策人密谈了数小时，接着谈判重新开始了，此轮谈判一接火就进入了高潮，双方舌战了几个回合，又沉默下来。此时，中方意识到，己方毕竟是实际经济损失的承受者，如果谈判破裂，就会使己方获得的谈判成果付诸东流，而要诉诸法律，麻烦就更大。为了使谈判已获得的成果得到巩固，并争取有新的突破，适当的让步是打开成功大门的钥匙。中方主谈判人与助手们交换了一下眼色，率先打破沉默说："如果贵公司真有诚意的话，彼此均可适当让步。"中方主谈判人为了防止己方率先让步所带来的不利局面，建议双方采用"计分法"，即双方等量让步。"我们公司愿意付40亿日元。"日方退了一步并声称，"这是最高突破数了"。"我们希望贵公司最低限度必须支付60亿日元。"中方坚持说。

这样一来，中日双方各自从己方的立场上退让了10亿日元，双方比分相等，谈判又出现了转机。双方界守点之间仍有20亿日元的逆差。但一个界守点对双方来说，都是虚设的。更准确地说，这不过是双方的最后一道"争取线"。该如何解决这"百米赛跑"最后冲刺阶段的难题呢？双方的谈判专家都是精明的，谁也不愿看到一个前功尽弃的局面。几经周折，双方共同接受了由双方最后报价金额相加除以2即50亿日元的谈判方案。

除此之外，日方愿意承担以下三项责任：

（1）确认出售给中国的全部FP-148货车为不合格品，同意全部退货，更换新车；

（2）新车必须重新设计试验，精工细作，并请中方专家检查验收；

（3）在新车到来之前，对旧车进行应急加固后继续使用，日方提供加固件和加固工具等。

一场罕见的特大索赔案终于交涉成功了！

资料来源　陈丽清，韩丽亚. 现代商务谈判［M］. 北京：经济科学出版社，2010.

问题：

（1）在此案中，中方和日方在开局阶段、讨价还价阶段和结局阶段的表现如何？

（2）本案例对理解国际商务谈判过程有哪些启示？

■ 任务目标

（1）做好国际商务谈判开局阶段的工作，营造良好的国际商务谈判气氛。

（2）正确地进行国际商务谈判报价。

（3）掌握国际商务谈判还价的技巧和让步的技巧。

（4）遇到国际商务谈判僵局能够巧妙地化解。

（5）掌握国际商务谈判签约阶段的各项要求，成功地签约。

4.1　国际商务谈判的开局阶段

谈判各方在做了各种准备之后，就要开始面对面地进行实质性的谈判。谈判过程可能是多轮次的，要经过多次的反复，才能达成一致。不论谈判过程时间长短，谈判双方都要各自提出自己的交易条件和意愿，然后就各自希望实现的目标和相互间的分歧进行磋商，最后消除分歧达成一致。这个过程依次为谈判开局阶段、谈判报价阶段、谈判磋商阶段和交易达成阶段。掌握谈判每个阶段的内容，完成每一个环节的任务，顺利实现双赢是谈判的重要任务。

1）开局的基本任务

国际商务谈判开局阶段主要是指谈判双方在进入具体交易内容的洽谈之前，彼此见面，互相介绍、寒暄以及就谈判内容和谈判事项进行初步交流的过程。好的开端是谈判成功的一半。在国际商务谈判中，谈判开局是双方真正走到一起，进行直接的接触和沟通，开局的成功与否对谈判能否顺利进行影响很大。这一阶段的目标就是为进入实质性谈判创造良好条件，为实现这一目标，开局阶段主要有以下三个任务：

（1）明确谈判的具体事项。谈判的具体事项主要包括目标、计划、进度及成员四个方面的内容。谈判各方初次见面，首先要互相介绍谈判人员的基本资料，包括姓名、职务和谈判角色等，然后谈判各方要明确此次谈判各方共同追求的合作目标，进而根据各自的具体情况，磋商并确定谈判的大体议程和进度，明确需要共同遵守的纪律和共同履行的义务等问题。明确这些具体问题，是为了使谈判各方统一认识、明确规则、安排议程、掌握进度、增进了解。

（2）营造良好的开局气氛。谈判开局的气氛对整个谈判过程会产生很大的影响并起着重要的制约作用。良好的谈判氛围能使谈判各方心情愉悦，增进相互间的信任和合作诚意。紧张的气氛则容易导致双方相互戒备和猜忌。谈判气氛是谈判对手之间的相互态度，它会直接影响谈判人员的情绪和行为方式，进而影响谈判的各个环节。虽然谈判气氛在谈判不同阶段会呈现出不同的状态，但通常在开局阶段形成的谈判气氛最为重要，所以在开局阶段应尽可能营造有利于谈判的环境氛围。

谈判小故事4-1   **蘑菇出土话搞活**

某年夏天，春城昆明决定引进部分外资，开发自然资源，发展旅游业。日本的客商闻风而来，负责接待他们的是一位年富力强的中年人。谈判的中心议题当然是资金、效益、合作方式，但实际上谈判一开始便打外围战，不是谈经济和贸易，而是谈政治和形势。日方代表不无隐忧地说："我们同中国打交道，担心你们政局会变。"昆明代表表示理解地点点头说："其实早几年我们也有过担心，不是担心政局会变，而是担心政策会变。看了几年，觉得中国的政策的确在变，不过是越变越活，越变越好了。"

日方代表又说："这几年，中国各大城市都在成立公司，有如雨后的蘑菇纷纷出土，可是，蘑菇的寿命是不会长久的呀！"昆明代表不卑不亢地答道："对这个问题我想说两点：第一，蘑菇纷纷出土，说明我们正在执行一条开放搞活的政策；第二，蘑菇出土的同时，松苗也会破土而出。蘑菇可能寿命短，但松苗却可以长成参天大树！"一席话说得日本人不住地点头。经过这番外围战，双方心里都有了底，经过几轮谈判，日方在昆明的旅游业方面投入了很大一笔资金。

资料来源 作者根据相关资料整理。

（3）开局摸底。摸底就是指通过初步接触，探测对方的目标、意图以及可能的让步程度。通过摸底可以大致了解对方的目标期望值，并进一步发现双方共同获利的可能性。

在开局摸底阶段，双方各自陈述己方的观点和愿望，并提出己方认为谈判应涉及的问题及问题的性质、地位，以及己方希望取得的利益和谈判的立场，陈述的目的是要使双方了解彼此的意愿。

通过摸底，谈判者应完成下述几项工作：一是考察对方的品质；二是了解对方的诚意和真实需要；三是设法了解对方的谈判经验、作风，对方的优势和劣势，对方每一位谈判人员的态度、期望，甚至要弄清对方认为有把握的和所担心的部分是什么，是否可以加以利用等；四是设法了解对方在谈判中坚持的原则以及在哪些方面可以作出让步。

双方经过简要的介绍和陈述后，谈判者应注意从对方的言谈举止中获取对己方有利的信息，要观察并判断对方谈判人员中有诚意合作和正直坦诚的人，与他们沟通可能事半功倍；同时，还要注意领会对方谈话所包含的信息，这些信息可能反映了对方的真实意图。通过摸底，可以大致了解对方的目标期望值，并进一步发现双方共同获利的可能性。

在谈判中探寻对方"底牌"的同时，一定要谨防对方窥测，要注意以下三个方面[1]：

①做好保密工作。在谈判过程中，除因谈判需要而必须向对方传递的信息以外，其他涉及己方的重要信息如己方的最后期限、己方所面临的困境、己方的最低出价等，都必须严格保密，切不可和盘托出，不能让对方掌握自己的信息命脉，否则会给谈判造成无法挽回的损失。在谈判前，要能正确估计对方对己方谈判信息的掌握情况，并由此判定在谈判过程中，哪些信息应该保密，保密到什么程度，以及需要注意哪些保密环节。在谈判中，对于随身携带的谈判资料一定要妥善保管，不能随意丢放，特别是谈判方案和关键性的数据资料，即使谈判时摊放在自己的桌面上，也要防止被对方看到。应尽量避免在谈判现场协调内部行动，以防对方从己方人员的表情、眼神、口型上判断出己方的信息内容。谈判中己方人员若必须对需要马上作出答复的问题在现场发表意见，可以用交换纸条的方法，或请求退场协调。即使在谈判间歇或休息期间，己方在交谈时也应防止被对方窃听，在公共场所更不应讨论与谈判业务有关的事宜，以防无意中泄露了谈判机密。

②在谈判中，谈判者可能经常会遇到对方直接提出的一些自己不愿意回答、关乎己方谈判机密的问题。对此，除了向对方明确表示这是过分的或不公正的要求而予以正面拒绝外，还可采取诸如转移话题、偷换概念、假装不知、避实就虚、鱼目混珠、混淆视听等手法进行应对。

谈判小案例4-1　　　　　　　　　　　　　　　转移话题两例

分析提示4-1

《三国演义》中有一段青梅煮酒论英雄的情节，说的是刘备巧妙地以闻雷心惊来掩饰匙箸落地的窘态，非常机敏地利用了当时的天气变化，把曹操提出的"天下谁是英雄"的敏感话题转到"是否畏雷"的话题上，避开了自己难以正面表述的问题。在《孟子·梁惠王上》中记载有孟子说服齐宣王的一则故事：一次，齐宣王提出要孟子谈谈齐桓公和晋文公争霸的事，这对一贯主张仁义道德的孟子来说，无疑是个难以启齿的话题。对此，孟子先以"仲尼之徒无道桓文之事"为由，避开了对方所提的问题，转而提出了自己"保民而王"的主张，并以生动有力的言辞吸引了对方的注意力，最终达到了说服对方的目的。

可见，学会从容、机敏地规避对方的直接窥测，不仅能让自己避开尴尬与窘困，还可避免谈判陷入被动之中。

③防止落入场外陷阱。在谈判中若采用直接的方法探测谈判信息，势必会引起对方的警觉与防范，特别是在一些涉及重要内容的谈判中，双方的警惕性都很高。为避免打草惊蛇，谈判的组织者往往将注意力转移到谈判场外，精心设计、安排一系列热情的场外活动，如欢迎、欢送宴会，参观、游览、娱乐、礼节性拜访等，希望通过这些热情的场外活动使对方放松警惕，在酒酣耳热之际不经意地泄露"天机"。而在一些跨国的重大谈判中，有的甚至不惜采用"美人计""苦肉计"等手段，以猎取重要

---

[1]　张幸花，李冬芹. 推销与商务谈判［M］. 大连：大连理工大学出版社，2014.

的谈判信息。因此，谈判者必须随时保持高度警惕，尤其在客场谈判时，更要处处留心，谨防落入对方的场外陷阱中；否则，一旦被对方摸到了"底牌"，就会给谈判带来难以想象的损失。

谈判小故事4-2　　　　　　　　　　　　谈判场外的较量

　　日本一家企业想购买英国某公司的技术专利，但谈来谈去，英方就是不卖。日方只好宣布作罢。没过多久，这家英国公司的附近新开了一家小餐馆，物美价廉，服务良好，该公司的许多员工纷纷前往就餐。不久，英方不肯出让技术的那种产品在日本问世了，这家餐馆也随之歇业。此时，英方才意识到这两者之间的联系。原来，该公司的员工在就餐时，同事之间涉及业务的话题都被餐馆的"服务人员"一点一滴地搜集了去，最终成为一份完整的技术资料。英方在谈判桌上费了好大劲想守住的东西，却在不知不觉中被日方在场外给弄到手了。

　　资料来源　佚名. 商务谈判开局与摸底［EB/OL］.［2015-06-18］. https://www.doc88.com/p-2196612261201.html.

　　2）谈判开局的方式

　　如果谈判的准备工作已经全部完成，就可以向对方主动提交洽谈方案，或者在对方提交方案的基础上给予相应的答复。向对方提交方案有以下几种方式：

　　（1）提交书面材料，不作口头陈述。这是一种局限性很大的方式，只在两种情况下运用：一种情况是本部门在谈判规定的约束下不可能有别的选择方式。比如，本部门向政府部门投标，这个政府部门规定在裁定期间内不与投标者见面、磋商。另一种情况是本部门准备把最初提交的书面材料也作为最后的交易条件。这时要求文字材料明确具体，各项交易条件准确无误，让对方一目了然，只需回答"是"与"不是"，无须再作任何解释。如果是对对方所提出的交易条件进行还价，还价的交易条件也必须是具体的，对方要么全盘接受，要么全盘拒绝。

　　（2）提交书面材料，并作口头陈述。在会谈前将书面材料提交给对方，这种方法有很多优点，如书面交易条件内容完整，能把复杂的内容用详细的文字表达出来，对方可一读再读，全面理解。提交书面材料也有缺点，如写上去的东西可能会成为一种对自己一方的限制，并难以更改。另外，文字形式的条款不如口述的感情丰富，细微差别的表达也不如口语，特别是在不同语种之间，就更有局限性。因此，谈判者应掌握不同形式下的谈判技巧。在提出书面交易条件之后，应努力做到下述要点：让对方多发言，不可多回答对方提出的问题；尽量试探出对方反对意见的坚定性，即如果不作任何相应的让步，对方能否顺从己方的意见；不仅要注意眼前的利益，还要注意目前的合同与其他合同的内在联系；无论心里如何感觉，都要表现出冷静，泰然自若；要随时注意纠正对方的某些概念性错误，不要只在对本企业不利时才纠正。

谈判小故事4-3　　　　　　　　　　　　　　一组关于设备转卖谈判的开局陈述

买家："大家上午好！再次见到各位非常高兴。经过上一次的参观交流，我方感觉赛维干洗这套新设备对我们很有吸引力。我方准备把这批设备引入西南地区，全面拓宽西南地区的干洗市场。我方已经向相关部门提出申请并得到了批准。目前关键问题是时间——我方要以最快的速度在引进设备的问题上达成协议，所以，我方打算简化手续和调查程序。虽然我们以前没有过业务来往，不过业内朋友都知道贵公司一向重合同、守信誉，所以我方期待与贵公司进行良好的合作。"

卖家："谢谢！听了贵方的陈述，我方很愿意积极配合，也非常愿意转卖赛维干洗新推出的这套设备。然而，有一点我方打算提醒一下贵方，这套设备绿色环保，处于世界领先水平，所以技术含量很高，安装调试也比较麻烦，不过，我方可以派技术骨干做培训，并上门安装调试。我方关心的是价格水平是否合理，因为还有很多其他区域的客户也想订购这套设备，这是我方目前所面临的情况。"

试评价上述谈判双方的陈述。

资料来源　杨群祥. 商务谈判［M］. 北京：高等教育出版社，2015.

（3）面谈提出交易条件。这种形式是指双方事先不提交任何书面形式的文件，仅仅在会谈时提出交易条件。这种谈判方式有许多优点：可以见机行事，有很大的灵活性；先磋商后承担责任义务；可充分利用感情因素，建立个人关系，缓解谈判气氛等。这种谈判方式也存在着某些缺点：容易受对方反击；阐释复杂的统计数字与图表等相当困难；如果语言不通，可能会产生误解。运用这种谈判方式应注意下述事项：①不要让会谈漫无边际地东拉西扯，而应明确所有要谈的内容，把握要点；②不要把精力只集中在一个问题上，而应把每一个问题都谈深、谈透，使双方都能明确各自的立场；③不要忙于自己承担义务，而应为谈判留有充分的余地；④不要只注意眼前利益，要注意到目前的合同与其他合同的联系；⑤无论心里如何考虑，都要表现得镇定自若；⑥要随时注意纠正对方的某些概念性错误，不要只在对本方不利时才去纠正。

谈判小故事4-4　　　　　　　　　　　　　　　　　　开局陈述

我国某进出口公司的一位经理在同马来西亚商人洽谈大米进出口交易时，开局是这样表达的："诸位先生，首先让我向几位介绍一下我方对这笔大米交易的看法。我们对这笔出口买卖很感兴趣，我们希望贵方能够现汇支付。不瞒贵方说，我方已收到贵国其他几家买方的递盘。因此，现在的问题只是时间，我们希望贵方认真考虑我方的要求，尽快决定这笔买卖的取舍。当然，我们双方是老朋友了，彼此有着很愉快的合作经历，希望这次洽谈能进一步加深双方的友谊。这就是我方的基本想法。我把话讲清楚了吗？"

资料来源　佚名. 商务谈判教案［EB/OL］.［2017-01-18］. http://www.njliaohua.com/lhd_2qoaj7740z1ujto7zfph_5.html.

3）营造开局气氛

（1）谈判气氛的特点。谈判气氛的营造应该服务于谈判的方针和策略，服务于谈判者各阶段的任务和所面临的政治形势、经济形势、市场变化、文化氛围、实力差距，以及谈判时的场所、天气、时间、突发事件等。鉴于客观环境对气氛的影响，需要在谈判准备阶段做有利于谈判目标的准备。谈判气氛在不同特点的谈判中是不一样的，即使在一个谈判过程中，谈判气氛也会发生微妙的变化。谈判气氛多种多样，有热烈的、积极的、友好的，也有冷淡的、对立的、紧张的；有平静的、严肃的，也有松懈的、懒散的；还有介于以上几种谈判气氛之间的自然气氛。谈判开局阶段气氛的营造更为关键，因为这一阶段的气氛会直接影响到双方是否有一个良好的开端。一般来说，开局气氛如果是冷淡的、对立的、紧张的或者是松懈的，都不利于谈判的成功。谈判开局气氛也不大可能一下子就变成热烈的、积极的、友好的。什么样的开局气氛是比较合适的呢？根据开局阶段的性质、地位，以及进一步磋商的需要，开局气氛应有以下几个特点：

①礼貌、尊重的气氛。谈判双方在开局阶段要营造出一种尊重对方、彬彬有礼的气氛。出席开局阶段谈判的可以是高层领导，以示对对方的尊重。谈判人员服饰、仪表要整洁大方，无论是表情、动作还是说话语气，都应该礼貌并表现出对对方的尊重，不能流露出轻视对方、以势压人的态度，不能以武断、蔑视、指责的语气讲话，使双方能够在文明礼貌、相互尊重的气氛中开始谈判。

谈判小案例4-2　　　　　　　　　　　**中方汽车企业引进德国生产线谈判**

中国一家汽车生产企业准备从德国引进一条生产线，于是与德国一家公司进行了联络。双方分别派出一个谈判小组就此问题进行谈判。谈判那天恰逢2014年世界杯决赛的第二天，当双方谈判代表刚刚就座，中方的首席代表（公司副总经理）就站了起来，他对大家说："在谈判开始之前，先

分析提示4-2

恭喜一下远道而来的德国客人，昨天晚上德国队1∶0击败了阿根廷队，第四次赢得了世界杯冠军，追平了意大利的夺冠纪录。恭喜！恭喜！"此话一出，中方谈判人员纷纷站起来向德方谈判代表道贺。德方谈判代表听到此言也非常自豪，纷纷站起来回应。整个谈判会场的气氛顿时热情、高涨起来，接下来的谈判进行得非常顺利。结果，中方企业以合理的价格顺利地引进了一条德国的先进生产线。

资料来源　杨群祥. 商务谈判［M］. 北京：高等教育出版社，2015.

②自然、轻松的气氛。开局初期常被称为"破冰"期。谈判双方抱着各自的立场和目标坐到一起，极易出现冷淡、冲突和僵持的局面。如果一开局气氛就非常紧张、僵硬，可能会过早地造成情绪激动和对立，使谈判陷入泥潭。过分的紧张和僵硬还会使谈判者的思维偏激、固执和僵化，不利于细心分析对方的观点，不利于灵活地运用谈判策略。因此，谈判人员在开局阶段首先要营造一种平和、自然、轻松的气氛。例如，随意谈一些轻松的话题，松弛一下紧绷的神经，不要过早与对方发生争论，语气要自然平和，表情要轻松亲切，尽量谈论中性话题，不要过早刺激对方。

谈判小案例4-3　　　　　　　　　　　　　　　　活跃气氛的谈判计谋

分析提示4-3

　　中国一家电视生产企业准备从日本引进一条生产线，于是与日本一家公司进行了接触。双方分别派出一个谈判小组就此问题进行谈判。谈判那天，双方谈判代表刚刚就坐，中方的首席代表（副总经理）就站了起来对大家说："在谈判开始之前，我有一个好消息要与大家分享。我的太太在昨天夜里为我生了一个大胖小子！"此话一出，中方职员纷纷站起来向他道贺，日方代表也纷纷站起来向他道贺。整个谈判会场的气氛顿时高涨起来，谈判进行得非常顺利。中方企业以合理的价格顺利地引进了一条生产线。

　　资料来源　佚名. 商务谈判试卷［EB/OL］. ［2017-01-01］. http：//www.njliaohua.com/lhd_6lbxb09f6y83uyx9777h_1.html.

　　③友好、合作的气氛。开局阶段要使双方有一种"有缘相识"的感觉，双方都愿意友好合作，都愿意在合作中共同受益，因此谈判双方实质上不是"对手"，而是"伙伴"。基于这一点，营造友好、合作的气氛并不仅仅是出于谈判策略的需要，更重要的是双方长期合作的需要。尽管随着谈判的进行会出现激烈的争辩或者矛盾冲突，但是双方是在友好合作的气氛中去争辩，不是越辩越远，而是越辩越近。因此，谈判者应真诚地表达对对方的友好愿望和对合作成功的期望。此外，热情的握手、热烈的掌声、信任的目光、自然的微笑都是营造友好谈判气氛的手段。

谈判小案例4-4　　　　　　　　　　　　　　　　喝茶的姿势

分析提示4-4

　　东南亚某个国家的华人企业想在当地做日本一著名电子公司的代理商，双方几次磋商均未达成协议。在最后的一次谈判中，华人企业的谈判代表发现日方代表喝茶及取放茶杯的姿势十分特别，于是他说道："从××君（日方的谈判代表）喝茶的姿势来看，您十分精通茶道，能否为我们介绍一下？"这句话正好点中了日方代表的兴趣所在，于是他滔滔不绝地讲述起来。结果，后面的谈判进行得异常顺利，该华人企业终于拿到了其所希望的地区代理权。

　　资料来源　佚名. 商务谈判［EB/OL］. ［2017-01-18］. http：//3y.uu456.com/bp_6k6mg1qy135dq8n1sb3j_2.html.

　　④积极进取的气氛。谈判毕竟不是社交沙龙，谈判者都肩负着重要的使命，要付出艰苦的努力去完成各项重要任务，双方都应该在积极进取的气氛中认真工作。谈判者要准时到达谈判场所，要仪表端庄整洁、精力充沛、充满自信，坐姿要端正，发言要响亮有力，要表现出追求进取、追求效率、追求成功的决心，不论有多大分歧，有多少困难，相信一定会获得双方都满意的结果。谈判就在这样一种积极进取、紧张有序、追求效率的气氛中开始。

　　（2）影响谈判气氛的因素。谈判是一项互惠的活动，一般情况下，谈判双方都会谋求一致，所以谈判的气氛也应该是真诚的、合作的、认真的和轻松的。要想获得这样的谈判气氛，需要在一定的时间内，利用各种因素，协调双方的思想和行动。

①气质与风度。气质与风度是人们稳定的个性特征，影响着谈判人员的内在形象。良好的气质是以人的文化素养、文明程度、思想品质和生活态度为基础的。风度则包含精神状态、谈吐礼节、表情动作等。在谈判中，谈判者的气质和风度是通过他的态度、言语和行为表现出来的。良好的气质与风度，既能表现出对谈判对手礼貌和尊重的态度，又能够展现我方高昂的精神面貌，使对手肃然起敬，从而营造出理想的谈判气氛。

②着装与服饰。服装的款式与色调、配件的搭配和衣服的清洁状况，可以间接地反映出谈判人员的心理特征、审美观点和参加谈判的态度。一般来说，谈判人员的装束应该整洁、美观和大方，但由于服饰属于文化习俗的范畴，所以在不同的文化背景下，会有不同的要求，应视情况而定。例如，在法国谈判或当对方是法国人时，就应该穿整洁的深色服装；如果是在丹麦或美国，衣着的问题就无足轻重了，只要干净整洁，穿便装也未尝不可。

③姿态与表情。作为一种重要的表达方式，人的姿态与表情和有声语言一样，具有强烈的感染力，反映出其自信程度和精气神，所以在谈判进入正题以前，谈判双方的表情和姿态，就已经开始传递无声的信息了。例如面无表情，可能会使魅力和信用度降低；自然的表情，可能会消除紧张的感觉；微笑的表情，可能会显示镇定自信的态度等。

④中性话题的选择。在谈判进入正式话题以前，选择中性的话题是比较合适的，也容易引起共鸣，有利于营造和谐的谈判气氛。一般来说，中性话题可以选择双方都感兴趣的业余爱好，可以回忆往日合作成功的欢乐感受，还可以用轻松愉快的语气谈些双方容易达成一致意见的话题，如谈判的目的、议事日程安排、进展速度、谈判人员的组成情况等。

⑤会场布置与座位安排。谈判中对谈判场地设施的布置和对谈判双方座位的安排，都会影响谈判的心理状态，从而影响洽谈的气氛。例如，有的人认为桌椅的大小显示的是"权力"的大小，会给对方造成一种心理压力；也有的人会因为所坐桌椅的不合适而产生一种失落感，使其在整个谈判过程中感到困窘。

（3）营造良好谈判气氛的技巧。营造良好谈判气氛的技巧具体包括如下方面：

①注意个人形象。一个人的形象主要包括服装、仪表、语言、行为等方面。作为一名谈判人员应该特别注意个人形象的树立，不但要注意服装的整洁，还必须重视仪表美和行为端庄，为创造良好的谈判气氛打下基础。

谈判小故事4-5　　　　　　　　　　　　　　　　**谈判中的形象**

2016年夏天，H市木炭公司经理何女士到G市金属硅厂就其木炭的销售合同进行谈判。H市木炭公司是生产木炭的专业厂家，想扩大市场范围，对这次谈判很重视。会面那天，何经理脸上粉底打得较厚，使涂着腮红的脸尤显白嫩，戴着垂吊式的耳环、金项链，右手戴有两个指环、一个钻戒，穿着大黄衬衫、红色大花真丝裙。G市金属硅厂销售部的马经理和业务员小李接待了何经理。马经理穿着布质夹克衫、劳动布的裤子，皮鞋不仅显旧，还蒙着车间的硅尘。他的胡茬发黑，使脸色更显苍老。

何经理与马经理在会议室见面时，互相握手致意，马经理伸出大手握了一下何经理白净的小手，马上就收回了，并抬手检查手上情况。原来何经理右手的戒指、指环扎了马经理的手。看着马经理收回的手，何经理眼中掠过一丝冷淡。小李觉得何经理与马经理反差大了些。

双方就供货量及价格进行了谈判，G市金属硅厂想独家买断H市木炭公司的木炭供应，以加强与别的金属硅厂的竞争力，而H市木炭公司则提出了最低保证量及预先借款作为滚动资金的要求。马经理对最低订量及预付款表示同意，但在"量"上与何经理分歧很大。何经理为了不空手而回，提出暂不讨论独家问题。那么，预付款也可放一放，等于双方各退一步，先谈眼下的供货合同问题。

马经理询问业务员小李，小李没应声。原来他在观察研究何经理的服饰和化妆，何经理在等小李的回话，发现小李在观察自己，不禁一阵脸红。但小李没提具体合同条件，只是将硅厂的"一揽子交易条件"介绍了一遍。何经理对此未做积极响应。于是小李提出，若谈判依单订货，可能要货比三家，愿先听木炭公司的报价，依价下单。何经理一看事情复杂化了，心中直着急，加上天热，额头上的汗珠汇集成流，顺着脸颊淌下来，汗水将粉底冲出了条沟，使原本白嫩的脸变得花了。

马经理见状说道："何经理别着急。若贵方价格能灵活，我方可以先试订一批货，也让您回去有个交代。"何经理说："为了长远合作，我们可以在这笔交易上让步，但还请贵方多考虑我厂的要求。"双方就第一笔订单达成了交易，并同意就"一揽子交易条件"存在的分歧继续研究，择期再谈。

资料来源　佚名. 商务谈判过程［EB／OL］.［2015-05-05］. https://www.doc88.com／p-5857788366588.html.

②沟通思想。只有沟通思想才能加深了解、建立友谊。要建立一种相互合作的洽谈气氛需要一定的时间。因此，洽谈开始时的话题最好是轻松的、非业务性的中性话题。要避免在洽谈开始不久就进入实质性洽谈，应花一定的时间去沟通思想，加深彼此之间的了解，只有在互相信赖的基础上才会有和谐的气氛。国际商务谈判人员通常选用的中性话题有：各自的经历；体育新闻、文娱消息；家庭状况；气候、季节及适应性；旅途中的经历；名人轶事；较轻松的玩笑；过去成功的合作等。

谈判小故事4-6　　　　　　　　　　　　　　**周恩来与艾登**

1954年5月初，在日内瓦会议期间，周恩来总理得知美国国务卿杜勒斯蛮横地指责英国外交大臣艾登对中国态度软弱，搞得艾登很恼火。周恩来总理就请苏联外长莫洛托夫把艾登邀到苏联的别墅赴宴。

艾登是个性格开朗且有绅士风度的著名外交家，与周恩来初次见面就风趣地指着沙发上的菠萝说："苏联什么水果都有，就是没有菠萝。"

莫洛托夫会心地朝周恩来一笑道："但是中国有，中国是一个极其富有的国家。"

艾登早就对古老的中国感兴趣，他不无遗憾地说："中国是个神秘的国家，可惜我没有去过中国。"

莫洛托夫趁热打铁给艾登和周恩来架桥说:"艾登先生应该到中国去一次。"

艾登一下子打开了话匣子,滔滔不绝地讲起他与中国的渊源,巧妙地把话题引向周恩来:"但愿如此。我告诉你们一件事,在第一次世界大战的时候,与我同伍的一个军官叫哈门,他在战争中牺牲了。上星期他的弟弟写给我一封信,要我信任周恩来先生的每一句话,他说他熟悉周恩来先生。"

周恩来对此表示感谢,并饶有风趣地讲起他与哈门的交往,使艾登与周恩来第一次会见的气氛融洽了许多。

资料来源　作者根据相关资料整理.

③做好周密细致的准备。谈判人员必须做好周密的准备工作。事前的准备工作做得越周密就越有利于良好气氛的建立,作为洽谈人员,在事前应充分考虑如何利用开始阶段的各项活动把良好的气氛建立起来,最好是对此拟出一个详细的计划方案,以免忙中出乱。

④分析对方的行为。分析对方的行为,尽量引导对方与己方协调合作。开始阶段进行的一切活动,一方面能够为双方建立良好关系创造条件,另一方面能够了解对方的特点、态度和意图,从而为引导对方与己方协调合作提供依据。因此,谈判人员应认真分析对方在开始阶段的言行,从中正确把握对方的性格、特点以及谈判作风,尽量因势利导对方与我方合作,这也是创造良好气氛不可或缺的方法之一。

谈判小案例4-5　　　　　　　　　　**日本代表令美国代表哑口无言**

日本某著名汽车公司的产品在美国正式上市前,急需找一个美国代理商来推销产品,以弥补该公司不了解美国市场的缺陷。当日本公司准备同美国的一家公司就此问题进行谈判时,日本公司的谈判代表因路上塞车迟到了。此时,美国公司的代表紧紧抓住这件事不放,想要以此为手段向日方获取更多的优惠条件。日本公司的谈判代表见此情形,站起来说:"我们十分抱歉耽误了您的时间,但是这绝非我们的本意,我们对美国的交通状况了解不足,所以导致了这个不愉快的结果,我希望我们不要再因为这个无谓的问题耽误宝贵的时间了。如果你们因为这件事怀疑我们合作的诚意,那么我们只好结束这次谈判。我认为,我们所提出的优惠代理条件在美国是不会找不到合作伙伴的。"

分析提示4-5

日本谈判代表的一席话说得美方哑口无言,美国人也不想失去一次赚钱的机会,于是谈判顺利地进行了下去。

资料来源　佚名. 国际商务谈判试卷 [EB/OL]. [2016-10-18]. http://3y.uu456.com/bp_2r62e9y79e6ksx798r7i_1.html.

4.2　国际商务谈判的报价阶段

谈判双方在结束了非实质性交谈以后,就要将话题转向有关交易内容的正题,即开始报价。报价阶段一般是国际商务谈判由横向铺开转向纵向深入的转折点。报价以及随之而来的磋商是整个谈判过程的核心和最重要的环节，决定了双方能否成交，或者一旦成交，利润能有多少。

这里所说的报价，不仅是指产品在价格方面的要价，而且泛指谈判的一方对另一方提出的所有条件，包括商品的数量、质量、包装、价格、装运、保险、支付、商检、索赔、仲裁等交易条件，其中价格条件具有重要的地位，因为其余的交易条件最终都会体现在价格的变化上。一般情况下，谈判都是围绕价格进行的。

1）影响价格的因素

进行国际商务谈判中的价格谈判，应当首先了解影响价格的具体因素。这些具体因素主要包括商品成本、附带条件和服务、市场行情、谈判者的利益需求、成交条件和产品的具体情况。

（1）商品成本。一般情况下，成本是成交价格的最低界限。成交价如果低于成本，供应商不仅无利可图，而且会亏损。

（2）附带条件和服务。谈判标的物的附带条件和服务，如质量保证、安装调试、免费维修、供应配件等，能为客户带来安全感和许多实际利益，往往具有相当大的吸引力，能降低标的物价格水平在人们心目中的地位和缓冲价格谈判的阻力。

（3）市场行情。市场行情是指该谈判标的物在市场上的一般价格及波动范围。市场行情是市场供求状况的反映，是价格磋商的主要依据。谈判者如果能了解市场信息，了解供求状况及趋势，就能对商品的价格水平及走向做到心中有数，从而掌握谈判的主动权。

（4）谈判者的利益需求。由于谈判者对利益的需求不同，他们对价格的理解也不同。在国际商务谈判中，以某公司从国外进口一批设备为例，需求不同，谈判的结果就会不同。如果国外厂商追求的是利益最大化，该公司追求的是填补国内空白，则谈判的结果很可能是以高价成交；如果国外厂商追求的是占领国内市场，而该公司追求的是利润，则谈判的结果很可能是以低价成交。

（5）成交条件。在谈判中，价格和许多其他条款是有内在联系的。最常见的如交货期，如果交货期很短，则成交价格会升高。此外，支付方式也会影响价格。在国际商务谈判中，货款的支付方式是现金结算，还是使用支票、信用卡结算，或以产品抵偿；是一次性付款，还是分期付款或延期付款等，这些都对价格有重要影响。在谈判中，如能提出易于被对方接受的支付方式，将会使己方在价格上占优势。另外，交易量的大小也会对价格产生影响。

谈判小故事4-7　　　　　　　　　　　　　**旧船的交货期**

某远洋运输公司向外商购买一条旧船，外商开价1 000万美元，中方则一定要降为800万美元，谈判结果是800万美元成交，但推迟3个月交货。哪知外商在这3个月里跑了运输，营运净收入为360万美元。显然该远洋运输公司并没有在这场谈判中赢得价格优势。

（6）产品的具体情况。产品的具体情况也会影响成交价格。在产品的技术含量和复杂程度方面，产品的技术结构越复杂，其价格就会越高，而且对该产品核计成本和估算价格也较困难，同时，可以参照的同类产品也较少，因此价格标准的伸缩性也就较大。另外，产品和企业的信誉也会影响价格。信誉是宝贵的无形资产，人们对优质名牌产品和声誉卓越的企业往往有信任感，因此人们宁肯出高价，也愿意同重合同、守信用的企业打交道。

在谈判中，还会有许多影响价格的因素，这就需要谈判人员根据具体情况具体分析了。

小贴士4-1　　　　　　　　　　**在哪种情况下客户对价格高低不敏感**

至少在下列条件下，客户对产品价格的高低是不敏感的：

（1）客户急需时，就不会特别注重价格。如果自己销售的产品正是客户迫切需要的东西，他主要关心的可能不是价格而是交货期。

（2）产品越高档，价格对成交影响越小。企业如果销售高档耐用品、高级工艺品，价格问题就显得微不足道。

（3）把购买某种产品当成投资时，购买者对价格不会太敏感。黄金首饰虽然昂贵，但买的人并不少，因为购买黄金首饰也是一种投资。

（4）产品的价格在客户购买的产品中所占的比例越小，客户考虑价格的因素也越少。一件产品的贵和廉是相对的，往往取决于其价格占用户收入的比例。如价值5 000元一台的彩电，对经济收入较高的人来说并不贵，但对一般工薪阶层来讲，会觉得不便宜。

（5）经销商考虑利润多，而关心产品价格少。对产品经销商来说，他们主要考虑获利程度，相对来说不太关心产品价格，这是因为：价格低的产品有利可图，他们就对价格低的产品兴趣大；反之亦然。所以，经销商不关心价格高低，而是首先考虑获利多少。

（6）服务态度会影响客户对价格的看法。在产品销售过程中，经销人员对客户服务态度好，如接待热情、介绍详细、协助购买、免费送货等，那么客户多付些费用也是乐意的，他们会把经销人员的任何一种服务项目都视为某种形式的减价。

资料来源　佚名. 压价并不是最好的策略［EB/OL］.［2012-05-28］. https：//waimaoquan.alibaba.com/bbs/read-htm-tid-15199-fid-.html.

2）报价的形式

（1）按报价的方式分，有书面报价与口头报价。

①书面报价，通常是指谈判一方事先提供了较详尽的文字材料、数据和图表等，将本方愿意承担的义务，以书面形式表达清楚。这种方式给人一种正规、严肃且合法的印象，同时也能将本方愿意承担的义务表达得清楚、详尽，但这种方式基本上否定了谈判双方磋商的可能。白纸黑字客观上成为本方承担责任的凭据，显得呆板而缺乏弹性。

②口头报价，是指不需要提交任何书面文件，仅以口头的方式提出交易条件。因其具有很大的灵活性，与书面报价相比，显然具有更多的优点：谈判人员可以根据当时的谈判气氛、局势，灵活调整自己的表达策略，较书面方式减轻了义务约束感，可以充分利用情感因素，努力发挥个人的谈判特长来促成交易。但是，口头报价也存在容易偏离主题、阐述不清楚甚至出错以及对复杂问题表达困难等缺点。因此，在实际谈判中不少谈判人员往往采用以书面报价为主、口头报价为补充的报价方式。

（2）按报价的战术分，有欧式报价与日式报价。

①欧式报价。其模式是由高到低，事先提出一个有较大回旋余地的价格，而后根据谈判双方实力对比情况与该笔交易的国际市场竞争等因素，通过不同程度的优惠政策，如价格折扣、数量折扣、支付条款上的优惠（延长其支付期限或提供信贷）等，慢慢软化谈判对手的立场和条件，最终达到成交的目的。这种报价方式若能稳住对方，一般会有较理想的结果。

②日式报价。其一般模式是由低到高，报价时先报出最低价格，以吸引买主的谈判兴趣，但是，这种最低价格是以对卖方最有利的结果为前提条件的，而且这种最低报价相应的交易条件很难全部满足买方的需要。例如，当卖方报出一套技术设备的最低价格时，可能附带不派出专家或技术人员指导、缩短免费维修期限、由卖方选择计价货币和运输方式等条件。若买方要求变动有关交易条件，则卖方就会趁机提高价格。此种报价方式的最终成交价格，往往高于起初的价格。在面临众多的竞争对手时，日式报价往往是一种有利的报价方式。

与欧式报价相比，日式报价虽有利于初始竞争，但从买方的购买心理来讲，一般买方总习惯于物品价格由高到低逐渐降价。

谈判小故事4-8　　　　　　苏联奥组委喊出天价叫板广播媒体公司

在苏联时期，莫斯科获得了第22届奥运会的举办权之后，随之而来的各种合作谈判也开始了，其中一个尤为典型的合作谈判就是奥运会转播权谈判。

苏联奥组委通过分析前几次奥运会的转播谈判方案后，决定此次要在合作谈判中保持己方独有的谈判优势，因此，第一步就决定提高转播价码。

根据多方数据的分析汇总，苏联奥组委最终决定以2.1亿美元的价格出售转播权，是上一届的价格2 100万美元的整整10倍。

当时参与合作谈判的有三家竞争者，分别是美国全国广播公司、美国广播公司和哥伦比亚广播公司。

这一价码喊出后，参与合作的三家公司都惊呆了。它们纷纷表示没法接受这样的价格。然而，苏联奥组委并没有因此主动作出让步，而是随即在媒体上公布，说现在已经有一家不愿意透露名称的广播公司与其签订了一份初步的协议，其要购买转播权。

这个消息发出后，这三家竞争企业都坐不住了。它们都希望自己能够成功拿下这次合作转播权，毕竟这对它们而言可是一次绝佳的发财机会。于是，它们又一次要求回到谈判桌上。

这次，三家竞争者明显都有了让步的意思，但是这样的天价实在让它们无力承担。于是，一轮轮的谈判开始了。

经过多次的磋商和苏联奥组委的价格让步，最终其中一家公司以8 600万美元的高价拿下了第22届奥运会的转播权。当这家公司享受成功的喜悦时，苏联奥组委也心满意足。因为，其之前预计的转播价是6 000万美元，这样算下来，奥组委整整多赚了2 600万美元。

事后，奥组委的谈判人士讲到，是大胆喊价帮了他们的大忙。

资料来源　佚名. 苏联奥运会转播权的谈判权术［EB/OL］.［2012-06-02］. https://wenku.baidu.com/view/4a86934a2e3f5727a5e962b2.html.

3）报价的时机选择

对于应当由哪一方先报价的问题，目前还存在争议。一般来说，先报价的谈判一方会自然地占有有利地位，因为先报价的一方通过报价，实际上已经为以后的谈判规定了一个发展框架，这个框架使最终协议有可能在此范围内达成，在整个谈判过程中或多或少地支配着对方的期望水平。

先报价也存在不利之处：首先，当对方听了我方的报价后，很可能对他们自己的想法进行最后的调整，由于对我方的价格起点已经有所了解，他们就可以修改自己的报价，获得本来得不到的好处。例如，我方先提出要价20万元，对方很可能一开始就还价至16万元，但在他们听到我方报价之前，本来可能准备提出18万元甚至更高的价格。其次，对方会试图在磋商过程中迫使我方按照他们的套路谈下去。也就是说，对方会集中力量对我方的报价发起进攻，逼我方一步一步地降价，而不泄露他们究竟打算出多高的价格。当然，这种情况是我们必须坚决避免的，我们应该让对方报价、还价，绝不能使谈判转变为一场围绕我方报价的防御战。

报价的先后顺序，应视具体情况而定。按照商业惯例，在货物买卖谈判中，多数是由发起谈判的一方先报价，如由卖方先报价，买方进行还价；在冲突程度较高的国际商务谈判中，根据谈判的冲突程度，先报价比后报价更为合适；如果谈判双方的实力不相当，可以由实力较强的一方先报价；如果谈判双方的经验不相当，则由经验较丰富的一方先报价；如果谈判双方的行内经验不相当，则由较为内行的一方先报价。

谈判小案例4-6　　　　　　　　　　　　**爱迪生的报价**

爱迪生（Edison）发明了电灯以后，西方联合公司表示愿意买下爱迪生的这个新发明。爱迪生对这个新发明究竟应该要价多少犹豫不决。他的妻子建议开价2万美元。"这么高！"爱迪生听了不觉目瞪口呆。他觉得妻子把这个新发明的价值看得太高了，不过到了谈判的时候他还是打算按照妻子的建议要价。谈判是在西方联合公司的办公室里进行的。

分析提示4-6

"爱迪生先生，您好！"西方联合公司的代表热情地向爱迪生打招呼，接着就直率地问爱迪生："对您的发明，您打算要多少钱呢？"

爱迪生欲言又止，因为2万美元这个价格实在高得离谱，很难说出口，但究竟开个什么价比较好呢，他陷入了思考。办公室里没有一点声响，对方在等待，爱迪生虽然有点着急，但还是沉默着。

随着时间的推移，沉默变得十分难熬，西方联合公司的代表急躁起来，然而爱迪生仍然没有开口。场面十分尴尬，西方联合公司的代表失去了耐心，终于按捺不住试探性地问："我们愿意出10万美元买下您的发明，您看怎么样？"

爱迪生对自己的新发明定价2万美元都认为太高了，结果却卖了10万美元，为什么？

资料来源　佚名．案例分析题［EB/OL］．［2016-10-14］．http://www.zybang.com/question/9534608 bc05b56db49616c179dc2fad9.html.

4）报价的原则

报价并非就是简单地提出己方的交易条件，这一过程实际上是非常复杂的，稍有不慎就可能陷自己于不利的境地。大量的谈判实践告诉我们，在报价过程中是否遵循下述几项原则，对报价的成败有着决定性的影响。

（1）对卖方而言，开盘价必须是最高的；相应地，对买方而言，开盘价必须是最低的。这是报价的首要原则，对此可以从以下几个方面进行分析：

作为卖方来说，最初的报价即开盘价，实际上为谈判的最终结果确定了一个最高限度，因为在买方看来，卖方的开盘价无疑表明了他们追求的最高目标，买方将以此为基准，要求卖方作出让步。在一般情况下，买方不可能接受卖方更高的要价，买方最终的成交价肯定在开盘价以下。

开盘价的高低会影响买方对卖方的评价，从而影响对对方的期望水平。卖方产品价格的高低，不仅反映着产品的质量水平，还与市场竞争地位及销售前景等直接相关，买方会由此对卖方形成一个整体印象，并据此来调整或确定己方的期望值。一般来说，开盘价越高，买方对卖方的评价越高。

开盘价越高，双方让步的余地就越大。在谈判过程中，双方都必须作出一定的让步。如果在一开始就能为以后的让步预留足够的回旋余地，在面对可能出现的意外情况或对方提出的各种要求时，就可以作出更为积极有效的反应。

开盘价越高，可能最终成交的价格也越高。或者说，最初的报价越高，最终所能得到的往往就越多，因为要价越高，就越有可能与对方在较高的价格水平上达成一致。

谈判小案例4-7　　　　　他原来的要求太低了

一名造酒厂职员就增加工资一事向厂方提出了一份书面要求。一周后，厂方约他谈判新的劳资合同。令他吃惊的是，一开始厂方就花很长时间向他详细介绍销售及成本情况，反常的开头让他摸不着头脑。为了争取时间考虑对策，他便拿起会议材料看了起来。最上面的一份是他的书面要求。一看之后他才明白，原来他打字时出了差错，将要求增加工资12%打成了21%。难怪厂方小题大做了。他心里有了底，谈判下来，最后以增加工资15%达成协议，比自己

分析提示4-7

的期望值高了3个百分点。看来，他原来的要求太低了。

资料来源　吴湘频. 商务谈判［M］. 北京：北京大学出版社，2014.

（2）开盘价必须合乎情理。开盘价必须是最高的，但并不意味着可以漫天要价；相反，报价应该控制在合理的界限内。如果本方报价过高，对方必然会认为你缺乏谈判的诚意，可能立即终止谈判；也可能针锋相对地提出一个令你根本无法认可的报价水平；或者对本方报价中不合理的成分一一提出质疑，迫使你不得不很快地作出让步。在这种情况下，即使你已将交易降至比较合理的水平，但这一合理的条件在对方看来仍然可能是极不合理的。

因此，本方提出的开盘价，既应服从于本方寻求最高利益的需要，又要兼顾对方能够接受的可能性。开盘价虽然不是最终的成交价，但如果报价高到被对方认为是离谱的程度，从一开始就彻底否定本方报价的合理性，双方的磋商是很难顺利进行下去的。在确定报价水平时，一个普遍认可的做法是：只要能够找到足够的理由证明你方报价的合理性，报出的价格就应尽量提高。换句话说，报价应该高到你难以找到理由再为提高价格辩护的程度。

（3）报价应该坚定、明确、清楚。谈判者首先必须对己方报价的合理性抱有充分的自信，然后才能希望得到对方的认可。在提出本方的报价时应该坚决而果断，在言谈举止上表现出任何的犹豫和迟疑，都有可能引起对方的怀疑，并相应增强对方进攻的信心。报价还应该非常明确、清楚，报价时运用的概念的内涵、外延要准确无误，言辞应恰如其分，不能含混模糊，以免对方产生误解。为确保报价明确、清楚，可以预先备好印刷成文的报价单。如果是口头报价，也可适当地辅以某些书面手段，帮助对方正确地理解己方的报价内容。

（4）不对报价作主动的解释、说明。谈判人员对己方的报价一般不应附带任何解释或说明。如果对方提出问题，也只宜作简明的答复。在对方提出问题之前，如果己方主动地进行解释，不仅无助于提高己方报价的可信度，反而会由此使对方意识到己方最关心的问题是什么，这无异于主动泄密。有时候，过多的说明或辩解，还容易使对方从中发现己方的破绽和弱点，让对方寻找到新的进攻点和突破口。

实际上，一方报价完毕之后，另一方往往会要求报价方进行价格解释。那么在对方提出价格解释的要求时，不解释是失礼的。这时进行价格解释必须遵循不问不答、有问必答、避虚就实、能言不书的原则。

不问不答是指买方不主动问及的问题不要回答，即买方未问到的一切问题，都不要进行解释或答复，以免造成言多有失的结果。

有问必答是指对对方提出的所有有关问题，都要一一作出回答，并且要很流畅、很痛快地予以回答。经验告诉我们，既然要回答问题，就不能吞吞吐吐、欲言又止，这样极易引起对方的怀疑，甚至会提醒对方注意，从而穷追不舍。

避虚就实是指对本方报价中比较实质的部分应多讲一些，对较虚的部分，或者说水分含量较大的部分，应该少讲一些，甚至不讲。

能言不书是指能用口头表达和解释的，就不要用文字来书写，因为当自己表达有误时，口述和笔写的东西对自己的影响是截然不同的。

谈判小案例4-8　　　　　　　　　　　　　　报价和解释

分析提示4-8

1983年，日本某电机公司向中方出口其高压硅堆的全套生产线，技术转让费报价2.4亿日元，设备费报价12亿日元，还包括备件、技术服务（培训与技术指导）费0.09亿日元。谈判开始后，营业部长松本先生解释：技术转让费是按中方工厂获得技术后生产的获利提成计算出的。取数是生产3 000万支产品，10年，生产提成是10%，平均每支产品销售价8日元。设备费按工序报价，其中：清洗工序1.9亿日元；烧结工序3.5亿日元；切割分选工序3.7亿日元；封装工序2.1亿日元；打印包装工序0.8亿日元。另外，技术服务与培训费250万日元；技术指导人员费用650万日元。

资料来源　聂元昆. 商务谈判学［M］. 北京：高等教育出版社，2016.

（5）正确对待对方的报价。在对方报价的过程中，要认真倾听并尽量完整、准确、清楚地把握住对方的报价内容。在对方报价结束之后，对某些不清楚的地方可以要求对方予以解答。同时，应尽可能地将本方对对方报价的理解进行归纳和总结，并力争加以复述，在对方确认自己的理解正确无误之后，方可进行下一步。

在对方报价完毕之后，比较有策略的做法是，不急于还价，而是要求对方对其价格的构成，报价依据，计算的基础以及方式、方法等作出详细的解释，即所谓的价格解释。通过对方的价格解释，可以了解对方报价的实质、态势、意图及诚意，以便从中寻找破绽，从而动摇对方报价的基础，为我方争取重要的还价的机会。

在进行完价格解释之后，针对对方的报价，有两种行动选择：一是要求对方降低其要价。这是一种比较有利的选择，因为这实质上是对对方报价的一种反击，如果反击成功，即可争取到对方的让步，而本方既没有暴露自己的报价内容，也没有作出任何相应的让步。二是提出自己的报价。这种做法不是常规做法，除非在特殊情况下使用，否则对己方不利。

5）报价的策略

报价是很有艺术性的，报价的好坏直接影响到国际商务谈判的成败。报价的策略主要有报价差别策略、价格分割策略、心理价格策略等。

（1）报价差别策略。由于购买数量、付款方式、交货期限、交货地点、客户性质等方面的不同，同一商品的购销价格不同。这种价格差别体现了商品交易中的市场需求导向，在报价策略中应重视运用。例如，对老客户或大批量购买的客户，为巩固良好的客户关系或建立起稳定的交易联系，可适当实行价格折扣；对新客户，有时为开拓市场，也可适当给予价格折让；对某些需求弹性较小的商品，可适当实行高价策略等。

（2）价格分割策略。价格分割是一种心理策略。卖方报价时，采用这种技巧，能给买方制造出一种心理上的价格便宜感。价格分割策略包括两种方式：

①用较小的单位报价。例如，茶叶每千克200元报成每两10元；大米每吨1 000元报成每千克1元。国外某些厂商刊登的广告也采用这种技巧，如"淋浴1次8便士""油

漆1平方米仅仅5便士"。巴黎地铁公司的广告是："每天只需30法郎，就有200万旅客能看到你的广告。"用小单位报价比大单位报价更能使人产生便宜的感觉，更容易让人接受。

②用较小单位商品的价格进行比较。例如，"每天少抽一支烟，每天就可订一份××××报纸""使用这种电冰箱平均每天花费0.5元电费，0.5元只够吃一根最便宜的冰棍""一袋去污粉能把1 600个碟子洗得干干净净""×××牌电热水器，洗一次澡，不到1元钱"。

用小商品的价格去类比大商品会给人以亲切感，拉近商品与消费者之间的距离。

（3）心理价格策略。人们在心理上一般认为9.9元比10元便宜，而且认为零头价格精确度高，给人以信任感，容易使人产生便宜的感觉。像这种在十进位以下的而在心理上被人们认为较小的价格就是心理价格。因此，市场营销中有奇数定位这一策略。例如，标价49.00元，而不标50.00元；标价19.90元，而不标20.00元。

4.3　国际商务谈判的磋商阶段

在国际商务谈判过程中，当交易一方发盘之后，由于谈判双方对谈判结果的期望不同，初期报价上的差异多少总带有技术上、策略上的考虑，双方往往不会很快就有关问题达成一致。事实上，参与谈判的任何一方都既想要竭力降低对方的期望值，挑剔对方的报价，不厌其烦地指出报价的不合理之处，同时又想尽力维护自己的立场，反复阐述自己的理由，说服对方接受自己的"合理"方案。因此，另一方不会无条件地接受对方的询盘，而会提出"重新报价"或"改善报价"的要求，即"再询盘"，俗称"讨价"。发盘方在接到或听到对方的要求后修改了报价，又称对方发盘；对方发盘即视为"还盘"，俗称"还价"。如果受盘方接受或讨价方降低要求，即是"让步"。显而易见，"讨价还价"有三层意义：一是讨价；二是还价；三是经历多次的反复磋商，一方或双方作出让步，才能促成交易双方达成一致意见。

其实，谈判者要有效地维护自己的利益，首先必须充分了解对方报价的依据，让对方说明其报价的结构及各组成部分的合理性，然后对照自己的报价依据，分析双方到底在哪些环节上存在差距，以及为什么会存在这种差距。

如果双方的报价都是合理的，现存的差距也是合理的，则我方可向对方指出这一实际状况，争取双方各作出相应的让步，以求一致。如果对方的报价合理，而我方的计算却有较多水分，我方应考虑是否有必要仍坚持自己的立场，特别是在对方已发现我方的不合理之处，提出质询的时候，我方应主动作出让步的姿态，以求进一步协调。如果对方的报价相对我方有更多的不合理之处，则应向对方指出不合理之所在，并拿出足够的证据。只有公开、可靠的证据才能让对方作出让步，当然这一过程也依赖我方的说服技巧。

如果双方的报价都存在明显的水分，那么调整自己的报价并邀请对方回到互相信任、诚意合作的轨道上来，也算是一项明智的选择。

1) 谈判磋商的准则

（1）把握气氛准则。进入磋商阶段，意味着谈判进入了实质性阶段。谈判双方要针对对方的报价讨价还价。双方之间难免要进行提问和解释、质疑和辩白、指责和反击、请求和拒绝、建议和反对、进攻和防守，甚至会发生激烈的辩论和无声的冷场。因此，在磋商阶段仍然要把握好谈判气氛。如果双方突然收起微笑，面部表情紧张冷峻，语言生硬激烈，谈判气氛就会一下子变得紧张对立起来，就会令人怀疑开局阶段友好真诚的态度是装出来的，双方就会产生不信任感。因此，磋商阶段尽管争论激烈，矛盾尖锐，但仍然要保护已经营造出来的良好的合作气氛，只有在这种良好的合作气氛中，才能使磋商顺利进行。

（2）逻辑顺序准则。逻辑顺序准则，是指把握磋商议题内在的客观逻辑顺序，确定谈判目标启动的先后次序与谈判进展的层次。

在磋商阶段，双方都面临许多要谈的议题，如果不分先后次序，不讲究磋商进展层次，想起什么就争论什么，就会毫无头绪，造成混乱，降低谈判效率。因此，双方要通过磋商确定几个重要的谈判议题，按照其内在逻辑关系排列先后次序，然后逐题磋商。可以先磋商对后面议题有决定性影响的议题，达成共识后再讨论后面的问题；也可以先对双方容易达成共识的议题进行磋商，将双方认识差距较大、比较复杂的议题放到后面磋商。逻辑顺序准则也适用于对某一个议题的磋商。某一个议题也存在内在的逻辑顺序，比如价格问题就涉及成本、收益率、质量要求、比价等多方面内容。在选择哪一项内容作为切入点时，要考虑最容易讲清楚、最有说服力的内容，避免一开始就在一些不容易说清楚的话题上争论不休，影响重要问题的磋商。

（3）掌握节奏准则。磋商阶段的谈判节奏要稳健，不可过于急促，因为这个阶段是解决分歧的关键时期，双方对各自观点要进行充分的论证，许多认识有分歧的地方，要经过多次交流和争辩，而且某些关键问题通过一轮谈判不一定能达成共识，要经过多次的重复谈判才能完全解决。一般来说，在双方开始磋商时，节奏要相对慢些，双方都需要时间和耐心倾听对方的观点，了解对方，分析研究分歧的性质和解决分歧的途径。关键性问题涉及双方的根本利益，必然会各自坚持自己的观点，不肯轻易让步，还有可能使谈判陷入僵局。磋商需要花费较多的时间，谈判者要善于掌握节奏，不急不躁，稳扎稳打，步步为营。一旦出现转机，要抓住有利时机不放，加快谈判节奏，消除分歧，争取达成一致意见。

（4）沟通说服准则。磋商阶段是谈判双方相互沟通、相互说服、自我说服的过程。没有充分的沟通，没有令人信服的说服，不会产生积极的成果。首先，双方要善于沟通，这种沟通应该是双向的和多方面的。一方既要善于传播己方信息，又要善于倾听对方信息，并且积极向对方反馈信息。没有充分的交流沟通，就会在偏见和疑虑中产生对立情绪。沟通内容应该是多方面的，既要沟通交易条件，又要沟通相关的理由、信念、期望，还要交流情感。其次，双方要善于说服，要充满信心地去说服对方，让对方感觉到你非常感谢他的协作，而且你也非常乐意努力帮助对方解决困难。让对方了解你并不是"取"，而是"予"，要让对方真正感觉到与你达成共识是最好的决定。说服的准则是从"求同"开始，解决分歧，最后达到"求同"。"求同"既是起点，又是终点。

2）讨价

（1）讨价的方式。讨价的方式基本上分两种：笼统讨价和具体讨价。两种方式各有其用，应视具体条件而用。笼统讨价是从总体条件上或从构成技术或商业条件的所有方面提出重新报价要求的做法。具体报价则是就分项价格和具体的报价内容要求让对方重新出价。

笼统讨价常常用于对方报价后的第一次要价，从宏观的角度去压价，笼统地提出要求，而不泄露你已掌握的准确材料。对方为了表示良好态度，就可能调整价格。这样，就可以循序渐进。如"请就我方刚才提出的意见报出贵方的价格""贵方已经听到了我们的意见，若不能重新提出具有诚意的价格，我们的交易是难以成功的""我方的评论意见就说到这，待贵方做了新的报价后再谈"。这三种说法都是笼统的讨价方式，只是语气一个比一个强硬，要根据对方态度来确定具体采用哪一种。

具体讨价常常是在对方第一次改变价格之后运用。如水分较少、内容简单的报价，一般要提出有针对性的、要求明确的讨价。在具体讨价时，一般应从水分最大的交易条件开始讨价。具体讨价策略要根据分项价格和具体报价内容要求重新报价。具体报价的要求在于准确性与针对性，而不在于"全部"将自己的材料（调查比价的结果）都端出来，在做法上要将具体的讨论内容分成几块。在分类方法上，可以按内容分，如运输费、保险费、技术费、设备条件、资料、技术服务、培训、支付条件等；也可以按评论结果分，把各项内容的水分按大小归类，水分大的放在一类，小的放在另一类。分块、分类的目的是体现"具体性"，分块、分类是提高准确性的务实做法。只有分成块、分好类才方便提出不同程度、不同理由的讨价。

（2）讨价的基本方法。讨价的基本方法有：第一，以理服人，见好就收。因为讨价是伴随着价格评论进行的，故讨价应本着尊重对方并以说理的方式进行；又因为讨价不是买方的还价，而是启发、诱导卖方降价，为还价做准备，如果在此时硬压对方报价，则可能使谈判过早地陷于僵局，对己方不利。因此，初期、中期的讨价即对方还价前的讨价，应保持平和、信赖的气氛，充分说理，以求最大的效益，即使碰到漫天要价者，也不应为其所动。第二，揣摩心理，掌握次数。讨价次数既是一个客观数，又是一个心理数。从讨价方式分析，当以分块方式讨价时，5块就意味着至少可以讨5次价，其中水分大的部分，不能只讨价还价2次就停止，要在2次以上。在每次讨价时不要忘了这次讨价的目标，对每一次改善都要衡量一下距目标的距离，评价一下对方的态度，以改变讨价还价的攻击点。

3）还价

（1）还价的原则。还价就是针对谈判对手的首次报价，己方所作出的反应性报价。在国际商务谈判中，要进行有效的还价就必须遵循一定的原则。

①在还价之前必须充分了解对方报价的全部内容，准确了解对方提出条件的真实意图。要做到这一点，就要在还价之前设法摸清对方报价中的条件哪些是关键的、主要的，哪些是附加的、次要的，哪些是虚设的或诱惑性的，甚至有的条件的提出，仅仅是

交换性的筹码，只有把这一切搞清楚，才能提出科学的还价。

谈判小故事4-9　　　　　　　　　　　　　　　　猜夫人

有一个走江湖的相士，一日，忽遭县官召见。见面时县官对他说："坐在身旁的三人当中，一位是我的夫人，其余是她的婢女。你若能指认哪一位是夫人，就可免你无罪；否则，你再在本县摆相命摊，我必将以妖言惑众之名惩处你！"

相士将衣饰发型一致、年龄相仿、同样面无表情的三位女子打量一眼，就对县官说："这么简单的事，我徒弟都办得到！"他的徒弟应师父之命，将三位并排端坐的女子从左往右看，从右往左看，看了半天，仍然一头雾水。他满脸迷惘地对相士说："师父你没有教过我啊？"

相士一巴掌拍在徒弟的脑袋上，同时，顺手一指其中一位女子说："这位就是夫人！"

在场之人全部傻住了，没错，这人还真会看相。

事实是：相士一巴掌拍在徒弟脑袋上时，师徒二人的模样颇为滑稽。少见世面的两个婢女忍不住掩口而笑，那位依然端坐、面无表情的女子当然就是见过世面又有教养的县官夫人啦。

谈判还价时一定要善于观察，不要因被对方迷惑而吃亏。

资料来源　佚名. 一掌识出夫人来［EB/OL］.［2016-06-04］. http://www.cz88.net/rizhi/kongjian/3390676.html.

②为了摸清对方报价的真实意图，可以逐项核对对方报价中所提的各项交易条件，探寻其报价依据或弹性幅度，注意倾听对方的解释和说明，但勿加评论，更不可主观地猜度对方的动机和意图，以免给对方反击提供机会。另外，还价应掌握在双方谈判的协议区内，即谈判双方互为临界点和争取点之间的范围，超过此界限，谈判难以获得成功。

③如果对方的报价超出谈判协议区的范围，与己方要提出的还价条件相差甚大，不必草率地提出自己的还价，而应先拒绝对方的报价。必要时可以中断谈判，给对方一个出价，让对方在重新谈判时另行报价。

（2）还价的方式。一般来说，还价的方式对应于讨价及对方改善报价后的方式。如果讨价方式与改善报价方式不一致，则还价方式应采取改善报价的方式。方式的一致性便于谈判双方评价各自的条件，判定交易条件的可行性。所以，还价方式不一定求新，但还价的方向要认真考虑。在国际商务谈判中，还价方式从性质上说可分为两种：一是按比例还价；二是按分析的成本还价。这两种还价性质又可具体分为以下三种方式：①逐项还价，即对所谈标的物的每一具体项目进行还价。②分类还价，即根据价格分析时划出的价格差距档次分别还价。③总体还价，即对所谈标的物进行全面还价，或还一个总价。以上方式采取哪种合适，应视具体情况而定。三种方式可单独使用，也可组合运用。

谈判小故事4-10 逐项讨论价格

我国一家公司与德国仪表行业的一家公司进行一项技术引进谈判。对方向我方转让时间继电器的生产技术，价格是40万美元。德方依靠技术实力与产品品牌，在转让价格上坚持不让步，双方进入僵持状态，谈判难以进展。最后我方采取目标分解策略，要求德商就转让技术分项报价。结果，通过对德商分项报价的研究，我方发现德商提供的技术转让明细表上的一种时间继电器元件——石英振子技术，我国国内厂家已经引进并消化吸收，完全可以不再引进。以此为突破口，我方与德方洽商，逐项讨论技术价格，将转让费由40万美元降至25万美元，取得了较为理想的谈判结果。

资料来源 佚名. 价格谈判策略和技巧的运用［EB/OL］.［2016-10-14］. http://3y.uu456.com/bp_485ql1jwlb9epjx24kqk_2.html.

（3）还价的方法。一般而言，还价是建立在科学的计算，精确的观察、分析、判断的基础上的，当然，忍耐力、经验、能力和信心也是十分重要的。通常可以采用下列方法还价：

①暂缓还价法。暂缓还价法是针对对方报价与己方看法过于悬殊而采取的一种做法。在分析的基础上，找出对方报价条款中的不合理之处，逐条与对方磋商，目的是使对方撤回原盘，重新考虑比较实际的报价。有时也可先拟订提问顺序表，把握好提问顺序，在逐渐取得一致看法后，才抛出还价的价格条款。

②低还价法。低还价法是与高报价完全针锋相对的一种策略。只要有充分理由，还价尽可能低，可起到限制对方期望值、纠正讨价还价起点的作用。有时也可不考虑对方的发盘，而由己方采用口头或书面方式重新递价，探测对方的反应。讨价还价实际上是一场紧张的斗智活动，除应确定正确的还价步骤、方案外，还要善于观察，从对方的谈吐、举止、神情及姿态中去捕捉其内心活动，分析对方的潜在意图，采取相应的对策。

谈判小案例4-9 谈判何时结束

意大利某公司与我国某公司谈判出售某项技术，谈判已进行了一周，但进展不大，于是意方代表罗尼（Ronnie）先生告诉中方代表李先生："我还有两天时间可以谈判，希望中方配合，在次日拿出新的方案来。"次日上午，中方李先生在分析的基础上，拿出了一个方案，比中方原要求调整了5%（由要求意方降价40%改为35%）。意方罗尼先生回复："李先生，我已降了两次价，共计15%，还要降到35%，实在困难。"双方相互评论、解释一阵后，建议休会，下午2：00再谈。

分析提示4-9

下午复会后，意方要中方报新的条件，李先生将其定价的基础和理由向意方做了解释，并再次要求意方考虑其要求。罗尼先生又重申了己方的看法，认为中方要求太高。谈判到下午4：00时，罗尼先生说："为表示诚意，我向中方拿出最后的价格，请中方考虑，最迟明天中午12：00以前告诉我是否接受。若不接受，我就乘下午2：30的飞机回国。"说着把机票从包里抽出在李先生面前显示了一下。中方把意方的条件理清后（意方再降5%），表示仍有困难，但可以研究。谈判即结束。

中方研究意方价格后认为还差15%，但能不能再压价？明天怎么答复？李先生一方面向领导汇报，与助手及项目单位商量对策；一方面派人调查第二天下午是否有2：30的航班。结果证实2：30的航班根本不存在，李先生认为意方的最后还价中，机票是演戏，据此判断意方可能还有余地。于是在次日10点给意方去了电话，表示："意方的努力，中方很赞赏，但双方距离仍然存在，需要双方进一步努力。作为响应，中方可以在意方改善的基础上，再降5%，即从30%降到25%。"意方听到中方有改进的意见后没有走，留下来继续谈判。

资料来源　吴湘频. 商务谈判［M］. 北京：北京大学出版社，2014.

③列表还价法。列表还价法是一种冲突性较小的还价法。由于双方已有长期的合作关系，彼此信任度较高，采用列表还价法可加快谈判进程。其具体做法可列成两张表：一张是己方不能让步的问题和交易条件，常可写成合同条款形式；一张是己方可以考虑让步或给予优惠的具体项目，最好附上数字，表明让步的幅度和范围。

④条件还价法。在大型国际商务谈判中，讨价还价阶段往往需要许多回合的会谈。如果双方想法和要求差距很大，并都坚持不让步、不妥协，谈判就会陷入僵局。争取谈判成功，常采用一种条件还价法，即以让步换取让步。如对方不肯在价格上再作变动，则在同意这种价格的同时，要求对方放宽其他条件。在实际的国际商务谈判中，有经验的谈判人员在对方多次要求让步的情况下，为争取较好的经济效果还常用权限不足等策略，以诚恳态度告诉对方，自己已无权再作让步，或用"国家牌价"等方式阻止对方的要求。在这种情况下，老练的谈判者还会运用"欲抑故扬"的技巧，用轻松、真诚的语调，赞扬对方是讨价还价能手，自己远远不及等。

谈判小案例4-10　　　　　　　　　　　　　　　　　**讨价与还价**

分析提示4-10

日本某公司向中国某公司购买电石。这是它们之间交易的第五个年头，上一年谈价时，日方压下了中方30美元/吨，今年又要压20美元/吨，即从410美元/吨压到390美元/吨。据日方讲，其已拿到多家报价，有430美元/吨，有370美元/吨，也有390美元/吨。据中方了解，370美元/吨是个体户报的价，430美元/吨是生产能力较小的工厂报的价。供货厂的厂长与中方公司的代表共4人组成了谈判小组，由中方公司代表任主谈。谈判前，工厂厂长与中方公司代表达成了共同的价格意见，工厂可以接受390美元/吨的成交价格。公司代表讲："对外不能说，价格水平我会掌握。"公司代表又向其主管领导汇报，分析价格形势；主管领导认为价格不取最低，因为中方公司是大公司，讲质量、讲服务。谈判中可以灵活，但步子要小。若在400美元以上拿下则可成交，拿不下时把价格定在405～410美元之间，然后主管领导再出面谈。

中方公司代表将此意见向工厂厂长转达，并达成共识，双方共同在谈判桌上争取该条件。经过交锋，价格仅降了10美元/吨，以400美元成交，比工厂厂长的心理成交价高了10美元/吨。工厂代表十分满意，日方也满意。

资料来源　聂元昆. 商务谈判学［M］. 北京：高等教育出版社，2016.

4）让步策略

（1）让步的原则。谈判中的让步不仅仅表现为让步的绝对值的大小，还应掌握彼此让步的策略，即怎样作出这个让步，以及对方是怎样争取到这个让步的。在具体的讨价还价过程中，要注意以下几条让步基本原则：

①不要作无谓的让步，应体现出对我方有利的宗旨。每次让步或是以牺牲眼前利益换取长远利益，或是以我方让步换取对方更大的让步和优惠。

②让步要谨慎有序。作出让步之前应三思而行，在未完全了解让步的后果之前，不要轻易使用这一战术策略，盲目让步会影响双方的实力对比，让对方占有某种优势。让步要选择适当的时机，力争恰到好处，使我方较小的让步能给对方以较大的满足，同时要谨防对方摸出我方的虚实和策略组合。

③双方共同作出让步。在国际商务谈判中让步应该是双方共同的行为，一般应由双方共同努力，才会达到理想的效果。任何一方先行让步，在对方未作相应的让步之前，一般不应作继续让步。

④每作出一项让步，即使作出的让步对我方损失不大，也要使对方觉得让步来之不易，从而珍惜得到的让步。

⑤对对方的让步，要期望得高些。只有保持较高的期望，在让步中才有耐心和勇气。

⑥不要承诺作同等幅度的让步。

⑦在我方认为重要的问题上要力求使对方先让步，而在较为次要的问题上，根据需要，我方可以考虑先作出让步。

⑧一次让步的幅度不要过大，节奏不宜太快，应该做到步步为营。这是因为一次让步太大，会使对方觉得我方这一举动是处于软弱地位的表现，从而建立起自信心，在以后的谈判中掌握主动。

⑨如果作了让步后又觉得考虑欠周，想要收回，也不要不好意思，因为这不是决定，完全可以推倒重来。

⑩在准备让步时，尽量让对方开口提出条件，表明其要求，先隐藏自己的观点、想法。

让步的目标，必须反复明确。让步不是目的，而只是实现目的的手段。

在接受对方让步时要心安理得，不要有负疚感，马上考虑是否作出什么给予回报。如果这样，你争取到的让步就没有什么意义了。

（2）让步的实施步骤。国际商务谈判中的让步应该是有计划的，即在谈判的准备阶段，让步应成为方案的组成部分。让步应该是可控的，即在谈判中的让步必须为谋取或把握谈判主动权服务，注意步骤与方式。明智的让步是一种非常有力的谈判工具，让步的基本哲理是"以小换大"。谈判人员必须把以局部利益换取整体利益作为让步的出发点，所以，把握让步的实施步骤是必不可少的。

①确定谈判的整体利益。该步骤在准备阶段就应完成，谈判人员可从两方面确定整体利益：一是此次谈判对谈判各方的重要程度，可以说，谈判对一方的重要程度越高，

这一方在谈判中的实力就越弱；二是己方可接受的最低条件，也就是己方能作出的最大限度的让步。

②确定让步的方式。不同的让步方式可传递不同的信息，产生不同的效果。在现实的国际商务谈判中，由于交易的性质不同，让步没有固定的模式，通常表现为多种让步方式的组合，并且这些组合还要在谈判过程中依具体情况不断进行调整。

③选择让步的时机。让步的时机与谈判的顺利进行有着密切的关系，根据谈判当时的需要，己方既可先于对方让步，也可后于对方让步，甚至双方可以同时作出让步。对让步时机的选择关键在于应使己方的小让步给对方以大满足的感觉。

④衡量让步的结果。让步的结果可以通过己方在让步后具体利益的得失与所取得的谈判地位及讨价还价的力量变化来衡量。

（3）让步的实施策略。在谈判的磋商过程中，每一次让步不但是为了追求自己利益的满足，还要充分考虑对方利益的最大满足。谈判双方应在不同利益问题上相互给予对方让步，以达成谈判和局为最终目标。以己方的让步换取对方在另一问题上的让步策略，称为互惠互利的让步策略；在时空上，以未来利益的让步换取对方近期利益上的让步，称为予远利谋近惠的让步策略；若谈判一方不作任何让步而获得对方的让步也是有可能的，这称为己方丝毫无损的让步策略。让步策略的具体分析如下：

①互惠互利的让步策略。谈判不会仅仅有利于某一方，一方作出了让步，必然期望对方对此有所补偿，以获得更大的优惠。争取互惠互利式让步，需要谈判者具有开阔的思路和视野。除了己方必须得到的利益必须坚持以外，不要太固执于某一个问题，而应统揽全局，分清利害关系，避重就轻，灵活地使本方的利益在某方面得到补偿。

为了能顺利地争取互惠互利的让步，国际商务谈判人员可采取的技巧有：第一，当己方谈判人员作出让步时，应向对方表明，作出这个让步是与公司的政策或公司主管的指示相悖的，而且，己方只同意这样一种让步，即贵方必须在某个方面有所回报，这样己方回去也好有个交代。第二，把己方的让步与对方的让步直接联系起来，表明己方这次可以作出让步，只要在己方要求对方让步的问题上能达成一致，一切就不存在问题了。比较而言，前一种言之有理，理中有情，更易获得成功；后一种则直来直去，比较生硬。

谈判小案例4-11　　　　　　中日之间的一场红豆贸易谈判

分析提示4-11

日本国内红豆歉收，日本一家公司急需从中国进口一批红豆，而中国有相当多的库存，但有很大一部分是上年的存货，我方希望先出售旧货，而日方则希望全是新货。双方就此展开谈判。

谈判开始后，日方首先大诉其苦，诉说自己面临的种种困难，希望得到中方的帮助。

"我们很同情你们面临的现状，我们是近邻，我们也很想帮助你们，那么请问你们需要订购多少呢？"

"我们是肯定要订购的，但不知道你方货物的情况怎么样，所以想先听听你们的介绍。"

我方开诚布公地介绍了红豆的情况：新货库存不足，陈货偏多。价格上新货要高一些，因此希望日方购买上年的存货。但是，虽经再三说明，日方仍然坚持全部购买新货，谈判陷入僵局。

第二天，双方再次回到谈判桌前。日方首先拿出一份最新的官方报纸，指着上面的一篇报道说："你们的报纸报道今年的红豆获得了大丰收，所以，不存在供应量的问题，我们仍然坚持昨天的观点。"

但中方不慌不忙地指出："尽管今年红豆丰收，但是我们国内需求量很大，政府对红豆的出口量是有一定限制的。你们可以不买陈货，但是如果等到所有旧的库存在我们国内市场上卖完，而新的又不足以供应时，你再想买就晚了，建议你方再考虑考虑。"日方沉思良久，仍然拿不定主意。为避免再次陷入僵局，中方建议道："这样吧，我们在供应你们旧货的同时，供应一部分新货，你们看怎么样？"日方再三考虑，也想不出更好的解决办法，于是同意进一部分旧货。但是，究竟订货量为多少？新旧货物的比例如何确定？谈判继续进行。

日方最初的订货量计划为2 000吨，但在谈判过程中改称订货量为3 000吨，并要求新货量为2 000吨。中方听后，连连摇头："3 000吨我们可以保证，但是其中2 000吨新货是不可能的，我们最多只能给800吨。"日方认为800吨太少，希望能再多供应一些。中方诚恳地说："考虑到你们的订货量较大，才答应供应800吨；否则，连800吨都是不可能的，我方已尽力而为了。"

"既然你们不能增加新货量，那我们要求将订货量降为2 000吨，因为那么多的陈货我们回去也无法交代。"中方表示不同意。谈判再次中断。

过了两天，日方又来了，他们没有找到更合适的供应商，而且时间也不允许他们再继续拖下去。这次，日方主动要求把自己的总订货量提高到2 200吨，其中800吨新货保持不变。

中方的答复是：刚好有一位客户订购了一批红豆，其中包括200吨新货（实际上那位客户只买走100吨）。这下，日方沉不住气了，抱怨中方不守信用，中方据理力争："这之前，我们并没有签订任何协议，你们也并未要求我们为你们保留。"日方代表自知理亏，也就不再说什么，然后借口出去一下，实际上是往总部打电话。回来后，日方代表一副很沮丧的样子，他对中方说："如果这件事办不好，那么回去后我将被降职、降薪，这将使我很难堪，希望能考虑我的难处。"

考虑到将来可能还有合作的机会，况且刚才所说的卖掉200吨也是谎称，何不拿剩下的100吨作个人情？

于是中方很宽容地说："我们做生意都不容易，这样吧，我们再想办法帮你们弄到100吨新货。"

日方一听喜出望外，连连感谢。最后，双方愉快地在合同上签了字。

资料来源　吴湘频. 商务谈判［M］. 北京：北京大学出版社，2014.

②予远利谋近惠的让步政策。在国际商务谈判中，参加谈判的各方均持有不同的愿望和需要，有的对未来很乐观，有的则很悲观；有的希望尽快结束，有的希望能够等上一段时间。因此，谈判者自然就表现为对谈判的两种满足形式，即对现实谈判交易的满足和对未来交易的满足，而对未来交易的满足程度完全凭借谈判人员自己的感觉。

对有些谈判人员来说，可以通过给予其期待的满足或未来的满足而避免给予其现实的满足，即为了避免现实的让步而给予对方远利。

谈判小案例4-12　　　　　　　　　　　　　　　**中美之间的合作谈判**

分析提示4-12

中国A公司和美国B公司之间进行的合作谈判，从20世纪80年代初期开始，1982年双方在北京签订了为期20年的合资协议。A、B公司的合资公司作为这一谈判成功的结晶，成为最早成立的中美技术转让合资企业之一。更值得一提的是，它是首家涉及高新技术转让的中美合资企业。

应该说，这场谈判一开始，双方实力与地位的差距是悬殊的。美国B公司创建很早，它已成为各方面领先的全球供应商，销售额超过5亿美元，业务范围涉及全球10多个国家，是一家规模巨大的跨国公司。20世纪80年代初期的中国，刚刚走上改革开放的道路，市场机制还很不健全，在高新技术领域尚处在落后状态。而且，由于这一谈判涉及极为敏感的高新技术转让，美国出口管理部门严格限制了B公司向中国转让的产品和技术的种类。因此，对中方谈判者来说，谈判对手的实力是强大的，谈判中存在的阻力与障碍又使谈判困难重重，要想取得谈判的成功是非常不容易的。

为了将谈判一步步向成功的方向引导，中方谈判者在充分了解对手和分析对手需要的基础上，首先向美方抛出了第一个"香饵"：中国国家有关方面和美方进行初步接触并向美方发出邀请，请他们组成代表团到中国进行实地考察。在考察过程中，中方巧妙地利用各种方式向美方展示了其在该领域的光辉前景。中方力求使美方确信，双方如果合作成功，将使B公司顺利占据这一世界上最大的尚未被开发利用的市场，而这一点则是B公司所迫切需要的。通过考察，他们已被这一诱人的"香饵"深深吸引。紧接着，中方谈判者又不失时机地抛出了第二个"香饵"：为了表示合作的诚意，中方为美方特意选择了一个最佳的合资伙伴——A公司。这使美方省去了进行选择的成本费用，美方深感满意。随着谈判进入实质性磋商阶段，中方谈判者又拿出了第三个"香饵"：合资公司将享受最优惠的税收减免待遇。正是这一系列"香饵"的作用，使中方逐渐扭转谈判中期的被动局面，并把这一历史性的谈判一步步推向成功。付出了"香饵"，得到了"大鱼"：通过成立合资公司，中方获得了先进的技术——控制仪器生产技术。这使中国在机械产品生产方面达到一个新的水平，从而缩短了赶超世界先进水平的时间。

资料来源　吴湘频. 商务谈判［M］. 北京：北京大学出版社，2014.

③己方丝毫无损的让步策略。己方丝毫无损的让步或者于己无损的策略，是指己方所作出的让步不会给己方造成任何损失，同时还能满足对方一些要求或形成一种心理影响，产生诱导作用。在谈判过程中，当谈判对手就其中一个交易条件要求己方作出让步

时，在己方看来其要求确实有一定的道理，但是己方又不愿意在这个问题上作出实质性的让步。这时候可以采取一些无损的让步方式，即首先认真地倾听对方的诉说，并向对方表示："我方充分地理解您的要求，也认为您的要求具有一定的合理性，但就我方目前的条件而言，因受种种因素的限制，实在难以接受您的要求。我们保证在这个问题上给予其他客户的条件绝对比不上给您的。希望您能够谅解。"如果不是什么大的问题，对方听了上述一番话以后，往往会自己放弃要求。

谈判是具有一定艺术性的。人们对自己争取某个事物的行为的评价并不完全取决于最终的行为结果，还取决于人们在争取过程中的感受，有时感受比结果更重要。在这里，己方要认真地倾听对方的意见，肯定其要求的合理性，满足对方受人尊敬的要求；还要保证其享有的条件待遇不低于其他客户，进一步强化满足这种受人尊敬的需求的效果，迎合人们普遍存在的互相攀比、横向比较的心理。

5）谈判僵局的处理

（1）出现僵局的原因。事实上，谈判之所以陷入僵局，并不完全是因为谈判双方存在着不可化解的矛盾，也就是说，谈判本身并不属于那种没有可行性的谈判。

①在国际商务谈判中，常有人因个人争强好胜的性格或凭借心理战术向对方施展阴谋诡计，设置圈套，迷惑对方，以达到平等条件下难以实现的谈判目标，这样就容易造成谈判僵局。

谈判小故事4-11　　　　　　　　　　　　　　　**中德谈判僵局**

1995年12月德国总理科尔（Cole）访华期间，上海地铁二号线的合作谈判陷入了僵局。形成僵局的原因是，德方代表以撤回贷款强压中方接受比原定能接受价格高出7 500万美元的价格。德方代表有恃无恐，在谈判桌上拍桌子威胁中方代表，扬言再不签约，一切后果由中方负责。

中方代表根据手中掌握的地铁车辆国际行情，知道即使按照中方原定的报价，德国公司仍然有钱可赚。对方只是企图倚仗政府贷款漫天要价，想把德国政府贷款的优惠，通过车辆的卖价再悄悄地拿回去。

中方代表坚决拒绝在协议上签字。德方代表其实根本不愿意失去这单生意，所以在之后的谈判中不得不缓和自己的态度。

经过一轮又一轮的艰苦谈判，德方不但把车辆价格下调，整个地铁项目的报价也比原来降低了1.07亿美元。

资料来源　佚名．商务谈判僵局的处理［EB/OL］．［2017-01-18］．http://www.docin.com/p-820408547.html.

②因意见分歧引起对立。反对意见可分为主观反对意见和客观反对意见。主观反对意见形成僵局，并不一定是谈判内容本身造成的，而是谈判对手从自身的立场、爱好、习惯等方面出发造成的。人们总是不自觉地脱离客观实际，盲目地坚持主观立场，甚至忘记了自己的出发点是什么。客观反对意见是谈判对手针对质量、价格、时间等条款提出的反对意见。由于谈判双方固执己见，因此双方找不到一项超越双方利益的方案来打

破僵局，应对这种客观的反对意见，从而使谈判陷入僵局。

谈判小故事 4-12　　　　　　　　　　　　　　**世界银行贷款谈判**

我国曾获得一笔世界银行的贷款，用以建筑一条二级公路。按理说，这对于当时我国拥有的筑路工艺技术和管理水平来说是一件比较简单的事情，然而负责这个项目的官员却坚持要求我方聘请外国专家参与管理。这意味着我方要大大增加在这个方面的开支，于是我方表示不能同意。我方在谈判中向该官员详细介绍了我国的筑路水平，并提供了有关资料，这位官员虽然提不出异议，但由于缺乏对中国的了解，或是受偏见支配，他不愿意放弃原来的要求，这时谈判陷入了僵局。为此，我方特地请他实地考察了我国自行设计建造的几条高水准公路，并由有关专家作了详细的说明和介绍。正所谓百闻不如一见，心存疑虑的这位官员这回彻底信服了。

资料来源　王景山，范银萍. 商务谈判［M］. 北京：北京理工大学出版社，2007.

③信息沟通障碍导致僵局。信息沟通障碍指双方在信息交流过程中由于主客观原因所造成的理解障碍。谈判过程是一个信息沟通的过程，双方只有实现信息准确、全面、顺畅的沟通，才能相互深入了解，才能正确地把握和理解对方的利益和条件。但是实际上双方的信息沟通会遇到种种障碍，其主要表现为：由于双方文化背景差异所造成的观念障碍、习俗障碍、语言障碍；由于知识结构、教育程度的差异所造成的问题理解差异；由于心理、性格差异所造成的情感障碍；由于表达能力、表达方式的差异所造成的传播障碍等。信息沟通障碍使谈判双方不能准确、真实、全面地进行信息、观念、情感的沟通，甚至会产生误解和对立情绪，使谈判不能顺利进行下去。还有一种情况，谈判双方因用语不当或使用过激的语言，造成双方感情、自尊心上的伤害而引起对立，双方都不肯作丝毫让步，使谈判陷入僵局。

谈判小故事 4-13　　　　　　　　　　　　　**"我公司是中国二级企业"**

某跨国公司总裁访问一家中国著名的制造企业，商讨合作发展事宜。中方总经理很自豪地向客人介绍说："我公司是中国二级企业……"此时，翻译人员在翻译这句话时很自然地用"Second-class Enterprise"来表述。不料，该跨国公司总裁闻此，原本很高的兴致突然冷淡下来，敷衍了几句立即起身告辞。在归途中，他抱怨说："我怎么能跟一个中国的二流企业合作？"在我国，企业档案工作目标管理考评分为"省（部）级""国家二级""国家一级"三个等级。"省（部）级"是国家对企业档案工作的基本要求。"国家一级"为最高等级。所以，一个小小的沟通障碍，会直接影响合作的可能与否。

资料来源　佚名. 商务谈判试题［EB/OL］.［2017-01-18］. http://www.njliaohua.com/lhd_0atj33r8wn7k6x46aj88_1.html.

根据上述原因，谈判僵局一般可分为胁迫性对立僵局、意见性对立僵局和情绪性对立僵局三类。

（2）僵局的处理原则。国际商务谈判者的经验证明，打破僵局要注意以下基本原则：

①符合人之常情。真正的僵局形成后，谈判气氛随之紧张，这时双方都不可失去理智，不可冲动。必须明确冲突的实质是双方利益的矛盾，而不是谈判者个人之间的矛盾，因此要把人与事严格区分开来，不可夹杂个人情绪，以致影响谈判气氛。

②努力做到双方不丢面子。有面子就是得到尊重，人皆重面子。在商贸谈判中没有绝对的胜利者和失败者，国际商务谈判的结果都是在各取所需的条件下共同努力取得的。因此，任何一方都必须尊重对方的人格，在调整双方利益取向的前提下，使双方的基本需求得到满足，不可让任何一方下不了台，而造成丢面子、伤感情的局面。

③尽可能实现双方的真正意图。僵局的打破，最终表现为双方各自利益的实现，实际上是实现了双方的真正意图。做不到这一点，双方利益得不到保证，僵持局面就不会结束。

因此，谈判双方必须遵循这些原则，积极地打破僵局，采取一定的策略，争取及时缓解。

（3）突破僵局的策略。谈判出现僵局，就会影响谈判协议的达成。无疑，这是所有谈判人员都不愿看到的。因此，在双方都有诚意的谈判中，应尽量避免出现僵局，但谈判本身又是双方利益的分配，是双方的讨价还价，僵局的出现也就不可避免。仅从主观愿望上避免出现谈判僵局是不够的，也是不现实的，因此，对待谈判中的僵局，应当正确认识、慎重对待、认真处理，掌握处理谈判僵局的策略与技巧，从而更好地争取主动，为谈判协议的签订铺平道路。

①用话语鼓励对方。当谈判出现僵局时，你可以用话语鼓励对方："看，许多问题都已解决了，现在就剩一点了，如果没有一并解决的话，那就不就可惜了吗？"这种说法看似很平常，实际上却能鼓励对方。

对于牵涉多项讨论的谈判，更要注意打破僵局。比如，在一场包含六项议题的谈判中，有四项是重要议题，其余两项是次要议题。现在假设四项重要议题中已有三项获得通过，只剩下一项重要议题和两项小议题了，那么，针对僵局，你可以这样告诉对方："四个难题已解决了三个，剩下一个如果也能一并解决的话，其他的小问题就好办了，让我们再继续努力，好好讨论讨论唯一的难题吧！如果就这样放弃了，前面的工作就都白做了，大家都会觉得遗憾的！"听你这么说，对方多半会同意继续谈判，这样僵局就自然地化解了。

②搁置争议问题。当谈判陷入僵局，经过协商却毫无进展，双方的情绪均处于低潮时，可以采用避开该话题的办法，换一个新的话题与对方谈判，以等待高潮的到来。横向谈判是回避低潮的常用方法。由于话题和利益之间的关联性，当其他话题取得成功时，再回来谈陷入僵局的话题，便会比以前容易得多。

把谈判的面撒开，先撒开有争议的问题，转而谈其他问题，而不是盯住一个问题不放，不谈妥誓不罢休。例如，在价格问题上双方互不相让，僵住了，可以暂时把这个问题搁置一旁，改谈交货期、付款方式等其他问题。如果在这些议题上对方感到满意了，再重新回头来讨论价格问题，阻力就会小一些，商量的余地也就更大些，从而缩小分歧，使谈判出现新的转机。

谈判小案例4-13　　　　　　　　　松下的谈判艺术

分析提示4-13

日本松下公司的前任总裁松下幸之助是一位极具智慧的商人，在他的领导下，松下公司日渐强大，成为世界上著名的电器生产企业。一次，松下幸之助去欧洲与当地一家公司谈判。对方是当地一家非常有名的企业，不免有些傲慢。双方为了维护各自的利益，谁都不肯作出让步，对方更是毫不客气，以至于谈到激烈处，双方大声争吵，甚至拍案跺脚，气氛异常紧张。松下幸之助无奈，只好提出暂时中止谈判，等吃完午饭后再进行协商。

经过中午的休整，松下幸之助仔细思考了上午双方的对决，对方仗着自己具有"天时、地利、人和"的优势，丝毫不愿作出让步，打定主意要狠狠地杀一下松下幸之助的威风。松下幸之助认为这样硬碰硬地对着干，自己并不一定能有好果子吃，相反可能谈不成这笔买卖。于是他开始考虑换一种谈判方式。

谈判重新开始，松下幸之助首先发言。而对方各个表情严肃，一副志在必得的样子。松下并没有谈买卖上的事，而是说起了科学与人类的关系。他说："刚才我利用中午休息的时间，去了一趟科技馆，在那里我看到了矩阵模型，并且深受感动，人类的钻研精神真是值得赞叹。目前人类已经有了许多了不起的科研成果，据说阿波罗11号火箭又要飞向月球了。人类的智慧和科学事业能够发展到这样的水平，这实在应该归功于人类的伟大。"对方以为松下幸之助是在闲聊，偏离了谈判的主题，也就慢慢地放松了紧张的面部表情。松下幸之助继续说："然而，人与人之间的关系并没有如科学事业那样取得长足的进步，人们之间总是怀着一种不信任感，他们在相互憎恨、争吵。在世界各地，类似战争和暴乱那样的恶性事件频繁地发生。人群熙来攘往，看起来是一片和平景象，其实，人们的内心深处却仍相互进行着丑恶的争斗。"

他稍微停了一会儿，而对方越来越多的人被他的话吸引，开始集中精神听他讲话。接着，他说："那么人与人之间的关系为什么不能发展得更文明一些、更进步一些呢？我认为人们之间应该具有一种信任感，不应一味地指责对方的缺点和过失，而是应持一种相互谅解的态度，一定要携起手来，为人类的共同事业而奋斗。科学事业的飞速发展与人类精神文明的落后，很可能导致更大的不幸事件发生。人们也许用自己制造的原子弹相互残杀，日本在第二次世界大战期间已经蒙受了原子弹所造成的巨大灾难。"

此时，人们的注意力已经完全被松下幸之助所吸引，会场鸦雀无声，人们都陷入了深深的思索之中。随后，松下幸之助逐渐将话题转到谈判的主题上，谈判气氛与上午完全不同，谈判双方成了为人类共同事业而合作的亲密伙伴。最终欧洲的这家公司接受了松下公司的条件，双方很快就达成了协议。

资料来源　吴湘频. 商务谈判［M］. 北京：北京大学出版社，2014.

③运用休会策略。休会策略是谈判人员为控制、调节谈判进程，缓和谈判气氛，打破谈判僵局而经常采用的一种基本策略。它不仅是谈判人员恢复体力、精力的一种生理需求，也是调节情绪、控制谈判过程、缓和谈判气氛、融洽双方关系的一种策略。当谈

判陷入僵局时，如果继续谈判，双方的思想可能还沉浸在紧张的氛围中，结果往往是徒劳无益的。此时，比较好的做法就是休会，给双方留出时间进行思索，使双方有机会冷静下来，客观地分析谈判形势、统一认识、商量对策，从而为打破谈判僵局做好准备。

一般情况下，休息的建议会得到对方的积极响应。休息不仅有利于己方，对对方、对共同合作也十分有益。在僵局形成之前，建议休息是一种明智的选择。如果在谈判中，某个问题成为绊脚石，使谈判无法进行，聪明的办法就是在双方对立起来之前，马上休息，否则，双方为了捍卫自己的原则不得不互相对抗。只要双方的目标是"谋求一致"，那么休息就是为了寻找解决双方在洽谈中碰到的问题的方法。

④请调解人调停。当谈判双方严重对峙而陷入僵局时，双方的信息沟通就会出现严重阻碍，互不信任，互相存有偏见甚至敌意。这时第三者出面斡旋可以为双方保全面子，使双方感到公平，从而使信息交流顺畅起来。中间人在充分听取各方解释、申辩的基础上，能很明显地发现双方冲突的焦点，分析其背后所隐含的利益分歧，据此寻找解决这种分歧的途径。谈判双方之所以自己不能这样做，则是因为"不识庐山真面目，只缘身在此山中"。

国际商务谈判中的中间人主要是由谈判者自己挑选的。不论哪一方，它所选定的斡旋者都应该是被对方所熟识、为对方所接受的，否则就很难发挥其应有的作用。在选择中间人时还要考虑其是否具有权威性，这种权威性是使对方受中间人影响，最终转变强硬立场的重要力量。

⑤推心置腹地沟通。其实有些僵局不必麻烦第三者，双方只要推心置腹地交换一下意见，就可化解一场冲突。例如，当双方都死守自己的立场不让步时，谈判一方不妨这样说："你瞧，我们这种态度怎么能解决问题呢？我们各有不同的利益和目的，为什么不相互交换一下彼此的想法、彼此的感受和彼此的需要呢？"本来谈判双方是对立的，而有了交换意见的态度后，双方就会转为合作关系了，最终双方会共同找出解决的方法，双方的需要都可获得满足。此外，在谈判出现僵局的时候，从共同利益着眼强调双方的共损共荣也是推心置腹沟通策略的运用。

⑥借助权威效应。当谈判遇到僵局时，可请出地位较高的领导者出面，表明对处理僵局问题的关心和重视；或是运用明星效应，向对方介绍社会知名人士使用本产品后有利于己方的言论。对方就有可能"不看僧面看佛面"，降低原先较高的要求。

谈判小故事4-14　　　　　　　　　一流的企业家的回信

湖南一酒厂要到美国市场上推销其生产的伏特加酒，于是聘请了一位美国推销专家。这位专家让湖南这家酒厂把第一批生产出来的10 000瓶酒编号，然后在圣诞节前夕准备了精美的明信片，分别寄给100多位美国著名的大企业家，并写明"我厂生产了一批新酒，准备将编号第××号至第××号留给您，如果您要，请回信"。节日前夕能收到大洋彼岸的明信片，他们喜悦万分，自然纷纷回信，并寄钱求购。然后，这位美国推销专家拿着100名一流大企业家的回信，再去找批发商进行谈判，结果一谈即成，大获成功。

资料来源　彭庆武. 商务谈判 [M]. 大连：东北财经大学出版社，2011.

⑦变换谈判成员。现代生活中，人们愈加重视自己的面子和尊严。所以，谈判一旦出现僵局，谁都不肯先作出让步，这时及时变换谈判组成员是一个很体面的缓和式让步技巧。需要指出的是，变换谈判组成员的方法必须在迫不得已的条件下使用，此外还要取得对方的同意。

谈判小故事4-15　　　　　　　　　　　　　　　　　换人

美国一家公司与日本一家公司将要进行一次比较重要的贸易谈判，美方派出了自认为最精明的谈判小组，大都是30岁左右的年轻人，其中还有一名女性。但美方代表团到了日本却受到了冷遇，不仅日方总公司的经理不肯出面，就连分部的负责人也不肯出面接待。在日本人看来，年轻人尤其是女性，不适宜作为主力参加如此重要的谈判。美方迫不得已撤换了这几个谈判人员，日本人才肯出面洽谈。

资料来源　佚名. 商务谈判的磋商 [EB/OL]. [2018-11-27]. https://www.docin.com/p-2152919177.html.

⑧寻求第三方案。谈判各方在坚持自己的谈判方案互不相让时，谈判就会陷入僵局。这时破解僵局的最好办法是，各自都放弃自己的谈判方案，共同寻求一种可以兼顾各方利益的第三方案。

谈判小故事4-16　　　　　　　　　　　　　　　　　协议达成

某大型企业开发出一种新产品，需要另一小型企业提供配套的一种零件，两个企业就这种新产品的配套零件问题进行谈判，因价格问题陷入了僵局。大型企业出价零件单价7元，小型企业要价8元，双方互不相让。大型企业的理由是若零件单价超过7元，就很难迅速占领市场；小型企业的理由是零件单价若低于8元，企业将会亏损。表面上看，双方都要维护自己的权益，实际上，买卖做不成，双方都谈不上获益，做成买卖是双方的共同愿望。在这一前提下，双方交换了意见，最后以零件单价7.3元达成协议。这样的结果是，大型企业解决了占领市场的难题，而小型企业虽然是微利供货，但与这一大客户建立了长期的合作关系，该种新产品一旦占领市场，就可以提高本厂配套产品的知名度，还会有长期可观的经济效益。

资料来源　彭庆武. 商务谈判 [M]. 大连：东北财经大学出版社，2011.

⑨以硬碰硬，据理力争。当对方提出不合理条件，有意制造僵局，给己方施加压力时，特别是在一些原则问题上表现得蛮横无理时，要以坚决的态度据理力争。

首先要体现出己方的自信和尊严，不惧怕任何压力，追求平等合作；其次要注意表达技巧，用绵里藏针、软中有硬的方法回击对方，使其自知没趣、主动退让。

例如，揭露对方制造僵局的用心，让对方放弃所要求的条件。有些谈判对手可能会自动降低自己的要求，使谈判得以进行下去，也可能离开谈判桌，以显示自己的强硬立场。如果对方想与你谈成这笔生意，他们会再来找你。这时他们的要求会改变，谈判的主动权就掌握在你的手里。如果对方不来找你也不可惜，因为如果自己继续同对方谈判，只能使自己的利益降到最低点，这样，谈成还不如谈不成。

谈判小案例 4-14　　　　　　　　　　中韩的一次贸易谈判

中方某公司向韩国某公司出口丁苯橡胶已一年。第二年，中方公司根据国际市场行情，比照前一年的成交价，将价格每吨下调了 120 美元（前一年价格为 1 200 美元/吨）。韩方觉得可以接受，建议中方到韩国签约。

中方人员一行到了位于首尔的该公司总部，双方谈了不到 20 分钟，韩方说："贵方价格仍太高，请贵方看看韩国的市场价，3 天以后再谈。"

分析提示 4-14

在对韩国市场的调查中，中方发现，韩国的丁苯橡胶的批发和零售价均高出中方公司现报价的 30%～40%。市场价虽呈降势，但中方公司的报价是目前市场上的最低价。

中方人员致电韩方人员："调查已结束，得到的结论是，我方来首尔前的报价低了，应涨回去年成交的价位，但为了老朋友的交情可以下调 20 美元，而不再是 120 美元。请贵方研究，有结果再通知我们，若我们不在饭店，则请留言。"

韩方人员接到电话一个小时后即回电话约中方人员到其公司会谈。韩方认为，中方不应把已经报过的价再往上调。中方认为，这是韩方给的权利。他们按韩方要求进行了市场调查，结果应该涨价。韩方希望中方多少降些价，中方认为原报价已降到底。经过几回合的交涉，双方同意按中方来首尔前的报价成交。

4.4　国际商务谈判的成交阶段

1）谈判成交阶段的主要标志

一般来说，谈判进入成交阶段，往往有以下两个明显标志：

（1）达到谈判的基本目标。经过实质性的磋商阶段，交易双方都在原有立场上作出了让步，此时，谈判人员较多地谈到实质性问题，甚至亮出了此次谈判的"底牌"。如果双方都确定在主要问题上已基本达到了目标，谈判成功就有了十分重要的基础，就可以说促成交易的时机已经到来。

（2）出现了交易信号。在谈判的早期阶段，交易各方可能会大量使用假象、夸张和其他策略手段，但谈判进入到将要结束的阶段时，谈判者将会发出某种信号，显示自己的真实主张。当对方收到这样的信号时，他就会明白，在这些主张的基础上有可能达成交易。各个谈判者实际使用的信号形式是不同的。谈判人员通常使用的成交信号有以下几种：①谈判者用最少的言辞阐明自己的立场。谈话中可能表达出一定的承诺意愿，但不包含讹诈。②谈判者所提的建议是完整的、明确的，并暗示如果他的意见不被接受，只好中断谈判，别无选择。③谈判者在阐述自己的立场、观点时，表情不卑不亢，态度严肃认真，两眼紧紧盯住对方，语调及神态表现出最后决定和期待的态度。④谈判者在回答对方的问题时尽可能简单，常常只回答"是"或"否"，很少谈论论据，表明确实没有折中的余地。

2）谈判成交阶段的工作细节

在成交阶段，谈判人员对一些细节问题仍需小心谨慎，不可马虎。这些细节问题的具体内容包括：

（1）协议文字的切磋和选用。重要的协议，其文字必须字斟句酌，务必清晰、准确，不留技术和法律上的漏洞，以防在执行的过程中遇到麻烦。例如，在1972年的中美联合公报中，为了表述中国大陆与中国台湾的关系，中美双方的谈判代表绞尽脑汁，最后美国的国家安全顾问基辛格博士想出了一句"台湾海峡两岸的中国人，都认为只有一个中国"，使三方皆可接受，并且一直沿用到今天。国际商务谈判协议应当用两国文字分别起草，以保证概念正确。

（2）正确选择签约地。尽管协议经过了双方的认可，又经过法律顾问的审阅，但在执行的过程中仍有可能对条文产生分歧，因而难以完全避免提起诉讼。如果谈判双方不在一个地区，那就会产生诉讼由哪个地区法院审理的问题。《中华人民共和国民事诉讼法》规定："因合同纠纷提起的诉讼，由被告住所地或者合同履行地人民法院管辖。"在签订协议时要尽量选择对自己有利的地区，并在合同中加以注明。

（3）协议要经过法律公证。市场经济本质上就是法治经济，可许多人还缺乏法律意识，经常碍于人情面子，或相信经验、关系，使协议成为"君子协议"，在执行的过程中产生许多麻烦，甚至给组织造成不可弥补的恶果。因此，在签订协议时，一定要聘请法律顾问审阅，避免出现法律上的错误或疏漏。重要的协议还应到公证处公证，以便日后监督执行。

谈判小故事4-17　　　　　　　　　　　日美谈判的启发

1970年，美国与日本的经济贸易出现了比较大的逆差，美国总统尼克松多次要求当时的日本首相佐藤主动限制向美国出口纺织品。在佐藤去美国之前，日本一些著名人士一再劝告他："不要向美国屈服。"在这场日美纺织品贸易战中，尼克松为了迫使佐藤限制纺织品出口，步步紧逼。最后，佐藤回答："我一定要妥善解决。"

"胜利了！"尼克松赶紧向新闻记者宣布，新闻界也为之振奋。可是没过多久，美国报纸却又抱怨佐藤背信弃义，因为实际情况并没有什么改变。其实，日本根本就没打算主动限制对美国的纺织品出口。佐藤最后说的那句话，应该说既表达了否定态度，又给美国总统"留了面子"。日本人的这种思考方式可以从日本著名社会学家铃木明说过的话中得到证明："日语中的双关词，是日本民族要求和睦相处的产物，要是我们说每一句话都开门见山，那势必会整天相互间争论不休。"

资料来源　陈文汉. 商务谈判实务［M］. 北京：电子工业出版社，2013.

3）签约阶段策略

（1）场外交易策略。当谈判进入成交阶段，双方已经在绝大多数的议题上取得一致意见，只在某一两个问题上存在分歧、相持不下而影响成交时，仍把问题摆到谈判桌上来商讨往往难以达成协议，这时可考虑采取场外交易，比如酒宴上、游玩场所等。其原因如下：一是长时间的谈判已经令人很烦闷，既影响谈判人员的情绪，还会影响谈判协商的结果；二是谈判桌上紧张、激烈、对立的气氛及情绪迫使谈判人员自然地去争取对方让步，而即使让步是正常的、应该的，对于在最后一个环节上的让步，让步方也会认为丢了面子，可能会被对方视为投降或战败；三是即使某一方主谈或领导人头脑清楚冷静，认为作出适当的让步以求尽快达成协议是符合本方利益的，也会因同伴态度坚决、情绪激昂而难以当场作出让步的决定。场外轻松、友好、融洽的气氛和情绪则很容易缓和双方剑拔弩张的紧张局面。轻松自在地谈论自己感兴趣的话题、交流私人感情，有助于化解谈判桌上激烈交锋带来的种种不快。这时，适时巧妙地将话题引到谈判桌上遗留的问题上来，双方往往会很大度地相互作出让步而达成协议。

需要指出的是，场外交易策略的运用，一定要注意谈判对手的不同习惯，如有的国家的商人忌讳在酒席上谈生意，为此必须事先弄清，以防弄巧成拙。

（2）期限策略。从多数的国际商务谈判实际来看，协议基本上都是双方到了谈判的最后期限或临近这个期限才达成的，但遗憾的是很多谈判者却忽略了这一点。在没到最后期限时，对方往往并不十分在意，除非这个截止日期马上就要到来，但是，随着这个期限的逐渐迫近，对方内心的焦虑会与日俱增，特别是当他负有尽可能签约的使命时，他更会显得急躁不安，而到了截止日期那一天，这种不安和焦虑就会达到顶峰。针对这种心理状况，在国际商务谈判过程中，不必操之过急地强求解决棘手问题，要善于运用这种"最后期限"的策略，规定出谈判的截止日期，然后对这些棘手的问题暂时按兵不动，到谈判的最后期限临近时，即可借助这一无形的压力，向对方展开心理攻势，必要时，还可以作一些小的让步作为配合，给对方造成机不可失、时不再来的感觉，以此来说服对方。

（3）优惠策略。在对方对大部分交易条件很不满意而己方出价又较高的情况下，谈判人员可以考虑对方压价的要求，让利给对方，如采取减价、附赠品等方法。有的时候，为了使对方尽早付款或大批量订货，也可以通过让利而使谈判圆满结束。例如，"你们若能把履约的时间提前两个月，我们将考虑降低价款""你们所订的数量实在太少，这个合同似乎都不值得一签，如果你们能再多订出一倍的量，我们还可以降价10%，这可是难得的优惠条件呀！"

（4）最后让步策略。在最后签约之前，谈判双方都要进行最后一次报价。最终报价一定要注意选择好报价的时机。千万要谨慎，不要过于匆忙地报价，否则会被对方认为是另一种让步，对方会希望再得到更好的获取利益的机会；当然也不能报价过晚，对局面起不到作用或影响很小。为了选好时机，最好把最终报价分成两步：主要部分放在最后期限之前提出，刚好给对方留下一定的时间回顾和考虑；次要部分应作为最后的让步，安排在最后时刻提出。最后让步时，应注意以下两个问题：

①要严格把握最后让步的幅度。一般来讲，最后让步的幅度大小必须足以成为预示最后成交的标志。在决定最后让步幅度时，一个主要因素是看对方接受这一让步的人在对方组织中的地位。合适的让步幅度是：刚好满足较高职位的人维护其地位、尊严的需求；对较低职位的人来讲，以使对方不至于被指责未能坚守为度。

②要做到让步与要求同时提。也就是说，在我方作出最后让步的同时，最好要求对

方作出相应的回报。谈判者可用以下方式向对方发出信号：一是谈判者在作出让步时，可示意对方这是我本人的意思，这个让步很可能会受到上级的批评，所以，要求对方给予相应的回报；二是并不直接作出让步，而是指出我方愿意这样做，但要以对方的让步作为交换条件。

谈判小故事4-18　　　　　　　　　　　朝鲜停战谈判趣闻轶事

朝鲜停战谈判从1951年7月10日正式开始，到1953年的7月27日，经过两年多的艰苦谈判，终于画上了句号，但谈判期间趣闻轶事迭出，使谈判富有戏剧性色彩。

（1）"静坐"战

在1951年8月10日下午1时30分开始的会议上，当中朝方面首席代表南日将军批驳对方的"海空优势补偿论"和"防御阵地与部队安全论"，指出对方没有理由拒绝以"三八线"为军事分界线的建设时，美方首席代表特纳·乔埃中将竟漠然置之，拒不发言，会场上一片寂静。乔埃一会儿用两手托腮，一会儿又玩弄起面前的铅笔。偶尔和南日目光相遇，他便避开，从口袋里掏出香烟点燃，然后缓缓地吐出缕缕烟雾，就是不说话，而他的助手们有的在抽烟，不抽烟的就用笔在纸上胡乱涂抹，或抬头直盯着中朝代表。中朝方面代表尽管对美方这种做法十分愤怒、鄙视，但都很冷静地观望着：南日嘴里叼着象牙烟嘴，眼睛直瞪乔埃；邓华、张平山和解方都不抽烟，就静静地坐着；李相朝低头画图。

在"静坐"将近一小时之后，坐在参谋席上的柴成文按照预先商定的方案，离开会场，到距会场仅百米远的地方，向李克农作了汇报。李克农指示：就这样"坐"下去。柴成文回到会场后。在纸条上写了"坐下去"3个字传给中朝代表。

这场"静坐"战一直僵持了132分钟，最后，乔埃终于开口说话了。

（2）短会的"世界纪录"

1952年3月下旬至4月初，第二项议程的小组委员会在限修机场和中立国提名两个问题上陷入僵局。会议开到4月11日，美方谈判代表哈里逊采取了"到会即提休会"的做法，以阻挠谈判的正常进行。

设在板门店谈判会场的帐篷两侧各有一扇门，双方代表都各自出入自己一方的帐篷口。每天哈里逊夹着文件包懒洋洋地步入帐篷，不等坐稳便急切宣称"建议休会"，并起身退出会场。开始时他还可以被叫回来听听中朝代表对休会的反应，几次以后，竟叫也叫不回来了。这样，在讨论第三项议程的帐篷里，有时只开两分钟的会议，后来越来越短，最短时只有25秒钟。在国际性会议中，哈里逊创造了25秒短会的"世界纪录"。

（3）"逃会大王"

1952年5月22日，美军少将哈里逊接替乔埃成为美方停战谈判首席代表，拉开了美方"逃会"的序幕。6月7日，谈判会议正在进行的时候，哈里逊提议休会3天，到11日复会。南日将军当即建议8日继续开会，哈里逊竟说："8日你方尽可到会，但我方将不出席。"说完起身离开会场。中朝方面称这种行为为"逃会"。

6月17日哈里逊第二次"逃会"，27日第三次"逃会"。7月13日以后，美方连续单方面宣布休会7天，"逃会"升级。9月28日，美方又在战俘遣返问题上设置障碍，并单方面宣布休会10天，"逃会"再次升级。10月8日美方又单方面宣布无限期休会，使谈判陷入破裂的边缘。哈里逊真可谓"逃会大王"。

（4）离奇的"建议"

在1951年10月25日的谈判会议上，美方代表亨利·霍治少将曾说："如果以'三八线'为军事分界线，根据地形，我方在东线后撤之后难以重新攻取；而你方在西线后撤之后，则易于重新攻取。"我方代表解方当即指出："我们在这里到底是在讨论停止战争、和平解决朝鲜问题，还是在讨论停火一下，再打更大的战争呢？"我方的反诘使得霍治无言以对。这天，在谁先打破僵局的问题上，霍治又提出一个"别开生面"的"建议"，他说："我建议咱们现在丢硬币，各自选择一面，以确定谁先走下一步。"霍治的表演，在严肃的国际谈判史上留下了令人捧腹的一笔。

案例来源 吕晨钟. 学谈判必读的95个中外案例［M］. 北京：北京工业大学出版社，2007.

4）签订书面合同

签订书面合同，即签约，是国际商务谈判的重要组成部分，对此必须采取严肃认真的态度。另外，协议与合同是有区别的，但就其签订程序来说，两者一致，所以此处为了行文方便，不作严格区分。

（1）签约的意义。在国际商务谈判中，经过讨价还价，谈判双方已达成完全一致的意见，但这些意见必须用法律形式来体现，要签订合同或协议书、备忘录等形式的契约：只有用法律形式来体现谈判结果，明确双方的权利和义务，才能使谈判结果得到法律的保护，确保谈判结果是巩固的、确实的和有法律效力的。

进入签约阶段，谈判各方仍然不能掉以轻心，因为协议只有经双方签字，才能成为约束双方的法律性文件。有关协议规定的各项条款，双方都必须遵守和执行，任何一方违反协议的规定，都必须承担法律责任。只要双方没有签约，谈判所达成的签约意向就缺少约束力，谈判就可能发生变化甚至破裂。

（2）签字前的审核。合同文件撰写好后，在正式签字前，应做好两件事：一是核对合同文件的一致性（两种文字时）或文本与谈判协议条件的一致性（一种文字时）；二是核对各种批件，包括项目批文、许可证、用汇证明、订货卡等是否完备以及合同内容与批件内容是否一致。这种签约前的审核工作相当重要，审查文本务必对照原稿，不要只凭记忆进行"阅读式"审核。

在审核中发现问题时，应及时互相通告，使双方互相谅解，不致造成误会。对于文本中的问题，一般指出即可解决，有的复杂问题需经过双方主谈人再次谈判。对此，思想上要有准备，不过要注意对方态度。如属于已谈过的问题，对方有意扭曲，己方可明确指出，以信誉相压，不可退却。对于未曾明确的问题，或提出但未认真讨论，或讨论后并未得出统一结论的问题，可耐心再谈，能统一则统一，不能统一而又无关紧要的可删去。

（3）国际商务合同条款的拟订。国际商务合同一般由约首、主文和约尾三部分组成。约首是合同的首部，用来反映合同的名称、编号，订约的日期、地点，双方的名称、地址、电报挂号、电传号码以及序言（表示双方订立合同的意愿和执行合同的保证）等内容。约尾是合同的尾部，用来反映合同文字的效力、附件的效力、合同份数以及双方签字等。约首和约尾是合同不可缺少的组成部分。约首和约尾不符合要求将妨碍合同的法律效力。主文即合同的正文部分，也是主题内容部分。它应明确记载双方的权利和义务，表现为各项交易条件。由于主文是反映双方交易条件和规定各方权利和义务的部分，所以它是合同最重要的部分。

各项交易条款必须相互衔接，保持一致，以防各条款相互之间发生矛盾。在草拟合同时，为了准确地反映各项交易条件，不仅各条款要完备、明确、具体，而且要保证各条款之间不发生矛盾，如品质的规定要与检验方法的规定相一致，运费计算的规定要与售价的规定相一致等。

合同书写要坚持两个基本原则：一是准确表达原则。合同条款的书写要准确反映经磋商达成一致意见的各项交易条件，也就是合同的内容应与磋商达成的协议完全一致。在书写合同时，首先应准确表达双方一致的意见，力求使合同能准确地反映各项交易条件。有时，起草人加上自己的意见修改了文字，对方不加以审校就草率签字，待合同开始履行时才发现问题，再修改已不太可能，签字即意味着承认。二是注重条款的拟订原则。标的（指货物、劳务、工程项目等），数量和质量，价款或者酬金，履行的期限、地点和方式，违约责任等根据法律规定的或按国际商务合同性质必须具备的条款，以及当事人要求必须规定的条款，也是国际商务合同的主要条款。因国际交易涉及的一方是外国（地区），而各国（地区）都有自己的法律，且这些法律只能在指定的国家（地区）范围内使用，对其他国家（地区）是没有任何约束力和法律作用的，除非双方协商同意，否则不能成为谈判和签约的法律依据。假若对方提出合同条款应以某国的法律为依据，对我方不利，我方可不予接受，而应以双方都能接受的法律为依据。一般合同上要标明双方适用的法律，即以哪个国家（地区）哪部法为准。就算是国际惯例，双方不作规定，对合同而言也是无效的。

（4）国际商务合同签字人的确认。依照法定要求，国际商务合同的双方当事人经过相互协商达成协议，国际商务合同即告成立。国际商务合同的签约过程，就是双方当事人就合同内容进行协商取得一致意见的过程。

在国际商务谈判中，主谈人不一定是合同的签字人，要注意确定合适的签字人。对外经济贸易合同一般应由企业法人签字，政府部门代表不宜签字。当合同需由企业所在国政府承诺时，可与外贸合同一起加拟一份"协议"、"协定书"或"备忘录"，由双方政府部门代表签字，该文件是合同不可分割的一部分。签字人的选择主要出于对合同履行的保证。复杂的合同涉及面广，如有上级政府部门的参与，执行中若产生问题容易协调，使合同顺利执行有所保证。有的国家（地区）的厂商习惯在签约前让签字人出示授权书。授权书由其所属企业的最高领导签发，若签字人就是企业的最高领导，要以某种方式证实其身份。

协议的签署是与该协议谈判有关的最后一个工作环节，也是谈判者在合同谈判阶段维护自身利益的最后一次机会。在对对方某些情况不清楚或有疑问的情况下，如疑问关系到合同的履行及自身的利益，则应进一步设法调查了解，或请求有关部门对合同进行公证，以取得可靠的保证。合同当事人应当以自己的名义签订合同。一般而言，若合同中各条款含义没有互相矛盾之处，则合同一经双方有正当权限的代表依法签署即告生效。有正当权限的代表通常是指能负责承担合同规定义务、享受合同规定权利的法人代表。

（5）签订后的工作。重大的国际商务谈判协议签订以后，绝非就可以高枕无忧了，因为世界上没有十全十美的协议。尽管协议已经白纸黑字不可更改，但有经验的谈判者总是力求在解释协议过程中为自己谋求利益，同时也防止对方对协议作出不利于己方的解释，所以还应继续不断地研究协议。

5）合同签订后的谈判任务

合同签订后，就进入了合同的履行阶段。在此阶段，很多情况下依然要进行谈判。

（1）合同履行过程中的主要谈判业务。合同能够被顺利、全面地履行是签约双方的共同愿望，但是，履行过程中可能会出现许多意外情况，导致合同不能被顺利或全面履行，甚至出现纠纷，这时就要进行谈判。

履行合同过程中的主要谈判业务是涉及合同中止履行的谈判业务，这是指当事人一方掌握了另一方不能履行合同的确切证据时，经双方谈判未果，所采取的中止履行合同的行为。采取这一行动时，要立即通知另一方。中止履行合同是一种暂缓措施，如经过谈判后另一方当事人对履行合同确实提供了充分的保障，则应当继续履行合同；如果一方当事人确定不再履行合同，被中止履行的另一方则有权要求其采取补救措施或赔偿损失。如果当事人一方没有对方不能履行合同的确切证据而中止履行合同，则应负违反合同的责任。

（2）合同转让的谈判业务。如果当事人一方把自己享有的合同中的权利或应当履行的义务转让给第三方，必须事先征得另一方当事人的同意；由国家机关批准的合同，其权利和义务的转让也应经原批准机关同意。

（3）合同变更的谈判业务。合同的变更既是商业行为又是法律行为。从国际商务的角度看，在合同签订以后，谈判双方完全履行之前，即在合同履行的过程中，由于双方当事人常常需要对合同的内容进行协商，作出某些修改和补充，于是就产生了合同的变更。

从法律的角度看，合同的变更指的是因一定的法律事实而改变合同的内容和标的的法律行为。合同的变更需要在合同当事人协商一致的基础上进行，主要表现形式为对原合同条款的修改。与合同的订立一样，合同的变更必须采取书面形式，其法律后果是产生了新的合同关系。

（4）合同解除的谈判业务。在合同签订以后，未完全履行之前，因为某些原因导致合同的履行已经不可能或不必要，则要进行解除合同的谈判。如果一方当事人认为另一方当事人违反合同的行为证据确凿，或者在合同约定的期限内一方没有履行合同，在被允许推迟履行的合理期限内仍未履行，或者合同约定的解除合同的条件已经出现，当事人一方有权通知另一方解除合同。谈判合同的解除是消灭既存合同的法律效力，同样也需要在当事人协商一致的基础上进行。

合同变更或解除必须具备下列条件之一：①合同双方当事人一致同意。②外界因素的变化使合同的履行成为不可能。③合同一方无法履行。④合同一方严重违约。⑤不可抗力事件的发生。⑥合同约定的解除条件出现导致合同无法继续履行。

合同变更或解除要遵循下列程序：①当一方需要变更或解除合同时，应以书面形式及时向对方发出变更或解除的建议。②一方变更或解除合同的建议需征得另一方的同意，当对方表示同意后，有关合同的变更或解除即发生效力。③变更或解除合同的建议、答复，须在合同期限内，或有关业务主管部门规定的期限内提出和作出。④因变更或解除合同发生纠纷的，要依据法定的解决程序处理。

小贴士4-2   **合同欺诈行为**

商务人员在工作的过程中，一定要注意以下的合同欺诈行为，以避免较大的损失：

(1) 偷梁换柱。伪造合同等文件，牟取非法利益。

(2) 借鸡下蛋。冒用他人名义签订合同，骗取钱财。

(3) 借刀杀人。非法转让合同，牟取非法收入。

(4) 声东击西。以包销产品为名签订加工承揽合同或技术转让合同骗取中介费或技术转让费。

(5) 瞒天过海。违反或规避国家法律签订加工承揽合同，骗取质保金。

(6) 监守自盗。利用职务之便为违法分子提供盖有公章的空白合同书。

(7) 移花接木。当事人双方恶意串通，故意损害第三方利益。

(8) 釜底抽薪。在合同条款中设置达不到的认证标准，迫使对方违约骗取财物。

(9) 趁火打劫。利用对方法律知识的薄弱为条件，骗取合同定金。

(10) 笑里藏刀。以低价销售产品为诱饵，骗取货款。

(11) 浑水摸鱼。订立口头合同，利用空头支票进行骗买、骗卖活动。

(12) 无中生有。在报刊等宣传媒介刊登虚假广告，诱导当事人签订技术转让合同、中介合同，骗取技术转让费、部分原料费等。

(13) 以逸待劳。以破产为由终止合同，将所骗款项转移。

(14) 假公济私。假冒特定当事人（企业、公司）或某法定代表人、业务员等并留下名片、电话号、手机号等，签订假合同，骗取预付款、定金、转让费等。

(15) 抛砖引玉。以现场看货作掩护，骗取对方信任，签订合同骗取货款。

(16) 借尸还魂。冒充名人，骗取对方信任，签订合同，骗取货物或货款。

(17) 顺手牵羊。以签订合同为名行贿受贿。

(18) 暗度陈仓。以签订承包合同为名，使国有资产流失，而个人得利。

(19) 走为上计。签订建筑工程施工合同骗取定金。

(20) 诱人上钩。以订货合同方式向对方许诺优惠条件，然后设法使对方不能履行合同而取得合同违约罚款。

资料来源　佚名. 浅析合同违法行为［EB/OL］.［2013-01-10］. https：//wenku.baidu.com/view/76e4c6d1d15abe23482f4d68.html.

（5）合同纠纷的处理。在合同履行过程中，由于一方或多方的原因，或由于不可抗力的原因，会发生对合同条款乃至词句的种种争议，这就是合同纠纷。处理合同纠纷的途径有以下几种：

①协商处理。协商是解决合同纠纷的一种有效方式。协商处理是指争议发生后，由争议双方自行磋商，各方都作出一定的让步，在各方都认为可以接受的基础上达成谅解，以求得问题的圆满解决。协商处理的优点是不用第三方介入，气氛比较友好，争议如能解决可以不经仲裁或司法诉讼，省时、省钱、省力，所以这一方式被普遍采用。

②调解处理。调解处理是指当合同纠纷发生后，由第三方从中协调，促使双方当事人和解。调解作为一种由第三方来说服双方的调停工作，目的是希望双方互谅互让，平息争端，自愿让步而达成协议。这种化解矛盾的方式常被人们用于处理各种纠纷。

③仲裁。仲裁又称公断，当出现合同纠纷时，合同当事人中的任何一方均可提出请求，由仲裁机关依法作出裁决。仲裁具有行政和司法的双重性质。

④诉讼处理。当出现合同纠纷时，当事人中的任何一方都可以向法院提起诉讼，通过司法手段解决争端。办理诉讼手续时，要注意以下问题：

一是起诉方式，诉讼应在合同履行地或合同签订地向管辖范围内的法院提出，案件才能被受理。

二是草拟起诉书。起诉书应写明原告和被告的单位名称、所在地、法定代表人姓名和委托代理人的姓名等。法定代表人除可委托律师外，一般还可以委托经法院允许的其他人担任起诉代理人，但须写委托书说明委托事项。此外，还要写明是诉讼双方直接签订的合同还是委托单位签订的合同。起诉的前提是，必须有明确的被告和具体的诉讼请求以及事实根据，被告必须有不履行合同或不完全履行合同的行为。在提出书面诉讼的同时，还要提供有关材料、证件和单据，如合同正本、来往函电、进出口单据及其他原始凭证等。

三是应诉答辩。应诉一方在接到法院送达的起诉书副本后，要在规定的期限内完成答辩书并提交给法院。在受理诉讼的过程中，法院首先应本着调解原则，进行司法调解。在无法进行调解的情况下，法院应以事实为依据、以法律为准绳作出判决。任何一方对一审判决不服，可以在规定期限内向上一级法院上诉。经上一级法院判决的就必须坚决执行；经上一级法院驳回上诉的不能再行上诉。

小贴士4-3　　　　　　　　　　　　　**谈判关键点总结**

谈判者要牢记以下关键点：

（1）为谈判做好准备，谈判结果就会大不相同；

（2）除非创造了谈判的价值，否则任何出价都是过高的；

（3）对自己的实质目标和关系目标要有决断力；

（4）参与谈判的人比较多时，给每个参与者分配一个特定的角色；

（5）情绪激动时要停止关注问题，转而关注人；

（6）谈判是互动的行为，不可能事事都按严格的顺序进行；

（7）讨论彼此的替代方案是双赢谈判的一种关键手段；

（8）提一些与利益相关的问题，以此回应对方，表明我方的立场；

（9）有效的谈判者倾听的不仅仅是话语，还有对方真正关注的东西；

（10）要维护自己的利益，灵活对待自己的方案；

（11）直面对方的最佳替代方案，没必要自我防御；

（12）接近最终协议时，谈判者要为双方达成更好的交易而努力；

（13）感到困惑时，要重新审视潜在的利益，只要保持毅力和耐心，就能得到好的结果；

（14）记得总结你的协议。

资料来源　卢姆. 没什么谈不了［M］. 姜丽丽，许捷，陈福勇，译. 北京：世界图书出版公司，2012.

拓展阅读

国际商务谈判的辩证思维方法

"行成于思"强调了行为的成功取决于思维。如果想把碰运气的成功变成预料中的成功，就必须依靠思维的方法和艺术。把思维方法和艺术成功地运用到谈判中就可使谈判富有预见性，使成功具有必然性。应该承认具有文化修养的谈判人员均具备一定的思维能力，但要达到"艺术"的境地，就非易事了。因此，必须潜心研究和领会思维中的艺术精华，以便在谈判过程中有效运用。

提高国际商务谈判思维能力，最重要的是学习辩证思维，以精通各种谈判因素的正确关系，然后才能驾驭谈判中的复杂情况。下面选择一些比较常见的关系因素，略作辩证分析。

1）要求和妥协

谈判既是要求也是妥协。A方的"要求"是为了要B方的"妥协"，B方的"妥协"就是为了A方的"要求"。所以，在任何谈判启动之前必须要准备足够充分的"要求"和"妥协"的条件。如果只有要求而缺乏妥协，所得就小；如果只有妥协而缺乏要求，吃亏就大。

2）一口价

只要双方同意谈判，就等于否了一口价，只要坐在谈判桌边，也等于否定了"标准价"。无论拿出印刷的标准价格表，还是某年某月与某人签的合同，其价格都不能称为标准价。这些只能当作谈判的工具、价格的幌子，谁承认它们，就等于作茧自缚，只要你不承认，你就自由了，就可以放手谈判。只要放手谈判，就可以讨价还价，改变原价，争取谈判后的新价。

3）丑话

丑话就是申明规则和违规惩罚，讲明道理和要求"无偿"赔偿，实际上也就是提前摆出那些与利害相关的条件。不敢在谈判中讲丑话，尤其在熟人、朋友或有特殊关系的对手之间，谈合作类的项目时，不敢设想或顾虑未来的危机、可能发生的纠纷，怕说出来"伤害感情""不给面子"等，都是谈判者的大忌。殊不知讲丑话是谈判的重要内容。丑话不讲透，谈判就未完，隐患未除、尾巴未除，那就真的要"丑""露"了。

4）舌头和耳朵

美国人称美元、信息和舌头是现代社会三大"原子弹"。多数人认为谈判是群儒舌战，是口舌之争，其实在整个国际商务谈判过程中，耳朵的功能更重要。因为说的前提是思考，而思考的基础是信息，特别是来自对方的陈述信息，所以在国际商务谈判中，认真听取对方的陈述是头等重要的大事。倾听是谈判中的"从容不迫"策略，学会倾听是学习谈判艺术的第一课。

5）啰唆与重复

这两者之间能够区分，也容易混淆，啰唆绝不可取，重复却须强调。谈判本身就带有很强的重复性，甚至可以说谈判是最难进行语言沟通的交往活动，所以必须有重复意识。重复虽然不涉及新信息，是多余信息的传递，但是传送多余信息可以避免误解，有助于对方理解，给对方一段轻松地舒展思维的时间，并加强其信息接收能力和信息记忆储存。重复有四种层次：一是相同词汇的重复；二是同一种概念用不同词语和句子来表述；三是相同的内容可以反复具体地举出新例加以解释；四是从不同角度、不同层面进行多元思维，概括综合本方的中心议题。

6）让步中的互相与对等

在国际商务谈判中，有三种让步情况：不让步；互相让步；对等让步。从表面上看不让步貌似是不能成立的，其实，在十分不公正、十分不公平的前提下，处于劣势的一方是根本无步可让的；而互相让步又常常被曲解为"对等让步"，这种诡辩逻辑是谈判中的"诡道"，谈判者必须十分明晰这些分别，万不可落入陷阱。缜密地思考这一对概念对谈判而言很重要。

7）说理与挖理

可以说谈判中不会阐述道理就是不会谈判。准备谈判，就要准备说理。对客观存在的理由，要善于运用；客观理由不明显时，要善于挖掘和发挥，并巧妙地用于进攻或防御。只有以理由开路，谈判才有可能顺利地进行下去。从谈判思维的角度看，说理的过程就是挖掘理由的过程，而"挖掘"的含义包括搜寻、联想、分解、组合、编制、改造、借用、比附、置换、推想等，离开这些"挖掘"，说理也就基本不存在了。

8）谎言的是非功过

谈判中有一种现象，那就是"撒谎"。在开场之后，论战之中、讨价还价之时往往也是谎言"大比拼"的时候。作为谈判伦理，要求"诚实"、"良好愿望"与"光明正大"，但是谈判过程中双方的关系与谈判前后双方的关系性质是不同的。在谈判过程中，双方相互试探，相互调整，适当的谎言其实也是一种策略，人们无法一开始就将实话、真话和盘托出。谈判的过程就是从虚话走向实话，从假话走向真话的漫长曲折的历程。只要使用者将其控制于"非交易本质"的论述上，对双方成交的基础不发生根本的影响，不构成对贸易惯例的实质性的触犯，也就无可厚非。因为，这些"谎言"只是对双方争夺的利润区间发挥作用，对交易的本质不产生负面影响。在谈判桌上绝不说假话的人，一不可能，二未成人；光说假话的人，一未成人，二不可能。

资料来源　佚名. 商务谈判中的思维［EB/OL］.［2017-01-18］. http://3y.uu456.com/bp_16kib1eypb721et5igwp_1.html.

课堂实训

1）讨价还价策略实训

（1）实训目的。了解谈判中讨价还价等价格磋商的策略和技巧；能够在谈判中正确进行价格磋商并灵活运用讨价还价的技巧。

（2）实训要求。其包括：①学生自己组建谈判小组，每个小组不超过4人；②每个小组组成一对买卖双方；③卖方谈判小组拟写出己方的产品报价单，买方根据自己的谈判目标与卖方进行讨价还价的磋商；④由每组成员中的记录员记录下模拟谈判的整个过程，并总结出各方在谈判中使用的讨价还价策略；⑤谈判双方分别对对方的讨价还价策略和技巧进行评议，并形成书面报告。

（3）实训背景。在电脑市场里，你拿到了近期电脑的报价单，准备买一台电脑，并确定了你的电脑配置价格：CPU 1 000元、内存400元、主板800元、硬盘600元、显示器1 200元、机箱300元、音箱300元、鼠标和键盘100元。同样配置的品牌电脑的价格为5 660元。经过对几家电脑店铺的询价，你感觉还有很大的还价空间。原因是：市场竞争激烈；整机装配，商家明确表示还可以优惠；学生应该是电脑市场的购买主力。

（4）实训过程。根据背景资料拟写谈判方案，制定出你认为合适的谈判目标，并尽可能提出支持你的谈判目标的合理理由。

（5）实训评议。

2）模拟谈判综合训练

这是一个关于盘店的谈判案例。

（1）案例的背景资料。

刘才拥有一家比萨快餐店（兼营外卖）。去年该店的营业额为193 750元，税后利润为36 750元。这家店已经经营了数年，所处地理位置非常好。它的对面是一家生意兴隆的购物广场，离它最近的同行竞争对手麦当劳，位于购物商场的另一端，距离在800米以外。

刘才打算趁生意还红火的时候及早把它盘出去。广告上要价175 000元，包括：存货价值5 000元；厨房设备估价25 000元（原价35 000元）；餐厅设施在3年前是花19 000元购买的；其余部分为对房产所有权和商业信誉等无形资产的估价。

作为买家，王鸣已经在本市的其他地方拥有两处比萨快餐店，为了扩大经营，只要价钱公道、位置适中就打算再购进一家新店。王鸣现有的两处快餐店的利润都相当丰厚。王鸣信心十足，认为自己有成功的经营管理经验、严格的财务管理制度，加上产品适销对路，购进新店后定能再次获得成功。

王鸣曾经尝试过购买其他快餐店，但均因价钱谈不拢而作罢。现在王鸣看上了刘才的店和另外一家快餐店，认为条件不错，符合自己的要求。王鸣面临的问题在于：自己能从银行获得一笔贷款，但还不足以支付刘才的要价，同时，王鸣最多只能先支付一半的现金，其余部分要在今后2年最好是4年内分期付款。

（2）谈判任务和实施方法。

谈判实训演练前，请仔细阅读背景资料。凡是背景资料里没有提到的信息，可以询问对方，或者花点费用作调研。所有参加者每3～5人组成一个小组，每两个小组分别扮演店主刘才和准备盘店者王鸣的角色进行谈判。最后要求务必成交，如果最后未能成交则表示两组都失败。

整个班级中，成交价最高的卖方以及成交价最低的买方并列为冠军，然后可以依次排出并列亚军和并列季军等。

谈判结束后，每组都要求撰写一份报告，分析在模拟谈判中应用了哪些谈判技巧，总结谈判体会及谈判中遇到的问题和困惑。

（3）关于王鸣的谈判提示和建议。

①关于刘才的快餐店，王鸣必须弄清的主要情况有哪些？

②如果王鸣决定价钱超过170 000元就不买，那么在向刘才还价时应考虑哪些因素？

③如果王鸣准备采用分期付款的方式，则可接受的最高价为185 000元，但是只能最多先付一半，其余分4年付清，那么将如何引导刘才向这一方向靠拢？

④王鸣对刘才声称的盈利情况持有保留态度。王鸣将提出何种建议，既使自己不致付出太多成本，又对刘才不失公道，达到双赢的效果？

资料来源　胡介埙. 商务沟通：原理与技巧［M］. 3版. 大连：东北财经大学出版社，2017.

课后练习

1）案例分析

案例分析一

知己知彼的史蒂夫

史蒂夫（以下简称史）是爱姆垂旅店董事会成员。爱姆垂旅店是一家为青年提供心理帮助的福利性旅店。该旅店的地理位置不理想，它的隔壁是一个交通中转站，董事会曾委派一个委员会小组调查将爱姆垂旅店迁到一个安静的、半居住性的社区的可能性，合适的迁移地点是：布鲁克莱恩市、梅德福市和奥尔斯顿市。但从财务上看，迁移是不可行的。

几个月后，一个名叫威尔逊（以下简称威）的先生来找爱姆垂旅店的经理彼得斯夫人，表示他的公司（一家建筑开发承包公司）愿意买下爱姆垂旅店。这个情况太突然了，爱姆垂旅店并未公开宣布过想要搬迁，彼得斯夫人当时回答，她从未想过要卖旅店，但如果价钱合适的话，董事会也许会考虑。威告诉彼得斯夫人，如果有成交的可能性，他以后愿意继续谈这笔生意。

董事会委派史全权代表旅店去办理这项有希望的交易。史找他的一位谈判专家朋友帮忙，商议应该怎样与威取得联系。史先给威打了个非正式的电话，而后接受了威发出的参加一次鸡尾酒会的邀请。朋友建议：在第一次会谈中，先不谈任何财务问题，只是去试探一下威的看法，看看他心里是怎么想的；要坚持付自己的账单，不应给威董事会正在寻找别的地点准备搬迁的暗示。

根据首次会晤的结果以及史对威商业往来所做的一些深入调查，史确定威是一位有信誉的合法商人。史还了解到威的公司想要买爱姆垂旅店是想在这里建造公寓。威希望马上讨论价格问题，而史则需要两个星期来做这些谈判的准备工作，史借口说他需要得到董事会的批准，才能开始实质性的谈判。接下来史做了几件事。

首先，他想要确定爱姆垂旅店能够接受的最低价格，而该价格取决于是否可以找到合适的搬迁地点。史得知，在所有以前确定的地点中，位于布鲁克莱恩市的那个不能再用了，而位于梅德福市和奥尔斯顿市的两个地点还是可以用一个合适的价格得到的。史分别和这两块房产的所有人谈过了，梅德福的那块房产需用 75 000 美元的价格购买，奥尔斯顿的那块房产需用 235 000 美元的价格购买。史分析爱姆垂旅店搬迁到梅德福至少需要 220 000 美元，而搬迁到奥尔斯顿则至少需要 275 000 美元。这些费用包括搬迁费、小修费、保险费和一笔不小的风险补贴费。奥尔斯顿的那个地点比梅得福的那个要好得多，而后者又比现在爱姆垂的这个好。所以史确定自己能够接受的最低价格是 220 000 美元，而且盼望能高一些——足够买下奥尔斯顿那块房产。与此同时，史的夫人玛丽与几位房地产经纪人进行了联系，她想找些其他的地点，但是并没有发现特别合适的。

其次，史通过考察附近房地产的销售价格，以及与房地产经纪人和房地产专家的谈话，了解到爱姆垂旅店可能大约仅值 125 000 美元。

最后，史想弄清威愿意出的最高价格。他请教的房地产专家们指出，售价的高低很大程度上取决于这些开发者的意图，能够允许他们在这块地基上建造多高的建筑物，以及他们是否还要买别的地基。在还有两天就要进行谈判时，史估算威的可接受价格是在 275 000～475 000 美元之间（威愿意出的最高价是 475 000 美元）。

做完了这些准备工作之后，史和他的朋友一起讨论了他应采取的谈判策略。

首先，他们考虑到谈判小组人员安排策略。史决定邀请哈里·琼斯参加谈判，哈里·琼斯是波士顿的律师，以前曾是旅店董事，在会谈中可以给他提些法律细节方面的建议。同时，他邀请彼得斯夫人参加谈判，因为她是最熟悉爱姆垂旅店的人，还可能有助于激发威的同情心。大家一致同意，只由史一个人去谈判价格问题。

其次，史应采取什么样的开局策略？谁应当首先报价呢？如果威坚持让史开价，史的首次报价有可能比威的首次报价低，但是如果他们一开始就漫天要价，比如说 900 000 美元——远远高于可能成交的价格，那么就会破坏谈判的气氛。史决定试着让威首先报价，如果不成功，或一开始就被迫首先报价，史决定一开始就报出 400 000 美元的价格，并在一段时间内坚持不变，但只有 40% 的把握让对方接受。朋友告诉他，一旦两个报价都拿到桌面上来，那么自然可以预料到，最终的合同价格就在这两个报价之间。假如威的报价是 200 000 美元，史的还价是 400 000 美元，则最终的价格一般为 300 000 美元，史认为能卖到 350 000 美元就很不错，而且他当然记得自己的"底线"只有 220 000 美元。他们也商量过，开谈后如果威的报价低于 220 000 美元，史是否应该离开谈判桌，暂停谈判呢？朋友提醒史对这个问题没有绝对的标准，他将面临一种典型的不确定情况下的决策问题，而且，在试探了威的态度之后，再对威的最高价格做估计，会有效得多。

当第一轮谈判极不顺利地结束后，史甚至不敢断定会有第二轮谈判。彼得斯夫人干得漂亮，但是不起任何作用。看来威不会把他的报价提到旅店的最低价格以上了。第二轮谈判一开始，双方说了几句幽默的笑话和几句客套话，威就说："请告诉我，你们能够接受的最低条件是什么，好让我看看能否再做点什么。"史早已料到这样的开场白，没有直接回答，他说道："为什么不告诉我们你愿意出的最高价格，好让我来看看是否能再减点呢？"威被这个答案逗乐了，他最后报出了他的开盘价格 125 000 美元，而且讲了在旅店所在地区许多房地产买卖的实例来支持他的证据。史立即回答说，爱姆垂旅店完全可以卖得比这个价格高，再说他们一点也不想搬迁，只有当他们能够搬到更安静的地方去时，他们才可能考虑搬迁，但是在环境安静的地方，房地产价格是很高的。史最后提出，只有售价 600 000 美元，才可能抵消次麻烦的搬迁。史之所以选择这个价格，是因为他心里盘算着 150 000 美元和 600 000 美元的中间值高于所盼望的 350 000 美元。威反驳道，这个价格根本不可能被接受。双方各让了一小步，最后决定休会，双方都暗示，他们将做一些调查。

史找他的朋友商量，应怎样重新评价和谈判威的可接受价格区间。史的明确印象是，600 000 美元实际上比威的可接受价格高得多。一星期后，史告诉威，旅店董事会愿意把价降到 500 000 美元。两天以后，史接到了威的电话，说自己的良心受到了谴责，他做了一个梦，梦到了彼得斯夫人和她给这个世界带来的福利，自己被感动了，尽管不是出于商业上的考虑，他还是应该将自己的价格提到 250 000 美元。史忘乎所以了，脱口而出"现在这个价格比较接近了！"但是马上恢复了镇定，说他相信自己能说服董事会把价格降到 475 000 美元。他们商定两天以后再次会见，并希望那是最后一轮谈判。

刚与威通完电话，史就告诉他的朋友，他没留神，让威知道了 250 000 美元的报价足够了，但是史觉得，他的 475 000 美元也比较接近威的可接受价格，并且认为这似乎就是威提出再进行最后一轮会谈的唯一原因。他们进一步商定了以后应采取的策略，并且修改了一些报价区间。

在以后的两天中，双方各作了一些让步。威逐渐地将报价提高到 290 000 美元，最后停在确定的报价 300 000 美元上。史则从 475 000 美元降到 425 000 美元，又降到了 400 000 美元，然后当威"强硬地"停在 300 000 美元时，史又"费力地"降到了 350 000 美元。史最后停止了谈判并告诉威，自己必须与董事会的主要成员取得联系，看看是否可以突破 350 000 美元这个界限。

现在 300 000 美元不仅突破了史的最低价格 220 000 美元，而且使爱姆垂旅店有可能买下奥尔斯顿的房地产。朋友问史他是否认为威将会把价格提升到 300 000 美元以上。史回答道，他认为可能需要采用一些顾全面子的花招，这样威是可能提高报价的。随后，史做了两件事。首先，为了准备购买奥尔斯顿的那块房地产，他请哈里·琼斯签订一份合法的合同做全面而细致的准备。琼斯第二天就汇报说，除了需要超出原预算再花费 20 000 美元对房子做一些必要的修理，以达到奥尔斯顿的防火标准外，一切都与原计划一样，300 000 美元仍然能满足这个需要。接着，史和彼得斯夫人商量，旅店可以用余下的 25 000 美元或 50 000 美元干点什么。彼得斯夫人说任何一笔额外的钱都应拿出一半放入"财务援助基金"之中，这个基金用于帮助那些不能完全负担起爱姆垂旅店的住宿费的旅客。

第二天，史给威打了一个电话，向他解释说，旅店对是否接受 300 000 美元的报价有不同的意见（这当然是实情）。"您的公司能不能再出点儿？如果咱们的买卖做成了，您的公司能否为爱姆垂旅店新买的房子做相当于 30 000 美元或 40 000 美元的维修工作？要是这样的话，我可以接受 300 000 美元的报价"。威回答说，他非常高兴董事会能明智地接受他的 300 000 美元的慷慨报价，接着威又解释道，维修的事与自己的政策相悖，所以这个建议根本行不通。

"那么好吧，"史回答道，"如果您的公司能为爱姆垂旅店提供一笔免税的赞助，比如说 40 000 美元的捐赠，这笔钱将放入旅店的'财务援助基金'中，专供帮助急需的旅客之用，这也确实是一种帮助。""噢，这倒是个不错的主意！40 000 美元是太多了，但我可以问问我们的律师，能否捐赠 20 000 美元。""25 000 美元怎么样？""好吧，就 25 000 美元。"

结果，威的公司直接付给爱姆垂旅店 325 000 美元。这样史既顾全了威的面子，又巧妙地突破了威的最终报价。

资料来源　周延波. 商务谈判［M］. 北京：科学出版社，2006.

思考与讨论：

（1）如何看待该案例的谈判过程？

（2）本次谈判对你有何启示？

案例分析二

可口可乐落户温州的幕后故事

"铃、铃、铃……" 2003 年 10 月的一个上午，温州经济技术开发区招商局办公室的电话响起。"喂……"正在工作的陈女士像往常一样客气地接起了电话，那时，陈女士并没想到自己接的这个电话后来竟然成为促成温州首次引进世界 500 强工业企业的线索来源。

电话是可口可乐驻温州办事处的一位工作人员打来的。他在电话里称，可口可乐公司有意在经济技术开发区投资建立生产基地，想先了解一下开发区的总体环境和投资政策。

"可口可乐！想在温州建立生产基地！"这个电话让陈女士一阵兴奋。温州经济技术开发区是浙江南部唯一的国家级开发区，虽然开发区已初步形成了以服装、皮鞋、眼镜、制笔为主导的温州传统产业和以机电一体化、生物医药等高新技术产业配套的格局，而且招商成绩在国家级开发区中名列前茅，但一直以来经济技术开发区招商局都在有意识地搜罗世界500强企业中的制造业大客商资料，希望能吸引一些国际制造业大户在经济技术开发区落户，促成一段高质量的"跨国姻缘"。然而，要让国际知名企业在温州落户谈何容易！现在，国际上大名鼎鼎的可口可乐居然自动找上门来啦！不过，陈女士兴奋之余又产生了一丝疑问：这个消息到底可不可靠？所有搞招商工作的人员每天都可能接到许多这样的电话，这些电话有的故意夸大其辞，希望能得到最优惠的政策待遇；有的纯粹是子虚乌有，属于行骗性质；有的则只是打探性的咨询，并非诚心实意。所以对于人员十分有限的开发区招商局来说，每一条信息他们都要去伪存真，尽量不要卷入一些没有意义的线索跟踪，避免浪费有限的精力、人力和物力。

为了证实"可口可乐要在温州建立生产基地"线索的可靠性，招商局的工作人员马上行动起来：上网搜索到了可口可乐的背景资料和其在中国的投资概况。另外，他们还通过各种途径了解到可口可乐在温州确有这么一个办事处。各种资料和线索迅速集中到开发区招商局的有关领导手里。他们对掌握的信息线索做了初步判断：这极有可能是一个潜在的大客商，并下了"命令"：千万不能把它漏掉！

事不宜迟，当天下午招商局有关人员立即带着相关资料送"货"上门。不过，那天可口可乐温州办事处的人不在，于是招商局局长决定第二天再次亲自登门拜访。

苛刻的国际标准化操作

第二天，局长一行总算没有白来，终于碰到了可口可乐温州办事处的负责人，并向他介绍了温州经济技术开发区的有关情况。

一个月以后，可口可乐技术部的人员来了，目的是了解开发区的投资环境。对招商局来说，这是他们碰到过的前所未有的一次来访，来访的技术部人士先是对招商局工作人员提出了一个要求——你们所说的每句话都必须提供相应的书面材料！不仅如此，这些技术部人员所问之处事无巨细，有的还让人瞠目结舌。"你们说温州经济技术开发区在全国国家级技术开发区中综合排名第16位，有证书吗？""滨海园区属于经济技术开发区吗？要有文件证明！"有个问题甚至提到："经济技术开发区管委会是否享有对滨海园区的管辖权？"招商局的有关人员告诉记者，这10年来招商局从没有遇到过这么苛刻的客商，竟然对管委会的管辖权都提出了质疑，真是匪夷所思！

不过对于可口可乐公司提出的每个问题，招商局人员都尽量在当场就给出答案，一下子没办法解决的则在事后通过传真、电子邮件等方式处理。就在大家刚刚松了一口气的时候，可口可乐派来的工程部人员又来了，之后，又派来了财务部的人员、法务处的人员、律师、财务总监……让招商局应接不暇的专业人士要从投资环境、配套设施、政策法规、成本测算等各个方面对滨海园区进行综合评估，而且每位来访者都是这么"苛刻"和面面俱到。虽然烦琐，但是负责招商的人员一点都不敢马虎，每个问题都回答得十分仔细，同时提供详细的书面材料。

谈判过程像谈了一场恋爱

不过，这些苛刻的交涉只不过是前奏而已。对于这场长达一年多的招商谈判而言，真正的较量还在后头。

当时美国可口可乐公司直接在中国国内投资的生产基地仅上海一家。美国可口可乐公司在中国其他区域的市场由与其签约、被授权享有其商标使用权的太古、嘉里和中粮三大公司"三分天下",协议规定三家公司的生产原料都向上海可口可乐购进,其中太古可口可乐饮料有限公司在中国设有11个生产基地。杭州中萃食品有限公司是由太古控股,在浙江地区负责可口可乐各项业务的一家企业,最后出面与温州经济技术开发区谈判的便是可口可乐在浙江投资方的总经理。

从2004年5月这位可口可乐的谈判代表来温州到最后在中国香港达成协议,他与开发区管委会及招商局之间的谈判大大小小足有20余场。谈判大多围绕地价、税收、过路费等敏感问题展开。因为问题敏感,所以每次谈判都十分激烈,谈到接近双方底线的时候就变成了将声音提高八度、语速加快一倍的大声"争吵"。有关人员回忆说,整个谈判过程双方就像恋爱中的男女一样,吵吵闹闹,分分合合。有时谈到"痛"处,管委会和招商局方就大喊:"这么苛刻的条件,我们不干了!"有时可口可乐方也会因为管委会不降低门槛而"翻脸",但一旦有一方强硬起来,另一方就会"软"下来,好言相劝,降低价码,以维系双方之间的关系。"整个过程既像谈了一场恋爱,又像孕育了一个孩子,既痛苦又快乐!"有人这么告诉记者。

就像恋爱中的人,不是走向婚姻,就是走向分手,温州经济技术开发区招商局与可口可乐投资方的谈判也是如此,不过最后它们在彼此的妥协和谅解中走向了"联姻"的殿堂。

资料来源　佚名. 谈判过程像恋爱一样——可口可乐落户温州的幕后故事〔EB/OL〕.〔2012-09-10〕. http://www.docin.com/p-478085135.html.

思考与讨论:

(1)双方在谈判过程中的地位如何?

(2)出现僵局后,双方是怎样处理的?

案例分析三

一场斗智斗勇的较量

谈判背景

甲方:中国甲厂

乙方:美国乙公司

中国甲厂因为扩大生产的需要,决定向美国乙公司购进6台卷簧机、4台测试仪、2台双面磨床,想借此提高自身的产品质量,打入美国市场。因为该笔订单金额较大,美方也非常想做成这笔生意。

第一轮谈判

某年11月中旬,中国甲厂的徐厂长到美国乙公司进行考察,双方经过讨价还价,最后谈定甲厂以520万美元的价格购买6台卷簧机、4台测试仪、2台双面磨床设备,并相约年底由乙公司派代表到中国甲厂签订正式的合同。

第二轮谈判

甲厂的徐厂长回国后,经过更为详细的调研和专家论证,认为花520万美元引进这

12台设备价格有点偏高，但由于双方已经敲定意向性价格，估计难以变动，甲厂徐厂长决定在第二轮谈判中要从增加设备方面入手，以弥补可能遭受的利益损失。

12月17日，美方乙公司的总经理史密斯先生和助手麦克尔如约来到甲厂，与徐厂长开始了紧张的第二轮谈判。徐厂长鉴于上次的教训，这次做了充足的准备工作，除了对国际市场行情做了更为充分的调研之外，还对乙公司和史密斯总经理的情况和谈判特点做了相应的了解。

谈判刚开始，经验丰富、老练精明的史密斯总经理立刻表示："谢谢主人对我们的欢迎，我们这次来到贵厂，完全是带着诚意而来，我们信守以前谈定的意向，希望马上签订合同，我们已买好明早起飞的机票，希望此事能够尽快办好，好让我们赶回去过圣诞节。这是我们根据上次谈定的意向拟订的合同文本，请徐厂长过目，如无异议，请签字。"史密斯总经理一开始就吹响了决战的号角，气势逼人，他的目的就是速战速决，尽快签订合同，以保住前面的既得利益。

徐厂长对此状况早有准备，他接过合同文本，并不急于翻看，而是把它放在一边，不慌不忙地说："史密斯总经理，离圣诞节还有一个多星期呢，这么急着回去干嘛？作为主人，我们还没尽地主之谊呢！我们很乐意陪同客人到处看看，了解了解我们的国家。至于合同，我看还是谈得更细一点好，现在匆忙签字，将来出现纠纷反而不好。在正式签订合同之前，有关设备项目应该再商议一下，你看如何？"史密斯先生碰了个软钉子，他意识到马上签字似乎是不太可能的了。

徐厂长这时才慢慢翻阅着合同文本，笑容满面地说："史密斯总经理，在贵方的合同文本中，对于我厂向贵公司购买的设备项目，怎么连工艺装备都没写清楚，那到底是否包括工艺装备呢？"

"当然不包括。"史密斯总经理连连否认。

"是吗？史密斯总经理，我们购买设备是使用的，不是放着看的。一般人买台电视机，都包括天线、插头、导线等装备，你们这么做好像不大符合商业习惯吧！"

史密斯总经理一想，自觉有点理亏，说："好吧，那就写上。"他想，不能因小失大，反正这些没有多少钱，只要徐厂长签字，这点最后的甜头还是要给对方的。

谁料到，对徐厂长来说，他的策略才刚刚开始。徐厂长接着又说："我方购买4台测试仪，怎么没有配套的专业电子计算机呢？"

史密斯总经理一听急了，1台配套的专业电子计算机价值上万美元，如果答应的话，利益就要受损很多。他赶紧连连摆手："不，不，徐厂长，如果这样，我们无法接受。"于是推磨似的谈判开始了，直到中午时，史密斯总经理终于让步了，他希望下午能够签字。

午饭后，徐厂长亮出了底牌，抛出了一系列新的条件。他说："希望史密斯总经理能够谅解，照这样的合同条件，我还是无法签字。"他顿了顿又说："我们购买的这套设备，现在只能生产一般的弹簧，我们希望它也能够生产专用的弹簧，这需要贵方免费提供相关的技术资料。除此之外，我们还希望引进设备投产后，在5年内每年能够返销60万美元的产品到贵国的市场；我们还希望贵公司在完成设备安装后，提供返销所需的弹簧钢丝。此外,贵方应该再增加2台双面磨床。"

史密斯总经理听后,脸涨得通红,连说:"不!这不可能!徐厂长,这种条件,我们根本无法签订合同了。"他的助手麦克尔也随声附和说:"十分遗憾,没想到我们的诚意未被贵方理解。"两人便欲起身告辞。

徐厂长及时展开心理战:"坦率地说,你们也知道,我们和另外一家厂商也有过接触,他们近期已许诺按极优惠的价格提供这些设备,但我们中国人是看重老朋友的,希望与你们做成这笔生意。当然,如果贵方实在觉得不行,也不必勉强,我相信,我们还会有别的合作机会的。"说着,徐厂长也站起身来。

史密斯总经理有点紧张,焦急地说:"好吧,那我们再谈谈看。"谈判一直拖延到下午6点,双方仍未达成协议,关键是那两台总价值32万美元的双面磨床,史密斯总经理无论如何也不愿作出让步。

晚饭过后,晚上8点,双方在客人下榻的饭店继续谈判,你来我往地争论。一直到次日凌晨3点,谈判仍然处在僵局之中。徐厂长起身告辞,说:"今天就谈到这儿吧。明天大家还有工作,我们的客人也该休息了。如果实在谈不成,明早送你们上飞机。"留下助手便走了。

次日早晨,史密斯总经理终于憋不住了,让麦克尔来敲徐厂长助手的房门,说:"我们希望上午再谈一次。""不是今早的飞机吗?你们有时间吗?""不,是晚上7点。"徐厂长听到这个消息,十分兴奋,这说明史密斯先生不愿意放弃这笔生意,谈判应坚持住自己的立场,寸步不让。在上午的谈判中,史密斯总经理只答应增加1台双面磨床,但徐厂长仍坚持自己的立场,谈判仍然没有结果。午饭时,史密斯先生和麦克尔只是闷头喝酒,行李已搬到了汽车上。徐厂长与客人握手告别,送他们上汽车。这时,他的助手心里十分紧张,悄悄拉了一下徐厂长的胳膊,因为他知道,如果不签这个合同,项目申请下来的拨款就不算数了。徐厂长表面仍然泰然自若,对客人微笑着说:"再见!"就在汽车引擎发动的那一瞬间,史密斯先生突然说:"徐厂长,您如果能够上车送我们去机场,也许我们还可以再谈谈。"

徐厂长不动声色地说:"如果您真想谈,就请下车,去机场的时间还来得及。"史密斯经理无可奈何地下了车,不到2个小时,双方就在合同上按照徐厂长的要求签了字。就这样,徐厂长得到了原来意向中并没有得到和提及的利益。

资料来源　郭秀君. 商务谈判 [M]. 北京:北京大学出版社,2011.

思考与讨论:

(1)中方徐厂长是如何在此次商务谈判中捕捉对方心理的?

(2)谈判人员的心理素质是如何在该谈判中表现出来的?谈判人员应该从该谈判中吸取哪些经验?

(3)根据谈判所提供的资料,如果你是谈判人员,你将从哪些方面进行改进?

案例分析四

供销中的讨价还价

海先生代表一家小的制造商,正在和罗先生(一家供应商的合同科科长)洽谈有关原料的购销问题。谈判在供应商处进行。

经过了长时间的谈判之后，双方的立场已经相当接近。海先生已经对所购房、料出价45万元，罗先生说这个价看起来还合适，但表示还得和他的老板商量一下，说完他就走出了会议室。大约10分钟后他就回来了，于是就发生了下面这一段对话：

罗："我已经请示了马先生（罗的老板），他告诉我，任何低于55万元的价格都是不能接受的。但是，我告诉他贵方绝不肯再让步了，于是他又说，看在贵方是我们的老客户的份上，他愿意接受一半损失，把价钱定为50万元就成交。"

海："这不行，我们去年花42万元买了同等质量的货。45万元已经是我方的最高价，这一点我在1小时前已经告诉您了。"

罗："这我知道，海先生，可是……（海、罗两位又争论了大约45分钟，可海先生仍一点都不肯提价）"

罗："好吧，我再去跟老板商量。"他又出去了，回来后他说："马先生发火了，不过我还是让他同意48万元这个价。趁他还没改变主意，咱们就拍板吧？"

海（显得很生气）说："我看不出再谈下去还有什么用。我已经订了机票，2小时后就得登机回去。如果你们老板不想做这笔生意，那就请他来直接跟我说好了。请他现在就来，否则我就要走了。"

罗："请稍候，我马上就回来！"（5分钟后他陪着马先生进入）。

马（过来同海握手，坐下后）："海先生，问题到底出在哪儿？"

海："问题不在我们，我已经出了我们的最高价格，这已经比我们上次买同样的货时多给了3万元。如果您还不接受，那再讨论下去也就没什么用了。"

马："从去年开始我们的成本就提高了不少，海先生，现在让我来跟您算几笔账。"于是马逐项地说了几个海、罗二人已经讨论过的数字。

海（听了几分钟，确信他说不出什么新的东西后）说："请停下，马先生，这些我和罗先生都已经讨论过了，您到底接不接受45万元这个价？"他一边说一边往皮包里装文件。

马："我真不知道接受这个价后，我们还怎么活！但是，我可绝不想让您把我看成个老顽固，让我再跟本部的副总裁商量商量，看他有什么话说。"

海："这要花多长时间？离我登机可只剩下1个小时了！"

马："我10分钟后准回来！你们两位干嘛不趁这工夫喝杯咖啡呢？"15分钟后他回来了，坐下后他说："海先生，我给您带来了好消息，副总裁先生说了，如果我能为这笔生意的任何损失都承担责任，他让我用46万元的价格跟您成交。这可离您给的价没多远了。说句实话，我们这可是跟您赔本做生意哟！"他向海先生伸过手来说，"怎么样，拍板？"

海："那就46万元吧。等星期一我回到公司，由我准备有关文件。"当然只有海先生知道其最高价为47.5万元。

资料来源 佚名. 商务谈判试卷［EB／OL］.［2013-01-08］. http://www.doc88.com/p-0079217796933.html.

思考与讨论：

（1）双方在谈判中使用了哪些讨价还价的策略？并说明表现策略的具体言行。

（2）海先生是如何对付罗先生的"与老板商量"的招数的？

（3）在马先生出现后，海先生除了47.5万元的底线的原因外，还有什么理由拒绝48万元成交？

（4）如果马先生拒绝从48万元再让到46万元。而海先生有哪些选择？

2）思考与训练

（1）国际商务谈判磋商阶段的主要工作内容有哪些？

（2）谈判僵局出现的原因是什么？当僵局出现时应如何应对？

（3）分析开局在谈判过程中的地位和作用。

（4）简述国际商务谈判各阶段可以采取的策略。

（5）学院某社团要利用周末时间组织一次与兄弟院校的篮球比赛，但比赛经费需要自筹。经过研究，社团决定通过拉取企业赞助的方式解决，对方是本市一家食品生产企业。假如你是该社团的负责人，你如何组织、开展这次谈判？

（6）请在各种会面场合实践营造良好气氛的基本方法，并体会行为的恰当程度。

任务5

国际商务谈判的语言特征及技巧

每一个要求满足的愿望、每一项寻求满足的需要，至少都是诱发人们展开谈判过程的潜因。只要人们是为了改变相互关系而变换观点，只要人们是为了取得一致而磋商协议，他们就是在进行谈判。

——杰伦德·尼尔伦伯格

课程思政要求

（1）进行社会主义核心价值观教育。

（2）进行爱国主义教育。

（3）开展诚信教育、法律意识教育和道德意识教育。

（4）塑造职业形象，提高职业素养。

（5）促进学生全面发展。

导学案例　　　　　　　柯泰伦的胜利

柯泰伦曾是苏联派驻挪威的全权代表。她精明强干，可谓女中豪杰。她的才华多次在外交和商务谈判中得以展示。有一次，她就进口挪威鲱鱼的有关事项与挪威商人谈判。挪威商人精于谈判技巧，狮子大开口，要了个大价钱，想迫使买方把出价抬高后再与卖方讨价还价。而柯泰伦"久经沙场"，一下子识破了对方的用意。她坚持出价要低、让步要慢的原则。买卖双方坚持自己的出价，谈判气氛十分紧张。双方都拿出了极大的耐心，不肯调整己方的出价，都希望削弱对方的信心，迫使对方作出让步。谈判进入了僵持的状态。

柯泰伦为了打破僵局，决定改变谈判策略，迂回逼进。她对挪威商人说："好吧，我只好同意你们的价格啦，但如果我方政府不批准的话，我愿意以自己的工资支付差额，当然还要分期支付，可能要支付一辈子的。"柯泰伦这一番话表面上是接受了对方的价格，但实际上却是以退为进，巧妙地拒绝对方的要求。挪威商人对这样的谈判对手无可奈何。他们怎么能让贸易代表以自己的工资支付合同货款呢？他们只好把鲱鱼的价格降了下来。

资料来源　佚名.模拟商务谈判［EB/OL］.［2017-06-04］. http://blog.sina.com.cn/s/blog_48d88bab01000an6.html.

任务目标

（1）明确国际商务谈判的语言特征；
（2）掌握国际商务谈判的语言技巧；
（3）谈判过程中能够做到积极地倾听。

5.1 国际商务谈判的语言特征

谈判，离不开一个"谈"字，不管是和风细雨地劝说，还是理直气壮地唇枪舌剑，时时刻刻都离不开语言。谈判中最重要的工具就是语言，谈判双方必须利用语言来传播信息、交流情感，表达自己的意向。没有语言，谈判根本无法进行。谈判是智慧的较量，而语言又是谈判者思想与智慧的表达方式。谈判语言关系到谈判的成败，其原因就在于谈判语言不同于一般生活中的语言，它需要在紧张、激烈的对抗中，始终把握己方的目标，同时运用各种语言技巧来突破对方的防线。谈判语言的主要特征有如下方面：

1）鲜明的功利性

谈判语言是一种目的非常明确的语言，不管是谈判中的陈述、说服，还是提问、回答，都是为了自己的利益需要而进行的。不带有任何功利目的，也无求于对方的谈判是不存在的。20世纪70年代初，中美建交谈判时，美国前国务卿基辛格在与邓小平对话时曾说过"我们都无求于对方"的话。第二天，毛泽东主席接见基辛格时，就其前一天的谈话进行了反驳。毛泽东说："如果双方都无所求于对方，你到北京来干什么？如果双方都无所求的话，那么为什么我们要接待你和你们的总统？"毛泽东一针见血地指出，谈判是一种双向的需要，谈判带有明确的目的性。谈判的目的性决定了谈判语言必然具有鲜明的功利性。

谈判小故事 5-1   **志在必得**

在某年秋季广交会上，我国的外贸人员在一间雅致的接待室里与外商谈判。中方人员说："由于国际、国内铅价猛涨，这次出口的蓄电池，我们准备适当提高价格。"听到新的价格，外商连连摇头。再谈下去，对方却说："还是以前的报价就谈，否则谈判就结束。"眼看谈判陷入僵局，外贸人员找到北京电池厂负责人，要求他们压一压出厂价。电池厂王副厂长等人一算账，认为压价就肯定赔钱，所以无法接受这个建议。怎么办？经过充分的准备，王副厂长等人开始与外商直接谈判。在两天半的时间里，厂方详细谈到了国际市场铅价及蓄电池价格上涨的幅度、原料价格上涨对产品成本的影响、本厂产品与外国同类产品价格的对比情况、如果双方成交的话各自可获取的利益等情况。厂方摆出的事实和数据清晰明确，具有无可辩驳的说服力，外商不得不叹服："你们对市场行情真是一清二楚。"买卖最后终于谈成了。

2）灵活的随机性

谈判是一个动态过程，瞬息之间，变化万千。尽管一般情况下，谈判双方事先都要做充分的准备，对谈判内容、己方的条件、可能作出让步的幅度、对方的立场、对方可能采取的策略都要进行研究，并对谈判过程进行筹划，但是，谈判过程常常是风云变幻、复杂无常的，任何一方都不可能事先设计好谈判中的每一句话，具体的言语应对仍然需要谈判者临场组织，随机应变。

谈判中，谈判者要密切注意信息的输出和反馈情况，根据不同内容和阶段，针对谈判对象、主客观情况的变化，及时、灵活地调整谈判语言。尤其在双方就关键性问题短兵相接时，一问一答、一叙一辩，都要根据当时谈判场上的变化而变化，这就是灵活的随机性。如果谈判中发生意料之外的变化，却仍然拘泥于既定的对策，思想僵化，方式呆板，语言不能机智应变，则必然在谈判中失去优势，导致被动失利。

3）巧妙的策略性

因为谈判是一种智慧的较量，所以在谈判中，一方为了获得尽可能多的利益，往往采取各种策略，诱使对方按照己方的条件达成协议。因而成功的谈判者常常在谈判双方的利益冲突和利益协调中，从合作的立场出发，以其特有的机警和敏锐，不放过有利于自己的任何一个机会。同时，运用各种计谋、恰到好处的言谈，使谈判朝着有利于己方的方向发展。谈判语言的策略性表现在：一样的话，可以有几种说法；同样的意见，用不同的方式表达，可以产生不同的效果。

谈判小故事 5-2　　　　　　　　　　　　　日本人的谈判策略

有一次，日本一家公司与美国一家公司进行一场许可证贸易谈判。谈判伊始，美方代表便滔滔不绝地向日方介绍情况，而日方代表则一言不发，认真倾听，埋头记录。当美方代表讲完后，征求日方代表的意见时，日方代表却迷惘地表示"听不明白"，要求"回去研究一下"。几星期后，日方出现在第二轮谈判桌前的已是全新的阵容，由于他们声称"不了解情况"，美方代表只好重新说明了一次，日方代表以"还不明白"为由使谈判不得不暂告休会。到了第三轮谈判，日方代表团再次易将换兵并故伎重演，只告诉对方，回去后一旦有结果便会立即通知美方。半年多时间过去了，正当美国代表团因得不到日方任何回音而烦躁不安、认为日方没有诚意时，日本突然派了一个由董事长亲率的代表团飞抵美国，在美国人毫无准备的情况下要求立即谈判，并抛出最后方案，以迅雷不及掩耳之势催逼美国人讨论全部细节，措手不及的美方代表终于不得不同日本人达成了一份明显有利于日方的协议。

资料来源　佚名.国际商务谈判复习题〔EB/OL〕.〔2010-07-03〕. http://book.17173.com/chapter/271087_6359125.html.

4）迅捷的反馈性

在国际商务谈判中，往往会出现许多稍纵即逝的机会。谈判者不仅要反应敏捷，而且要立即作出判断和回答。抓住了机会，也就抓住了成功的可能性。所以谈判中一方面要为己方的谈判条件争取最大的满足；另一方面要迅速捕捉对方谈话中的矛盾之处或者漏洞，不失时机地加以利用。这就是谈判语言迅捷的反馈性。

谈判小故事 5-3   **快速出击**

一次某外商向我国一个外贸单位购买香料油，出价每千克 40 美元，我方要价每千克 48 美元。外商一听我方要价就急了，说："不，不，你怎么能指望我出 45 美元以上来买呢？"我方代表立即抓住这一机会，巧妙地反问道："这么说，你方是愿意以 45 美元成交了？"外商情急之下露了底，只好说可以考虑。结果双方以每千克 45 美元成交，比我方预计的成交价高出 3 美元。

资料来源　佚名.商务谈判策略［EB/OL］．［2011-06-21］．http://www.docin.com/p-223151277.html.

谈判对时间的要求是严格的，这就要求在语言表达上与平常的生活语言大不相同。谈判中双方的陈述、说明、提问、回答等都是智力方面的较量，要求在极短的时间内对对方的发言作出反馈，或同意，或拒绝，或反驳，或提出新的建议。迟迟不予回答，或在谈判桌上说错了又收回来，都会被认为是不礼貌的，或者是不负责任的表现。

5.2　国际商务谈判的语言技巧

正如美国著名律师尼伦伯格在其著作《谈判的策略》一书中举的例子那样："最近，我那两个儿子为分吃一块苹果馅饼而争了起来，两个人都坚持要切一块大的给自己，结果他们始终分不好。于是我建议他们，由一个人先切，另一个先拿自己想要的那块，两个人似乎觉得这样公平，他们接受了，并感到自己得到了公平的待遇。"谈判应该是一种"赢-赢"式谈判，而非"赢-输"式谈判，这是谈判的最高境界。我们在谈判时，一定不要忽视这一基本点。国际商务谈判的语言技巧主要有如下方面：

1）积极倾听，用心理解

先让我们看一个例子：日本松下电器公司的创始人松下幸之助先生曾谈到自己初次交易谈判中的一个教训。他去东京找批发商谈判，意欲推销他的产品，批发商和蔼可亲地说："我们是第一次打交道吧？以前我好像没见过您。"这是明显的探测语，批发商想要知道面前的对手是生意老手还是新手。松下先生恭敬地回答："我是第一次来东京，什么都不懂，请多多关照。"这极平常的寒暄语却使批发商获得了重要信息：对手原来是一个初出茅庐的新手。批发商问："你打算以什么价格出售你的产品？"松下又如实亮底说："产品成本 20 元，我准备卖 25 元。"这款产品质量好，按当时的市场价格，25 元价格适中。但由于松下无意间暴露了自己的弱点，因此批发商说："你首次来东京做生意，刚开张应当卖得更便宜些，20 元卖不卖？"批发商了解对手人生地不熟，又有急于打开销路的愿望，因此趁机杀价。松下先生后来才醒悟到当初的吃亏，正是由于自己缺少经验，没能感受到对方的探测性语言。在许多人看来，谈判中要多发言，这样才能把自己的意图说清楚，使另一方完全明白自己的观点、看法。其实，真正高明的谈判专家并不这样做。他们采用的办法大多是"多听少说"，尽量少发表自己的看法，多听对方的陈述，这种听是主动的，并非只是简单地用耳朵听就行了，还需要用心去理解，探求对方的动机，积极作出各种反应。这不仅是出于礼貌，而且是在调节谈话内容和谈判气氛。

（1）要耐心倾听。谈判中一般的交谈内容并非总是包含许多信息量的。有时，一些相对普通的话题，对你来说可能知道的已经够多了，可对方却谈兴很浓。这时，出于对谈判对方的尊重，应该保持耐心，不能表现出厌烦的神色，也不能有心不在焉的神情。越是耐心倾听他人的意见，谈判成功的可能性就越大。因为聆听是褒奖对方谈话的一种方式，耐心聆听能在无形中提升对方的自尊心，加深彼此的感情，为谈判的成功创造和谐融洽的环境和氛围。

（2）要虚心倾听。谈判的一个主要目的是沟通信息、联络感情，而不是智力测验或演讲比赛，所以在与人谈话时，应该有虚心聆听的态度，不要中途打断对方的谈话，这也是不尊重对方的表现。正确的做法是，在谈判中听者应随时留心对方的"弦外之音"，回味对方谈话的观点、要求，并把对方的要求与自己的愿望做比较，想好自己要阐述的观点、依据的理由，使谈判走向成功。

（3）要注意主动反馈。在对方说话时，听者应不时发出表示赞同的声音，或以面部表情及动作向对方示意，或有意识地重复某句你认为很重要、很有意思的话。若一时没有理解对方的话，不妨提出一些富有启发性和针对性的问题，这样对方会觉得你听得很专心，重视他的话。

谈判小故事5-4　　　　　　　　　　　　　　　　　　　　　　**科恩与领班**

有一年夏天，科恩以一名推销员的身份到一家工厂去谈判产品购销事宜。科恩习惯于早到谈判地点，四处走走，跟人聊聊天。这次他和这家工厂的一位领班聊上了。善于倾听的科恩总有办法让别人讲话，他也真的喜欢听别人讲话，所以即使不爱讲话的人遇到了科恩，也会滔滔不绝谈起来。这位领班也是如此，在侃侃而谈中，他告诉科恩："我们用过很多公司的产品，可是只有你们的产品能通过我们的检验，符合我们的规格和标准。"

后来边走边聊时，领班又说："嗨！科恩先生，你说这次谈判什么时候才能有结果呢？我们厂里的存货快用完了。"

科恩专心致志地倾听领班讲话，满心欢喜地从这位领班的两句话里获取了极有价值的情报。当他与这家工厂的采购经理面对面地谈判时，从工厂领班漫不经心的讲话里获取的情报帮了他的大忙。

资料来源　佚名.商务谈判沟通［EB/OL］.［2014-10-01］. https://www.docin.com/p-925944258. html.

2）善于提问，控制局面

有这样一个例子：有一位教徒问神父："我可以在祈祷时抽烟吗？"他的请求遭到了神父的严厉斥责。而另一位教徒去问神父："我可以在吸烟时祈祷吗？"这个教徒的请求却得到了允许，他悠闲地抽起了烟。这两个教徒发问的目的和内容完全相同，只是语言表达方式不同，但得到的结果却相反。由此可知，善于提问、语言技巧高明才能赢得期望的谈判效果。俗话说："知己知彼，百战不殆。"了解谈判对手，是保证谈判获得成功必不可少的。要深入了解对方，除了仔细倾听对方的发言，注意观察对方的举止、神情、仪态以捕捉对方的思想脉络、追踪对方的动机之外，通过适当的语言手段，巧妙提问，随时控制谈话的方向，并鼓励对方说出自己的真实想法，是获取必要信息更为直接的、有效的方式。

（1）不要羞于提问。很多谈判者坐在谈判桌前时由于各种原因，往往羞于提问。有时没听明白对方的意思，但是由于有众多的谈判人员在场，认为提问题暴露了自己的无知，会让别人瞧不起，有失面子，因此不懂装懂，不提问题；或者有些时候怕自己提问题太多，会引起对方的反感，因而尽量少提问题。这些都是不正确的态度。谈判牵扯到双方的重要利益，而且谈判时双方都在使用各种策略以争取自己的利益，有时是故意说得复杂让对方听不懂，如果此时稀里糊涂地答应了对方的条件，正合对方心意。因此，如果有疑问，就必须向对方提出，这不仅可以使己方了解事实真相，而且在很大程度上控制了局势。我们可以想想在日常生活中，是提问题的人掌握了主动权呢，还是回答问题的人掌握了主动权？当然是提问题的人，因为他控制了对方的思维，回答问题的人更多是被牵着鼻子走。因此，在谈判时适时适度地提问不仅不会让己方陷于被动，还在很大程度上有了主动权。

（2）注意提问的恰当时机，应该等对方发言完毕再问。日常生活中，我们都知道打断别人的谈话是不礼貌的，在谈判中，更是如此。要注意听对方的谈话，不明白的地方可以先记下来，等对方陈述完再问。这样有三个好处：首先，这是尊重他人的体现，不会因中途打断对方而引起不快；其次，听完了对方的谈话可以完整地了解对方的思路和意图，避免断章取义，错误地理解对方的意图；最后，听完对方的陈述再提问，也为自己争取了思考的时间，可以思考怎样提问比较合适，以免出现漏洞。如果对方的话冗长，也可以适时地打断对方。在打断对方前，要注意当时的气氛和对方的情绪。我们知道，在日常生活中如果向某人提要求，一般要选择这个人比较高兴的时候，在谈判中也是如此。如果打断对方提问题，要选择对方说话的间歇，而且要在气氛融洽时，在对方认为形势有利于他们的时候提。这时对方在心理上往往较少设防，回答得比较详细、充分，己方可能会获取充足的信息。如果气氛紧张，对方会很谨慎地回答，己方获得的信息可能有限。

（3）讲究提问方式。提问有不同的方式，在谈判中提问更要注意提问方式的选择。为了保证谈判气氛的融洽，一般来说，应较多地使用选择性提问，如"您认为我们应该先讨论交货方式的问题还是价钱的问题呢"这种提问方式，给对方一个选择的空间，以免引起对方的逆反心理，再配以得体的措辞、柔和的语调，对方就比较容易接受。而且这种问法看起来是让对方选择，实际上己方已经设定了选择的范围"交货方式还是价钱"，表面看起来主动权给了对方，实际是己方在掌握了主动权的基础上给了对方少许的自主权，而就是这"少许的自主权"往往使得对方在心理上比较满足，因此，在谈判中经常会使用选择性问句。在提问时应多使用比较委婉的词语，比如，"您觉得这样处理怎样？""我们是不是还需要讨论一下供货方式的问题？""麻烦您解释一下刚才的建议，我们还不是很清楚"等，再辅以诚恳的态度，一定会取得比较理想的效果。

另外，提问应该避免以下几个问题：一是不要使用盘问、审问式的问句，避免几个问题连着问，因为这样既不可能使对方一一给予详细的回答，还会引起对方的反感，破坏了谈判的气氛。二是提问题的态度要诚恳，避免给对方讽刺、威胁等感觉，这样对方才乐于回答。三是要有疑而问，不要为了表现自己而问。有的人为了表现自己的口才或专业，故意卖弄，结果往往会弄巧成拙。四是对方不愿回答的问题，不要一而再、再而三地追问，可以委婉地换种方式获得信息，不一定非得逼问对方。

谈判小故事5-5　　　　　　　　　　　　　　连连发问

在一场货物买卖谈判中，双方就价格问题难以达成一致时，买方经过精心策划，提出了下列问题："尊敬的先生，当一件成品所需的原材料开始降价，那么随着成本的下降，其价格是否应降低呢？""是的，毫无疑问。""当一件产品的包装改用简易包装了，那么它的价格是否应降低呢？""是的。""那么你方在原材料价格大幅度下降，产品又改用简易包装的情况下，为什么还坚持原来的价格呢？"直到这时卖方才发现落入了陷阱，无言以对，只能应对方的要求降低了产品的价格。

资料来源　佚名.商务谈判口才［EB/OL］.［2011-01-06］.http://www.lantianyu.net/pdf30/ts060019.htm.

3）巧妙回答，避实就虚

在国际商务谈判中，如何回答对方的问题更重要，如果回答得不好，往往会掉进对方设置的"陷阱"中，被对方牵着鼻子走。因此，在很多的政治谈判、军事谈判和商贸谈判中，"回答"比"提问"还重要。同提问一样，回答应为谈判效果服务，该说什么，不该说什么，应该怎么说，都要由是否"有利于谈判效果"来决定。回答时的总原则就是"经过慎重思考，再三斟酌，能不答的就不答，能少答就不要多答，尽量少说"。

实际上，擅长回答的谈判高手，其回答技巧往往在于给对方提供的是一些等于没有答复的答复。潘肖珏在其所著的《公关语言艺术》中列举了如下实例来说明：

例一：在答复您的问题之前，我想先听听贵方的观点。

例二：很抱歉，对您所提及的问题，我并无第一手资料可作答复，但我所了解的粗略的印象是……

例三：我不太清楚您所说的含义是什么，是否请您把这个问题再说一下。

例四：我们的价格是高了点，但是我们的产品在关键部位使用了优质进口零件，延长了产品的使用寿命。

例一的应答技巧，在于用对方再次叙述的时间来争取自己的思考时间；例二一般属于模糊应答法，主要是为了避开实质性问题；例三是针对一些不值得回答的问题，让对方澄清他所提及的问题，或许当对方再说一次的时候，也就找到了答案；例四是用"是……，但是……"的逆转式语句，让对方先觉得是尊重他的意见，然后话锋一转，提出自己的看法，这叫"退一步而进两步"。我们应当熟练地掌握和运用这些回答技巧。在谈判中，回答还要注意以下方面：

（1）尽量避免正面回答。对方提问的目的是想从我们的回答中获取信息，因此要尽量避免正面回答，防止泄露太多的信息。如果对方知道得太多，我们就丧失了主动权。如果对方问："你们的报价是多少？"就不应直接回答是多少，可以回答："跟市场上其他同类产品的价格差不多，但是我们的产品比市场上的同类产品质量要好得多，相信价格方面你们会满意的。"多使用模糊性的词语，回答不要太确切。比如有的谈判人员想知道对方打算在什么时候结束谈判，以便运用限期策略迫使对方作出让步，于是在一开始见到对方时就非常热情地询问："贵方打算什么时候离开呀？最近机票不好买，如果需要的话，我们可以帮忙预订。"这时可千万不能被对方的热情弄晕了头，说出类似"我们打算下周一走，那就麻烦你们帮忙订机票吧"之类的话，这样就掉进了对方的"陷阱"里了，对方可能会在谈判时"故意"地拖延时间，迫使我们最后作出巨大让步，陷于被动。可以回答："我们不着急，难得来一趟，有时间我们还要四处玩玩。"这就委婉地向对方表明"时间不是问题，我们有足够的精力进行谈判。"对方也就不敢使用限期策略了。

谈判小故事5-6　　　　　　　　　　　　刘伯温妙答

明朝的刘伯温，是个堪与诸葛亮相比的智者。有一次，朱元璋问他："明朝的江山可坐多少年？"刘伯温寻思，无论怎么回答都可能招致杀身之祸，不由汗流浃背地伏地回答说："我皇万子万孙，何须问我。"他的回答用"万子万孙"的恭维话作为掩护，实际上却是以"何须问我"的托词做了回答，朱元璋抓不到刘伯温的任何把柄，自然也就无可奈何了。

资料来源　佚名.从刘伯温巧计避祸说起［EB/OL］.［2009-09-15］. http://web2.tcssh.tc.edu.tw/school/guowenke/books/yulizi/tming.htm.

（2）不要一一作答。有时，对方的问题很多，如"我们想知道关于价格、数量、交款方式等问题贵方是怎样考虑的"，对此不要一一给予答复，被对方控制思维，可以就其中己方考虑成熟的问题予以答复，如"我们先讨论一下对我们双方都很重要的问题，就先说说价格吧"。后面的问题，如果对方不追问，就没有必要一一作答了，否则有些像学生回答老师的提问，在心理和气势上都处于弱势，不利于谈判的平等进行。

最好能把问题"踢"给对方，让对方作答。前面已经说过，问者往往控制局势，所以要学会把问题"踢"给对方，把问题"踢"给对方的同时也把压力转移给了对方。如对方问"贵方对价格是怎样考虑的？"可以这样回答："一般说来，价格通常跟货物的数量相关。如果贵方要的数量多，价格就稍微低些；如果贵方要的数量少，价格就相对高些，贵方打算要多少呢？"这样把问题再踢给对方，先让对方思考如何应答"要多少"的问题。己方可以根据对方的回答灵活应答价格问题，可以变被动为主动。

谈判小故事5-7　　　　　　　　　　　　　　　幽默语言

在中国加入世界贸易组织进行"关于旅游服务业谈判"的过程中，中方谈判代表要求欧共体承认中国厨师资格证书，允许中国厨师作为专家进入欧共体各成员国市场提供服务。中国驻日内瓦代表团杨维宏参赞用生动的语言向欧共体代表介绍了中国厨师的精湛技艺和等级资质。有着法兰西、意大利烹调传统的欧洲人自然能够认可中国烹调技艺的非同寻常。欧共体主谈判代表丹尼尔女士也不例外，她兴致盎然地点头同意在有商业存在的条件下，中国厨师可以作为专家进入欧共体市场。但是，丹尼尔女士毕竟是一位口才干练、头脑机敏、富有协调能力的贸易谈判专家，因此，她似乎又意识到让步之后应该索要一点什么，于是问道："我们能够得到什么回报呢（What can we get in return）？"中方代表立刻回答："你们可以在国内享用中国菜呀（You can enjoy the Chinese food in your country）！"全场都笑了。

资料来源　杨群祥.商务谈判［M］.5版.大连：东北财经大学出版社，2017.

（3）遇到难以回答的问题，使用缓兵之计。在谈判中，如果遇到难以回答的问题，不要急于回答，可以含糊其辞，拖延回答。

谈判小故事5-8　　　　　　　　　　　　　　　拖延回答

美国的一位著名的谈判专家有一次替他的邻居与保险公司交涉赔偿事宜。理赔员先发表了意见："先生，我知道你是谈判专家，一向都是针对巨额款项谈判，恐怕我无法承受你的要价，我们公司若是只出100美元的赔偿金，你觉得如何？"

专家表情严肃地沉默着。根据以往的经验，不论对方提出的条件如何，都应表示出不满意，因为当对方提出第一个条件后，总是暗示着可以提出第二个甚至第三个。

理赔员果然沉不住气了："抱歉，请勿介意我刚才的提议，我再加一点，200美元如何？"

"加一点，抱歉，无法接受。"

理赔员继续说："好吧，那么300美元如何？"

专家等了一会儿道："300？嗯……我不知道。"

理赔员显得有点惊慌，他说："好吧，400美元。"

"400？嗯……我不知道。"

"就赔500美元吧！"

"500？嗯……我不知道。"

"这样吧，600美元。"

专家无疑又用了"嗯……我不知道",最后这件理赔案终于以950美元达成协议,而邻居原本只希望要300美元!

这位专家事后认为,"嗯……我不知道"这样的回答真是效力无穷。

资料来源　佚名.影响商务谈判的主要因素［EB/OL］.［2011-01-07］.http://www.sheqjy.bjshy.gov.cn/SWTP/content/tpfx.htm.

4)婉言拒绝,不伤情面

谈判过程中,不仅要经常说服对方,还要避免被对方说服,即拒绝对方的某些要求。拒绝对方也意味着己方在某个问题上的承诺,因此,拒绝是谈判中一项难度较大的技巧,谈判者需要认真掌握,才能做到得心应手。

(1)委婉语言拒绝。谈判中在拒绝对方时尤其应该使用委婉的语言,如果觉得对方的要求太过分,己方难以承受,我们可以试想,下面的两种方式:一是不等对方把话说完,就怒火中烧,拍案而起,不惜用尖刻的语言回击对方,情绪失控;二是神情平静地听对方把话说完,然后微笑地看着对方,说:"我们完全理解您的要求,也希望双方尽量达成一致意见,但是我方的确承受不了这种让步,还希望你们能够理解。"哪一种方式更有利于问题的解决呢?当然是第二种。委婉、真诚中透露着坚定的语气,不容对方置疑,效果远远高于前者。

委婉地拒绝对方还要注意一些词语和句式的选择,如"这件事情恐怕目前我们还难以做到"要比"这件事,我们做不到"更容易让对方接受,"这个建议也还可以,但我们能否想一个更好的解决办法呢"要比"这个建议不好"更有利于谈判的进行。这些说法都是侧面否定对方的建议,不易激起对方的反感心理,也使己方的观点顺理成章。当然,委婉地拒绝对方并不等于不拒绝对方,虽然说法委婉,但一定要让对方清楚是拒绝了他,以免引起误会。例如,某公司谈判代表故作轻松地说:"如果贵方坚持这个进价,请为我们准备过冬的衣服和食物,贵方总不忍心让员工饿着肚子瑟瑟发抖地为你们干活吧!"这样拒绝不仅转移了对方的视线,还阐述了拒绝的理由,即合理性。

在谈判中,有时会遇到不好正面拒绝对方,或者对方坚决不肯让步的要求或条件,你并不直接加以拒绝,相反全盘接受,然后根据对方的要求或条件推出一些荒谬的、不现实的结论来,或机警地以诙谐幽默、插科打诨的话题作为掩护,避开实质性问题。这种拒绝法,往往能产生幽默的效果。

谈判小故事5-9　　　　　　　　　　　　　　　　**拒绝的理由**

买家购买了洗涤灵之后,发现商家的商品有分量不足的现象,便以此为依据向厂家讨价还价。由于这款洗涤灵早在最初商定价格时就将价位降到了底线,所以面对这样的情况,卖家派出了业务代表与买家进行谈判。

"仅在对这部分产品的抽查中就发现了分量不足的问题,真不敢想象其他的产品还会存在什么样的问题,所以我们要求降低价格。"买家不依不饶。

业务代表笑着说:"我曾看过这样一则报道,报道上说美国一家专门为空降部队伞兵生产降落伞的军工厂都存在着万分之一的产品失误率，也就是说，每一万个降落伞兵中就有一个可能因为降落伞质量不合格而失去生命。军方不能容忍这样的情况发生，于是便让生产厂家的人亲自跳伞。从那以后，降落伞的质量再也没有出现过问题。所以，我有个提议，你们不妨将那瓶分量不足的洗涤灵送给我使用，这样以后你们购买的产品肯定会一个问题都没有了。而且，这可是我们单位建厂18年以来，第一次有免费使用洗涤灵的机会哦！"

资料来源　沈冰.商务谈中的"太极推手"：拒绝、否定也是招［J］.销售与市场，1996（5）.

（2）模糊语言拒绝。巧妙地使用模糊语言也可以避免矛盾激化，变被动为主动。模糊的回答可以避开一些敏感话题，避免泄密，还可以为自己以后的行为留有余地。

谈判小故事5-10　　　　　　　　　　　　　　**新闻发言人的幽默**

1995年8月22日，是邓小平91岁生日，适逢外交部例行的记者招待会。"今天是邓小平先生91岁的寿辰，我想问一下关于他的健康状况的说法是不是还是那样没有变化？"一位德国记者问。这位日耳曼人的确有点狡猾。他不问身体健康与否，而问是否有所变化。众所周知，万物都处于变化之中，自然不能回答没有变化，但若说有变化，变好还是变坏？这个问题的确不好回答。

"变化当然是有的啦！"新闻发言人陈健拖长了声音回答。众记者一听，都竖起了耳朵，以为陈健要发布什么重大新闻，不料此招乃是故弄玄虚，见已经吊起了众记者的胃口，他才不慌不忙地抖开了包袱："他又年长了一岁。"原来如此，被虚晃一枪的记者也忍不住笑了。

"当然，他的身体状况是好的。"陈健收敛了笑容，一本正经地又补充道。

陈健的回答显然是有意脱离了那位记者的意图，超出了所需要的信息范围，答非所问，有意把谈话内容转向其他方向，引出戏剧性的效果。

资料来源　刘媛，董良峰.论商务谈判中幽默语言的语用特征［J］.徐州教育学院学报，2008（3）.

5）说服对手，讲究技巧

商务谈判中很重要的工作就是说服，常常贯穿于谈判的始终。双方都会运用各种方法争取说服对方，满足己方的利益要求。这就是说，谈判过程中，谁能够通过说服使对方接受自己的观点，谁就能够获取谈判的最终成功；反之，不会说服，就不会克服谈判中的障碍，也就不能取得谈判的最终成功。所以，在谈判中谈判者说服对方，对取得满意的谈判结果、促成谈判和局、达到合作共赢至关重要。说服谈判对手要注意运用以下技巧：

（1）赢得对方的信任，建立良好关系。一般情况下，当一个人考虑是否接受他人意见或建议时，往往会先衡量自己与说服者的熟悉程度和信任程度。假如熟悉并信任对方，就会接受和采纳对方提出的意见或建议。在商务谈判过程中，良好的人际关系同样能发挥不可低估的作用。

谈判小案例 5-1　　　　　　　　　　　　　　　　　　谈判前先下围棋

分析提示 5-1

　　我国某进出口公司与新加坡一家公司谈生意。中方公司的张经理在此之前了解到新加坡参加谈判的总经理王先生喜欢下围棋，于是在谈判前夕，张经理带着围棋主动来到王先生下榻的宾馆。"下一盘棋怎么样？"接到这样的邀请，年过半百的王先生居然高兴得像孩子一样手舞足蹈。原来王先生出身于围棋世家。一场"酣战"下来，双方意犹未尽，畅谈起事业、亲情、家世等。王先生对张经理大为赞赏，当即表示："能和你这样的人交朋友，这笔生意我少赚点都值得。"几天后，双方谈判进行得很顺利，新加坡公司也欣然接受了我方提出的价格优惠条件，双方友好地签订了外贸合同。

　　资料来源　佚名.国际商务谈判［EB/OL］.［2012-08-05］. http://www.doc88.com/p-578185509532.Html.

　　（2）设身处地，创造"是"的氛围。如果你想使某人接受，你就必须熟悉他的立场，然后抓住他的"手"，引他到你想要他去的地方。你千万不要对他大喊大叫，应该先表示对对方的理解，以"协商""肯定"的方式，建立起一种双方在谈判中"一致"的感觉，使谈判对手对你产生好感，然后逐渐使对方接受自己的建议或观点，在愉快友好的气氛中将谈判不断地向前推进。美国研究人际关系的专家戴尔·卡耐基把这种说服谈判对手的方式称作"苏格拉底问答法"。苏格拉底是著名的古希腊哲学家和思想家，此人以辩论见长。他所创立的问答法是迄今为止被公认的"最聪明的劝诱法"。其特点是：通过避开易产生分歧和一些重大的原则性问题，先提出那些易使对方说"是"的问题，让对方产生平静而畅快的心情，对方作出一系列的肯定回答后，会出现一种把肯定回答坚持到底的惯性。

　　现代心理学研究表明，人们对那些与自己想法一致的人往往会产生好感，并会将自己的想法根据那些人的观点和建议进行调整，如"我知道在这件事情上你会同意我的建议""你一定会对这个问题感兴趣的"等，以积极的、主动的心态鼓励和启发对方树立自信心，最终接受己方的观点。

谈判小故事 5-11　　　　　　　　　　　　　　　　　　西屋公司的推销员

　　一家公司的总工程师通知西屋公司说，不准备订购他们的发动机了，理由是西屋公司生产的发动机在运行时温度过高。西屋公司的推销员前去交涉，就是从"是"开始进行说服的。推销员说："我同意你的意见，如果发动机太热，不应该买它。发动机的温度不应该超过国家规定的标准。"对方答："是。""有关规定说，发动机的温度可以高出室内温度华氏72度，对吗？"对方说："对。""厂房有多热？"对方答："大约华氏75度。"75度加上72度是147度，是不是很烫手呢？"对方答："是的。"结果，推销员运用"苏格拉底问答法"，把自己的意见通过对方的"是"灌输到了对方的头脑中，使对方又接受了订货。

　　资料来源　佚名.商务谈判沟通［EB/OL］.［2017-05-07］. http://www.doc88.com/p-3428616156202.Html.

这种方法实际上就是按对方的思维逻辑去考虑问题，先承认对方赖以作出决定的依据，再委婉地指出依据的不合适或依据的基础不正确。这样，在驳倒对方观点的同时，也使对方接受了你的观点。这种说明方式在经济索赔谈判中尤其有效。

（3）增加"认同"，寻找双方的共同点。在商务谈判中，要想成功地说服对方，一方面要想方设法赢得对方的信任；另一方面还要努力寻找双方之间的共同点。比如，寻找双方共同感兴趣的事或话题，以此作为跳板，因势利导地展开说服。事实证明，"认同"是人们之间相互理解与沟通的有效方式，也是说服谈判对手的一种有效方法。认同就是寻找谈判双方的共同点，减少戒心和心理上的一些疑虑，使对方容易接受己方的建议和观点。寻找双方共同点应该从以下几个方面着手：①工作方面的共同点。比如，职业相同、追求相同、目标一致等。②生活方面的共同点。比如，都喜欢吃中餐、生活经历类似、信仰相同等。③兴趣、爱好上的共同点。比如，都喜欢踢足球或钓鱼、都爱好书法或旅游等。④通过双方共同熟悉的第三者，增加认同感。在初次与对方交往时，想得到对方的认同并说服他，可以通过双方都熟悉的第三方，缩短双方之间的距离，以便于交谈，成功地说服对方。

（4）字斟句酌，仔细推敲。在谈判过程中，如果想说服对手，一定要字斟句酌，仔细推敲说服用语。比如，在说服对手时，尽量不用或少用"愤怒"、"生气"或"恼怒"等字眼，在表达自己的情绪时，在使用担心、失意、害怕、忧虑等用词前要仔细推敲，做到三思而后说，这样才能收到良好的说服效果。

（5）运用实例，巧妙说服。商务谈判中，有些谈判对手由于受个人经历或经验的影响，给他讲大道理远不如用具体的实际例子更有说服力。

谈判小故事5-12　　　　　　　　　　　　　说服罗斯福

第二次世界大战期间，一些美国科学家试图说服总统罗斯福重视原子弹的研制，以遏制法西斯的全球扩张战略。他们委托总统的私人顾问、经济学家萨克斯出面说服总统。但是，无论是科学家爱因斯坦的长信，还是萨克斯的陈述，总统一概不感兴趣。为了表示歉意，总统邀请萨克斯次日共进早餐。

第二天早上，一见面，罗斯福就以攻为守："今天不许再谈爱因斯坦的信，一句也不谈，明白吗？"萨克斯说："英法战争期间，在欧洲大陆上不可一世的拿破仑在海上屡战屡败。这时，一位年轻的美国发明家富尔顿来到了这位法国皇帝面前，建议把法国战船的桅杆砍掉，撤去风帆，装上蒸汽机，把木板换成钢板。拿破仑却想：船没有帆就不能行走，木板换成钢板就会沉没。于是，他二话没说，就把富尔顿轰了出去。历史学家们在评论这段历史时认为，如果拿破仑采纳了富尔顿的建议，19世纪的欧洲史就得重写。"萨克斯说完，目光深沉地望着总统。罗斯福总统默默沉思了几分钟，然后取出一瓶拿破仑时代的法国白兰地，斟满了一杯，递给萨克斯，轻缓地说："你胜利了。"萨克斯顿时热泪盈眶，他终于成功地运用实例说服总统作出了美国历史上最重要的决策。

资料来源　佚名.谈判口才［EB/OL］.［2012-03-17］. http://www.doc88.com/p-593546537513.html.

（6）学会洞悉内心，善于抓住良机。敏锐的观察联想能力、准确的分析判断能力，是巧妙运用说服语言的重要前提，而恰到好处地掌握"火候"，不失时机地果断决策，也是说服过程中不可缺少的重要环节。比如：当判断对方深感迷茫时，要善于"拨云驱雾"、指点迷津，使其仿佛看到"雨过天晴太阳升"的美丽景色；当判断对方犹豫不决时，要善于"趋利避害"、旁征博引，使其尽快舒展"紧锁着的双眉"，跟着你的思路往前走；当判断对方有"改弦易张"的苗头时，要善于调整策略和改变谈话语气，在肯定其前面表现的基础上"趁热打铁"，赞美他的能力、魄力和人格魅力，使其尽量放弃"回头"的意念，义无反顾地"跟你走"；当判断双方谈判条件已经没有实质性让步空间，再坚持己方意见就有可能"前功尽弃"时，要善于当机立断，先适当用一些赞赏对方的语言肯定前期的谈判成果，再大度而主动地作出"为了我们之间的友谊与继续合作，我方准备接受当前的条件"的姿态，为快速达成协议做好"铺垫"。

谈判小故事5-13　　　　　　　　杰克说服承包商

杰克是一个俱乐部的经理，他想新建一个规模较大的舞场，于是找到了一个正想进入建筑行业的承包商。这个承包商承诺愿以低价为他提供一个优质的舞场，同时也提出，在舞场建成之后允许其他客户来参观，并为他宣传工程质量，以便为自己拉更多生意。杰克当即答应了对方提出的条件。但是，舞场建成以后，杰克又进一步要求承包商承接装饰工程，承包商很生气，当即拒绝了这一要求。

杰克既没有指责和怪罪对方，也没有放弃说服对方的努力，他友善而颇有远见地提出："舞场的美观有助于宣传工程质量，相当于贵公司的'实体广告'，我坚信这一定会给你们带来更多的生意！"建筑承包商眼睛顿时一亮，毫不犹豫地答应了杰克的新要求，且当即表示要不惜工本地装饰好这个舞场。结果，杰克以优惠的价格得到了一个漂亮的舞场，承包商不仅借此扬了名，而且又获得了好几笔生意。

资料来源　佚名.国际商务谈判中说服技巧的应用［EB/OL］.［2016-01-02］. https://wenku.baidu.com/view/d045ce81cf84b9d529ea7a22.html.

不难看出，要想说服对方接受己方条件，就要站在对方角度考虑问题，使对方感觉到你像朋友一样，设身处地地为他出主意、想办法，这样才能收到"柳暗花明""峰回路转"的奇特效果。谈判实践中，应重点从下列三个方面把握其要点：一是将问题重点放在利益上而非立场上。因为促使谈判者作出决定的是利益，利益是隐藏在立场背后的真正动机。单纯地站在立场上磋商问题，其结果只能是谈判双方不欢而散。二是精心设计使双方满意的方案，寻找对双方有利的解决办法，双方才会在谈判中各自取得相关利益，实现双赢的谈判结局。三是坚持客观标准，用大家共同认可的客观标准推动整个谈判进程。

小贴士5-1　　　　　　　　　说服"顽固者"的技巧

（1）"下台阶"法。当对方自尊心很强，不愿承认自己的错误，从而使你的说服无济于事时，你不妨先给对方一个"台阶"下，说一说他正确的地方，或者说一说他错误存在的客观根据，这也是给对方提供一些自我心理安慰。这样，他就会感到没有失掉面子，因而容易接受你善意的说服。

（2）等待法。有些人可能一时难以说服，不妨等待一段时间，对方虽然没有当面表示改变看法，但对你的态度和你所讲的话，事后他会加以回忆和思考。必须指出，等待不等于放弃。任何事情，都要给他人留有一定的思考和选择的时间。同样，在说服他人时，也不可急于求成，要等待时机成熟时再和他交谈，效果往往比较好。

（3）迂回法。当有的人正面道理已经很难听进去时，不要强行或硬逼着他进行辩论，而应该采取迂回前进的方法。就像作战一样，对方已经防备森严，从正面很难突破，最好的解决办法是迂回前进，设法找到对方的弱点，一举击破对方。说服他人也是如此，当正面道理很难说服对方时，就要暂时避开主题，谈论一些对方感兴趣的事情，从中找到对方的弱点。逐渐针对这些弱点，发表己方的看法，让他感到你的话对他来说是有用的，你是可信服的，这样你再逐渐把话题转入主题，晓之以利害，他就会更加冷静地考虑你的意见，容易接受你的说服。

（4）沉默法。当对方提出反驳意见或者有意刁难时，有时是可以做些解释的。但是对于那些不值得反驳的问题，倒是需要你讲求一点艺术手法，不要有强烈的反应，相反倒可以表示沉默。对于一些纠缠不清的问题，如果又遇上了不讲道理的人，只要当作没听见，不予理睬，对方就会觉得他所提出的问题可能没有什么道理，你根本就没有在意，于是自己也就会感到没趣而不再坚持了，从而达到说服对方的目的。

资料来源　佚名.商务谈判说服技巧［EB/OL］.［2017-04-24］. http://www.doc88.com/p-5856372502971.html.

6）摆脱窘境，反败为胜

谈判中，有时会出现一些意想不到的场面，此时缺乏经验者往往会一时语塞，无言应答，窘态百出。遇到紧急情况要冷静、沉着，充分运用语言这根"魔棒"调节谈判气氛，尽快摆脱窘境。

（1）引申转移法。谈判时遇到紧急情况，应尽力以新话题、新内容引申转移，把尴尬的情况引开，千万别执着不放，否则会僵持不下，甚至使谈判失败。

谈判小故事5-14　　　　　　　　　　**打破窘境**

我国一贸易代表团到美洲一个国家洽谈贸易，由于会谈十分成功，参加谈判的成员十分高兴。这时，对方一位年长的谈判者为表达兴奋之情，竟热烈地拥抱了我方的一位女士，并亲吻了一下。该女士十分尴尬，不知所措。这时，我方代表团团长走上前来，用一句话打破了窘境。他说："尊敬的××先生，您刚才吻的不是她本人，而是我们代表团，对吧？"那位年长者马上说："对！对！我吻的是她，也是你们代表团，也就是你们中国！"尴尬的气氛顿时在笑声中烟消云散了。

资料来源　佚名.谈判的语言艺术［EB/OL］.［2012-09-26］. http://www.doc88.com/p-936469528682.html.

（2）模糊应答法。模糊应答可以应付一些尴尬乃至难以应对的场面，使一些难以回答、难以说清的问题变得容易起来。例如，在谈判中，对方提出了一个你既不好当即肯定，也不好当即否定的问题，怎么办？不妨这么回答："这个问题很重要，我们将注意研究。"这就是一种特定语境中的模糊应答。

（3）反思求解法。有时面对一些很难从正面回答的问题，换个角度，从话题的反面去思考，往往可以找到新颖的答案，使人脱离窘境。

谈判小案例5-2　　　　　　　　　**没有消息就是最好的消息**

分析提示5-2

我方与美方的一次商务谈判已进行到尾声，双方只是就一些细节反复协商。这时，有人给美方送来一封信，美方首席谈判者打开一看，信封内空空如也。原来送信人疏忽了，信没装入信封，美方谈判人员十分尴尬。这时我方代表为缓和气氛，使谈判顺利进行下去，微笑着说："没有消息就是最好的消息。"一句话，使美方摆脱了尴尬，冲淡了紧张气氛。

拓展阅读

谈判中的体态语言

1）眼睛动作

眼睛是心灵的窗户，这句话道出了眼睛反映深层内心世界的功能。眼睛的动作最能明确地表达人的情感世界。人的一切情绪、情感和态度的变化都可以从眼睛中显示出来。人可以对自己的某些外显行为做到随意控制，可以在某些情境中做到口是心非，却很难对自己的目光做到有效控制。一般情况下，你越喜欢接近的人，就越爱用眼睛与之"交谈"。在商务谈判中也同样如此。

（1）在谈判中，对方的视线经常停留在你的脸上或与你对视，说明对方对谈判内容很感兴趣，急于了解你的态度和诚意，成交的希望高。

（2）交谈涉及关键内容，如价格时，对方时时躲避与你视线相交，一般说来，这表示对方把卖价抬得偏高或把买价压得过低。

（3）对方的视线时时脱离你，眼神闪烁不定，说明对你所谈的内容不感兴趣但又不好打断，产生了焦躁情绪。

（4）对方眨眼的时间明显地长于自然眨眼的时间（正常情况下，一般人每分钟眨眼5～8次，每次眨眼一般不超过1秒钟），表明对方对你谈的内容或对你本人已产生了厌倦情绪，或表明对方觉有优越感，对你不屑一顾。

（5）倾听对方谈话时几乎不看对方的脸，那是试图掩饰什么的表现。

（6）眼神闪烁不定，常被认为是掩饰的一种手段或不诚实的表现。

（7）眼睛瞳孔放大而有神，表示此人处于兴奋状态；瞳孔缩小而无神，神情呆滞，表示此人处于消极、戒备或愤怒状态。

（8）瞪大眼睛看着对方是对对方有很大兴趣的表示。

（9）对方在说话和倾听时一直环顾，偶尔瞥一下你的脸便迅速移开，通常意味着对生意诚意不足或只想占大便宜。

（10）下巴内收，视线上扬注视你，表明此人有求于你，成交的希望程度比你高，让步幅度大；下巴上扬，视线向下注视你，表明此人认为比你有优势，成交的欲望不强，让步幅度小。

眼神传递的信息远不止这些。人类眼神所表达的思想，有些确实是只能意会而难以言传的，这就要靠谈判人员在实践中用心睛的动作加以观察和思考，不断积累经验，争取把握种种眼神所传达的信息。

2）眉毛动作

眉毛是配合眼睛的动作来表达含义的，二者往往表达同一个含义。但单纯眉毛也能反映出人的许多情绪。

（1）人们处于惊喜或惊恐状态时，眉毛上扬，如"喜上眉梢"。

（2）处于愤怒或气恼状态时，眉角下拉或倒竖。

（3）眉毛迅速地上下运动，表示亲近、同意或愉快。

（4）紧皱眉头，表示人们处于困惑、不愉快、不赞同的状态。

（5）眉毛高挑，表示询问或疑问。

（6）眉宇舒展，表示心情舒畅。

（7）双眉下垂，表示难过和沮丧。

上述有关眉毛传达的动作语言是不容忽视的，人们常常认为没有眉毛的脸十分可怕，因为它给人一种毫无表情的感觉。

3）嘴巴动作

人的嘴巴除了说话、吃喝和呼吸以外，还可以有许多动作，借以反映人的心理状态。

（1）嘴巴张开，嘴角上翘，常表示开心、喜悦。

（2）撅起嘴，常表示生气或赌气，是不满意和准备攻击对方的表现。

（3）撇嘴，常表示讨厌、轻蔑。

（4）咂嘴，常表示赞叹或惋惜。

（5）努嘴，常表示暗示或怂恿。

（6）嘴角稍稍向后拉或向上拉，表示听者比较注意倾听。

（7）嘴角向下拉，是不满和固执的表现。

（8）紧紧地抿住嘴，往往表现出意志坚决。

（9）遭受失败时，人们往往咬嘴唇，这是一种自我惩罚的动作，有时也可解释为自我解嘲和内疚的心情。

4）手势

不同的手势也不自觉地透露出沟通者的不同内心世界，传递着不同信息。

（1）双手绞在一起，显示的意思是精神紧张。

（2）用手指或笔敲打桌面，或在纸上画图，显示的意思是不耐烦、无兴趣。

（3）握拳，显示的意思是下决心、愤怒不满或怀有敌意。

（4）用手支着头，显示的意思是厌倦。

（5）把手插入口袋，显示的意思是不信任。

（6）捏弄拇指，显示的意思是心中紧张，缺乏自信。若在约会、宴请等沟通形式中发现客户有上述动作，应立即采取相应对策，转换谈话内容，缓解紧张气氛，松弛神经，以利再战。

（7）搓手，显示的意思是有所期待，跃跃欲试。

（8）摊开双手，显示的意思是真诚和坦直。

（9）突然用手把没抽完的烟掐灭，是下决心的表示。当发现客户有这种动作时，应抓住时机，和盘托出沟通信息，以求达到最佳效果。

（10）以手掩嘴，显示的意思是吃惊或表示不愿意让旁人听。

（11）将手放在脸上，显示的意思是怀疑或表示愿意合作。

（12）用手不断地磕烟灰，表示内心有冲突或不安。

（13）拿着烟不动，表明在紧张地思考问题。当客户有上述动作时，可采用投石问路的方法，如："您看，今后我们两家的合作关系……"以问话来探究客户这些动作所传达的确切信息。

5）腿部动作

（1）并腿：谦恭、尊敬、思考细致。

（2）分腿：自信、愿意合作。

（3）架腿：倨傲、戒备、怀疑。

（4）如果手臂交叉放在胸前，同时两腿交叠，这表示不愿与人接触。

（5）摇动足部，或用脚尖拍打地板，或抖动腿部，表示焦躁不安、不耐烦或为了摆脱某种紧张感。

（6）足踝交叉而坐，往往表示在心理上压抑自己的表面情绪；张开腿而坐，表示此人自信，并有接受对方的倾向。

（7）架腿而坐，表示拒绝对方并保护自己的势力范围；而频频变换架腿姿势的动作是情绪不稳定或焦躁、不耐烦的表现。

6）其他姿势

（1）交谈时，对方头部保持中正，时而微微点点头，说明他对你的讲话既不厌烦，也不是太感兴趣；若对方将头侧向一边，尤其是倾向讲话人的一边，则说明他对所讲的事很感兴趣；若对方把头垂下，甚至偶尔合眼似睡，则说明他对所讲的事兴趣索然。

（2）谈话时，对方不断变换站、坐等体位，身体不断摇晃，常表示他焦躁和情绪不稳；不时用一种单调的节奏轻敲桌面，则表示他极度不安，并极具戒备心。

（3）交谈时，对方咳嗽常有许多含义，有时是焦躁不安的表现，有时是稳定情绪的缓冲，有时是掩饰说谎的手段，有时听话人对说话人的态度过于自信或自夸表示怀疑或惊讶时，用假装清清喉咙来表示对他的不信任。

（4）洽谈时，若戴眼镜的对方将眼镜摘下，或拿起放在桌上的眼镜把镜架的挂耳靠在嘴边，两眼平视，表示其想用点时间稍加思考；若对方摘下眼镜，轻揉眼睛或轻擦镜片，常表示其对争论不休的问题厌倦或是喘口气准备再战；若对方猛推一下眼镜，上身前倾，常表示其因某事而气愤，可能进行反攻。

（5）拿着笔在空白纸上画圈圈或写数字等，双眼不抬，若无其事的样子，说明已经厌烦了。拿着打火机，打着了火，观看着火苗，也是一副烦相。放下手中物品，双手撑着桌子，头向两边看看后，双手抱臂向椅子上一靠，则暗示对方：没有多少爱听的了，随你讲吧！把桌子上的笔收起，本子合上，女士照镜子或拢拢头发、整理衣裙，都是准备结束的架势。

（6）扫一眼室内的挂钟或手腕上的表，收起笔，合上本，抬眼看着对手的眼睛，似乎在问："可以结束了吧？"这种表现足以表示"别谈了"的意思。给助手使个眼神或做个手势（也可小声说话），收拾桌上的东西，起身离开会议室，或在外面抽支烟、散散步，也表明对所言无望，可以结束谈判了。

以上是谈判及交往中常见的动作语言及其能传送的信息。当然，这些动作仅仅是就一般情况而言的，不同的民族、地区，不同的文化层次及个人修养，其在动作、姿势及所传达的信息方面都是不同的，应在具体环境下区别对待。另外，我们在观察对方动作和姿态时，不能只从某一个孤立的、静止的动作或姿态去判断，而应对其连续的、一系列的动作进行分析和观察，特别是应结合其讲话时的语气、语调等进行综合分析，这样才能得出比较真实、全面、可信的结论。

资料来源　吴湘频.商务谈判［M］.北京：北京大学出版社，2014.

　　　　　聂元昆.商务谈判学［M］.北京：高等教育出版社，2016.

课堂实训

国际商务谈判的方式

1）实训：模拟实地谈判

（1）实训目标：掌握谈判的基本技巧。

（2）实训学时：1学时。

（3）实训地点：教室。

（4）实训方法：学生自设场景，分若干小组进行。每组内由同学分别扮演甲方和乙方，就某一分歧问题进行谈判。本案例的模拟演示必须强调进入情景之中，注意谈判礼节中的细节，讲究语言艺术，注意体态语，把握好表情，要充分应用提问、应答、说服的语言技巧。

（5）参考场景：①宿舍的同学就睡觉时是开窗还是关窗进行谈判；②员工向老板要求加薪的谈判；③为了给学校的"礼仪大赛"筹备资金，学生与学校超市老板进行争取赞助费的谈判。

2）实训：用谈判来改变自己的命运

训练目标：力求使学生掌握运用各种语言沟通和非语言沟通的技巧。

训练材料和内容：根据以下资料和程序进行训练。

（1）从全班挑选出最善于表达的同学、最具爱心的同学、最想发财致富的同学、最有创意的同学、思维最缜密的同学、最具环保意识的同学、最受大家尊敬的同学、自认为最平凡的同学，请这8位同学参加这个游戏，另外选择7位同学当评委。其他同学作为观众观看整个过程。

（2）背景资料如下：一架飞机坠落在荒岛上，只有8人存活，现在唯一的逃生工具只有一个能容纳一人的橡皮艇，没有水和食物。乘坐橡皮艇离开的人可以获救，其他留在荒岛上的人随时面临危险，因此，要尽可能争取时间把所有的人依次转移到安全的地方，但是注意，橡皮艇每次只能运送一个人，所以必须有一个有秩序的运送次序。

目前的8位幸存者身份和状况分别如下：

最想发财致富的同学——企业家，拥有跨国公司数家，资产数百亿元。

最有创意的同学——科学家、发明家，目前正在研究可再生、无污染汽车。

最善于表达的同学——外交官，曾在联合国安理会任职，目前是某国驻外大使。

思维最缜密的同学——宇航员，下月即将远征火星，寻找适合人类居住的新星球。

最具环保意识的同学——生态学家，目前正为拯救濒临灭绝的植物物种和动物四处奔走，是动物保护基金会的一位负责人。

最具爱心的同学——孕妇，怀孕7个月，辞职准备做妈妈。

最受大家尊敬的同学——退休老教授，从教50余年，桃李满天下，多位弟子成为学术、政界名人，教授本人至今仍为国家政策委员会委员之一。

最平凡的同学——流浪汉，历经苦难，生存能力强。

（3）在熟悉背景资料后，请各位幸存者认真准备3~5分钟之后陈述自己需要先离开的理由。注意，陈述自己的理由前，请先复述前一人的理由。

（4）其他同学根据幸存者的陈述，列出你排列的离开荒岛的顺序，填入表5-1中第二行。

（5）最后由评委根据各位幸存者的陈述，综合评议决定离开荒岛的顺序填入表5-1中第三行。

表5-1　　　　　　　　　　8个幸存者离开荒岛的顺序

	1	2	3	4	5	6	7	8
个人观点								
评委意见								
备注								

（6）比较你和评委排列的顺序有何不同，说明理由并填入第四行的备注栏中。

（7）作为幸存者，如何说服别人？如何让别人相信你？你用了哪些策略和技巧？说出来和其他同学共享。

（8）如果你没有说服别人，你的感觉如何？分析一下你失败的原因。

训练提示：①此训练要求学会聆听，记住别人的想法，学会尊重别人，开诚布公、以礼待人，努力赢得别人的信任和尊重。②学会换位思考，观众和评委应体会游戏参与者的心情和处境，同样，游戏参与者也要学会为他人着想。③用共赢的态度去谈判，所有的幸存者是一个整体，如果把时间浪费在谈判上，可能最后大家都无法逃离荒岛。

课后练习

1）案例分析

案例分析一

印度尼西亚官员的谈判策略

有一次，印度尼西亚在爪哇岛修建一座电站，要购买一台非常大的发电机。为此，政府举行了公开招标。世界上只有五六家公司能供应这样的发电机。

印度尼西亚采购官员一开始就想从德国购买，可一直不把德国制造商列入名单中，又一直不接见他，德国制造商觉得失去了这笔生意。在其他国家的制造商提出报价后，这位印度尼西亚采购官员却邀请了德国制造商，这位官员在要求制造商发誓保密后，把竞争对手的报价单给他看，并补充说，如果他提出一个比最低价还少10%的报价，就可能得到订单。

这样，印度尼西亚官员就在德国制造商心中建立了一个打了折扣的期望。如果一开始也邀请德国制造商参加投标，德国人一定会报出最高的价格。这个报价一经提出，就很难改变了。印度尼西亚官员不邀请他，却迫使他报一个低价，德国制造商反复磋商，勉为其难地提出了一个符合印度尼西亚方面的报价表。

接着，印度尼西亚采购官员又什么也不做，既不见制造商本人，也不接他的电话。德国制造商又一次觉得要丢失这桩买卖。这时，印度尼西亚采购官员接见了他。这位采购官员首先对拖延了这么长的时间表示歉意，然后解释说，根据政府的政策，必须等到最后一个报价出来，这个报价刚刚到。很不巧，这个报价比德国的报价低2.5%。因此，如果德方能把价格再降低3%，他就能将合同交政府批准。当时国际市场上大型设备的销路不太好，德国人反复商量后，只好同意把价格继续降低3%。

那位采购官员非常高兴地向制造商表示祝贺，并提议第二天双方讨论支付条件。"什么支付条件？"德方惊讶地问道。这个官员解释说，在高通货膨胀和高利率的情况下，德国公司必须同意印度尼西亚采用通常的分期付款方式。经过多轮协商，制造商在德国政府贷款的帮助下同意提供整整18个月的信贷，这又是一个相当大的让步。

资料来源 佚名.金口才［EB/OL］.［2011-07-06］. http://www.lantianyu.net/pdf51/ts076044_4.htm.

思考与讨论：

（1）印度尼西亚官员在谈判中运用了什么谈判策略？请加以分析。

（2）本案例对你有何启示？

案例分析二

服装店里的谈判

一位女顾客在一个服装店里看衣服。店主指着一身套装说："小姐，你身材这么好，这套衣服你穿准合适，先试一下吧。"

女顾客试了一下，很合身，便问："多少钱？"

店主回答："360元。"

"太贵了。"女顾客说着把衣服脱了下来，准备离开。

"这可是名牌，大商场要卖600多元呢，我这是最后一套了，昨天还卖480元呢。"店主说。

女顾客转回身，拿起衣服看了又看说："180元，我就买。"

店主道："实话跟你说，我是300元进的货，这样吧，就按进价给你，300元，我就不赚你的钱了。"

女顾客又仔细检查了一下衣服说："你看，这衣服就剩一套了，袖口还脏了一块，有的扣子还松了，最多值250元。"

店主道："250元？多难听呀，图个吉利，280元。"

女顾客："别啰嗦了，260元要卖我就买，否则就算了。"

店主："您真会砍价，260元，成交了。"

资料来源　佚名．管理沟通教程［EB/OL］．［2010-09-19］．http://wenku.baidu.com/view/69fb354ae45c3b3567ec8b90.html.

思考与讨论：

（1）用你掌握的谈判技巧分析衣服成交的原因。

（2）你的生活中有没有类似的情况发生？你是怎么砍价的？

案例分析三

卡耐基的谈判术

卡耐基每个季度都要在纽约的某家大旅馆租用大礼堂20个晚上，用以讲授社交训练课程。有一次，马上要开始授课时，他忽然接到通知，要他付比原来多3倍的租金。而收到这个消息以前，入场券已经印好，而且早已发出去了，其他准备开课的事宜都已办妥。怎样才能交涉成功呢？两天以后，他去找经理。

"我接到你们的通知时，有点震惊。"他说，"不过这不怪你。假如我处在你的位置，或许也会这么做。你是这家旅馆的经理，你的责任是让旅馆尽可能地多盈利。你不这么做的话，你的经理职位很难保住。假如你坚持要增加租金，那么让我们来合计一下，这样对你有利还是不利。"

"先讲有利的一面。"卡耐基说："大礼堂不出租给讲课的而出租给办舞会、晚会的，那你可以获大利了。因为举行这类活动的时间不长，他们能一次付出很高的租金，比我这租金当然要多得多。租给我，显然你吃大亏了。"

"现在，来考虑一下'不利'的一面。首先，你增加我的租金，却是降低了收入。因为实际上等于你把我撵跑了。由于我付不起你所要的租金，我势必再找别的地方举办训练班。"

"还有一件对你不利的事。这个训练班将吸引万千名有文化、受过教育的中上层管理人员到你的旅馆来听课，对你来说，这难道不是起了不花钱的广告作用吗？事实上，即使你花5 000元钱在报纸上登广告，也不可能邀请这么多人亲自到你的旅馆来参观，可我的训练班给你邀请来了。这难道不合算吗?"讲完后,他告辞:"请仔细考虑后再答复我。"

最后,经理让步了。

资料来源　王晶.气场攻心术［M］.沈阳:辽宁教育出版社,2012.

思考与讨论:

(1)试分析卡耐基的谈判策略。

(2)本案例对你有何启示?

2)思考与训练

(1)假如你与一位采购商进行价格谈判,他处于绝对优势地位,采取了轻视与傲慢的态度,那么你该如何与他谈判,你有哪些应对策略?

(2)你有一部已经开了几年的汽车,想把它卖掉。如果能卖到7万元,你就很满意了,就在你准备刊登出售汽车广告的当天下午,有人想8万元买你这部车。此时,你如何与买家谈判?请注意你的语言沟通技巧和非语言沟通技巧的运用。

(3)注意观察市场上买卖双方讨价还价的技巧,并结合所学的谈判知识,写一篇观察报告。

(4)当别人问到你的敏感问题时,你会采用什么方式在不伤和气的情况下巧妙地回答?

(5)列举不同国家和地区的谈判者的谈判特点和风格。

任务6

国际商务谈判礼仪

导学案例　　　　着装随便导致商务谈判失败

中国某企业与德国一公司洽谈割草机出口事宜。按礼节，中方提前5分钟到达了公司会议室。客人到后，中方人员全体起立，鼓掌欢迎。不料，德方人员脸上不但没有出现期待的笑容，反而均显露出一丝不快的表情。更令人不解的是，按计划一上午的谈判日程，德方半小时便草草结束，匆匆离去。事后我方了解到：德方之所以提前离开，是因为中方部分谈判人员的穿着不当。德方谈判人员中男士个个西装革履，女士个个都穿职业套装，而中方人员除经理和翻译穿西装外，其他人有穿夹克衫的，有穿牛仔服的，有一位工程师甚至穿着工作服。众所周知，德国是个重礼仪的国家，德国人素以办事认真而闻名于世。在德国人眼里，国际商务谈判是一项极其正式和重大的活动，中国人穿着太随便说明了两个问题：一是不尊重他人；二是不重视此活动。既然这样，那就没有必要谈了。

问题：

（1）国际商务谈判人员应该注意哪些礼仪？

（2）本案例对你有何启示？

任务目标

（1）运用仪容、着装等礼仪知识塑造国际商务谈判人员良好的形象；

（2）掌握国际商务谈判的概念和特点；

（3）把握国际商务谈判的概念、特点和类型。

6.1 会面礼仪

会面是国际商务谈判活动的初始阶段，双方或多方的实质性接触首先源自会面，会面中谈判人员的仪容修饰、着装打扮、言谈举止会极大地影响双方人员的相互交流与进一步沟通。

1）仪容礼仪

商务人员的仪容是十分重要的，这不仅关系到个人的修养和自信，也体现了公众场合的礼貌和对公众的尊重。

（1）整洁。整洁是对商务人员仪容的基本要求，要做到仪容整洁，重要的是需要长年累月、坚持不懈、不厌其烦地进行以下仪容细节的修饰工作：坚持洗澡、洗脸；保持手部卫生，指甲整齐；注意口腔卫生，不吃刺激性食物，口腔无异味；保持发部整洁，确保头发不粘连，不板结，无发屑，无汗馊气味，发型整齐；保持衣服整洁，要勤换内衣，外衣也要定期清洗、消毒；要勤换鞋袜，保持鞋袜舒适干净，不要在集会或演出等公众场合脱鞋。此外，要使用自己的毛巾、口杯、脸盆、牙刷和香皂，养成良好的卫生习惯。

礼仪小故事6-1   **不修边幅的小王**

小王的口头表达能力不错，对公司产品的介绍也很得体，人既朴实又勤快，在业务人员中学历又最高，老总对他抱有很大希望。可他做销售代表半年多了，业绩总上不去。问题出在哪里呢？原来他是个不修边幅的人，双手拇指和食指喜欢留着长指甲，里面经常藏着很多脏东西。穿白色衣服的时候领子经常是酱黑色的，有时候手上还记着电话号码。他喜欢吃大饼卷大葱，吃完后也不知道想方设法去除异味。在大多数情况下，根本没有机会见到想见的客户。有客户反映小王说话太快，经常没听懂或没听完客户的意见就着急发表看法，有时行为急促、风风火火，好像每天都忙忙碌碌的，很少有停下来的时候。

商务活动的过程也是一个人际交往的过程，人的仪容仪表对交往活动是非常重要的。小王不修边幅、不讲卫生、说话没有礼貌，这些在商务活动中都是不适宜的，因此小王的业绩上不去也就不奇怪了。

资料来源 陈文汉.商务谈判实务［M］.3版.北京：电子工业出版社，2013.

（2）美观。美丽、端庄的外观仪容是形成良好的商务形象的基本要素之一。女士都希望自己在商务场合中变得更美丽，这是无可非议的，但事实上，有些人认为把发胶、摩丝喷在头上，把各种色彩涂抹在脸的相应部位就美了。因此，我们经常可以看到"横眉冷对""血盆大口""油头粉面"，这就不是美，而是丑了。美是从效果方面来说的。要使仪容达到美观的效果，首先必须了解自己的脸形及脸上各部位特点，孰优孰劣要心中有数；其次要清楚怎样化妆、美发和矫正才能扬长避短，变普通为俏丽，使容貌更迷人。这些是要在把握脸部个性特征和正确的审美观的指导下进行的。

（3）自然。自然是美化仪容的最高境界，它使人看上去真实而生动，而不是一张呆板生硬的面孔。失去自然的效果，那就是假，假的东西就无生命力和美了。有位化妆师说过："最高明的化妆术，是经过非常考究的化妆，让人看起来好像没有化过妆一样，并且这化出来的妆与主人的身份相匹配，能自然表现那个人的个性与气质。次级的化妆术是把人凸显出来，让她醒目，引起众人的注意。拙劣的化妆术是一站出来别人就发现她化了很浓的妆，而这层妆是为了掩盖自己的缺点或年龄的。最坏的一种化妆术是化妆后扭曲了自己的个性，又失去了五官的谐调，如小眼睛的人竟化了浓眉，大脸庞的人竟化了白脸，阔嘴的人竟化了红唇……"可见，化妆的最高境界是无妆，是自然。因此，美化仪容，要依赖正确的技巧、合适的化妆品；要一丝不苟，井井有条；要讲究过渡、体现层次；要点面到位，浓淡相宜。这样才能使人感受到自然、真实的美。

（4）谐调。美化仪容的谐调包括：第一，妆面谐调，指化妆部位色彩搭配、浓淡谐调，所化的妆针对脸部个性特点，整体设计谐调。第二，全身谐调，指脸部妆容、发型与服饰谐调，力求取得完美的整体效果。第三，角色谐调，指针对自己在社交中扮演的不同角色，采用不同的化妆手法和化妆品。如作为职员，应注意化妆后体现端庄稳重的气质；专门从事公关、礼仪、接待、服务等工作的人员，抛头露面的机会多，要表现出一定的人际吸引魅力，就应浓淡相宜。第四，场合谐调，指妆容、发型要与所去的场合气氛要求一致。日常办公，可略施淡妆；出入舞会、宴会，可浓妆扮之；参加追悼会，素衣淡妆。不同场合的不同妆容、发型，不仅会使妆饰者内心保持平衡，也会使周围的人心里舒服。

（5）化妆适度。爱美之心，人皆有之。在国际商务交往中，适当化妆，既表现出个人对美的追求，同时也是对他人尊重的一种表现。做任何事情都贵在适度，化妆也不例外，一定要根据东方人的特点来装扮修饰，做到恰如其分。过分醉心于美容，妆化得过于浓艳，不仅有损皮肤的健康，而且还有碍观瞻，因此，化妆适度是仪容美的基本要求。

（6）发型美观。发型是构成仪容美的重要内容。不同的发型给人展示了整洁、庄重、洒脱、文雅、活泼等不同的感觉。发型的选择不仅要与性别、发质、服装、身材、脸形等相匹配，还要与自己的气质、职业、身份相吻合。这样才能扬长避短、和谐统一，显现出真正的美。

2）着装礼仪

着装，是一种无声的语言，它能透露出一个人的个性、身份、涵养、经济状况、审美水平及心理状态等多种信息。在人际交往中，着装直接影响到别人对你的第一印象，关系到对你个人形象的评价，因此，所谓"三秒定乾坤"的说法也不无道理。得体规范的服饰，可以更好地表现出对交际对象的尊重。它反映了自身良好的素质和修养，进而展示出企业良好的精神面貌和管理水平。

（1）着装的个性谐调。所谓着装的个性谐调，是指一个人的穿着要与他的年龄、体形、职业和所处的场合等吻合，表现出一种和谐，这种和谐能给人以美感。具体地说：

第一，着装要与年龄相谐调。在穿着上要注意自身的年龄，与年龄相谐调，不管是青年人还是中老年人，都有权打扮自己，但是在打扮时要注意，不同年龄的人有不同的着装要求。青年人的穿着应鲜艳、活泼、随意一些，这样可以充分体现出年轻人的朝气和蓬勃向上的青春之美。而中老年人的着装则要注意庄重、雅致、整洁，体现出成熟和稳重，透出那种年轻人所没有的成熟美。因此，无论你是青年人、中年人还是老年人，只要你的穿着与年龄相谐调，那么都会使你显现出独特的美来。

第二，着装要与体形相谐调。关于人体美的标准，古今中外众说纷纭。有关专家综合我国人口的健美标准，提出两性不同的体形标准。女性的标准体形是：骨骼匀称、适度。其具体表现为：站立时头颈、躯干和脚的纵轴在同一垂直线上。肩稍宽，头、躯干、四肢的比例以及头、颈、胸的连接适度。以肚脐为界，上下身的比例符合"黄金分割"的 1∶1.618，也可用近乎 5∶8 来表示。若身高 1.60 米，则其较为理想的体重是 50～55 千克，肩宽是 0.36～0.38 米，胸围是 0.84～0.86 米，腰围是 0.60～0.62 米，臀围是 0.86～0.88 米。男性的标准体形应基本遵循两臂侧平举等于身高的原则，若身高 1.67～1.70 米，则其较为理想的体重是 68～70 千克，胸围是 0.95～0.98 米，腰围是 0.75～0.78 米，颈围是 0.30～0.40 米，上臂围是 0.32～0.33 米，大腿围是 0.55～0.56 米，小腿围是 0.37～0.38 米。然而，在现实生活中，并非每个人的体形都十分理想，人们或多或少地存在着形体上的不完美或欠缺，或高或矮，或胖或瘦。若能根据自己的体形挑选合适的服装，扬长避短，则能实现服装美和人体美的和谐、统一。

俗话说："三分长相，七分打扮。"在根据自己的体形特点搭配服饰时应注意以下几点：

• 体形较胖的人，应该用冷色调的、小花型的、质地较软的面料。因为粗呢、厚毛料、宽条绒等会造成增加面积的效果，使胖人看起来更胖，给人一种笨重感。大花型面料有扩张效果，暖色、明亮的颜色也有扩张感，这些都是体型较胖者所不宜选取的。

• 身材矮小的人，宜穿一色服装，最好鞋袜也同色。如爱穿花布上衣，可选清雅小型花纹，衣领式样可取方领、V 字领。裤子宜选用式样简单的传统式西裤，令腿显长。女士穿高跟鞋与颜色略深的丝袜，也能使双腿看上去较长，但不宜穿下摆有花纹的裙子。

• 腰粗的人，可选择剪裁自然、曲线不明显的款式，或选肩部较宽的衣服。不宜穿紧腰式的裤子，或是把上衣掖在里面，避免使人特别注意腰部。不要穿松紧带裙子，以免看起来更胖。

• 腿形不佳的人，可选择裙装与宽松的裤子。腿胖的女士可选有蓬松感的裙子和宽大的裤子，不宜穿对摺裙，以免更显腿粗；腿短的女士，穿裙装时选高腰设计加宽腰带，长裤则与上装同色；O 形腿的人，应避免穿紧身裤，可穿质地优良的长裤或八分裤。

此外，穿着还要和职业、环境、场合相谐调。

（2）着装的色彩搭配。色彩，是服装留给人们最深刻的印象之一，而且在很大程度上也是服装穿着成败的关键所在。色彩对他人的刺激最快速、最强烈、最深刻，所以被称为"服装之第一可视物"。一般来讲，不同色彩的服饰在不同场合所产生的效果是不同的，为此，我们需要对色彩的象征性有一定的了解。

小贴士6-1　　　　　　　　　　　　　　　　　　**色彩的象征意义**

黑色，象征神秘、悲哀、静寂、死亡，或者刚强、坚定、冷峻。

白色，象征纯洁、明亮、朴素、神圣、高雅、恬淡，或者空虚、无望。

黄色，象征炽烈、光明、庄严、明丽、希望、高贵、权威。

大红，象征活力、热烈、激情、奔放、喜庆、福禄、爱情、革命。

粉红，象征柔和、温馨、温情。

紫色，象征谦和、平静、沉稳、亲切。

绿色，象征生命、新鲜、青春、新生、自然、朝气。

浅蓝，象征纯洁、清爽、文静、梦幻。

深蓝，象征自信、沉静、平静、深邃。

灰色，是中间色，象征中立、和气、文雅。

第一，色彩的搭配方法。这包括如下方法：

• 统一法，即配色时尽量采用同一色系之中各种明暗不同的色彩，按照深浅不同的程度搭配，以便创造出和谐感。例如，穿西服按照统一法可以选择这样搭配：如果采用灰色色系，可以由外向内逐渐变浅，深灰色西服—浅灰底花纹的领带—白色衬衫。这种方法适用于工作场合或庄重的社交场合。

• 对比法，即在配色时运用冷色、深色，明暗两种特性相反的色彩进行组合的方法。它可以使着装在色彩上反差强烈，静中求动，突出个性。但有一点要注意，运用对比法时忌讳上下1/2对比，否则会给人以拦腰一刀的感觉，要找到黄金分割点即身高的1/3点上（即穿衬衣从上往下第四、第五个扣子之间），这样才有美感。

• 呼应法，即在配色时，在某些相关部位刻意采用同一色彩，以便使其遥相呼应，产生美感。例如，在社交场合穿西服的男士讲究"三一律"，就是男士在正式场合时应使公文包、腰带、皮鞋的色彩相同，此即呼应法的运用。

第二，正装的色彩。非正式场合所穿的便装，色彩上要求不高，往往可以听任自便，而正式场合穿的服装，其色彩却要多加注意。总体上要求正装色彩以少为宜，最好将其控制在三种颜色之内，这样有助于保持正装庄重的总体风格，显得简洁、和谐。正装若超过三种颜色则给人以繁杂、低俗之感。正装色彩，一般应为单色、深色并且无图案。标准的正装色彩包括蓝色、灰色、棕色、黑色。衬衣的最佳色彩为白色，皮鞋、袜子、公文包的色彩宜为深色（黑色最为常见）。

此外，肤色也关系到着装的色彩，浅黄色皮肤者，也就是我们所说的皮肤白净的人，对颜色的选择性不那么强，穿什么颜色的衣服都合适，尤其是穿不加配色的黑色衣裤，会显得更加动人。暗黄或浅褐色皮肤（也就是皮肤较黑）的人，要尽量避免穿深色服装，特别是深褐色、黑紫色的服装。一般来说，这类肤色的人选择红色、黄色的服装比较合适。肤色呈病黄或苍白的人，最好不要穿紫红色的服装，以免使其脸色呈现出黄绿色，加重病态感。皮肤黑中透红的人，则应避免穿红、浅绿等颜色的服装，而应穿浅黄、白等颜色的服装。

（3）着装的场合选择。所谓穿着要注意场合，是指要根据不同场合来进行着装。在国际商务交际中，不同的场合有不同的着装。在国际商务谈判、重要的国际商务会议、求职面试等正规、严肃的场合，男士通常应穿西服套装（上下装面料相同、颜色相同）。纯黑色西服在西方通常用于婚礼、葬礼及其他极为隆重的场合。男士在正式的国际商务场合最常穿用的西服套装颜色为深蓝色和深灰色，搭配白衬衫。女士在正式的国际商务场合当中，与男士西装相对应的是西服套裙（上衣领子与男士西装领子相似）。

（4）男士西装的选择和穿着。西装是男士最常见的办公服装，也是现代社交中男子最得体的着装。国外很多机构，包括一些大企业，都规定工作人员不能穿休闲短裤、运动服上班，要求男士必须穿西服打领带。一些剧院也规定了观看演出者必须西装革履。为了塑造良好的个人形象，男士必须学会穿西装。

第一，男士西装的选择。这包括：①选择合适的款式。西装的款式可以分为英国、美国、欧洲三大流派。尽管西装在款式上有流派之分，但是各流派之间的差异并不大，只是在后开叉的部位、扣子单排还是双排、领子的宽窄等方面有所不同。不过，在胸围、腰围的胖瘦，肩的宽窄上还是有所变化的。因此，我们在选择西装时，要充分考虑到自己的身高、体形。例如，身材较胖的人最好不要选择瘦型短西装；身材较矮者最好不要穿上衣较长、肩较宽的双排扣西装。②选择合适的面料和颜色。西装的面料要挺括一些。正式礼服的西装可采用深色（如黑色、深蓝、深灰等）的全毛面料制作。日常穿的西装颜色可以有所变化，面料也可以不必讲究，但必须熨烫挺括。如果穿着皱巴巴的西装，是有损自己的社交形象的。③选择合适的衬衣。穿着西装时，一定要穿带领的衬衣。花衬衣配单色的西装效果比较好，单色的衬衣配条纹或带格的西装比较合适；方格衬衣不应配条纹西装，条纹衬衣也不宜配方格西装。④选择合适的领带。在交际场合穿西装时必须要打领带，领带的颜色、花纹和款式要与所穿的西装相协调。领带的面料以真丝为最优。在领带颜色的选择上，杂色西装应配单色领带，而单色西装则应配花纹领带；驼色西装应配金茶色领带，褐色西装则需配黑色领带等。

第二，男士西装的穿着。这包括以下几点：

● 合体的上衣与衬衣。合体西装的上衣应长过臀部，四周下垂平衡，手臂伸直时上衣的袖子恰好过腕部，领子应紧贴后颈部。穿西装时必须要穿长袖衬衣，衬衣最好不要过旧，领子一定要硬扎、挺括，外露的部分一定要平整干净。衬衣下摆要掖在裤子里，领子不要翻在西装外，衬衣袖子长于西装袖子2厘米左右。

● 注意内衣不可过多。穿西装时切忌穿过多内衣。衬衣内除了背心之外，最好不要再穿其他内衣，如果确实需要穿内衣的话，内衣的领圈和袖口也一定不要露出来。如果天气较冷，衬衣外面还可以穿上一件毛衣或毛背心，但毛衣一定要紧身，不要过于宽松，以免穿上显得过于臃肿，影响穿西装的效果。

● 打好领带。正式场合的领带以深色为宜，非正式场合的领带以浅色、艳丽为好。领带的颜色一般不宜与服装颜色完全一样（参加凭吊活动穿黑西装系黑领带除外），以免给人以呆板的感觉。具体做法：一是领带底色可与西装同色系或邻近色，但二者色彩的深浅明暗不同，如米色西装配咖啡色领带；二是领带与西装同是暗色，但色彩形成对比，如黑西装配暗红色领带；三是一色的西装配花领带，花领带上的一种颜色尽可能与西装的颜色相呼应。领带结应靠在衣领上，但不能勒住脖子，也不能太往下，以免显得松松垮垮，不精神。领带系好后，垂下的长度应触及腰带，超过腰带或不及腰带都不符合要求。领带用领带夹固定。西装上衣左胸部的装饰袋，有时用来插放绢饰，但不可用来放钢笔之类的其他东西，钢笔应放在衣服内袋中。

● 裤子合体。西装的裤子要合体，要有裤线，裤长要及脚面 1～2 厘米。西服套装要配穿皮鞋，式样要稍保守，颜色与衣服相协调。西装裤兜内不宜放沉的东西。

● 鞋袜整齐。穿西装时一定要穿皮鞋，而不能穿布鞋或旅游鞋。皮鞋的颜色要与西装相配套。皮鞋还应擦亮，不要蒙满灰尘。穿皮鞋时还要配上合适的袜子，袜子的颜色要比西装稍深一些，使它在皮鞋与西装之间起到过渡的作用。

● 扣好扣子。西装上衣可以敞开穿，但双排扣西装上衣一般不要敞开穿。在扣西装扣子时，如果穿的是两个扣子的西装，不要把两个扣子都扣上，一般只扣上面一个。如果是三个扣子则只扣中间一个。

礼仪小案例 6-1　　　　　　　　　　　**"游击队"遇到"正规军"**

分析提示 6-1

一次商务谈判中，甲方首席代表穿着灰色西装、白色衬衫，系印花领带，与会代表则穿着不同颜色的夹克；而乙方首席代表穿着笔挺深蓝双排扣西装、浅蓝衬衫，系金黄条纹领带，与会代表一律深蓝单排扣西装、蓝白条纹衬衫、蓝色领带。两队人马握手入座，根据服装颜色深浅的心理学分析：乙方组合较具谈判权威性，犹如正规军；甲方保守色系如游击队，气势弱了三分。最后乙方主动掌握先机。

资料来源　陈文汉.商务谈判实务［M］.3 版.北京：电子工业出版社，2013.

在日常工作及非正式场合的社交活动中，男士可穿西服便装。西服便装的上下装不要求严格配套一致。颜色可上浅下深，面料也可以上柔下挺。可以衬衫、领带配西裤，也可以不扎领带、不穿衬衫，而穿套头衫或毛衣。

此外，男士参加社交活动时也可穿中山装、民族服装，尤其是在国内参加活动时，如庆典仪式（包括吊唁活动）、正式宴会、领导人会见国宾等隆重活动。穿中山装时应选择上下同色同质的深色毛料中山装，一般配以黑色皮鞋。中山装上装要平整、挺括，裤子要有裤线。穿着时要扣好领扣、领钩、裤扣。

在非正式社交场合中，男士也可穿夹克衫等便装，但同样应注意服装的清洁与整齐。男士外出还可准备一件大衣或风衣，但在正式场合一般不宜穿风衣或大衣。在需要室外活动的场合，大衣或风衣既可挡风保暖，又可增添不少潇洒的风采。

（5）女士套裙的穿着。正规场合女士要穿西服套裙，应讲究配套，款式较简洁，色彩较单纯，以充分表现出女士的精明强干、落落大方。

女王的着装

英国女王伊丽莎白二世（Elizabeth Ⅱ）访问中国期间，走出机舱门第一个亮相，穿的是正黄色西服套裙，戴正黄色帽子。这位女王本人喜欢红色和天蓝色，很少穿黄衣服。但在中国，几千年的历史上黄色是皇帝的专用色。女王来中国访问穿正黄色，既表示尊重中国的传统习俗，又显示了她作为一国君主的高贵身份。

第一，选择合适的套裙。

面料：最好是纯天然质地、质量上乘的面料。上衣、裙子及背心等应选用同一种面料。在外观上，套裙所用的面料讲究的是匀称、平整、滑润、光洁，不仅要有弹性、手感好，而且应当不起皱、不起毛、不起球。

色彩：应当以冷色调为主，借以体现着装者的典雅、端庄与稳重。一套套裙的全部色彩不要超过两种，不然就会显得杂乱无章。

图案：按照常规，商界女士在正式场合穿着的套裙不带任何图案。

点缀：不宜添加过多的点缀。一般而言，以贴布、绣花、花边、金线、彩条、亮片、珍珠、皮革等点缀或装饰的套裙都不适宜商界女士穿着。

尺寸：上衣不宜过长，下裙不宜过短。裙子下摆恰好达小腿最丰满处，是最标准、最理想的裙长。此外，紧身式上衣显得较为正统，松身式上衣则看起来更加时髦一些。

造型：H形上衣较为宽松，裙子多为筒式，这种款式显得优雅、含蓄，可以为身材肥胖者避短；X形上衣多为紧身式，裙子大多为喇叭式，这种款式可以突出着装者腰部的纤细，看上去婀娜多姿，魅力无穷；A形上衣为紧身式，裙子则为宽松式，这种款式可以适当地遮掩下半身的缺陷，适合上身苗条但臀部大或腿粗的女士；Y形上衣为松身式，裙子多为紧身式，并以筒式为主，这种款式可以遮掩上半身的缺陷，使上半身略胖而下半身苗条的着装者看上去亭亭玉立，端庄大方。

款式：套裙款式的变化主要体现在上衣和裙子方面。上衣的变化主要体现在衣领方面，除常见的平驳领、驳领、一字领、圆领之外，青果领、披肩领、燕翼领等也并不罕见。常见的裙子式样包括西装裙、一步裙、筒式裙等，款式端庄、线条优美；百褶裙、旗袍裙、A字裙等，飘逸洒脱、高雅漂亮。

第二，选择和套裙配套的衬衫。与套裙配套穿着的衬衫有不少讲究。从面料上讲，主要讲求轻薄而柔软，如真丝、麻纱、府绸、罗布、涤棉等，都可以用作其面料。从色彩上讲，则要求雅致而端庄，不失女性的妩媚。除了作为"基本款"的白色外，其他各式各样的色彩，包括流行的在内，只要不是过于鲜艳，并且与所穿套裙的色彩不相互排斥（要么外深内浅，要么外浅内深，形成两者的深浅对比），均可选用。不过，还是以单色为最佳之选。

第三，选择和套裙配套的内衣。一套内衣往往由胸罩、内裤以及腹带、吊袜带、连体衣等构成。内衣应当柔软贴身，并且起着支撑和烘托女性线条的作用。有鉴于此，选择内衣时，最关键的是要使之大小适当。

内衣所用的面料，以纯棉、真丝等为佳。它的色彩可以是常规的白色、肉色，也可以是粉色、红色、紫色、棕色、蓝色、黑色。不过，一套内衣最好为同一色，而且其各个组成部分亦最好为单色。就图案而论，着装者完全可以根据个人爱好加以选择。

内衣的具体款式甚多，在进行选择时，应特别注意的是穿上内衣之后，不应当使它的轮廓一目了然地在套裙之外展现出来。

第四，选择合适的鞋袜。选择鞋袜时，首先要注意材质。女士所穿的与套裙配套的鞋子，宜为皮鞋，且以牛皮鞋为上品；所穿的袜子，可以是丝袜或羊毛袜。

对于鞋袜的色彩，则有许多特殊的要求。与套裙配套的皮鞋，以黑色最为正统。此外，与套裙色彩一致的皮鞋亦可选择。但是鲜红、明黄、艳绿、浅紫的鞋子，应尽量避色。穿套裙时所穿的袜子，常规选择有肉色、黑色、浅灰色、浅棕色等，并以单色为宜。多色袜、彩色袜，以及白色、红色、蓝色、绿色、紫色等色彩的袜子，都是不适宜的。

鞋袜在与套裙搭配穿着时，要注意其款式。与套裙配套的鞋子，宜为高跟、半高跟的船式皮鞋或盖式皮鞋。系带式皮鞋、丁字式皮鞋、皮靴、皮凉鞋等，都不宜采用。高筒袜与连裤袜，是套裙的标准搭配。中筒袜、低筒袜，不宜与套裙同时穿着。

3）举止礼仪

一个人举止端庄、行为文明、动作规范，是素养良好的表现，它能帮助个人树立美好形象，也能为组织赢得美誉；反之，则会损害组织的形象。

礼仪小故事6-3　　　　　　　　　**一口痰毁了一项合同**

经过艰难的谈判，中国长江医疗机械厂即将与美国客商约瑟（Jose）先生签订"输液管"生产线的合同。然而，在参观车间时，厂长陋习难改，在地上吐了一口痰。约瑟看后一言不发，掉头就走，只留给厂长一封信："我十分钦佩您的才智和精明，但您吐痰的一幕使我彻夜难眠。一个厂长的卫生习惯能够反映一个工厂的管理水准，况且我们合作的产品是用来治病的，人命关天。请原谅我的不辞而别，否则上帝都会惩罚我的。"

一口痰毁了一项合同，可见，日常举止是礼仪的一个重要组成部分。端庄的举止、文明的行为体现在日常生活的方方面面，交际中更要求人们的举止有一定的约束，不拘小节、行为莽撞、举止失措的"冒失鬼"是不受欢迎的。因此，在交际中我们要努力克服不良举止。

资料来源　杨友苏，石达平.品礼：中外礼仪故事选评［M］. 上海：学林出版社，2008.

（1）冒失的行为。行为冒失的人，往往"目中无人"，以自我为中心，不考虑自己的行为是否会对他人造成影响。他们的行为特征是手脚太"快"、动作太"硬"、幅度太"大"。有些人是手脚冒失，如在庄重肃穆的场合，他们往往会蹿来蹿去；展览会上的展品他会随便去摸；进别人的房间时，往往忘了敲门；由于手脚冒失经常将物品损坏。有些人是语言冒失，他们常常说话不看对象、不分场合、不讲分寸，结果常常闹出笑话或得罪人。例如，初次相识，他们便会向对方提出一些不恰当的问题或要求；连别人是否结了婚都没搞清楚，便贸然问人家的孩子是男孩还是女孩；一不小心言语就伤害了别人的自尊心等。有人认为这是性格粗犷、豪爽仗义，其实不然，这些冒冒失失的行为举止正表现出其在礼仪方面的修养很不成熟。

（2）公共场合大声说话。在公共交通工具、餐厅、剧院、电梯等地方经常可以看到一些人大声交谈，即使是一些很隐私的问题，他们也旁若无人地大声交流。这必将影响周围人的心情、思绪，有时甚至让听者感到难堪。所以，在公共场合应注意控制自己说话的音量，以免干扰别人。如果可以找到一个不影响他人的区域，最好到这样的区域去谈话。

（3）随地吐痰，乱扔垃圾。吐痰是最容易直接传播细菌的途径，随地吐痰是非常没有礼貌而且绝对影响环境、影响我们的身体健康的行为。如果要吐痰，应该把痰吐在纸巾上，丢进垃圾箱，或去洗手间吐痰，但不要忘记清理痰迹和洗手。随手扔垃圾也是应当受到谴责的不文明的行为之一。

（4）当众搔痒。搔痒的举止很不文雅。引起瘙痒的原因很多，出现这些情况时，要按所处场合来灵活掌握。如果处在极严肃的国际商务谈判场合，应稍加忍耐；如果实在是忍无可忍，则只有离席到较为隐蔽的地方去挠一下，然后赶紧回来。一般来说，在公共场合不得用手抓挠身体的任何部位。因为不管怎么说，抓挠的动作都是不雅的。

（5）当众嚼口香糖。有些人必须嚼口香糖以保持口腔卫生，那么，应当注意在别人面前的形象。咀嚼的时候闭上嘴，不能发出声音，并把嚼过的口香糖用纸包起来，扔到垃圾箱里。

（6）当众挖鼻孔、掏耳朵。有些人用手指当众挖鼻孔或用耳勺、牙签、发夹等当众掏耳朵，这是很不好的习惯，尤其是在餐厅或茶坊，客人正在进餐或饮茶，这种不雅的小动作往往令谈判对方感到非常恶心。

（7）当众挠头皮。有些头皮屑多的人，因为头皮发痒往往在公共场合忍不住挠起头来，顿时头皮屑飞扬四散，令旁人大感不快，特别是在庄重的国际商务谈判场合，这样是很难得到对方谅解的。

（8）在公共场合抖腿。有些人坐着时会有意无意地抖动双腿，或者让跷起的腿像钟摆似的来回晃动，而且自我感觉良好，以为无伤大雅。其实，这会令人觉得很不舒服。记住，这不是文明的表现，也不是优雅的行为。

礼仪小故事6-4　　　　　我的财都被他抖掉了

有一位华侨到国内洽谈合资业务，洽谈了好几次，最后一次来之前，他对朋友说："这是我最后一次洽谈了，我要跟他们的最高领导谈，谈得好，就可以拍板。"过了两个星期，他和朋友相遇，朋友问："谈成了吗？"他说："没谈成。"朋友问其原因，他回答："对方很有诚意，进行得也很好，就是跟我谈判的这个领导坐在我的对面，当他跟我谈判时，不时地抖着他的双腿，我觉得还没有跟他合作，我的财就都被他抖掉了。"

资料来源　佚名.被"抖掉"的合同［EB/OL］.［2008-08-14］. http://wmliyi.blog.sohu.com/97194059.html.

（9）当众打哈欠。在国际商务谈判场合，打哈欠给对方的感觉是对所讲话题不感兴趣，表现出很不耐烦的样子。因此，如果控制不住要打哈欠，一定要马上用手盖住嘴，并立即说"对不起"。

（10）体内发出各种声响。生活经验告诉我们，任何人对发自别人体内的声响都不欢迎，如咳嗽、喷嚏、打嗝、响腹、放屁等。总之，大庭广众之下一定要注意克服。

（11）公共场合吃零食。公共场合吃零食，既不雅观也不卫生，为了维护自身的良好形象，在严肃的谈判场合，绝对不要吃零食。

（12）剔牙不掩饰。宴会上实在需要剔牙，应注意剔牙时不要露出牙齿，而且不要把碎屑乱吐，最好用左手掩嘴，头略向侧偏，吐出碎屑时用纸巾接住。

（13）频频看表。在与人交谈时，如果无其他重要约会，最好少看自己的手表。这样的小动作会使对方认为你还有什么重要的事情，不会使谈话继续下去；同时，你的这种小动作可能引起对方的误会，认为你没有耐心再谈下去。如果你确实有事在身的话，不妨委婉地告诉对方改日再谈，并表示歉意。

（14）在大庭广众之下行为要稳妥。在大庭广众之下要保持行为举止的稳重大方。例如，不要趴在或坐在桌子上；不要在他人的面前躺在沙发里；遇到急事时，要沉住气，不要慌张奔跑，表现出急不择路的样子。否则，这些不稳妥的举止就会影响自身的交际形象。

此外，参加正式活动前吃带有刺激性气味的食品、公共场合对别人品头论足等也是必须克服的不良举止。

小贴士6-2　　谈判中必须注意对方的8个动作

（1）摇头晃脑。日常生活中常见有人摇头或点头以示自己对某事物的看法，这种人特别自信，以至于有些唯我独尊。他们在社交场合很会表现自己，对事业执着追求的精神常令人赞叹。

（2）边说边笑。这种人与你交谈时，你会觉得非常轻松愉快。他们大都性格开朗，对生活要求从不苛刻，很注意"知足常乐"，富有人情味。感情专一，对友情、亲情特别珍惜。人缘较好，喜爱平静的生活。

（3）掰手指节。这种人习惯于把自己的手指掰得咯嗒咯嗒地响。他们通常精力旺盛，非常健谈，喜欢钻"牛角尖"。对事业、工作环境比较挑剔，如果是他喜欢做的事，他会不计任何代价而努力地去做。

（4）腿脚抖动。这类人总是喜欢用脚或脚尖使整个腿部抖动，最明显的表现是自私，很少考虑别人，凡事从利己角度出发，对别人很吝啬，对自己却很大方。但是这类人很善于思考，能经常提出一些意想不到的问题。

（5）拍打头部。这个动作多数时候的意义是表示懊悔和自我谴责。这种人不太注重感情，而且对人苛刻，但对事业有一种开拓进取的精神。他们一般心直口快，为人真诚，富有同情心，愿意帮助他人，但守不住秘密。

（6）摆弄饰物。有这种习惯的人多数是女性，而且一般都比较内向，不轻易使感情外露。他们的另一个特点是做事认真踏实，大凡有座谈会、晚会或舞会，人们都散了，但最后收拾打扫会场的总是他们。

（7）耸肩摊手。习惯于这种动作的人，通常是摊开双手耸耸肩膀，表示自己无所谓的样子。他们大都为人热情，而且诚恳，富有想象力。会创造生活，也会享受生活，他们追求的最大幸福是生活在和睦、舒畅的环境中。

（8）抹嘴捏鼻。习惯于抹嘴捏鼻的人，大都喜欢捉弄别人，却又不"敢作敢当"，喜欢哗众取宠。这种人最终是被人支配的人，别人要他做什么，他就可能做什么，购物时常拿不定主意。

资料来源　王晓.现代商务谈判［M］.北京：高等教育出版社，2007.

4）称呼礼仪

在国际商务交往中，交往的双方见面时，如何称呼对方，取决于双方之间的亲疏、了解程度、尊重与否及个人修养等。一个得体的称呼，会令彼此如沐春风，为以后的交往打下良好的基础。而不恰当或错误的称呼，可能会令对方心里不悦，影响到彼此的关系乃至交际的成功。一个得体的称呼可谓交际的"敲门砖"！

礼仪小故事6-5　　　　　　　　　　　　亲爱的姑妈

在汉语词汇里，"娘"和"妈"是同义词，都指母亲。一位到中国学汉语的英国留学生，在校园里看上了一位漂亮的中国女生。于是他给这位女生写求爱信，但一时忘了"娘"字怎么写，便自作聪明，以"妈"代"娘"，于是情书的开头："亲爱的姑妈……"

资料来源　佚名.看外国人学汉语的小笑话［EB/OL］.［2009-02-05］. http://www.jj59.com/gaoxiaowenzhang/3578/.

（1）称呼姓名。一般的同事、同学关系，彼此之间均可直呼其姓名，如"王小平""赵大亮""刘军"。长辈对晚辈也可以如此称呼，但晚辈对长辈却不能这样做。为了表示亲切，可以在被称呼者的姓名前分别加上"老""大"或"小"字，而免称其名，如对年长于己者，可称"老张""大李"；对年幼于己者，可称"小吴""小周"。但这种称呼在职业人士间常见，不适合在校学生。对朋友、熟人，若关系较为亲密，可以不称其姓，而直呼其名，如"春光""俊杰"。

（2）称呼职务。在工作中，以对方的职务相称，以示身份有别、敬意有加，这是一种最常见的称呼方法。具体做法是：可以只称呼职务，如"局长""经理""主任"等；也可以在职务前加上姓氏，如"王总经理""李市长""张主任"等；还可以在职务之前加上姓名，这仅适用于极其正式的场合，如"×××主席""×××省长""×××书记"等。

（3）称呼职称。对于有职称者，尤其是有高级、中级职称者，可以在工作中直接以其职称相称。可以只称职称，如"教授""研究员""工程师"等；也可以在职称前加上姓氏，如"张教授""王研究员""刘工程师"，当然有时也可以简化，如将"刘工程师"简化为"刘工"，但使用简称应以不产生误会、歧义为限；还可以在职称前加上姓名，它适用于十分正式的场合，如"王久川教授""周蕾主任医师""孙小刚编审"等。

（4）称呼学位。在工作中，以学位作为称呼，可增加被称呼者的权威性，有助于增强现场的学术氛围。可以在学位前加上姓氏，如"张博士"；也可以在学位前加上姓名，如"张明博士"。称呼学位一般仅限于拥有博士学位者，对学士学位、硕士学位拥有者不这样称呼。

（5）称呼职业。称呼职业，即直接以被称呼者的职业作为称呼。例如，将教员称为"老师"，将教练员称为"教练"或"指导"，将法庭辩护人员称为"律师"，将财务人员称为"会计"，将医生称为"大夫"或"医生"等。一般情况下，在此类称呼前均可加上姓氏或姓名。

（6）称呼亲属。亲属，即与本人拥有直接或间接血缘关系者。在日常生活中，对亲属的称呼也已约定俗成，人所共知。面对外人，对亲属可根据不同情况采取谦称或敬称。对本人的亲属应采用谦称。对辈分或年龄高于自己的亲属，可以在其称呼前加"家"字，如"家父""家叔"；对辈分或年龄低于自己的亲属，可在其称呼前加"舍"字，如"舍弟""舍侄"；称自己的子女，则可在其称呼前加"小"字，如"小儿""小女"。对他人的亲属，则应采用敬称。对其长辈，宜在称呼前加"尊"字，如"尊母""尊父"；对其平辈或晚辈，宜在称呼之前加"贤"字，如"贤妹""贤侄"；若在其亲属的称呼前加"令"字，一般可不分辈分与长幼，如"令堂""令爱""令郎"。

（7）涉外称呼。在涉外交往中，一般对男子称先生，对女子称夫人、女士或小姐。已婚女子称夫人，未婚女子称小姐；对婚姻状况不明的女子称"小姐"或"女士"。在西方国家，凡是举行过宗教结婚仪式的人，都习惯在无名指上戴一枚戒指，男子戴在左手，女子戴在右手，所以对外宾的称呼可以此而定。以上是根据性别和婚姻状况来称呼，使用起来具有普遍性。

5）介绍礼仪

介绍是社交活动中最常见也是最重要的礼节之一，它是初次见面的陌生的双方开始交往的起点。介绍在人与人之间起桥梁与沟通作用，几句话就可以缩短人与人之间的距离，为进一步交往开个好头。

（1）自我介绍。在不同场合，遇到对方不认识自己，而自己又有意与其认识，当场没有他人从中介绍时，往往需要自我介绍。自我介绍要注意如下几个方面：

第一，把握自我介绍的时机。需要自我介绍的交际场合或时机包括：与不相识者同处一室；不相识者对自己很有兴趣；他人请求自己作自我介绍；在聚会上与身边的陌生人共处；打算介入陌生人组成的交际圈；求助的对象对自己不甚了解，或一无所知；前往陌生单位进行业务联系；在旅途中与他人不期而遇而又有必要与人接触；初次登门拜访不相识的人；利用社交媒介，如信函、电话、电子邮件、QQ、微信，与其他不相识者进行联络时；初次利用大众传媒，如报纸、杂志、广播、电视、电影、标语、传单，向社会公众进行自我推介、自我宣传时。

第二，选择自我介绍的方式。自我介绍的方式主要有以下几种：

• 应酬式的自我介绍。这种自我介绍的方式最简洁，往往只包括姓名一项即可。如"您好！我叫王平"。它适合于一些公共场合和一般性的社交场合，如途中邂逅、宴会现场、舞会、通电话时。它的对象主要是一般接触的交往者。

• 工作式的自我介绍。工作式的自我介绍的内容，包括本人姓名、供职的单位及部门、担任的职务或从事的具体工作等三项。例如，"我叫唐婷，是大地广告公司的客户经理"。

• 交流式的自我介绍。这种介绍也叫社交式自我介绍或沟通式自我介绍，是一种刻意寻求交往对象进一步交流沟通，希望对方认识自己、了解自己，与自己建立联系的自我介绍。介绍内容大体包括本人的姓名、工作、籍贯、学历、兴趣以及与交往对象的某些熟人的关系等。例如，"我的名字叫陈友，是招商银行的理财顾问，说起来我跟您还是校友呢"。

• 礼仪式的自我介绍。这是一种表示对交往对象友好、尊敬的自我介绍。这种介绍适用于讲座、报告、演出、庆典、仪式等正规的场合，内容包括姓名、单位、职务等项。在进行这种自我介绍时，还应多加入一些适当的谦辞、敬语，以示自己尊敬交往对象。例如，"女士们、先生们，大家好！我叫宋河，是精英文化公司的常务副总。值此公司周年庆之际，我谨代表本公司热烈欢迎各位来宾莅临指导，谢谢大家的支持"。

• 问答式的自我介绍。针对对方提出的问题，作出自己的回答。这种方式适用于应试、应聘和公务交往，在一般交际应酬场合也时有所见。例如，对方发问："这位先生贵姓？"回答："免贵姓张，弓长张。"

第三，掌握自我介绍的分寸。首先，语言要力求简洁。要节省时间，通常以半分钟左右为佳，如无特殊情况最好不要长于1分钟。为了提高效率，在作自我介绍时，可利用名片、介绍信等资料加以辅助。其次，态度要友好自信。态度要保持自然、友善、亲切、随和，整体上讲求落落大方、笑容可掬。要充满信心和勇气，敢于正视对方的双眼，显得胸有成竹、从容不迫。语气自然，语速正常，语言清晰。最后，内容要追求真实。进行自我介绍时所表达的各项内容，一定要实事求是，真实可信。过分谦虚，一味贬低自己去讨好别人，或者自吹自擂、夸大其词，都是不足取的。

（2）他人介绍。他人介绍即社交中的第三者介绍。在他人介绍中，为他人作介绍的人一般有社交活动中的东道主、社交场合中的长者、家庭聚会中的女主人、公务交往活动中的公关人员（礼宾人员、接待人员、文秘人员）等。他人介绍要注意如下三个方面：

第一，他人介绍的时机。他人介绍的时机包括：在家中或办公地点接待彼此不相识的客人；与家人外出，路遇家人不相识的同事或朋友；陪同亲友，前去拜会亲友不认识的人；陪同上司、来宾时，遇见了其不相识者，而对方又跟自己打了招呼；打算推介某人加入某一交际圈；收到为他人作介绍的邀请等。

第二，他人介绍的顺序。一般来说，在被介绍的两个人中，应让女士、长者、位尊者拥有"优先知晓权"。例如，介绍年长者与年幼者认识时，应先介绍年幼者，后介绍年长者；介绍长辈与晚辈认识时，应先介绍晚辈，后介绍长辈；介绍老师与学生认识时，应先介绍学生，后介绍老师；介绍女士与男士认识时，应先介绍男士，后介绍女士；介绍已婚者与未婚者认识时，应先介绍未婚者，后介绍已婚者；介绍同事、朋友与家人认识时，应先介绍家人，后介绍同事、朋友；介绍来宾与主人认识时，应先介绍主人，后介绍来宾。

在进行集体介绍时要注意以下几点：①少数服从多数。当被介绍者双方地位、身份大致相似时，应先介绍人数较少的一方。②强调地位、身份。若被介绍者双方地位、身份存在差异，虽人数较少或只有一人，也应将其放在尊贵的位置，最后加以介绍。③单向介绍。在演讲、报告、比赛、会议、会见时，往往只需要将主角介绍给广大参加者。④人数较多一方的介绍。若一方人数较多，可采取笼统的方式进行介绍，如"这是我的家人""这是我的同学"。⑤人数较多各方的介绍。若被介绍的不止两方，需要对被介绍的各方进行位次排列。排列的方法是：A.以其负责人身份为准；B.以其单位规模为准；C.以单位名称的英文字母顺序为准；D.以抵达时间的先后顺序为准；E.以座次顺序为准；F.以距介绍者的远近为准。

第三，他人介绍的细节。细节决定成败，在介绍时还要注意如下细节，只有这样，才能取得良好的交际效果：

● 介绍者为被介绍者介绍之前，一定要征求被介绍双方的意见，切勿开口即讲，这样显得很唐突，让被介绍者感到措手不及。

● 被介绍者在介绍者询问自己是否有意认识某人时，一般不应拒绝，而应欣然应允。实在不愿意时，则应说明理由。

● 介绍人和被介绍人都应起立，以示尊重和礼貌；待介绍人介绍完毕后，被介绍双方应微笑点头示意或握手致意。

● 在宴会、会议桌、谈判桌上，视情况介绍人和被介绍人可不必起立，被介绍双方可点头微笑致意；如果被介绍双方相隔较远，中间又有障碍物，可举起右手致意，或点头微笑致意。

● 介绍完毕后，被介绍双方应依照合乎礼仪的顺序握手，并且彼此问候对方。问候语有"您好，很高兴认识您""久仰大名""幸会幸会"等，必要时还可以进一步作自我介绍。此外，介绍时不要开玩笑，不要使用易产生歧义的简称，特别是在首次介绍时要准确地使用全称。

礼仪小故事6-6　　　　　　　　　　　不注重细节的小李

　　小李从某职业技术学院市场营销专业毕业两年多了，目前在一家中型私营企业从事销售工作。工作中，小李很勤奋很努力，业务做得也还算顺利，但是他有个缺点，就是不注重细节，和客户打交道时常出小差错，为此不知道被部门领导说过多少次。这次小李陪同自己的部门经理去拜见甲方负责人，由于先前小李和甲方负责人有过几次接触，所以双方一见面，小李就指着甲方负责人对自己的经理说："张经理，他就是徐总经理……"说者无心听者有意，徐总经理的眉头微微皱了一下，接下来和张经理谈话不是很热情，交流很快就结束了。小李感到很迷茫，心想徐总经理平时感觉挺好的，今天怎么会这样呢。返回的路上，张经理指出了小李的问题所在。

资料来源　佚名.职场礼仪［EB/OL］.［2014-03-22］. http://www.doc88.com/p-0991980938187.html.

6）握手礼仪

当今，握手已成为世界上最为普遍的一种礼节，其应用的范围远远超过了鞠躬、拥抱、亲吻等。在日常交际中，我们必须注意握手的基本礼节。

（1）握手的次序。根据礼仪规范，握手时双方伸手的先后次序，一般应当遵守"尊者先伸手"的原则，由位尊者首先伸出手来，位卑者只能在此后予以响应，而绝不可贸然抢先伸手，不然就是违反礼仪的举动。其基本规则如下：

第一，男女之间握手。社交场合男女之间握手，男士要等女士先伸出手后才握手。如果女士不伸手或无握手之意，男士应向对方点头致意或微微鞠躬致意。男女初次见面，女方可以不和男士握手，只是点头致意即可。男女握手时，男士要脱帽和脱右手手套，如果匆匆忙忙来不及脱，要道歉。女士除非对长辈，一般可不必脱手套。

小贴士 6-3　　　　　　　　　　　公务场合男女之间握手

在社交场合男女之间握手主要取决于双方的年龄和性别，而在公务场合握手的顺序主要取决于双方的身份、地位。例如，一位年长、职位低的女士与一位年轻的、职位高的男士的握手，在公务场合，应该是这位男士先伸手，而不是女士先伸手。

第二，宾主之间握手。宾主之间握手，主人有向客人先伸出手的义务。在宴会厅、宾馆或机场接待宾客，当客人抵达时，不论对方是男士还是女士，女主人都应该主动先伸出手。主人若是男士，尽管对方是女宾，也可先伸出手，以表示对客人的热情欢迎。而在客人告辞时，则应由客人首先伸出手来与主人相握，在此表示的是"再见"之意。

第三，长幼之间握手。长幼之间握手，年幼的一般要等年长的先伸手。和长辈及年长的人握手，不论男女，都要起立趋前，并要脱下手套，以示尊敬。

第四，上下级之间握手。上下级之间握手，下级要等上级先伸出手，但涉及宾主关系时，可不考虑上下级关系，做主人的应先伸手。

第五，一个人与多人握手。若是一个人需要与多人握手，则握手时也应讲究先后次序，由尊而卑，即先年长者后年幼者，先长辈后晚辈，先老师后学生，先女士后男士，先已婚者后未婚者，先上级后下级，先职位、身份高者后职位、身份低者。

（2）握手的方式。握手的标准方式，是在距握手对象约1米处，双腿立正，上身略向前倾，伸出右手，四指并拢，拇指张开与对方相握。握手时应用力适度，上下稍许晃动三四次，随后松开手来，恢复原状。具体应注意如下三点：

第一，神态。与人握手时神态应专注、热情、友好、自然。在通常情况下，应面带微笑，目视对方双眼，并且口道问候。在握手时切勿表现出三心二意、敷衍了事、漫不经心、傲慢冷淡。如果在此时迟迟不握他人早已伸出的手，或是一边握手，一边东张西望，目中无人，甚至忙于跟其他人打招呼，都是极不应该的。

第二，力度。握手时用力应适度，不轻不重，恰到好处。如果手指轻轻一碰，刚刚触及就离开，或是懒散地慢慢相握，缺少应有的力度，会给人勉强应付、不得已而为之之感。一般来说，手握得紧表示热情。男人之间可以握得较紧，甚至另一只手也加上，握对方的手大幅度上下摆动，或者在手相握时，另一只手握住对方胳膊肘、小臂甚至肩膀，以表示热情。但是注意既不能握得太用力，使人感到疼痛，也不能显得过于柔弱，不像个男子汉。对女性或陌生人，轻握会显得不热情，尤其是男性与女性握手应热情、大方，用力适度。

第三，时间。握手通常是握紧后打过招呼即松开。但如果是亲密朋友意外相遇、敬慕已久而初次见面、至爱亲朋依依惜别、衷心感谢难以表达等情境，握手时间则可长一些，甚至紧握不放，话语不休。在公共场合，如列队迎接外宾，握手的时间一般较短。握手的时间应根据与对方的亲密程度而定。

（3）握手的禁忌。在交际中，握手虽然司空见惯，看似寻常，但是由于它可被用来传递多种信息，因此在行握手礼时应努力做到合乎规范，并且注意下面几点：

第一，不要用左手与他人握手，尤其是在与阿拉伯人、印度人打交道时要牢记这一点，因为在他们看来左手是不洁的。

第二，不要在握手时争先恐后，而应当遵守秩序，依次而行。特别要记住，与基督教信徒交往时，要避免两人握手时与另外两人相握的手形成交叉状，这类似十字架，在基督教信徒眼中是很不吉利的。

第三，不要戴着手套握手，在社交场合女士的晚礼服手套除外。

第四，不要在握手时戴着墨镜（患有眼疾或眼部有缺陷者例外）。

第五，不要在握手时将另外一只手插在衣袋里。

第六，不要在握手时另外一只手依旧拿着香烟、报刊、公文包、行李等东西而不肯放下。

第七，不要在握手时面无表情，不置一词，好似根本无视对方的存在，而纯粹是为了应付。

第八，不要在握手时长篇大论、点头哈腰、滥用热情，显得过分客套，这会让对方不自在、不舒服。

第九，不要在握手时把对方的手拉过来、推过去，或者上下左右抖个没完。

第十，不要在与人握手之后，立即揩拭自己的手掌，好像与对方握一下手就会使自己被污染似的。

礼仪小故事6-7　　　　　　　　不懂握手规矩的小李

小李大学毕业后被恒达商业集团公司录用，并被安排在办公室工作。一次，单位接到一个通知，说某省考察团要来拜访，单位领导非常重视，让办公室认真准备接待工作。办公室主任把这次接待任务交给了小李，特意叮嘱他不能出现任何差错。经过多方请教和努力，小李很快拟订了一个极其详尽而且合理的接待方案，递交上去后，得到了办公室主任的认可和赞赏。

巧合的是小李与这次来访的考察团团长非常熟识，故被列为主要迎宾人员并陪同有关部门领导前往机场迎接贵宾。当考察团团长率领其他工作人员到达后，小李面带微笑，热情地走上前去，先于各位领导与考察团团长握手致意，然后转身向自己的领导介绍这位考察团团长，接着又热情地向考察团团长介绍了随自己同来的部门领导。小李自以为此次接待相当顺利，但他的某些举动却令其领导十分不满。

资料来源　佚名.商务礼仪［EB/OL］.［2017-11-09］. https://max.book118.com/html/2017/1109/139491185.shtm.

问题：小李的举动为什么会令其领导不满？小李的问题何在？

7）名片递接礼仪

（1）递交名片。名片的持有者在递交名片时动作要洒脱、大方，态度要从容、自然，表情要亲切、谦恭。应当事先将名片放在身上易于掏出的位置，取出名片后先郑重地握在手里，然后再在适当的时机得体地交给对方。

递交名片的姿势是：要双手递过去，以示尊重对方。将名片放置手掌中，用拇指夹住名片，其余四指托住名片反面，名片的文字要正向对方，以便对方观看。若对方是外宾，则最好将名片上印有对方认得的文字的那一面面对对方。递交名片的同时讲些"请多联系""请多关照""我们认识一下吧""有事可以找我"之类友好客气的话。

递交名片的时间，应当根据具体情况而定。如果名片持有者与人事先有约，一般可在告辞时再递上名片。如果双方只是偶然相遇，则可在相互问候，得知对方有与你交往的意向时，再递交名片。

与多人交换名片时，要注意讲究先后次序，或由近及远，或由尊及卑。一定要依次进行，切勿采取"跳跃式"，当然也没有必要像散发传单似的，站在人流拥挤处随意滥发名片。

（2）接受名片。接受他人名片时，应恭恭敬敬，双手捧接，并道感谢。接受名片者应当首先认真地看看名片上所显示的内容，可以从上到下、从正面到反面看一遍；必要时还可把名片上的姓名、职务（较重要或较高的职务）读出声来，如"您就是张总啊"，以表示对赠送名片者的尊重，同时也加深了对名片的印象。最后把名片细心地放进名片夹或笔记本、工作证里夹好。

在收到别人给的名片后，如有不认识或读不准的字要虚心请教。请教他人的姓名，丝毫不会降低你的身份，反而会使人觉得你是一个对待事情很认真的人，从而增加对你的信任。

接受名片时应避免：马马虎虎地用眼睛瞄一下，然后顺手不经意地塞进衣袋；随意往裤子口袋一塞、往桌上一扔；名片上压东西、滴到了菜汤油渍；离开时把名片忘在桌子上。名片是一个人人格的象征，这些行为是对其人格的不尊重，从而使人感到不快。

当然在收到别人的名片后，也要记住回敬别人自己的名片，因为只收别人的名片，而不拿出自己的名片，是无礼拒绝的表现。

礼仪小故事6-8　　　　　　　　　　　　　　细节体现教养

两位商界的老总，经中间人介绍，相聚谈一笔生意。这是一笔双赢的生意，如果合作得好，双方都能获得很高的利润。看到美好的合作前景，双方的积极性都很高。A老总首先拿出友好的姿态，恭恭敬敬地递上了自己的名片；B老总单手把名片接过来，一眼没看就放在了茶几上。接着他拿起了茶杯喝了几口水，随手又把茶杯压在名片上。A老总看在眼里，随口说了几句话，便起身告辞。

事后，他郑重地告诉中间人，这笔生意他不做了。当中间人将这个消息告诉B老总时，他简直不敢相信自己的耳朵，一拍桌子说："不可能！哪有见钱不赚的人？"打通A老总的电话，一定要他讲出个所以然来。A老总道出了实情："接我名片的动作中，我看到了我们之间的差距，并且预见到了未来的合作还会有许多不愉快，因此，还是早放弃的好。"闻听此言，B老总放下电话，痛惜失掉的生意，为自己的失礼感到羞愧。

递送名片时要注意礼节，接受名片的一方同样要遵守应有的礼仪规范，勿以善小而不为，勿以恶小而为之，细节体现教养，细节决定成败。

资料来源　佚名.接待实务［EB/OL］.［2017-08-24］. http://www.doc88.com/p-24756189214-12.html.

6.2　日常礼仪

1）馈赠的礼仪

中华民族素来重视交情，古代就有"礼尚往来"之说。亲友和商务伙伴之间的正当馈赠是礼仪的体现、感情的物化。在正常的国际商务交际活动中，用以增进友情的合理、适度的赠礼与受礼是必要的。

（1）馈赠礼品的特性。国际商务场合馈赠礼品要突出以下特性：第一，情感性。馈赠礼品要重视其情感意义，选择礼品时，勿忘一个"情"字。第二，独创性。送人礼品，与做其他许多事情一样，应尽量避免"老生常谈""千人一面"。选择礼品，应当精心构思，匠心独运，富于创意，力求使之新、奇、特。第三，时尚性。赠送礼品应折射时代风尚。第四，适俗性。挑选礼品时，特别是在为交往不深、外地人士和外国人挑选礼品时，应当有意识地使赠品与对方所在地的风俗习惯一致，在任何情况下，都要坚决避免把对方认为属于伤风败俗的物品作为礼品相赠，这样才表明尊重交往对象。

礼仪小故事6-9　　　　　　　　　　　　　　　尼克松的国礼

1972年，尼克松总统准备访华，急于寻求能代表国家的礼物。美国保业姆公司闻讯后，趁此良机，向尼克松总统献上其公司生产的一尊精致的天鹅群瓷器珍品，因为瓷器的英文是china，也有"中国"的意思。尼克松一见，大喜过望，于是把这尊具有双重意义而且具有很高艺术价值的瓷器珍品带到了中国。

资料来源　佚名.馈赠礼品的标准［EB/OL］.［2009-02-15］. http://news.163.com/08/1002/07/4N7VKVGV000120GU.html.

（2）馈赠礼品的礼仪。送给他人的礼品，尤其是在正式场合赠送于人的礼品，在相赠之前，一般都应当认真进行包装。可用专门的纸张包裹礼品或把礼品放入特制的盒子、瓶子里等。礼品包装像是穿"外衣"，这样才能显得正式、高档，而且还会使受赠者感到自己备受重视。现场赠送礼品时，要神态自然，举止大方。千万不要像做了"亏心事"，手足无措。一般在与对方会面之后，将礼品赠送给对方，届时应起身站立，走近受赠者，双手将礼品递给对方。礼品通常应当递到对方手中，不宜放下后由对方自取。如礼品过大，可由他人帮助递交，但赠送者本人最好还是要参与其中，并援之以手。若同时向多人赠送礼品，最好先长辈后晚辈、先女士后男士、先上级后下级，按照次序有条不紊地进行。当面亲自赠送礼品时要辅以适当的、认真的说明：一是说明因何送礼，若是生日礼物，可说"祝你生日快乐"；二是说明自己的态度，送礼时不要自我贬低，说什么"没有准备，临时才买来的""没有什么好东西，凑合着用吧"，而应当实事求是地说明自己的态度，如"这是我为你精心挑选的""相信你一定会喜欢"等；三是说明礼品的寓意，在送礼时，介绍礼品的寓意，多讲几句吉祥话，是必不可少的；四是说明礼品的用途，对较为新颖的礼品可以说明其用途、用法。

（3）接受礼品的礼仪。一般情况下，对对方真心赠送的礼品不能拒收，因此没完没了地说"受之有愧""我不能收下这么贵重的礼物"这类话不仅是多余的，有时还会使人产生不愉快的感觉。即使礼品不称心，也不能表露在脸上。接受礼品时要用双手，并说上几句感谢的话。千万不要虚情假意，推推躲躲，反复推辞，硬逼对方留下自用；或是心口不一，嘴上说"不要，不要"，手却早早伸了过去。如果条件许可，在接受他人赠送的礼品后，应当尽可能地当着对方的面将礼品包装拆封。这种做法在国际社会是非常普遍的。在拆封时，动作要井然有序、舒缓得当，不要乱扯、乱撕。拆封后不要忘记用适当的动作和语言，表达自己对礼品的欣赏之意，如将他人所送鲜花捧在身前闻闻花香，然后再插入花瓶，并置放在醒目之处。有时候，出于种种原因，不能接受他人相赠的礼品。拒绝时，要讲究方式、方法，处处依礼而行，要给对方留有退路，使其有台阶可下，切忌令人难堪。可以使用委婉的、不失礼貌的语言，向赠送者暗示自己难以接受对方的好意。如对方向自己赠送一部手机，可以告之"我已经有一部了"。还可以直截了当地向赠送者说明自己难以接受礼品的原因，在公务交往中，拒绝礼品时此法最为适用。如拒绝他人所赠的大额贵重礼品时，可以说："依照有关规定，你送我的这件东西，必须登记上缴。"

小贴士6-4　　　　　　　　　　　涉外交往八不送

一是现金和有价证券，以免有行贿受贿之嫌；
二是天然珠宝与金银首饰；
三是药品与营养品；
四是广告性、宣传性物品；
五是易于引起异性误会的物品；
六是为受礼人所忌讳的物品；

七是涉及国家机密或商业秘密的物品；

八是不道德的物品。

资料来源　佚名.涉外交往八不送［EB/OL］.［2010-10-31］. http://www.muping.gov.cn/list.asp?unid=29942.

2）电话礼仪

电话是人们开展交际活动不可缺少的工具，在日常生活和工作交往中，都要利用电话与别人取得联系和交流。据美国《电话综述》（Telephone Review）统计，一个人一生平均有8 760小时在打电话。在可视电话还没普及之时，人们通过电话给人的印象完全靠声音和使用电话时的习惯，要想有"带着微笑的声音"或者通过电话赢得信任，就必须掌握使用电话的礼节与技巧。

（1）电话语言要求。目前大部分电话能传输的信号是声音，但这一信号载体却包含着许多信息。说话人想做什么，要做什么，是高兴还是悲伤，还有对另一方的信任感、尊重感，彼此都可以清晰地得知。这些都取决于电话的语言与声调。因此，电话语言要求礼貌、简洁和明了，以准确地传递信息。

第一，态度礼貌友善。使用电话交谈时，不能简单地将对方视作一个"声音"，而应将其看作是一个正在交谈的人。尤其是对办公人员来说，面对的是组织的一名公众，如果你们是初次交往，那么，这样一次电话接触便是你面对公众的第一次"亮相"，应十分慎重。因此，在使用电话时，应多用肯定语，少用否定语，酌情使用模糊用语；多用些致歉语和请托语，少用些傲慢语、生硬语。礼貌的语言、柔和的声音，往往会给对方以亲切之感。正如日本一位研究传播的权威所说："不管是在公司还是在家庭里，凭这个人在电话里的讲话方式，就可以基本判断出其'教养'的水准。"

第二，传递信息简洁。电话用语要言简意赅，将自己所要讲的事用最简洁明了的语言表达出来。因为通话的一方尽管有诸如紧张、失望而表情异常的体态语言，但通话的另一方不知道，他的判断只能来自他听到的声音。在通话时最忌讳发话人吞吞吐吐，含糊不清，东拉西扯。正确的做法是：问候完毕，即开宗明义，直言主题，少讲空话，不说废话。

第三，控制语速语调。通话时语气温和，语调、语速适中，容易使对方产生愉悦感。如果说话语速太快，则对方会听不清楚，显得应付了事；语速太慢，则对方会不耐烦，显得懒散拖沓；语调太高，则对方听得刺耳，感到刚而不柔；语调太低，则对方会听得不清楚，感到有气无力。一般说话的语速、语调和平常一样就行了，无须大喊大叫，把话筒放在离嘴两三寸的地方，正对着它讲就行了。另外，通电话时，若周围有种种异样的声音，会使对方觉得自己未受尊重而变得恼怒，这时应向对方解释，以保证双方心情舒畅地传递信息。

第四，使用礼貌用语。在电话交际中应使用你好（您好）、请、谢谢、对不起、没关系、再见等礼貌用语，给对方留下美好的印象。

（2）接电话的礼仪。接电话要做到以下几点：

第一，迅速接听。接电话的速度首先要快，力争在铃响三声之前就拿起话筒，这是避免给打电话的人留下不良印象的一种礼貌。电话铃响过三声后才作出反应，会使对方焦急不安或不愉快。正如日本著名社会心理学家铃木健二所说："打电话本身就是一种业务。这种业务的最大特点是无时无刻不在体现每个人的特性。在现代化大生产的公司里，职员的使命之一，是一听到电话铃声就立即去接。"接电话时，应首先自报单位、姓名，如"您好！这是××公司营销部"，然后确认对方，如果对方没有马上进入正题，可以主动请教："请问您找哪位通话？"

第二，积极反馈。作为接听人，在通话过程中，要仔细聆听对方的讲话，并及时作答，给对方以积极的反馈。通话中听不清楚或意思不明白时，要马上告诉对方。在电话中接到对方邀请或会议通知时，应热情致谢。

第三，热情代转。如果对方请你代转电话，应弄明白对方是谁，要找什么人，以便与所找之人联系。此时，可告知对方"稍等片刻"，并迅速找人。如果不放下话筒喊距离较远的人，应用手轻捂话筒或按保留按钮，然后再喊人接电话。如果你因为某些原因决定将电话转到其他部门，应客气地告知对方，你想将电话转到处理此事的部门或适当的职员，如："真对不起，这件事由财务部处理，如果您愿意，我帮您转过去好吗？"

第四，做好记录。如果电话中要找的人不在，应为其做好电话记录，记录完毕，最好向对方复述一遍，以免遗漏或记错。可利用电话记录卡片做好电话记录。

（3）打电话的礼仪。打电话的礼仪包括：

第一，时间适宜。打电话的时间应尽量避开上午7时前、晚上10时后，还应避开吃饭时间。有午休习惯的人，也不要打电话打扰他。电话交谈所持续的时间也不宜过长，事情说清楚就可以了，一般以3～5分钟为宜。因为在办公室打电话，要照顾到其他电话的进出，不可占线过久，更不可将办公电话或公用电话作为聊天工具，这是讨人厌的行为。著名相声表演艺术家马季曾说过一段相声，名叫《打电话》，就是讽刺这种人。

第二，有所准备。通话之前先列出通话要点及询问要点，准备好在应答中使用的备忘纸和笔，以及必要的资料和文件。电话接通之后应该核对对方公司或单位的电话号码、公司或单位的名称及接电话人姓名，估计一下对方情况，决定通话时间。

第三，注意礼节。接通电话后，应主动问好，自报家门和核实对方的身份。应先说明自己是谁，除非通话的对方与你很熟悉，否则就该同时报出你的公司及部门名称，然后再提一下对方的名称。打电话要坚持以"您好"开头，"请"字在中，"谢谢"收尾，态度温文尔雅。若你要找的人不在，可以请接电话的人转告，如"对不起，麻烦您转告×××……"，然后将你所要转告的话告诉对方，并且问清对方的姓名，切不可"咔嚓"一声就把电话挂了，这样做是不礼貌的。即使你不要求对方转告，也应该说一声"谢谢，打扰了"。结束通话时，要道谢和说声再见，这是通话结束的信号，也是对对方的尊重。注意声音要愉快，听筒要轻放。一般来说，应是打电话的人先放下电话，接电话的人再放下电话。但是，假如是与上级、长辈、客户等通话，无论你是接电话人还是打电话人，都最好让对方先挂断。

礼仪小案例6-2 　　　　　　　　　　　　　　　　　一时口误遭冷遇

　　王先生在兴发公司购买的产品出了一点小问题，于是他打电话找兴发公司的业务员寻求解决办法。

　　王先生拨通了兴发公司的电话后，一时口误将兴发公司说成了倾鑫公司。兴发公司的业务员小李一听对方要找的是自己的竞争对手，于是冷冷地说了句"你打错了"，还没等王先生回过神来，便"啪"地一下挂断了电话。对此，王先生觉得心里很不舒服。他之前购买产品时就是与业务员小李联系的，当时小李表现得温文尔雅，而这次就因为一时的口误，小李便表现出这副德行，实在令人寒心。此事之后，王先生再也不想购买兴发公司的产品了。

分析提示6-2

　　资料来源　佚名.商务通信礼仪〔EB／OL〕.〔2016-09-05〕.http://www.doc88.com/p-9824558780438.Html.

　　3）手机礼仪

　　手机是一种移动电话，它已成为现代商务人员使用最频繁的电子通信工具。商务人员在使用手机时，应当注意以下几个方面的礼仪：

　　（1）遵守秩序。使用手机时不允许有意无意地破坏公共秩序，具体来说，此项要求主要指以下几点：

　　在会议中或和别人洽谈的时候，最好把手机关掉，起码也要调到震动状态。这样既显示出对别人的尊重，又不会打断发言者的思路。而那种在会场上铃声不断，像是业务很忙，使大家的目光都转向他的，实际上给人的印象只能是缺少教养。

　　注重手机使用礼仪的人，不会在飞机、剧场、图书馆、医院或其他公众场合接打手机，就是在公交车上大声地接打电话也是有失礼仪的。

　　公共场合特别是楼梯、电梯、路口、人行道等地方，不可以旁若无人地打手机，应该把自己的声音尽可能地压低一下，而绝不能大声说话，同时不要妨碍他人通行。

　　在一些场合，比如在电影院或剧院里打手机是极其不合适的，如果非得回话，可采用静音的方式发送手机短信或微信。

　　在餐桌上，关掉手机或是把手机调到震动状态还是必要的，这可避免他人正吃到兴头上的时候，被一阵烦人的铃声打断。

　　在体育比赛场馆，观看射击等比赛项目，运动员需要安静的环境，这时也应注意使手机关机或处于静音状态。

　　（2）考虑对方。给对方打手机时，尤其当知道对方是身居要职的忙人时，首先想到的是，这个时间他方便接听吗？并且要有对方不方便接听的准备。在给对方打手机时，注意从听筒里听到的回音来鉴别对方所处的环境。如果很静，应想到对方可能正在开会，有时大的会场能感到一种空阔的回声。当听到噪声时对方就很可能在室外，开车时的隆隆声也是可以听出来的。有了初步的鉴别，对能否顺利通话就有了准备。

但不论在什么情况下，是否通话还是由对方来定为好，所以"现在通话方便吗"通常是拨打手机的第一句问话。其实，在没有事先约定和不熟悉对方的前提下，我们很难知道对方什么时候方便接听电话。所以，在有其他联络方式时，还是尽量不打对方手机好些。

不要在别人能注视到你的时候查看手机短信或微信。一边和别人说话，一边查看短信或微信，是对别人不尊重的表现。

当与别人面对面聊天时，不要正对着他拨打手机，这会让对方心中不愉快。

（3）注意安全。使用手机时必须牢记"安全至上"，否则不但害人，还会害己。要注意以下几点：不要在驾驶汽车时使用手机打电话，或查看短信或微信内容，以防止发生车祸；不要在病房使用手机，免得其所发出的信号有碍治疗，也不要在加油站附近使用手机，以免引发火灾、爆炸；不要在飞机飞行期间使用手机，否则极可能使飞机"迷失方向"，造成严重后果。

（4）放置到位。在一切公共场合，手机在没有使用时，都要放在合乎礼仪的常规位置。放手机的常规位置有：一是随身携带的公文包或手袋里，这种位置最正规；二是上衣的内袋里。有时候也可以放在不起眼的地方，如手里，但不要放在桌子上，特别是不要对着对面正在聊天的客户。

小贴士6-5　　　　　　　　　　　　**网络电话的接打礼仪**

网络电话就是运用软件通过无线网或手机数据流量传输到开发者服务器，通过回拨方式连接打电话者和接电话者双方。无论是在公司的局域网内，还是在学校或网吧的防火墙背后，均可使用网络电话，实现个人间的自如交流，无论身处何地，双方通话时完全免费。

（1）下载安装要正规。网络电话品种很多，在很多平台都可以下载，而且只要是智能手机就可以使用这些软件，总的来说使用还是非常方便的。但是我们也要注意到一点，就是下载的时候要尽可能地选择官网下载。如果是在非正规的网站下载，很有可能会出现中病毒的情况，因此为了我们的手机安全，一定要选择正规的下载渠道。

（2）注册按要求填写。注册的时候一定要填写自己的手机号码，如果没有填写正确的信息，那么使用的时候会出现问题。这样不仅影响正常使用，以后更换也会非常麻烦，所以建议在注册时就按要求认真填写。

（3）多使用Wi-Fi网络。因为网络电话要依靠网络，在有Wi-Fi的情况下是非常经济的，很多公共场所也都有免费的Wi-Fi可以使用，从而能够轻松拨打电话。

（4）接通时自报家门。使用网络电话拨号后，对方的电话屏幕上显示的是网络号码，因此要先自报家门。

（5）不散播不良信息。使用网络电话时，不能出现侮辱、骚扰他人，涉及赌博、毒品、六合彩、色情类、宗教、政治及其他涉嫌违规的内容，不能夹带虚假广告、涉及个人隐私以及危害国家、社会、他人的短信等。一旦系统检测出有不良的信息内容，账号可能会被锁定，余额也会被冻结，情节严重的，会被举报给公安部门。

6.3 涉外礼仪

1）涉外迎送礼仪

迎送是涉外交往中最常见的社交礼节。它不仅是整个社交活动的开始或结束，也是对不同身份外宾表示相应尊重的重要仪式。它在给外宾留下良好的第一印象，加深双方的友谊与合作等方面都发挥着重要作用。

（1）迎送的安排。迎送活动的安排主要有两种不同档次：一是举行隆重的迎送仪式，这主要适用于外国国家元首、政府首脑、军方高级领导人的访问，以示对他们访问的欢迎与重视。二是一般迎送，适用于一般来访者。无论是官方人士、专业代表团，还是长期在我国工作的外交使节，常驻我国的外国人士、记者和专家等，当他们到任或离任时，都可安排相应的人员前往迎送，以示尊重和友谊。

（2）迎送规格的确定。关于迎送规格，各国的规定不尽相同。在确定迎送规格时，主要依据来访者的身份、访问的性质和目的，并且适当考虑两国之间的关系，同时还要注意国际惯例，综合平衡。一般按照国际惯例的"对等原则"，主要迎送人员应与来宾的身份相当。如果由于各种原因而不能完全对等，可灵活变通，由职位相当的人士或副职出面，并向对方作出解释。

（3）成立接待班子。为了接待重要的贵宾和代表团、队，东道主一般会组成一个接待班子来完成接待任务。接待班子的工作人员由外事、翻译、安全警卫、后勤、医疗、交通、通信等方面的工作人员组成。

（4）收集信息资料。接待班子要注意收集来访者的有关信息和资料，内容包括：本次访问的目的，对会谈、参观访问、签订合同等事项的具体要求，前来的路线、交通工具，抵离时间，来访者的宗教信仰、生活习惯、饮食爱好与禁忌等。

据报载：一位英国商人应邀前来我国与某地区洽谈投资项目。该地领导为了图个吉利，准备了一辆车号为"666"（六六大顺）的轿车前去机场迎接。谁知这位英国商人下了飞机，一看到轿车后，直皱眉头，随即又乘机离去。后来我方人员才知道这位英国商人信仰基督教，在《圣经》中"666"表示"魔鬼"。在英国，司机、乘客对带有这种号码的车辆退避三舍，英国警察部门已作出决定，逐步取消这个号码。由此可见，多了解来访者的情况是十分重要的。

（5）拟订接待方案。接待方案包括各项活动的项目、日程及详细时间表、项目负责人和接待规格、安全保卫措施等。日程确定后，应翻译成客方使用的文字，并打印好发给客方，以便及时与客方进行沟通。

拟订接待方案重点要落实好食、宿、行，并制定合理的费用预算，保证接待隆重得体又不铺张浪费。

（6）掌握抵离时间。必须准确掌握外宾乘坐的交通工具抵达及离开的时间，迎接人员应在外宾抵达之前到达迎接地点，送行人员应在外宾离行前抵达送行地点，切勿迟到、早退。

（7）献花。献花是常见的迎送外宾时用来表达敬意的礼仪之一。一般在参加迎送的主要领导人与客人握手之后，由青年女子或儿童将花献上，也有的由女主人向女宾献花。献花者献花后要向来宾行礼。献花须用鲜花，并注意保持花束整洁、鲜艳，一般忌用菊花、杜鹃花、石竹花以及黄色花卉（黄色含有断交之意）等。有的国家习惯送花环，或者送一两枝名贵兰花、玫瑰花等。在接待信仰伊斯兰教人士时，不宜由女子献花。

（8）介绍。宾主双方见面应互相介绍其随从人员。主要的迎送人员在与来宾见面致意（如握手等）后，还可以担负起介绍其他迎送人员的任务。一般主要的迎送人员是在客人的内侧引领客人与各位迎送人员见面，并把他们介绍给来宾，然后再由主宾将客人按一定身份一一介绍给主人。若宾主双方早已相识，则不必介绍，双方直接行见面礼即可。

（9）陪车。来宾抵达后前往住地或由住地前往机场、码头、车站离开时，一般都安排迎送人员陪同乘车。陪车时应请外宾坐在主人右侧。两排座轿车，译员坐在司机旁边；三排座轿车，译员坐在主人前面的座位上。当代表团9人以上乘商务车时，原则上低位者先上车，下车顺序则相反，但前座者可先下车开门。商务车以前排为最尊位置，自右向左，按序排列。上车时应当请外宾首先上车，外宾从右侧门上；如果外宾先上车坐到了左侧座位上，则不要再请外宾移动位置。陪同人员在替客人关门时，应先看车内人是否坐好，确保安全地将门关好。

（10）具体事项。迎送中一些具体事项要引起我们的注意，主要包括以下内容：

第一，在客人到达之前最好将客房号、所乘车辆的车牌号码等告知客人，如果做不到，可打印好客房号、乘车表，在客人刚到达时，及时发到客人手里。

第二，指派专人协助客人办理入出境手续及机票（车、船票）和行李提取或托运手续等事宜。客人到达后，应尽快进行清点并将行李取出运送到住处，以便客人更衣。

第三，客人到达后，一般不要立刻安排活动，应让客人稍事休息，倒换时差。可在房间内适当放些新鲜水果或鲜花等。

第四，迎送的整个活动安排要热情、周到、无微不至、有条不紊，使客人有宾至如归的感觉。接待人员要始终面带微笑、彬彬有礼，不能表现得冷漠、粗心、怠慢，或使客人感到紧张、不便。

第五，陪同人员应尽力安排好客人的食、住、行，对客人的要求及时作出反应，给予答复。

第六，在为客人送行时，送行人员应在客人临上飞机（火车、轮船）之前，按一定顺序同客人一一握手话别。火车、轮船开动之后，送行人员应向客人挥手致意，直至各交通工具在视野中消失方可离去。否则，是很失礼的。

以上是关于涉外迎送礼仪的概要介绍，更具体的内容将在任务7详细阐述。

2）涉外会见会谈礼仪

会见和会谈都是涉外交往活动的重要方式。会见，国际上通称为接见或拜会。凡身份高的人士会见身份低的人士、主人会见客人，人们通常称其为接见或召见；凡身份低的人士会见身份高的人士、客人会见主人，人们通常称其为拜会或拜见。接见和拜会后回访，通常称为回拜。我国通常对此不作细分，统称会见。

会谈是指双方或多方就某些重大的政治、经济、科技、文化、军事、宗教以及其他共同关心的问题交换意见，洽谈协商。会谈一般专业性、政策性较强，形式比较正规。会见多是礼节性的，而会谈多为解决实质性问题。有时会见、会谈也难以区分，因为会见时双方也常谈专业性或政治性问题，以上区分只是相对而言的。

（1）会见的礼仪。会见就其内容来说，多为礼节性的，也有政治性、事务性的会见，或兼而有之。礼节性会见一般时间短，话题较为广泛。政治性会见一般涉及国与国之间的双边关系、对国际局势及一些重大国际问题的看法或意见等。事务性会见一般涉及贸易争端、业务交流与合作等。会见的礼仪主要包括以下内容：

第一，确定参加会见的人员。会见来访者，一般情况下应遵循"对等"的原则，但有时由于某些政治或业务的需要，上级领导或下级人士也可会见来访者。参加会见的人员不宜过多。

第二，确定会见的时间、地点。会见的时间一般安排在来访者抵达的第二天或举行欢迎宴会之前。会见的具体时间不宜过长，一般以半小时左右为宜。会见的地点多安排在客人住地的会客室、会议室或办公室，也可在国宾馆等正式的会客场所。

第三，做好会见的座位安排。会见时座位的安排必须依据参加会见人数的多少、房间的大小、形状，房门的位置等情况来确定。会见的座位安排有多种形式，宾主双方可以穿插坐，也可分开坐，通常是将主宾席、主人席安排在面对正门位置，主宾坐在主人的右边。其他人按照礼宾顺序在主人、主宾两侧就座。译员、记录员通常安排在主宾和主人的后面。座位不够时可在后面添加。整个会见场所的座位形状有弧形、方形（长椅和单椅）两种，如图6-1所示。

第四，掌握会见的一般礼节。会客时间到来之时，主人应在门口迎候客人，问候并同客人们一一握手，宾主互相介绍双方参加会见的人员，然后引宾入座。主人应主动发言，营造一种良好的气氛。双方可自由交谈，就共同感兴趣的话题发表自己的看法。交谈时应注意坐姿，不要跷二郎腿，不可左顾右盼、漫不经心。主人与主宾交谈时，旁人不可随意插话，外人也不可随意进出。会见时可备饮料等招待客人。主人应控制会见时间，最好以合影留念为理由结束会见。合影后，主人将客人送至门口，目送客人离去。

第五，注意合影的礼宾次序。合影时，一般主人居中，男主宾在主人右边，主宾夫人在主人左边，主人夫人在男主宾右边，其他人员穿插排列。但应注意，最好不要把主宾陪同人员安排在靠边位置，应让主人陪同人员在边上（如图6-2所示）。

（双方身份对等时）

| 客方译员 | 记录员 | 主方译员 |

| 主要客人 | | 主要主人 |

| 第二客人 | | 第二主人 |

| 第三客人 | | 第三主人 |

（依此类推）

（对方身份较高时）

| 客方译员 | 记录员 | 主方译员 |

| | 主要客人 | |

| 第二客人 | | 主要主人 |

| 第三客人 | | 第二主人 |

（依此类推）

（长椅时或双方身份对等时）

| 客方译员 | 主方译员 |

| 主要客人 | 主要主人 |

| 第二客人 | 第二主人 |

| 第三客人 | 第三主人 |

（依此类推）

（单椅时或主人身份较高时）

| 主人 |

（办公桌）

| 客人 | 客人 |

| 客人 | 客人 |

（依此类推）

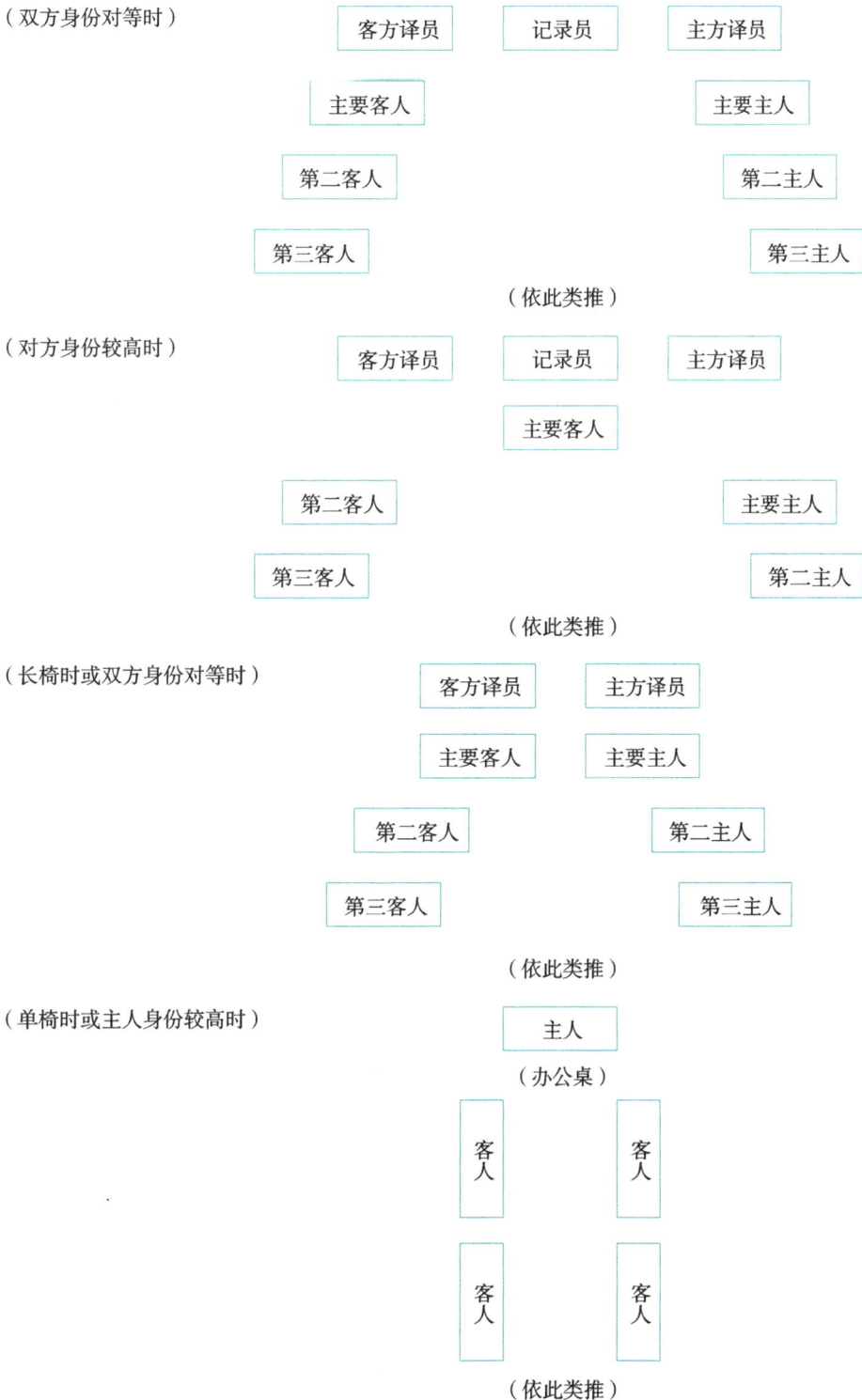

图 6-1　会见的座位安排

6	5	5	6	5	6	5	6

6	4	2	1	3	5	6

7

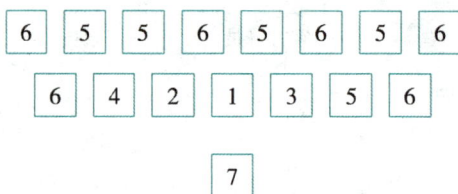

图6-2　合影时的礼宾次序

注：图中的主宾次序是：1为主人；2为男主宾；3为主宾夫人；4为主人夫人；5为主宾陪同人员；6为主人陪同人员；7为摄影师。

（2）会谈的礼仪。会谈的形式多种多样，有的是领导人之间单独会谈，有的是少数领导人及其助手与来访者进行的不公开发表内容的秘密会谈，有的是就有关重要而又复杂的问题，有关官员商量预备性问题等而举行的正式会谈，也可称为谈判。会谈的礼仪主要包括以下内容：

第一，确定会谈的时间、地点、人员。会谈的时间、地点由双方协商确定。会谈的人员应慎重选择，会谈的专业性较强，一方面要求有专业特长，另一方面还要考虑专业互补和群体智慧。会谈人员既要懂得政策、法律，又要能言善辩，善于交际，应变能力强，并确定主谈人和首席代表。

第二，会谈的座位安排。涉外双边会谈通常采用长方形或椭圆形会谈桌。多边会谈或小型会谈可采用圆形或正方形会谈桌。

不管什么形式，均以面对正门为上座，宾主相对而坐，主人背向门落座，而让客人面向大门。其中，主要会谈人员居中，其他人按着礼宾次序左右排列。

这里需要说明的是，许多国家把译员和记录员安排在主要会谈人员的后面就座。我国习惯上把译员安排在主要谈判人的右侧就座，这主要取决于主人的安排。说到这个习惯上的小差别，还有一段历史背景。当初，我国也是按国际上通用的做法把译员安排在后面就座的，但中华人民共和国成立后不久，周恩来总理认为这个惯例不符合中国的情况，因为西方的译员大多是临时雇用的，不属于参加会谈的人员，而我国的译员却是参加会谈的重要人员之一，理应受到尊重。所以，周总理在出访时坚决要求对方允许我方译员坐在主要会谈人员的右侧。从那时起，我国就有了这个做法并一直沿用至今。以下是几种常见的会谈座位安排，如图6-3至图6-5所示。

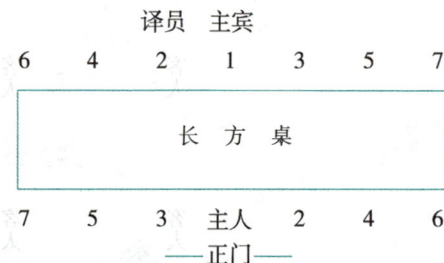

译员　主宾

6	4	2	1	3	5	7

长　方　桌

7	5	3	主人	2	4	6

——正门——

图6-3　会谈座位安排（1）

正门

客　　主

人　　人

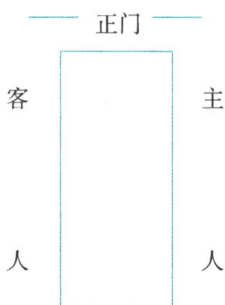

图6-4　会谈座位安排（2）

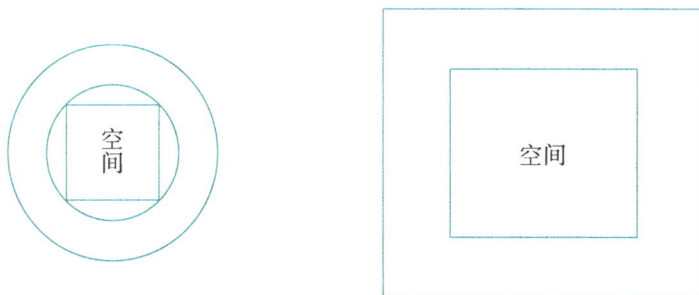

空间

空间

图6-5　会谈座位安排（3）

　　如果长方桌的一端向着正门，则以入门的方向为准，右为客，左为主。如果是多边会谈，可将座位摆成圆形或正方形。

　　此外，小范围的会谈，也可只设沙发，不摆长桌，按礼宾顺序安排。

　　3）涉外参观游览礼仪

　　涉外参观游览，是指外国客人在访问或旅游期间对一些风景名胜、单位设施等进行实地游览、观看和欣赏。来访的外国人以及我国出访人员，为了了解去访国家情况，达到出访目的，都应安排一些参观游览活动。参观游览应注意以下礼仪：

　　（1）选定项目。选择参观游览项目，应根据访问目的、性质和客人的意愿、兴趣、特点以及我方当地实际条件来确定。对于外国政府官员、大财团、大企业家，一般应安排参观反映我国经济发展情况的部门、单位和经济开发区，以及重点招商项目；对于一般企业家、商人和专业人士，可安排参观与其有关的部门、单位，同时安排一些有地方特色的游览项目。

　　对于年老体弱者，不宜安排长时间步行的项目，心脏病患者不宜登高。一般来说，对于身份高的代表团，事先可了解其要求；对于一般代表团，可在其到达后提出方案，如果确有困难，可如实告知，并作适当解释。

　　（2）安排日程。当参观游览项目确定后，应制订详细的活动计划和日程，包括参观线路、座谈内容、交通工具等，并及时通知有关接待单位和人员，以便各方密切配合。

　　（3）陪同参观。按国际惯例，外宾前往某地参观时，一般都安排相应身份的人员陪同。如有身份高的主人陪同，宜提前通知对方。接待单位要配备精干人员出面接待，并安排解说介绍人员，切忌前呼后拥。参观现场的在岗人员，不要围观客人。遇客人问话，应有礼貌地回答。

（4）解说介绍。参观游览的重头戏是解说介绍。有条件的可先播放一段有关情况纪录片，这样既可节省时间，又可事先让客人对情况有所知晓，再经过实地参观，效果会更好。我方陪同人员应对有关情况有所准备，介绍情况要实事求是，材料、数据要确切，不可一问三不知，也不可含糊其词。确实回答不了的，可表示自己不清楚，待咨询有关人员后再答复。遇较大团组，宜用扩音话筒。另外，遇有保密部分的，则不能介绍，如客人提出要求，应予婉拒。

（5）乘车、用餐和摄影。在出发之前，要及时检查车况，分析行车路线，预先安排好用餐。路远的还要预先安排好中途休息室，要把出发、集合和用餐的时间、地点及时通知客人和全体工作人员。一般场所均允许客人摄影。如有不能摄影处，应事先说明，现场要竖中英文"禁止摄影"标志牌。

（6）在国外参观游览的礼节。出访人员、团组要求参观，可通过书面、电话或面谈方式向接待单位提出，经允许后方可成行。参观内容要符合访问目的和实际，要注意客随主便，不要强人所难。在商定之后，要核实时间、地点和路线。

参观过程中应专心听取介绍，不可因内容枯燥或不对口味而显露出不耐烦和漫不经心状，这是极不礼貌的。同时，应广泛接触、交谈，以增进了解，加深友谊；注意尊重对方的风俗和宗教习俗。如要摄影，事先要向接待人员了解有无禁止摄影的规定。参观游览，对服装要求不严格，不必穿礼服，穿西装可以不打领带，但应注意整洁，仪容也宜修整。参观完毕，应向主人表示感谢，上车离开时应在车上向主人挥手道别。

小贴士 6-6　　　　　　　　中国公民出国（境）旅游文明行为指南

中国公民，出境旅游，注重礼仪，保持尊严。

讲究卫生，爱护环境；衣着得体，请勿喧哗。

尊老爱幼，助人为乐；女士优先，礼貌谦让。

出行办事，遵守时间；排队有序，不越黄线。

文明住宿，不损物品；安静用餐，请勿浪费。

健康娱乐，有益身心；赌博色情，坚决拒绝。

参观游览，遵守规定；习俗禁忌，切勿冒犯。

遇有疑难，咨询领馆；文明出行，一路平安。

资料来源　中央文明办，国家旅游局.旅游局发布中国公民出国（境）旅游文明行为指南［EB/OL］.（2013-05-28）［2019-10-03］. http://www.gov.cn/gzdt/2013-05/28/content_2413004.htm.

4）付小费的礼仪

客人付小费，表达的含义颇为丰富。它既可以代表客人对服务人员付出劳动的尊重，也可以表达客人对服务工作的一种肯定和感谢之情。从另一层面来说，也体现了客人的文化修养。相传，"付小费"之风起源于18世纪的伦敦。当时，在有些饭店的餐桌上，摆着写有"保证服务迅速"的小碗。顾客一旦将零钱投入其中，便会得到服务员迅速而周到的服务。久而久之，就形成了"小费"之风。这种做法渐渐扩展到其他的服务行业，并逐渐演变成一种固定的用来感谢服务人员的报酬形式，成为今天世界上许多国家约定俗成的一种常规礼仪形式。

（1）小费要付给谁。按照惯例，入住饭店，要给打扫房间的服务生小费，也要给为我们送早点的服务生小费。饭店的行李员如果帮我们将行李提到了房间，那么，理所应当付小费给他。出租车司机把我们送到目的地，我们要在计价器显示数字的基础上增加一点车费当作小费。在国外参加团队旅游，我们要付给导游员和在旅途中掌握方向的驾驶员小费，也一直是惯例。

（2）怎样付小费。付小费有一些技巧和惯例。付小费通常用美金支付，不应张扬，在私下进行即可。所付小费有时放在菜盘、餐盘下；有时放在杯底下；有时放在房间床头，忌放在枕头底下，那样的话会被服务生误认为是客人自己的东西；有时放在写字台上，若能同时留一张"Thank you"的字条，会备受服务生的欢迎和尊重；有时以不收找零的钱作为小费付给服务生；付小费给行李员，最好是在与他握手表示感谢的同时将小费悄悄给他；给导游、司机的小费，则要由团一起交齐后放到信封里，由一位代表当众给他们。付小费时最忌讳给硬币，曾有过客人将一把硬币当面给行李员作为小费，使行李员十分恼怒而拒收的例子。因此随身携带一些小额现钞，非常必要。

（3）小费付多少合适。向服务人员给付小费的具体金额颇有讲究，既不能不给、少给，也不必多给。国际上通用的计算小费的方法之一就是：小费通常由消费者按照本人消费总额的一定比例来支付。在餐馆就餐、在酒吧娱乐时，消费者需要付给服务员的小费为消费总额的10%左右；在搭乘出租车时，一般应当将车费的15%作为小费。

国外很多酒店通常会将需要支付的小费明码实价地列在正式的账单中，收取总消费额的10%～15%作为小费，不用额外支付。此外，还有一些约定俗成的规矩：付给门童的小费约为1美元；付给客房服务员的小费为1～2美元；给行李员小费，一般要按照自己的行李具体件数来计算，通常一件行李应付0.5～1美元；而付给保洁员的小费，一般为0.5美元左右。

到不同的国家去旅行，除了天气、景观、风俗等事项外，小费也是必须事先弄明白的一件事情。因为每个国家的具体情况略有不同，所以各项服务要付多少小费，还是在到达这个国家时向当地的导游咨询较为妥当。

拓展阅读

主要国家谈判风格与谈判礼仪

1）美国商人的谈判风格与谈判礼仪

（1）美国商人的谈判风格。

①干脆坦率，直截了当。美国人属于外向性的民族。他们的喜怒哀乐大多通过他们的言谈举止表现出来。在谈判中，他们精力充沛，热情洋溢，不论是陈述己方的观点，还是表明立场态度，都比较坦率。

②自信心强，自我感觉良好。美国是世界上经济和技术最发达的国家之一。英语几乎是国际谈判的通用语言，世界贸易有50%以上是用美元结算的。美国人总是十分自信地进入谈判大厅，并不断地发表意见。他们十分赞赏那些精于讨价还价、为取得经济利益而施展手法的人。

③讲究效率，注重经济利益。美国人重视效率，喜欢速战速决。美国人常常抱怨其他国家的人员拖延，缺乏工作效率，而这些国家的人则常常抱怨美国人缺少耐心。美国人做生意时更多考虑的是做生意所能带来的实际利益，而不是生意人之间的私人交情。

④重合同，法律观念强。美国是一个高度法治化的国家。美国人在商业谈判中对于合同的讨论特别详细、具体，当然也关心合同适用的法律，以便在执行合同时能顺利地解决各种问题。

（2）美国商人的谈判礼仪。

①不必过多地握手与客套，称呼比较随意亲切，习惯保持一定的身体距离。

②时间观念很强，约会要事先约定，赴会要准时。

③喜欢谈论政治和与商业有关的旅行、时尚方面的话题，不要涉及个人问题。

④美国商人在接受对方名片时往往并不回赠，通常在认为有必要进行联系时才回赠。

⑤一般性款待在饭店举行，小费通常不包括在账单里。

2）日本商人的谈判风格与谈判礼仪

日本是一个人口密集的岛国，资源相对匮乏，日本人有较强的危机感，因此，日本人讲究团队和协作。日本文化受中华文化的影响很深，儒家思想中的等级观念、忠孝、礼仪观念深深影响着日本人。

（1）日本商人的谈判风格。

①具有强烈的群体意识，集体决策。日本文化所塑造的价值观念与精神取向都是集体主义的，以集体为核心。日本人认为压抑自己的个性是一种美德，日本的文化教育人们将个人的意愿融入和服从集体的意愿。在这种文化熏陶下，日本人具有世界闻名的团队精神，体现在谈判中就是集体决策、集体负责。

②讲究礼仪，爱面子。日本是一个讲究礼仪的社会，日本人所做的一切，都要受严格礼仪的约束。日本人的等级观念较强，讲究身份、地位等，甚至同等职位的人，都具有不同的身份和地位。

③注重在谈判中建立和谐的人际关系。与欧美商人相比，日本人做生意更注重建立个人之间的人际关系。要与日本人进行良好的合作，朋友之间的友情、相互之间的信任是十分重要的。合同在日本一向被认为是人际关系协议的一种外在形式。

④准备充分，考虑周全，谈判时很有耐心。日本人在谈判中的耐心是举世闻名的。在谈判中，日本人不愿意率先表达自己的观点和意见，而是耐心等待，静观事态的发展。为了一笔理想的交易，他们可以毫无怨言地等待两三个月，只要能达到他们预期的目标。

（2）日本商人的谈判礼仪。

①看重贸易活动中的礼尚往来，礼不在贵，而要有特色和纪念意义。对不同地位的人送礼的差别明显。

②重视交换名片。在场所有人都会交换名片，年长者先出示，礼貌用语十分频繁和周到。

③有较强的时间观念，从不迟到。

④不随意改变谈判队伍构成和增减谈判人数。忌讳在谈判团队中有律师、会计和其他职业顾问。

⑤谈判团队中一般不包括青年人和女性。

⑥语言表达婉转含蓄，不慌不忙，有足够的耐心。因此，要认真做好谈判前的准备工作。要仔细揣摩对方的意思，不能简单理解。

⑦日方常常提供水平不是很高的英文翻译。为避免沟通出现障碍，与之谈判时最好自带英语翻译。要提前将术语交代给翻译员，以免双方出现歧义。

⑧报价通常不高，也不希望对方出价太高，不喜欢讨价还价。对双方合作诚意和标准的一致性看法看得很重。

⑨不能当面批评日本商人，不要直接拒绝日方的请求，表达要委婉。如果有棘手问题最好请中间人传达。日方的频繁点头和"哈依"的表示，仅仅是礼貌的含义，绝不代表日方同意。

3）德国商人的谈判风格与谈判礼仪

（1）德国商人的谈判风格。

①严谨保守。德国商人在谈判前往往准备得十分周到，他们会想方设法掌握大量详细的第一手资料，不仅要研究对方要购买或销售的产品，还要仔细研究对方的企业。他们只有在充分了解对方的基本情况后，才会坐到谈判桌前。

②讲究效率。德国人享有名副其实高效率的声誉，他们不喜欢对方支支吾吾，不喜欢"研究研究""考虑考虑"等拖拉的谈判语言。在德国人的办公桌上，看不到搁了很久、悬而未决的文件。他们认为，一个谈判者是否有能力，只要看一看他经手的事情是否快速有效地处理就清楚了。

③自信固执。德国商人自信而固执，他们对自己的产品极有信心，在谈判中常会以本国的产品为衡量标准。德国人考虑问题比较系统，缺乏灵活性和妥协性。他们总是强调自己方案的可行性，千方百计迫使对方让步，常常在签订合同之前的最后时刻，还在争取使对方让步。

（2）德国商人的谈判礼仪。

①重视礼节，无论谈判还是交往均讲究正式称呼、正式着装、正式程序；双方交谈时双手不要插在口袋里。

②就餐期间，要等最后一位客人用餐完毕并上过咖啡和白兰地后才能吸烟。

③谈判语气严肃，直抒胸臆，不会用玩笑方式打破沉默，讲究双方的距离感。

资料来源　吴湘频.商务谈判［M］.北京：北京大学出版社，2014.

课堂实训

1）国际商务谈判人员仪容设计展示会

（1）实训目标：根据仪容设计的相关要求与规范，设计出符合现代礼仪要求的国际商务谈判人员仪容形象。

（2）实训学时：2学时。

（3）实训地点：实训室。

（4）实训准备：准备化妆盒、棉球、粉底霜、眼影、眉笔、唇彩、香水等化妆用品。

（5）实训方法：将全班学生分组，两两一组，要求其根据所学仪容礼仪知识，扬长避短展现出得体的妆容。在课堂上分组进行形象展示，最好用数码相机进行拍摄，由学生互评，要求从面部化妆、发型设计方面进行重点评价。由授课教师进行总结评价，重点评价各组存在的共性问题。最后，全班评出"最佳表现妆容"。

2）国际商务谈判人员着装展示会

（1）实训目标：根据服饰选配的相关要求与规范，使自己的着装符合国际商务谈判的礼仪要求，展示出良好的形象。

（2）实训学时：2学时。

（3）实训地点：实训室。

（4）实训准备：男士、女士的正装以及各类饰物等。

（5）实训方法：将学生分成小组，每组5~6人，设计国际商务谈判场合的着装。每组学生进行角色扮演，演示正装的穿着，用数码摄像机记录整个过程，然后投影回放，学生自我评价，找出不合规范之处。授课教师总结点评学生存在的个性问题和共性问题。最后，全班评选出"最佳表现组"。

3）见面场景模拟训练

（1）实训目标：熟练、规范地运用见面的各种礼节进行交际。

（2）实训学时：2学时。

（3）实训地点：实训室。

（4）实训准备：见面场景、名片若干张。

（5）实训方法：3~5人一个小组，每组设计一个见面场景，将称呼、介绍、握手等见面礼仪，问候、递接名片等交际礼仪，连贯地演示下来，学生对各组的表演进行评价，最后教师总结。表演之前，每组应就设计的场景和成员的角色进行说明。

课后练习

1）案例分析

案例分析一

重要的15厘米

美国石油公司经理的自述："我会见石油输出国组织的一位阿拉伯代表，商谈协议书上的细节问题。谈话时，他逐渐向我靠拢过来，直到离我只有15厘米才停下来。当时，我对中东地区风俗习惯不太熟，我往后退了退。这时，只见他迟疑了一下，皱了皱眉头，随即又向我靠近过来。我不安地又退了一步。突然，我发现我的助手正焦急地盯着我，并摇头向我示意，我终于明白了他的意思，我站住不动了。在一个我觉得最为别扭、最不舒服的位置上谈妥了这笔交易。"

资料来源 佚名.国际商务谈判案例分析［EB/OL］.［2011-06-12］. http://wenku.baidu.com/view/afd40a20bcd126fff7050b58.html.

思考与讨论：

（1）该项谈判最终成功的关键是什么？

（2）本案例对你有哪些启示？

案例分析二

财税专家应怎样着装？

有位女职员是财税专家，她有很好的学历背景，常能提出很好的建议，在公司里的表现一直很出色。一次当她到某个客户的公司提供服务时，对方主管却不太注重她的建议，她发挥才能的机会也就不大了。一位时装大师发现这位财税专家在着装方面有明显的缺憾：她26岁，身高1.47米，体重43千克，看起来机敏可爱，喜爱着童装，像个小女孩，其外表与她所从事的工作相距甚远，客户对她所提出的建议缺少安全感、依赖感，所以她难以实现她的创意。这位时装大师建议她用服装来体现专家学者的气势，用深色的套装，对比色的上衣、丝巾、镶边帽子来搭配，甚至戴上黑框眼镜。女财税专家照办了，结果，客户的态度有了较大的转变。很快，她成为公司的董事之一。

资料来源 佚名.商务礼仪［EB/OL］.［2008-03-27］. http://www.cjol.com/main/AboutUs/Dynamic/NewsDetail.asp？c=28404&t=1.

思考与讨论：

（1）时装大师给财税专家的着装建议有哪些？为什么？

（2）本案例对你有哪些启示？

案例分析三

失败的礼物

一家国家级化工厂去美国采购约3 000万美元的化工设备和技术，王经理作为商务谈判者和其他12名不同专业的专家组成一个代表团远赴美国。到了之后，美方对中国来的采购代表团甚是热情，招待也很周到。美方想方设法希望能令代表团满意，其中一项是在第一轮谈判后送给每人一个小纪念品。

纪念品的包装很讲究，是一个漂亮的红色盒子，红色代表发达。可当专家们高兴地按照美国人的习惯当面打开盒子时，每个人的脸色却显得很不自然，因为里面是一顶绿色的高尔夫球帽。第二天，代表团找了个借口，离开了这家公司。

资料来源 佚名.国际商务谈判礼仪规范［EB/OL］.［2011-05-06］. http://internation.liyipeixun.org/guojishangwuliyi/guojitanpanguifan.html.

思考与讨论：

（1）代表团离开的原因是什么？

（2）本案例对你有哪些启示？

案例分析四

名 片

2010年4月，某市举行春季商品交易会，各方厂家云集，企业家们济济一堂。华新公司的徐总经理在交易会上听说衡诚集团的崔董事长也来了，就想利用这个机会认识这位素未谋面又久仰大名的商界名人。午餐会上他们终于见面了，徐总彬彬有礼地走上前去，"崔董事长，您好，我是华新公司的总经理，我叫徐刚，这是我的名片。"说着，便从随身携带的公文包里拿出名片，递给了对方。崔董事长显然还沉浸在之前与他人的谈话中，他顺手接过徐总的名片，"你好"，草草地看过，便放在一边的桌子上。徐总在一旁等了一会儿，并未见这位崔董事长有交换名片的意思，便失望地走开了……

资料来源　佚名.名片礼仪〔EB/OL〕.〔2011-02-15〕. http://www.bingtuancom.gov.cn/3d3f0305-ffad-4e39-be64-ac6ac0f5264a_1.html.

思考与讨论：

（1）结合名片礼仪知识谈谈这位崔董事长的失礼之处。

（2）本案例对你有哪些启示？

2）思考与训练

（1）仪容修饰对国际商务人员形象的塑造有何重要意义？

（2）与同学们交流一下自己对头发、面部、手、脚等进行清洁和保养的心得。

（3）作为女士，请用5分钟时间给自己化一个漂亮的工作妆。如果结果不令你满意，要继续实践，反复练习，直到取得满意效果为止。

（4）作为男士，应如何保持仪容整洁？请每天早晨上班前对着镜子检查一下，在个人卫生方面还有哪些地方需要改进。要坚持一丝不苟。

（5）请根据周围同学的脸形、形体和个性特点，给他（她）在服饰运用上提些合理化的建议。

（6）观察你周围的人，分析他们哪些言行、举止符合礼仪要求，哪些不符合礼仪要求。举例列出表现，并分析形成的原因。

（7）请分别用一句话、用1分钟时间、用5分钟时间对全班同学作自我介绍。

（8）找几个伙伴练习握手的礼仪。

（9）设计出用于商务场合的富有个性的名片，然后相互之间练习名片的递接。选出最具特色的名片，进行一次名片展览。

（10）模拟训练赠送与受赠礼物的礼节。

（11）结合生活实际谈谈你接打电话的体会。

（12）假如你是公司派到美国与合作伙伴谈判的代表，对方对你的接待规格并没有像他们来中国时你方公司的接待规格那么高，也就是没有遵循礼尚往来的原则。在谈判桌上对方也以自我为中心。这时你该怎么办？

（13）资助欧洲游。某公司为了确保收购某国有企业资产的谈判成功，同时希望能够以较少的投入得到这项资产，特授权谈判代表组织对方主谈人等到欧洲旅游，并支付3万美元的观光购物费用。假如你是该公司的谈判代表，应该怎么办？

项目 3
商务沟通实践

　　在商场这个没有硝烟的战场上，成功离不开一个人的天分，离不开一个人的努力，更离不开一个人的运筹帷幄、左右逢源的应酬技巧。只有做一个商务应酬达人，才能挖到人生的一桶又一桶金。

——彭于寿《商务沟通》

　　与你的合作伙伴尽可能多地进行沟通，他们对你了解得越多，就会越重视你。一旦赢得他们的重视，那么与他们之间的合作就不会有什么障碍了。

——［美］萨姆·沃尔顿

　　假如人际沟通的能力也是同糖或咖啡一样的商品，我愿意付出比天底下任何东西都昂贵的价格来购买这种能力。

——［美］洛克菲勒

任务7

国际商务应酬沟通

课程思政要求

（1）进行社会主义核心价值观教育。

（2）进行爱国主义教育。

（3）开展诚信教育、法律意识教育和道德意识教育。

（4）塑造职业形象、提高职业素养。

（5）促进学生全面发展。

导学案例　　　　　　　接待冷淡，断送生意

泰国某政府机构为泰国一项庞大的建筑工程向美国的工程公司招标。经过筛选，最后剩下4家候选公司。泰国的这家政府机构派代表团到美国去与各家公司商谈。代表团到达芝加哥时，负责接洽的那家工程公司由于忙乱中出了差错，又没有仔细复核飞机到达的时间，未去机场迎接泰国客人。泰国代表团尽管初来乍到，不熟悉芝加哥，但还是自己找到了芝加哥商业中心附近的一家旅馆。他们打电话给那位局促不安的美国工程公司经理，在接受了他的道歉后，泰国人同意在第二天11时在经理办公室与其会面。第二天，美国经理按时到达办公室等候，直到下午三四点才接到客人的电话："我们一直在旅馆等候，始终没有人前来接我们，我们对这样的接待实在不习惯，我们已订了下午的机票飞赴下一个目的地，再见吧！"

问题：

（1）请指出案例中不符合商务沟通要求的地方。

（2）在国际商务应酬中应如何沟通？

任务目标

（1）做好国际商务接待工作；

（2）做好国际商务拜访工作；

（3）做好国际商务宴请工作。

7.1 国际商务接待

1）做好接待的准备

接待，是给客人以良好第一印象最重要的工作。在接待工作中，把迎宾工作做好，对来宾表示尊敬、友好与重视，客户就会对东道主产生良好印象，从而为下一步深入接触打下基础。在迎宾工作中，要注意做好以下几项前期准备工作：

（1）掌握客户基本状况。国际商务人员一定要充分掌握客户的基本状况。这些状况有：来访客户的人数（包括几男几女）、身份、所搭乘的交通工具，甚至还包括饮食习惯、民族以及宗教信仰。这样方便安排接待、用餐和住宿。如果来访者中有身份很高的客户，国际商务人员要考虑请公司相关领导出面参与接待。如果来宾尤其是主宾曾经来访过，则在接待规格上要注意前后一致，无特殊原因不宜随意升格或降格。客户如报出自己一方的计划，如来访的目的、来访的行程、来访的要求等，应在力所能及的前提下满足其特殊要求，尽可能对对方给予照顾。

（2）制订具体接待计划。为了避免疏漏，一定要制订详尽的接待计划，以便按计划做好接待工作。一般来说，接待计划至少应包括迎送方式、迎送规格、交通工具、膳宿安排、工作日程、文娱活动、游览、会谈、会见、礼品准备、经费开支以及接待、陪同人员等基本内容。对客户来访可能讨论到的问题要有充分准备，与客户谈什么、怎么谈，承诺什么、怎么承诺，询问什么、怎么询问等问题，要做到心中有数，提前预演。这样一来，当谈到这些问题的时候，才能迅速、规范地作出反应，以免被动。

（3）确认客户抵达时间。有时候，客户到访时间或因其健康状况，或因紧急事务缠身，或因天气变化、交通状况等的影响，难免会有较大变动。因此，接待方务必要在对方正式启程前与对方再次确认一下抵达的具体时间，以便安排迎宾事宜。

（4）做好客户住宿安排。如果接待方要替客户安排住宿，就要问清楚客户需要多少个房间及住宿的标准要求。接待方承担住宿费用时，要充分考虑交通、环境、饮食、气温、朝向、宗教信仰、生活习惯等因素，为客户选择一个适宜的住宿地点。如果是外国客户，应尽量安排在国际连锁酒店，这样无论是语言还是饮食，都符合他们的习惯。安排住宿时，如果是多位客户，订的又是双人标准间，则应该由客户方自己自由组合。

2）交通工具停靠站迎宾

（1）迎宾人员。一般来说，迎宾人员与来访客户的身份要相当，但如果接待方当事人因临时身体不适或不在当地等原因不能前来迎接也可灵活变通，由职位相当的人士或由副职出面。遇到这种情况时，应礼貌地向对方作出解释。另外，迎宾人员最好与来访客户专业对口。

（2）迎宾地点。来访客户的地位、身份不同，迎宾地点往往有所不同。迎宾的常规地点有：交通工具停靠站（机场、码头、火车站等），来宾临时住所（宾馆），东道主的办公地点门外等等。在确定迎宾地点时，还要考虑以下因素：双方的身份、关系及自身的条件。

（3）迎宾时间。到车站、机场去迎接客人时，应提前到达，绝不能迟到而让客人久等。客人刚下飞机或下车就能看见有人等候，一定会感激万分；如果是第一次到这个城市，还能因此获得一种安全感。若迎接来迟，会使客人感到失望和焦虑不安，还会因等待而产生不快，事后无论怎样解释都无法消除这种因失职和不守信誉造成的负面印象。

（4）迎宾标识。如果迎接人员与客人素未谋面，一定要事先了解一下客人的外貌特征，最好举个小牌子去迎接。小牌子上尽量不要用白纸写黑字，这样会给人晦气的感觉；也不要写"××先生到此来"，而应写"××先生，欢迎您""热烈欢迎××先生"之类的字样。字迹力求端正、大方、清晰，不要用草书书写。一个好的迎宾标识，既便于客人发现，又能给客人留下美好印象——当客人迎面向你走来时会产生自豪感。在单位门口，不要千篇一律地写上"Welcome"一词，而应根据来宾的国籍随时更换语种，这样会给来宾一种亲切感。

（5）问候与介绍。接到客人后，切勿一言不发、漠然视之，而要先与之略作寒暄，如说一些"一路辛苦了""欢迎您来到我们这座美丽的城市""欢迎您来到我们公司"之类的话。然后要向客人介绍自己的姓名和职务，如有名片更好；客人知道你的姓名后，如一时还不知如何称呼你，你可以主动表示："就叫我小×或××好了。"其他接待人员也要一一向客人作介绍，有时也可由领导介绍，但更多的时候是由秘书承担这一职责。在作介绍时，态度要热情，要端庄有礼，要正视对方并略带微笑，可以先说"请允许我介绍一下"，然后按职务高低将本单位的人员依次介绍给来宾。对于远道而来、旅途劳顿的来宾，一般不宜多谈。

（6）握手。握手是见面时最常见的礼节，双方相互介绍之后应握手致意。握手时，要注视对方，微笑致意，并使用"欢迎您"等礼貌用语。迎接来宾时，迎宾人员一定要主动与对方握手。

小贴士7-1　　　　　　　　　　　　　接待3S

当客人到达时，接待人员应该做到以下三个"S"：

Standing，站立，起身迎接客人。不管客人的年龄和身份，对方刚刚到达时，需要站起来欢迎一下对方，这是最基本的礼貌。

See，目中有人，聚精会神，正视客人，让客人感觉自己受到重视，通过你的眼神把诚意准确传达给客人。

Smile，面带微笑。微笑是世界上最好的沟通方式，微笑的魅力是无穷的，它会把欢迎和欣喜无言地传递给对方。

（7）献花。有时迎接重要宾客还要向其献花，一般以献鲜花为宜，并要保持花束的整洁、鲜艳。在社交场合，献什么花、怎么献花，常因民族、地域、风情、习俗、目的的不同而有所区别。一般情况下，应注意从鲜花的颜色、数目和品种三个方面加以考虑。

（8）为客代劳。接到来宾后，在走出迎宾地点时应主动为来宾拎拿行李，但对来宾手上的外套、坤包或密码箱等则不必"代劳"。客人如有托运的物件，应主动代为办理领取手续。

3）陪车

来访客户抵达后从交通工具停靠站到住地，有时需要主人陪同乘车。

主人在陪车时，应请客人坐在自己的右侧。有司机的时候，后排右位最佳，应留给客人。上车时，应主动打开车门，以手示意请客人先上车，自己后上。最好让客人从右侧门上车，主人从左侧门上车，以免从客人座前穿过。如客人先上车坐到了主人的位置上，则不必请客人挪动位置。

在接待客人时，客人一般会对将要参加的活动的有关背景资料、筹备情况、有关的建议，当地风土人情、气候、物产，富有特色的旅游点，近期本市发生的大事，本市知名人士的情况，当地的物价等感兴趣。所以，接待人员要向客人就上述信息作必要的介绍。

4）宾馆入住与探访

将来访客户送至宾馆，要主动代为办理登记手续，并将其送入房间。进入宾馆房间后，应告知来访客户餐厅何时营业，有何娱乐设施，有无洗衣服务等，以便客人心中有数。来访客户一到当地，最关心的就是日程安排，所以应事先制订活动计划。来访客户到宾馆后，应马上将日程表送上，以便其据此安排私人活动。根据活动安排，来访客户将与哪些人会面与会谈，也应向其作简略介绍。为了帮助来访客户尽快熟悉访问地的情况，还可以准备一些有关这方面的出版物给客人阅读，如本地报纸、杂志、旅游指南等。考虑到来访客户旅途劳累，主人不宜久留，应让其早些休息，分手前要说好下一次见面的时间和地点，并留下自己的地址和电话号码，以便来访客户有事时联系。

从客户入住到来探访的时间间隔不宜太长，太长了会显得不礼貌；也不能太短，太短了，也许客户还没来得及整理行李，有的女士还要换一下服装，洗脸后略施淡妆。一般在客户入住至少一个小时之后来探访比较合适。对于这一点，也应该事先让客户知道，以便让他们有所准备。如果客户身份比自己高，最好请公司相关领导与自己一同探访，以显郑重。

5）引导客人

（1）注意迎接客人的三阶段行礼。国内通行的三阶段行礼包括15°、30°、45°的鞠躬行礼。15°的鞠躬行礼是指打招呼，表示轻微寒暄；30°的鞠躬行礼是敬礼，表示一般寒暄；45°的鞠躬行礼是最高规格的敬礼，表达深切的敬意。在行礼过程中，不要光低头，要弯下腰，但绝不能看到自己的脚尖；要尽量举止自然，令人舒适；切忌用下巴跟人问好。

（2）引导手势要优雅。若是光作引导，要先行个礼，手伸出的时候，眼睛随着手动，手的位置在哪里眼睛就跟着去哪里。如果客人问"对不起，请问经理室怎么走"，千万不要口中说着"那里走"，手却指着不同的方向。若是接待人员做引导，手要从腰边顺上来，视线随之过去，很明确地告诉客人正确的方位；当开始走动时，手就要放下来，否则会碰到其他过路的人，等到必须转弯的时候，需要再次打个手势告诉客人"对不起，我们这边要右转"。打手势时切忌五指张开或表现出软绵绵的无力感。

（3）注意"危机"提醒。在引导过程中，要注意对客人进行"危机"提醒。比如，在引导客人转弯的时候，熟悉地形的接待人员知道在转弯处有一根柱子，就要提前对客人进行"危机"提醒；如果拐弯处有斜坡，就要提前对客人说"请您注意，拐弯处有个斜坡"。对客人进行"危机"提醒，让其高高兴兴地进来，平平安安地离开，这是每一位接待人员的职责。

（4）上下楼梯的引导方式。引导客户上楼梯时，假设接待者是女性，应请客人先走，客人从楼梯里侧向上行，引导者走在中央，配合客人的步伐速度引领；而引导客户下楼梯时，引导者应走在客人的前面，客人走在里侧，引导者走在中间，边注意客人动静边下楼梯。

（5）在走廊和电梯的引导方法。在走廊，接待人员应在客人的左斜前方，距离两三步远，配合步调。若左侧是走廊的内侧，应让客人走在内侧。引导客人乘坐电梯时，接待人员先进入电梯，等客人进入后关闭电梯门；到达时，接待人员按开门的按钮，让客人先走出电梯。

礼仪小案例7-1　　　　　　　　**不懂电梯礼仪的营销人员**

营销人员王强要到工作室所在的办公大楼门口迎接前来体验产品的顾客张太太。这是王强第一次接待顾客，表现得极为热情，一见面就嘘寒问暖。进电梯时，王强抢先踏入，紧靠着最里面站好，想把更多的空间留给顾客。

分析提示7-1

电梯里，除了王强和张太太还有其他乘电梯者，王强为了不冷场，便充分发挥了他的口才，继续和张太太攀谈，问这问那、口若悬河，但是张太太只是礼貌地冲他微笑，偶尔轻声简单回答他的问题，并没有攀谈的意思，这让王强觉得非常尴尬。最终，张太太匆匆地参观了工作室，并表示有急事要先回去。

后来，王强才知道，原来是因为上次在电梯里对顾客接待不周，顾客认为她没有得到应有的尊重。知道原委后，王强非常后悔自己的电梯失礼行为。

资料来源　佚名. 电梯礼仪［EB/OL］.［2017-12-26］. http：//www.sohu.com/a/212860561_166880.

（6）注意开启会客室大门。会客室的门分为内开和外开两种。在打开内开的门时不要急着把手放开，这样可能会令后面的宾客受伤；如果开外开的门，就更要注意安全，一旦没有控制好门，很容易伤及客户的后脑勺。所以，开外开门时，千万要用身体抵住门板，并做一个"请"的动作，当客人进去之后再将门轻轻地扣住，这是在保护客人的安全。

（7）会客室安排和客厅引导方法。正常情况下会客室座位的安排：会客室离门口最远的地方是主宾的位置。假设某会议室对着门口有一个一字形的座位席，这些座位就是主人的座位，而与门口成斜角线的座位就是主宾的座位，旁边是主宾的随从或者直属人员的座位，离门口最近的座位安排给年龄或职级比较低的员工。特殊情况下会客室座位的安排：会客室座位的安排除了遵照一般的情况外，也要兼顾特殊。有些人位居高职，却不喜欢坐在主位，如果他坚持一定要坐在靠近门口的位子，要顺着他的意思，让客人自己去挑选他喜欢的位置，接下来只要把其他位子顺应调整就好。

当客人走入客厅时，接待人用手指示，请客人坐下，看到客人坐下后，才能行点头礼再离开。如果客人错坐下座，可提请客人改坐上座，但不要勉强。

6）奉茶

在客户接待中，人们容易忽略奉茶中的一些小细节，从而扼杀了合作的良机。注重奉茶的细节和礼仪，才能给客户留下良好的印象，并营造出和客户商谈的融洽氛围，顺利实现企业的营销目标。奉茶要注意以下礼仪：

（1）多准备几种茶叶。对于茶，不同的客户有不同的喜好，有人喜欢绿茶，有人喜欢红茶，有人喜欢花茶……要想让客户满意，不妨绿茶、红茶、花茶、乌龙茶等各类常见茶叶都备上一点，因人而异，投其所好地沏茶。

（2）茶具要专业。现在，许多人为了方便，常常用一次性纸杯沏茶。生活中这无可厚非，然而在客户接待中，却显得对客户不太尊重，也让客户自此会轻视你。为客户奉茶，最好备有专业茶具，且茶具不能有破损和污垢，要洗干净、擦亮，这样才能更好地发挥茶的作用，营造商谈的和谐氛围。

（3）奉茶有讲究。奉茶多是在宾主交谈之时，为了不打扰客户商谈的情绪，尽量从客户的左后侧奉茶，条件不允许时也可从右后侧奉茶，切不可从其正前方奉茶。

在给客人奉茶时，杯内的茶水倒至八分满即可，不可倒满，免得溢出来溅洒到客人身上。茶水冷热也要控制好，千万别烫着客人。茶水要清淡，除非客户主动提出喝浓茶要求。端送茶水最好使用托盘，既雅观又卫生；托盘内放一块抹布更好，以便茶水溢出时擦拭。端茶时，有杯柄的茶杯可一手执杯柄一手托在杯底或单手执杯柄；若茶杯没有杯柄，注意不要用手握住杯口，以减少手指和杯沿部分的接触，更不可把拇指伸入杯内。

奉茶的顺序一般为：先客人，后主人；先主宾，后次宾；先女士，后男士；先长辈，后晚辈；先上级，后下级。

（4）上茶不过三杯。中国人待客有"上茶不过三杯"的说法，第一杯叫敬客茶，第二杯叫续水茶，第三杯叫送客茶。如果一再劝人用茶，却又无话可讲，则有提醒来宾"打道回府"的意思。在面对较为守旧的客户时切忌多次劝茶和续水。

小贴士7-2 　　　　　　　　　　　　　　　　　茶杯的选用

对一般来宾，最好是使用一次性的纸杯冲泡"袋装茶"或灌装茶，这样接待人员就不必为茶具是否雅观而担心了，客人也不会为茶具是否消毒而疑虑。但对重要客人，还是使用清洁的瓷杯为好，这样显得正式庄重些。

7）接待时的注意事项

（1）主动热情接待客户。在来访客户到达本单位时，参与接待的相关领导和工作人员应该前往门口迎接。进入办公室或会客室时，接待人员一般应起身握手相迎。对于上级、长者的来访，还应起身上前迎候。如果相关领导有事暂不能接待来访者，应安排秘书或其他人员接待，不能冷落来访客户。正在接待来访客户时，有电话打来或有新的来访者，应尽量让秘书或他人接待，以避免中断正在进行的接待。

（2）要保持亲切灿烂的笑容。笑是世界的共通语言，笑是接待人员最好的沟通工具，接待访客的第一秘诀就是展现亲切的笑容。当客户靠近的时候，接待人员绝对不能面无表情地说"请问找谁""有什么事吗""您稍等"，这样的接待会令客人觉得很不自在；相反，一定要面带微笑地说"您好，请问有什么需要我服务的吗？"

（3）注意使用温馨合宜的招呼语。接待来访客户时，最好不要或者尽量减少使用所谓的专业术语，多使用客户易懂话语。比如医学专业术语、银行专业术语等，许多顾客无法听懂这些专业术语，如果在与其交谈时张口闭口皆术语，就会让顾客感觉很尴尬，也会使交流受到影响。所以，招呼语要通俗易懂，要让顾客切身感觉到亲切和友善。同时，应尽量使用简单明了的礼貌用语，如"您好""大家好""谢谢""对不起""请"等等，向顾客展现自己的专业风范。另外，还应该尽量使用生动得体的问候语，比如"有没有需要我服务的""有没有需要我效劳的"，这样的问候语既生动又得体。切忌使用类似"找谁？有事吗"这样的问候语，会让客人感到不舒服，甚至会把客户吓跑。

（4）妥善处理来访客户的意见或建议。对来访客户的意见和观点不要轻率表态，应思考后再作答复。对一时不能作答的，要约定一个时间再联系。对能够马上答复的或立即可办理的事，应当场答复，迅速办理，不要让来访者无谓地等待或再次来访。对来访客户的无理要求或错误意见，应有礼貌地拒绝，不要使来访者尴尬。

8）陪同旅游

对远道而来的客户，特别是重要客户，如果第一次来这个城市，陪同客户旅游也是常用的公关手段。具体包括如下方面[①]：

（1）事先安排。如果想安排客户在本地旅游，首先要看客户的行程安排是否允许。如果不知道，可以将陪同游玩的设想及日期告诉客户。征得客户的同意后再将旅游线路（含主要景点简介）、所需时间等信息，告诉客户方，以征求其意见和建议。从日期上说，应该是在处理完公务以后。游玩路线安排上，景点不在多，重在著名、安全、健康、有特色、有纪念意义等。游玩之前要安排好交通工具，如果随旅游团旅游，就要事先在正规的旅行社办好手续。在游玩当天，还要带上充足的饮料、零食、纸巾等物品。

客户方如果只有两三个人甚至一个人，自己一个人陪同就可以了；客户方如果有身份较高者，就应酌情再邀请公司身份和对方差不多的同事一起陪同，当然如果自己和对方很熟，也可以自己陪同。客户方人数较多的话，陪同人员就不宜一人，否则也不方便照顾。

（2）注意事项。既然是旅游，而且是陪同客户旅游，应该本着"舒适、尽兴、安

---

① 未来之舟. 销售礼仪［M］. 北京：中国经济出版社，2009.

全"的原则，所以无论是交通安排上，还是饮食或者旅游具体项目的选择上，一定要保证质量和档次。在景点买票时，安排好客户稍事休息，自己去排队；如果有比自己身份低的同事在，可以请同事去买票，自己陪客户聊天，以免冷落客户。

陪同游玩时，应向客户介绍景点，特别是一些有趣的典故更要介绍。自己不清楚的话，就应事先查阅相关资料，做足功课。本地的名吃、特色小吃，游玩过程中应该特别安排品尝。

当地特色的旅游纪念品，国际商务人员应该主动人手一份地替客户买好。如果还有没一起来的、自己也认识的客户单位的其他人，特别是领导人员，应该购买后托来访的客户捎回。游玩本就是一件"体力活"，所以旅游期间要安排好餐饮、休息，不能疲劳地连轴运转。

9）送别

俗话说："出迎三步，身送七步。"送别，是留给客人良好印象的最后一项重要工作。不管你前面的接待工作做得多么周到，如果最后的送别让来访客户备受冷落，整个接待工作就会功亏一篑。做好送别工作，关键在于一个"情"字。具体而言，送别时应注意以下礼仪：

（1）提出道别。在日常接待活动中，宾主双方由谁提出道别是有讲究的。按照常规，道别应当由来访客户先提出来，假如主人首先与来客道别，难免会给人以厌客、逐客的感觉。

（2）送别用语。宾主道别，彼此都会使用一些礼貌用语表达对对方的惜别之情，最简单、最常用的莫过于一声亲切的"再见"。除此之外，"您走好""有空多联系""多多保重"等也是得体的送别用语。

（3）送别的表现。一般来访客户告辞离去，国际商务人员只需起身将其送至门口，说声"再见"即可。如果上司要求你代其送客，则应视需要将来访客户送至相应地点；如果对方是常客，通常应将其送至门口、电梯口或楼梯旁、大楼底下、大院门外；如果是初次来访的贵客，则要陪伴对方走得更远些。如果只将来访客户送至会议室或办公室门口、服务台边，则要说声"对不起，失陪"，目送客人走远；如果将客人送至电梯口，则宜点头致意，目送来访客户至电梯门关合为止；如果将来访客户送至大门口或汽车旁，则应帮来访客户携带行李或其他稍重的物品，并帮客户拉开车门，开车门时右手置于车门顶端，按先主宾后随员、先女宾后男宾的顺序或客户的习惯引导其上车，同时向其挥手道别，祝福旅途愉快，目送客户离去。在送别的过程中，切忌流露出不耐烦、急于脱身的神态，以免给客户匆忙打发他走的感觉。

7.2 国际商务拜访

经验显示：能力相同、业务相似的两位业务员，如果其中一位拜访客户的次数是另一位的两倍，那么这位业务员的业绩也会是另一位的两倍以上。所以，要成为优秀的国际商务人员，首先要学会利用时间，把拜访客户列为第一要务；其次是联系客户约定拜访时间；最后是整理客户的资料。如果真能做到，是一定会取得成功的。

　　1）拜访前的准备

　　拜访是获得营销成功的重要环节，国际商务人员必须重视，并认真做好拜访前的准备工作。

　　（1）了解客户信息。选择客户的标准包括客户的年收入、职业、年龄、生活方式和爱好。客户来源主要有三种：一是由现有客户介绍提供的新客户资料；二是从报刊或网络上的人物报道中收集的资料；三是从职业分类上寻找的客户。

　　拜访客户之前，必须先了解客户的需求及客户公司的财务状况。了解客户的渠道有很多，包括和客户沟通时他们自己的介绍、第三方的叙述、媒体的报道等，目前最快捷的方法便是通过网络查阅受访公司的相关资讯，可以登录客户方的网站，了解客户公司的组织结构、经营者的姓名、公司产品及销售网，甚至包括公司的最新发展状况等。最重要的是，要了解客户公司的商业模式或赚钱模式，知道客户公司的原材料上游供应状况及下游的经销体系，甚至对其主要客户是谁等都必须了如指掌。只有这样，将来在面对客户时，才能相当完整、清楚地为客户说明，让客户感受到自己的产品对他们的重要性。

　　在拜访客户前，一定要先掌握客户中对订货有决定权或有影响力的人物的姓名、性格、兴趣、爱好与经历等信息。

　　了解客户，还要了解客户公司在行业、领域内的地位，以及本公司竞争对手状况，包括：他们的年度或月度销售量、他们的经营理念、最近的新闻及营销策略、和自己同类商品的对外报价、他们与客户之间的关系，等等。

　　（2）做好行程安排。准备充分之后，行程的安排就很重要。若是从事国内销售业务，一般在行程安排上不成问题；但若是在国外的话，要注意的事项较多，尤其是文化上的差异，行程安排最好能根据他们的习惯来作调整。还必须确定行程的目的是什么。例如，接单、例行拜访等所需准备的行头就各有不同。拜访客户时准备的礼物不需要太贵重，否则会被怀疑另有企图。另外，对受访客户国家的历史、政治、经济状况等最好都能有基本认识，尤其是西方国家或较小国家，这将会让他们有不同的感受。再者，建议用该国语言牢记客户姓名。在国外出差时尽量与客户拍照，方便作完整的记录，以便下次其他同事出差时能知道客户的称谓和姓名，这些做法会让他们感觉很亲切。

　　（3）制订拜访客户计划。拜访客户是要有计划的。首先，把一天当中所要拜访的客户都选定在某一区域之内，这样可以减少来回奔波的时间。利用半小时左右的时间作拜访前的电话联系，可在某一区域内选定足够的客户供一天拜访之用。在不去拜访客户的日子，可以联系客户、约定拜访时间，同时，也可以利用这个时间整理客户的资料。

　　（4）做好充分的预演①。对于拜访客户的面谈，要事先明确客户是什么态度，是积极、主动的态度，还是在运用了约见技巧后勉强为之的态度。随后了解这次访谈客户是

---

① 未来之舟. 销售礼仪［M］. 北京：中国经济出版社，2009.

什么样的意图，也就是客户为什么面谈。是想了解价格，还是想知道商品性能、特点，或是仅想先谈谈看而已。对以上这些事情要事先做好充分的预演，以成竹在胸，提高面谈成功的概率。

（5）准备有关资料。客户拜访，要准备的资料包括商品说明书、宣传材料、报价单、产品（或模型）、有关认证材料、本单位资质证明、媒体的正面报道资料、自己的名片，还有自己基于对客户的了解而做的预案、针对可能出现的情况事先拟订的解决方案或应对方案以及一些小礼品等。此外，客户指定要的其他材料也要准备好。这些文件要事先经过整理，尽量是打印的，看起来干净整齐，并分类装订好。

（6）注意仪容和服饰。仪容、服饰事关拜访者自身的职业形象和所代表的机构形象，也体现着对被拜访者的尊重。所以，拜访前仪容的修饰和服饰的选择与斟酌马虎不得。

礼仪小故事7-1　　　　　　　　　　有备无患

王莉在某公司市场部工作，她准备去拜访顺达公司的市场部经理胡军先生。王莉预约的拜访时间是周三下午三点。王莉事先准备好了有关的资料、名片，并对顺达公司及胡军先生进行了了解。拜访前王莉对自己的仪容仪表进行了精心、得体的修饰。到了周三，王莉提前五分钟到达顺达公司。在与胡军先生的交谈过程中，王莉简明扼要地表达了拜访的来意，交谈中始终紧扣主题，给胡军先生留下了很好的印象，最终促成了合作。

资料来源　佚名. 拜访礼仪［EB/OL］.［2018-11-02］. https：//www.taodocs.com/p-174229145. html.

2）拜访的预约

拜访前，应事先联络妥当，尽可能事先告知，最好是和对方约定一个时间，以免扑空或打乱对方的日程安排。不告而访、做不速之客是非常失礼的。

（1）约见时间的安排。约见时间的安排，直接关系到销售员计划的成败。但在约见时间的确定上，销售员一般没有主动权，客户总会根据自己的工作日程，安排适当时间约见销售员，这样，既可以节约时间，又可以满足销售员约见的要求。具体约见时间的确定会因约见对象、约见事由、约见方式、会见地点等的不同而不同。这就要求销售员在约定会见时间时还应注意下列四点[1]：

其一，根据约见对象的特点来选择最佳拜访时间。只有客户或准客户最空闲的时刻，才是最理想的拜访时间。举例来说，一般的商户在7：00—8：00，是最理想的拜访时间，因为普通商户的生意一大早最清闲。较晚关门的商户大约在深夜才兴旺，大都在中午以后才开始营业，所以适当的拜访时间是14：00左右。医生是特殊的行业，大概从9：00开始，病人就络绎不绝，因此7：00—8：00应该是适宜的拜访时间。拜访公司职员，如果去公司的话应该在11：00以前；若是去住宅的话适宜在18：00—20：00。

---

[1]　水中鱼. 销售金口财［M］. 武汉：华中科技大学出版社，2010.

拜访值班人员适宜在19：00—21：00。这里列举的都是第一次拜访的理想时间。由于你第一次拜访时已与客户建立了亲密的关系，所以第二次拜访，你可以更改时间。原则上都应选在15：00左右拜访，这时客户一般较清闲，且通常一个人工作了大半天，到了15：00左右，工作告一段落，觉得有点疲倦，心情也较松懈，内心正期盼有个聊天的对象，国际商务人员在这一时刻出现不会干扰客户的工作，较容易顺利沟通。时间就是金钱，国际商务人员必须用心安排自己的拜访时间，以免因择时不当而浪费时间。

其二，根据约见事由来选择最佳拜访时间。以正式销售为事由的，应选择有利于达成交易的时间进行约见；以市场调查为事由的，应选择市场行情变化较大或客户对商品有特别要求时进行约见；以提供服务为事由的，应选择客户需要服务的时间约见，以期达到"雪中送炭"的效果；以收取货款为事由的，应先对客户的资金周转状况作一番了解，在其账户上有余额资金时进行约见；以签订正式合同为事由的，则应适时把握成交信息及时约见。

其三，根据会见地点来选择最佳拜访时间。一般来说，会见地点约定在家中，则商务人员就要考虑客户的工作时间表，最好让客户来安排约见时间。而一旦确定了约见地点和约见时间，商务人员就应提前几分钟到达，一方面表示对营销工作的重视，另一方面遵守时间可以给客户带来好感，提高国际商务人员自身的信誉。

其四，根据约见对象的意愿合理利用拜访时间。一般情况下，拜访客户的时间不宜太长，当拜访目的基本达到而客户对结束约见又有某些暗示时，国际商务人员应尽快考虑以圆满的方式结束约见，以免使客户产生反感。如有未尽事宜，可以再行约见。"马拉松"式的会谈，既达不到拜访目的，又可能导致客户另行约见，从而失去客户。

如果双方有约，应准时赴约，不能轻易失约或迟到。但如果因故不得不迟到或取消访问，一定要设法事先通知对方，并表达歉意。

礼仪小故事7-2　　　　　　　　　　守时的康德

德国著名古典哲学家康德是一个十分守时的人，他认为守时是一种美德，代表着礼貌和信誉。1779年，他想要去一个名叫珀芬的小镇拜访老朋友威廉先生，事先写信告诉威廉，说自己将会于3月5日上午11点钟之前到达。康德3月5日一早就租了一辆马车上了去威廉先生家的路。途中经过一条河，需要从桥上穿过去。但马车来到河边时，车夫停了下来，对车上的康德说："先生，对不起，桥坏了，再往前走很危险。"

康德只好从马车上下来，看看从中间断裂的桥，他知道确实不能走了。康德看看时间，已经10点多了，他焦急地问："附近还有没有别的桥？"车夫回答："有，在上游，如从那座桥上过去，最快也得40分钟才能到达目的地。"康德算了算时间，那就赶不上约好的时间了。于是，他跑到附近的一座破旧的农舍旁边，对主人说："请问您这间房子肯不肯出售？"农妇听了很吃惊地问："我的房子又破又旧，而且地段也不好，你买这座房子干什么？""您不用管我有什么用，您只要告诉我您愿不愿意卖？""当然愿意，200法郎就可以。"康德毫不犹豫地付了钱，对农妇说："如果您能够从房子上拆一些木头，在20分钟内修好这座桥，我就把房子还给你。"农妇再次感到吃惊，但还是立即把儿子叫来，及时修好了那座桥。

马车终于平安地过去了。10点50分的时候，康德准时来到了老朋友威廉家门前。这时，已等候在门口的老朋友看到康德，大笑着说："亲爱的朋友，你还像原来一样准时啊！"可他哪里知道康德中间买房修桥的事。康德认为，守时也是一种信誉。

资料来源　佚名. 守时是一种美德［EB/OL］.［2017-10-07］. http：//www.sohu.com/a/196623310_99946912.

此外，约见的事由、对象不一样，约见的地点也应有些讲究。一般可以选择在客户的工作单位、家里、社交场所和公共场所等。具体选择在哪里，应视情况而定。有的客户出于某种需要，不便在工作单位或家中接待商务人员的来访，那就利用公共场所进行约见。

（2）预约客户的方法。在营销工作中，学会预约，才能开启成功的国际商务拜访之旅。然而，许多时候，人们预约客户都会被拒绝，这不一定是客户对国际商务人员的提议没有兴趣，而多半是国际商务人员预约技巧不佳的缘故。常用的预约客户的方法有以下几种：

第一，利益预约法。联系客户时，不要急于预约拜访时间，而要迎合大多数客户的求利心态，简要说明商品的利益，突出销售重点和商品优势，引起客户的注意和兴趣，这样有助于很快达到预约客户的目的。

第二，问题预约法。抓住客户的关注点进行提问，引起客户的兴趣，从而使客户集中精力，更好地理解和记忆国际商务人员发出的信息，为激发购买欲奠定基础并顺利预约。

第三，赞美预约法。每个人都有喜欢别人赞美的天性，国际商务人员可以利用人们的这种天性来达到预约客户的目的。赞美一定要发自真心，恰如其分，切忌虚情假意、无端夸大。

第四，求教预约法。虚心求教的态度能轻松化解客户一开始的反感。一般来说，人们不会拒绝登门虚心求教的人。国际商务人员在运用此法时应认真策划，把要求教的问题与自己的销售工作有机地结合起来，以期达到约见的目的。

第五，好奇预约法。人们都有好奇心。国际商务人员可以利用动作、语言或其他一些方式引起客户的好奇心，以吸引客户的兴趣。

第六，馈赠预约法。国际商务人员可以在预约拜访之前，以咨询客户反馈意见的名义，先赠送给客户一些小礼品或公司的样品，进而实现预约客户的目的。

第七，调查预约法。国际商务人员可以利用调查的机会预约客户，这种方法隐蔽了直接销售商品这一目的，比较容易被客户接受，也是在实际中很容易操作的方法。

第八，连续预约法。"精诚所至，金石为开"，在一次预约拜访失败后，销售人员千万不要灰心，而要"消化"客户信息，寻找新的亮点，多与客户交流，最终顺利达到预约拜访的目的。实践证明，许多营销活动都是在国际商务人员连续多次预约客户后，才引起了客户的注意和兴趣，进而为以后的销售成功打下坚实的基础。

3) 拜访过程中的礼仪

(1) 准时到达。拜访一定要准时到达，要充分考虑到交通堵塞等情况，出发时有充分的提前量，不要迟到。一般以提前 10~15 分钟到达为宜，这样可以从容调整自身状态，整体感受所拜访公司的环境，感受对方公司文化和人员的精神面貌，为顺利拜访奠定基础。

(2) 做好与前台的沟通。在进入客户单位之前最好先从头到脚地检查一下自己的着装、仪容是否有不符合礼仪规范的地方，如有，一定要及时整理好。如果是重要的拜访对象，要事先关掉手机或调整到静音状态，这体现了对拜访对象的尊敬和对访问事宜的重视。然后面带微笑、从容不迫地走向前台，礼貌地致意、问好，然后告诉前台自己来自哪个单位、要约见什么人、见面预约的时间，恳请前台予以安排。

拜访客户单位身份较高者，当前台没有查到预约记录但又不敢贸然拒绝时，前台一般会询问来访者的来访目的，如"您找王总有什么具体事吗"。这时，商务人员可以用简短、抽象性的字眼或用一些较深奥的专有技术名词向前台说明来意，让她觉得你的来访很重要。也可以含糊地说："上次见面的时候和王总聊过合作的事情，王总让我过来再详细沟通一下。"

拜访客户一定要注意和前台人员处理好关系。第一次来访可以赠送给前台人员一些小小的礼品，礼品应价格不贵但精美实用。这样前台人员对商务人员印象不错，一回生，二回熟，拜访就变得很容易了。

(3) 到达约定地点礼仪。到达拜访地点后，如果对方因故不能马上接待，可以在对方前台人员的安排下在会客厅、会议室或前台安静地等候。如果等待时间过久，可以向有关人员说明，并另定时间，不要显出不耐烦的样子。有抽烟习惯的人，要注意观察该场所是否有禁止吸烟的警示。即使没有，也要问问工作人员是否介意抽烟。如果接待人员没有说"请随便看看"之类的话，就不要东张西望，到处窥探，那是非常不礼貌的。

到达被访人办公室时，一定要事先轻轻敲门，进屋后等主人安排后坐下。后来的客人到达时，先到的客人应站起来，等待介绍或点头致意。对室内的其他人，无论认识与否，都应主动打招呼。如果与对方是第一次见面，应主动递上名片，或作自我介绍。对熟人可握手问候。如果你带其他人来，要介绍给主人。进门后，应把随身带来的外套、雨具等物品搁放到对方接待人员指定的地方，不可任意乱放。

注意言谈举止。要以优雅得体的言谈举止体现素质、涵养和职业精神，赢得对方的好感和敬重。在客户邀请入座之前不要随便坐下。被邀请入座时应表示感谢。如果客户也是站着的，则不要先于客户就座。

落座后要由商务人员先开口寒暄。谈话时应开门见山，不要海阔天空，浪费时间。最好在约定时间内完成访谈，如果客户表现出有其他要事的样子，千万不要再拖延，如为完成工作，可约定下次拜访时间。在交谈过程中，即便与客户的意见相左，也不要争论不休。要注意观察客户的举止神情，当有不耐烦或有为难的表现时，应转换话题或口气，避免出现不愉快或尴尬的场面。

接茶水时，应从座位上欠身，双手捧接，并表示感谢。吸烟者应在主人敬烟或征得主人同意后，方可吸烟。和主人交谈时，应注意掌握时间。

对拜访过程中接待者提供的帮助要及时适当地致以谢意。若是重要约会，拜访之后给对方寄一封感谢函或发一条感谢短信，会加深对方的好感。

（4）不能会面情况的处理[①]。拜访客户时，即使事先已经约好，自己应约而来时仍然会碰到对方不在的情况。这时可以向前台转达自己来访未遇；也可以在自己名片的空白处写上"×月×日×点应约来访未遇，改天来访"的简短消息，请前台转交。如果对方在单位但没有出面接待，可能是"这会儿正忙""正在开会"等等。遇到这种情况时不要死缠烂打，而应该说"好，那我改日再来"，并说明什么时候再打电话预约下次见面时间。如果再三恳求说"两分钟也行，务必要见一面"，这种精神虽然可嘉，但并不恰当，很容易引起对方反感，反而得不偿失。过于匆匆见面不如下次再见面。

有时客户正在与其他人谈话，甚至在你苦等了很久之后却说"改天再谈吧！今天没有时间了"；有的时候眼看着比自己晚来的客人，一个接一个地被客户接待却不理睬你；有时好不容易轮到接待自己了，客户却临时有事走开了。这时候虽然受了委屈，但千万不要气馁，在与客户本人或者前台约好下次拜访的时间后，礼貌、大方、精神抖擞地和前台或者其他接待过自己的人告别，让客户方看到你良好的修养和风度。

（5）适时礼貌地告辞。拜访中，即使谈得再投机也有结束的时候。作为拜访者，适时礼貌地告辞不仅是风度，更是智慧。拜访结束时彬彬有礼地告辞，可给对方留下良好的印象，同时也能给下次的拜访创造良好的氛围和机会。所以，及时告辞、礼貌告辞这一环节相当重要。

面谈什么时候结束呢？拜访时间长短应根据拜访目的和客户意愿而定，通常宜短不宜长，适可而止，一般拜访时间在1小时左右为宜，届时双方主要事宜都谈完了，就要及时告辞。此外，谈到快要到就餐或休息的时间，也要起身告辞。或者事情谈得差不多了，又有其他人拜访客户，也应尽快告辞，以免给客户的接待造成不便。

当客户有结束会见的表示时，应立即起身告辞。如客户反应冷淡、交谈话不投机甚至客户不愿意搭理国际商务人员，或者在客户不时地看表、有起身的动作等情况下，国际商务人员都要"知趣"而退。

准备告辞时不要选择在客户说完一段话之后，因为这会使其误以为商务人员听得不耐烦，而应在自己说完一段话之后。同时，告辞前不要有打哈欠、伸懒腰、看手表等表示疲倦、厌烦的举止。

告辞前商务人员要对客户的热情接待予以肯定和感谢。说完告辞的话就应起身离开座位，不要久说或久坐不走。告辞时要同客户和其他客人一一告别。

如果客户出门相送，应主动与客户握手，请客户留步，并热情地说声"再见"。拜访客户中途因特殊情况不得不离开时，无论主人在场与否，都要主动告别，不能不辞而别。

---

① 未来之舟. 销售礼仪［M］. 北京：中国经济出版社，2009.

礼仪小案例7-2　　　　　　　　　　　　成功的拜访

李梅参加暑期大学生社会实践。今天，她要去采访一位企业家张总。电话预约后，来到那家公司，秘书小姐请她在办公室里先坐一会儿，因为张总临时有个紧急会议。过了半个多小时，门推开了，门口出现了张总略带疲惫的脸。李梅马上站起身来，微笑着说："您好，张总。非常感谢您能在百忙之中接受我的采访。""不用客气，请坐。"坐定之后，李梅又诚恳地说："说实在的，我刚才心里还有点忐忑。看到张总您这么忙，真有点担心您无暇顾及我的这件小事，而且您工作这么辛苦，我占用了您宝贵的时间，实在是不好意思。""哪里的话，约好的事情，我一定会做到的。"

分析提示7-2

"是呀，从张总的身上我能看到贵公司重时守信的形象。"听到李梅这句真挚的赞扬，张总爽朗地笑起来，刚刚的疲惫一扫而空。接下来，双方的交谈显得既轻松又愉快，一个小时很快就过去了。临别时，李梅又向张总致谢："今天采访进行得这么顺利，我要谢谢您的配合。而且您清晰透彻的言辞，努力开拓、求实创业的精神给我留下了深刻的印象，更让我感受到了你们企业蓬勃向上的活力和风采。回去我一定把这篇报道好好地写出来，让更多的人以您为榜样，从你们成功的事迹中得到激励。如果我毕业后能有机会来贵公司工作，成为贵公司的一员，那将是我莫大的荣幸。"

资料来源　佚名．交谈的技巧〔EB/OL〕．〔2019-04-20〕．https://wenku.baidu.com/view/3670f8514793daef5ef7ba0d4a7302768f996f2d.html.

问题：李梅的拜访为何会成功？这次拜访会有什么效果？

拓展阅读

帕金森人际沟通10法

著名学者帕金森研究出了与他人沟通最有效的10种方法，人们称之为"帕金森定律"。

（1）与人沟通永远不嫌弃。不要因为害怕对方可能的反应而迟迟不敢沟通，要知道，因为未能沟通而造成的真空，将很快充满谣言、误解、废话甚至仇恨。

（2）在沟通的过程中，知识并不一定永远意味着智慧，仁慈不一定永远意味着正确，同情不一定永远意味着了解。

（3）负起沟通成功的全部责任。作为聆听者，你要负起全部责任，听听其他人说些什么；作为说话者，你更要负起全部责任，以确定他们能够了解你在说些什么。绝对不能用一半的诚意来对待与你有关的人，一定要有百分之百的诚意。

（4）用别人的观点来分析你自己。把你想象成你的父母、你的配偶、你的孩子或你的下属。想象着你走进一间办公室时，陌生人会对你产生什么印象？为什么？

（5）听取真理，说出真理。不要传播那些闲言闲语。记住，你向外沟通的都是你的意见，也都是你根据有限的资料来源听到的印象。

（6）对你听到的每件事，都要以开放的心态加以验证。不要存有偏见，要有充分的分析能力，对真相进行研究与检验。

（7）对每个问题，都要考虑到它的积极面与消极面，追求积极的一面。

（8）检讨一下自己，看看是否能够轻易和正确地改变你所扮演的"角色"：从严肃的生意人，变成彬彬有礼的朋友、父母，或者变成知己或老师。

（9）暂时退出你的生活圈子，考虑一下：究竟是哪种人吸引你？你又要吸引什么样的人？他们是不是属于同一类型？你能否吸引胜利者？你所吸引的人是否比你更为成功？为什么？

（10）发展你神奇的"轻抚"。今天、今晚就对你心爱的人伸手轻抚；在明天、在今后的每一天，都要这样做。

资料来源　李元授. 人际沟通训练［M］. 武汉：华中科技大学出版社，2014.

课堂实训

1）实训：接待拜访模拟训练

（1）实训目标：熟悉接待、拜访的有关礼节，能够正确运用其礼仪规范。

（2）实训学时：2学时。

（3）实训地点：实训楼前、电梯间、会议室。

（4）实训准备：办公家具、茶具、茶叶、热水瓶或饮水机、企业宣传资料等。

（5）实训方法：一部分学生扮演来访客户，一部分学生扮演某企业的商务人员接待客户，模拟演示以下情景：①在门口迎接客人；②引导客人前往接待室；③与客人搭乘电梯；④引见介绍；⑤招呼客人；⑥为客人奉送热茶；⑦送别客人。

演示完毕后，两组人员可角色对调，再演示一遍，充分体会接待、拜访的不同礼仪要求。

2）实训：拜访场景模拟训练

（1）实训目标：熟练、规范地运用拜访的各种礼节进行交际。

（2）实训学时：1学时。

（3）实训地点：实训室。

（4）实训准备：拜访场景、名片若干张。

（5）实训方法：3～5人一个小组，每组设计一个营销拜访场景，将拜访的相关礼仪连贯地演示下来，学生对各组的表演进行评价，最后教师总结。表演之前，每组应就设计的场景和成员的角色进行说明。

课后练习

1）案例分析

案例分析一

有意见的"意见卡"

一位年龄比较大的外籍来宾在某酒店中已经住了一周了，今天他要离开酒店，在他临走之前找来了酒店大堂经理说："在这里住了短短一个星期，虽然时间不长，但是不论走到哪里都能感受到你们酒店服务员无微不至的服务，无论是酒店服务员的言谈举止还是服务等各方面都给我留下深刻的印象。因此，在我离店之前特地找您来表达对酒店和服务员的感激之情。"说完这一外籍来宾拿出一张意见卡，即酒店中客房内的"宾客意见卡"，外宾打开意见卡，大堂经理看到客人在上面的满意栏上都画了勾，并在空白处写有对酒店的赞美之言。这位外宾对大堂经理说："在这一个星期当中，我对贵酒店各方面都很满意，但是在我将要离开并且在意见卡上表达了满意和感激之情后，我要说这张意见卡给我留下了一点点遗憾。希望贵酒店在管理上能做得更细致一点。"大堂经理看了一下卡立刻明白了：这张卡由于长时间没人打开过里面积攒了一些灰尘。

思考与讨论：

（1）外宾为什么会对意见卡不满意？

（2）大堂经理在以后的经营管理中应注意什么？

案例分析二

亲自送客的李嘉诚

很多知名企业家也很注意送客的礼节。一位内地企业家在接受电视采访时谈到了他去李嘉诚办公室拜访李嘉诚的经历。

那天，李嘉诚和儿子一起接见了他。会谈结束之后，李嘉诚起身从办公室陪他出来，送他到电梯口。更让人惊叹的是，李嘉诚不是送到即走，而是一直等到电梯上来，他进去了，再挥手告别，直到门合上。

身为香港首富的李嘉诚肯定是日理万机，可他依旧注重礼节，亲自送客，没有丝毫的怠慢。这位内地企业家面对着电视机前的亿万观众动情地说："李嘉诚先生这么大年纪了，对我们晚辈如此尊重，他不成功都难。"

资料来源　陈国龙. 出迎三步，身送七步［EB/OL］.［2009-11-28］. http：//www.ledu365.com/a/redu/766.html.

思考与讨论：

（1）送客应讲究哪些礼仪？

（2）本案例对你有哪些启示？

案例分析三

麦克拜访客户的秘诀

麦克具有丰富的产品知识，对客户的需求很了解。在拜访客户之前，麦克总是先掌握客户的一些基本资料。麦克常常以打电话的方式先和客户约定拜访的时间。

今天是星期四，6：00刚过，麦克就精神抖擞地走进办公室。他今年35岁，身高6英尺，深蓝色的西装上看不到一丝的褶皱，浑身上下充满朝气。

从7：00开始，麦克便开始了一天的工作。麦克除了吃饭的时间，始终没有闲过。麦克17：30有一个约会。为了利用16：00—17：30这段时间，麦克便打电话，向客户约定拜访的时间，以便为下星期的推销拜访预先做好安排。

打完电话，麦克拿出数十张卡片，卡片上记载着客户的姓名、职业、地址、电话号码资料以及资料的来源。卡片上的客户都居住在市内东北方的商业区内。

麦克选择客户的标准包括客户的年收入、职业、年龄、生活方式和爱好。

麦克的客户来源有3种：一是现有的客户介绍提供的新客户的资料；二是麦克从报刊上的人物报道中收集的资料；三是从职业分类表上寻找的客户。

在拜访客户以前，麦克一定要先弄清楚客户的姓名。例如，想拜访某公司的执行副总裁，但不知道他的姓名，麦克会打电话到该公司，向总机人员或公关人员请教副总裁的姓名。知道了姓名以后，麦克才进行下一步的推销活动。

麦克拜访客户是有计划的。他把一天当中所要拜访的客户都选定在某一区域之内，这样可以减少来回奔波的时间。根据麦克的经验，利用45分钟的时间作拜访前的电话联系，即可在某一区域内选定足够的客户供一天拜访之用。

麦克下一个要拜访的客户是国家制造公司董事长比尔·西佛。麦克正准备打电话给比尔·西佛先生，约定拜访的时间。

做好拜访前的准备工作使麦克成为一名优秀的业务员。

思考与讨论

（1）麦克拜访客户有哪些秘诀？

（2）本案例对你有何启示？

2）思考与训练

（1）小王做销售工作多年，积累了不少经验。近日，领导让他给新来的小张介绍一下接待客户的经验，如果你是小王，你应怎样介绍？

（2）在你所在学校的"校园宣传日"里，要接待到校参观的学生家长和当年准备参加高考的考生，如果由你负责这项接待工作，你准备怎样做？请列出接待方案。

（3）假如你明天要拜访一位重要客户，列出你需要作哪些形象准备和资料准备。

（4）进行拜访礼仪实践。学生2~4人为一组，利用业余时间，到亲朋好友家进行拜访。拜访的目的可以是社会调查、礼节性拜访或是请教问题等。拜访结束后，每个人写出详细的拜访过程，在教师的指导下，在全班进行拜访总结。

任务8

客户沟通

（1）进行社会主义核心价值观教育。

（2）进行爱国主义教育。

（3）开展诚信教育、法律意识教育和道德意识教育。

（4）塑造职业形象、提高职业素养。

（5）促进学生全面发展。

导学案例　　　　　　　经理室里的对话

小王是一家科教设备公司的推销员，他希望通过勤奋的工作来创造良好的业绩。一天他急匆匆地走进一家公司，找到经理室，于是就有了如下的一段对话：

小王：您好，李先生。我叫王乾，是科教设备公司的推销员。

经理：哦，对不起，这里没有李先生。

小王：你是这家公司的经理吧？我找的就是你。

经理：我姓于，不姓李。

小王：对不起，我没听清你的秘书说你是姓李还是姓于，我想向你介绍一下我们公司的彩色复印机……

经理：我们现在还用不着彩色复印机。

小王：噢，这样啊。不过，我们还有别的型号的复印机，这是产品目录，请过目。（接着，掏出香烟和打火机）你来一支？

经理：我不吸烟，我讨厌烟味，而且，我们公司是无烟区。

小王：……

问题：

（1）小王在与客户的沟通中存在什么问题？

（2）怎样才能与客户实现良好的沟通？

任务目标

（1）明确客户的类型；

（2）把握客户沟通的原则和语言要求；

（3）掌握客户沟通的技巧；

（4）能够妥善处理客户投诉。

8.1 客户的分类

客户分类是基于客户的属性特征所进行的有效性识别与差异化区分。一般地，按是否直接与客户接触、发生直接的联系划分，可以分为直接客户与间接客户；按客户自身的实力来划分，可以分为大型客户、中型客户、小型客户。这里我们根据客户的心理特点和客户同本公司业务的接近程度来详细介绍[①]。

1）根据客户的心理特点划分

（1）理智型客户。这类客户办事比较理智，有原则、有规律，不会因为关系的好坏而选择供货商，也不会根据个人的情感选择合作的对象。这类客户大部分工作比较细心，比较负责任，他们在选择合作对象之前都会进行适当的心理考核比较，作出理智的选择。

（2）任务型客户。这类客户在公司的职务一般不会是股东级的，他们只是在接受上级给予的任务，而且这个任务有的也不是自己的工作职责范围之内的。因此，这样的客户一般对任务只是完成到比上不足比下有余的效果就可以了，不会有太多的要求，也不会有太多的想法。

（3）贪婪型客户。这类客户一般在自身公司的关系比较复杂，做事的目的性比较强，对价格压得比较厉害，对质量和服务的要求也比较高，但这类客户很容易稳定，只要和他们的关系发展到一定程度就很容易把握住其需求。这类客户有时也会主动要求和接受贿赂。

（4）主人翁型客户。这类客户大部分是企业的老板，或者非常正直的员工，这样的客户只追求价格、质量、服务的最佳结合，尤其对价格最为关注。因此，对于这样的客户首先要在价格上给予适当的满足，再根据质量慢慢提升价格。要让对方感觉你做的东西就是价格最便宜、质量最好的。

（5）抢功型客户。这类客户一般不会是公司的大领导，也不会有很大的权力，但是这样的客户有潜力，地位一般处于上升趋势。这样的客户眼光重点定位在质量上，价格上只要适当就可以了。这样的客户有的时候会出现自己掏钱为公司办事情的情况，在公司为了表现经常自己吃哑巴亏。

（6）吝啬型客户。这样的客户一般比较小气，想赚此类客户的钱不容易，这样的客户不会因为稳定、信任或关系而选择一个供应商。他们会首先比较价格，而且比较的结

---

① 彭于寿. 商务沟通［M］. 2版. 北京：北京大学出版社，2011.

果是让你几乎没有利润，然后再要求质量。这样的客户经常会隐瞒事实、夸大自己，很多时候还会选择货比货，搞一些根本就不需要的招投标形式，以此来压价满足自己的虚伪的吝啬心理。

（7）刁蛮型客户。这样的客户在第一次交往中会表现得很好，显示自己是很好、很有信誉、很有实力的公司。有时甚至会出现你开价800他给你1 000的情况，此类客户在和我们商谈的过程中基本上不会准备好资料，希望所有的资料都由我们来准备，也不会在价格上和我们斤斤计较，在质量上也不会提出苛刻要求。他们会想方设法设置陷阱，找借口说时间非常紧急，其实真正等你做完了，他们一点也不着急了，往往是想通过一些莫须有的问题干扰你的视线，尽量使操作出现一些问题，到时候好抓把柄、找麻烦。

（8）关系型客户。这样的客户是在先有朋友关系后再开展业务交往的。对这样的客户操作时如果不把握好一个介于朋友和客户之间的度，就很容易导致业务没有做好，朋友关系搞砸了，客户关系也丢失了。尤其在服务行业，朋友介绍朋友、朋友需要帮忙等的业务时常会出现。

（9）综合型客户。这样的客户在交往中没有一个定格模式，特定的环境下会演变成特定类型的客户。这样的客户一般非常老到，社会经验非常丰富，关系网也比较复杂，他们的生活轨迹也不容易把握，思想活动很难认清。

2）根据客户同本公司业务的接近程度划分

按照客户开发期间客户同本公司业务的接近程度划分，可以分为潜在客户、试用客户、意向客户、准客户、正式客户等几种类型。

（1）潜在客户。潜在客户范围很广，不了解我们或者曾经接触过，但是后来没有再度接触的客户，或者是听说过或者了解我们，但是并没有跟我们接触的客户，都称为潜在客户。潜在的意思就是等待发掘。

（2）试用客户。这类客户抱着试试看的心态，初次使用产品或享受服务。

（3）意向客户。这类客户实际上就是在试用客户的基础上向再度合作的方向迈进了一步。双方谈到了合作以及提供的产品、权限、价格，并且对方清楚地肯定了这些需求和价格。能够有协议的当然更加肯定会成为我们的意向客户。

（4）准客户。准客户的条件是服务价格和服务内容都已谈妥，合同已经发送或者已经回传合同，对方也已经开始打款的客户。

（5）正式客户。正式客户即合作达成，付费并认可我们服务的客户。

8.2 客户沟通技巧

1）客户沟通的原则

视客户为朋友、为熟人，想方设法让服务用语做到贴心、自然，令人愉悦，这是营销沟通的基本出发点。

（1）客户中心原则。设身处地为对方着想，按客户之所需，主动说明客户购买某种产品所带来的好处，对这些好处作详细、生动、准确的描述，才是引导客户购买商品的关键。"如果是我，为什么要买这个产品呢？"这样换位思考，就能深入了解客户所期望的目标，也就能抓住所要说明的要点。最好用客户的语言和思维顺序来介绍产品，安排说话顺序，不要一股脑说下去，要注意客户的表情，灵活调整销售语言，并力求通俗易懂。

（2）倾听原则。"三分说，七分听"，这是人际交往的基本原理——倾听原则——在营销中的运用。在推销商品时，要"观其色，听其言"。除了观察客户的表情和态度外，还要虚心倾听对方议论，洞察对方的真正意图和打算。要找出双方的共同点，表示理解对方的观点，并要扮演比较恰当、适中的角色，向客户推销商品。

沟通小故事8-1　　　　　　　　只顾生意，不解人意

吉勒斯是美国著名的汽车推销员。一天，一位客户西装笔挺、神采飞扬地走进店里，吉勒斯心里明白，这位客户今天一定会买车。于是他热情地接待了这位客户，并为他介绍了不同品牌的车，说明不同车的性能、特点。客户频频点头微笑，然后跟随吉勒斯一起从展示场走向办公室，准备办手续。客户一边走，一边激动地说："你知道吗，我儿子考上医学院了，我们全家都非常高兴……"吉勒斯不顾客户的兴致，抢过话题继续介绍汽车的优良性能。没等他介绍完，客户就又说道："我要买辆最好的车，作为礼物送给儿子……"吉勒斯接着客户的话说："我们的汽车无论是款式还是性能都是一流的……"客户有些不高兴，他看了吉勒斯一眼，没等他说完，抢着说道："我的儿子很可爱……"吉勒斯又说："是啊，我们的车也确实是最好的……"客户的脸色越来越难看了："你这人怎么这样？""我……我们的汽车确实是……""你就知道汽车！"客户发火了，最后竟然拂袖而去。

资料来源　佚名. 推销实务［EB/OL］.［2016-03-22］. https://www.docin.com/p-1498942725.html.

（3）禁忌语原则。在保持积极态度的同时，沟通用语也要尽量选择体现正面意思的词，选择积极的用词与方式。要保持商量的口吻，不要用命令或乞求语气，尽量避免使人丧气的说法。例如：

"很抱歉让您久等了。"（消极的说法）→"谢谢您的耐心等待。"（积极的说法）

"问题是那种产品都卖完了。"（消极的说法）→"由于需求很多，送货暂时没有接上。"（积极的说法）

"我不能给您他的手机号码！"（消极的说法）→"您是否能向他本人询问他的手机号码？"（积极的说法）

"我不想给您错误的建议。"（消极的说法）→"我想给您正确的建议。"（积极的说法）

"您叫什么名字？"（消极的说法）→"请问，我可以知道您的名字吗？"（积极的说法）

"如果您需要我们的帮助，您必须……"（消极的说法）→"我愿意帮助您，但首先

我需要……"（积极的说法）

"您没有弄明白，这次听好了。"（消极的说法）→ "也许我说得不够清楚，请允许我再解释一下。"（积极的说法）

（4）"低褒微谢"原则。"低"，就是态度谦恭，谦逊平和；"褒"是褒扬赞美；"微"是微笑；"谢"是感谢，由衷地感谢顾客的配合和理解。例如，"谢谢您，这是我们公司的发票，请收好。""谢谢您，我马上就通知公司。""谢谢您，正好是××元。"国际商务人员要常带微笑，给客户带来好的心情。

2）客户沟通的语言要求

（1）发音清晰、标准。只有发音清晰、标准，对方才能听清推销员说的是什么，不至于只看见推销员唾沫横飞，却根本不知道说了些什么。我们提倡的是普通话，现在大多数人在公共交际场合使用的是普通话。在很大程度上，一口流利的普通话已经成为高素质的象征，因此一般说来应该用普通话交流；如果了解对方老家是某地，对方又以家乡为荣，而自己恰巧又会当地的方言，适当地运用方言跟对方交流也不错。

（2）语调低沉、自然、明朗。低沉和抑扬顿挫的语调最吸引人。语调偏高的人，让人感觉叽叽喳喳，听起来不舒服，而且有一种凌驾于客户之上的感觉。一般而言，领导跟下属、长辈跟晚辈之间谈话时，前者语调较高，后者语调较低，所以客户更喜欢稍低沉的语调。语调要自然，谁都不喜欢做作，尤其是女推销员更不要嗲声嗲气的，自然、大方才受大家的欢迎。语调要讲究抑扬顿挫，否则一个调子下来，客户听不出重点，也容易厌烦。

（3）说话的语速要恰如其分。有些推销员说话本身语速快，在客户面前又有些紧张，因此还没等客户有所反应，自顾自地讲了十几分钟，容不得对方插话，一则不尊重对方，二则自己讲得快了，思维跟不上，容易出错；语速也不应太慢，太慢了会让客户着急，不耐烦。一般来说，正常聊天的语速就可以。同时，语速要根据所说的内容而改变，一成不变的语速容易让人产生厌烦情绪，讲到重点的时候可以适当放慢语速，加强语气，以示强调。

（4）懂得停顿的运用。在讲话过程中，恰当的停顿有两个好处：一是可以顾及客户的反应，是喜欢还是厌恶？对哪一部分感兴趣？以便有针对性地调整说话的内容和语速。二是让自己有思考的时间，选择更合适的语言来表达，不至于太紧张甚至出错。停顿的时间不要太短，要根据对方的反应灵活调整。一般来说，停顿会引起对方的好奇，有时还能逼对方早下决定。

（5）音量要注意控制。有的人音量本来就高，很多时候说话像在喊，就要控制一下。音量太大，往往容易给对方造成压迫感，使人反感；音量太低，一则对方听不清楚说的内容，容易不耐烦，二则显得自己信心不足，犹犹豫豫，自己都没有信心，还怎样影响客户？因此说服力不强。

（6）在说话时配合恰当的表情。在说话时配合恰当的表情往往会起到比单纯的语言更明显的作用。比如，说到高兴处，可以微笑，或者配合一定的手势动作；说到伤心处，神情表现得悲伤，让情绪感染客户。让客户进入到所创设的情境中，容易诱导客户。

（7）语言表达逻辑清晰，重点突出。在进行介绍时，要思路清晰，表达流畅，不能前言不搭后语，让听者不知所云。为了突出重点，可以适当地使用一些词语，如"首先，其次，再次，最后"或者"第一，第二，第三"等，以便客户能抓住重点，一般要把最突出的优点放在第一位，吸引住客户，稍弱的优点依次往后。

（8）避免以"我"为中心，诱导顾客自己品味销售的主题。最能使人信服的是自我醒悟的道理，而非他人的说教，可通过提问的方式给顾客一定程度的自尊心理满足，诱导和激发顾客产生购买行为。比如，"我认为……"可改为"您是否认为……"，"您的想法对吗"可改成"您是怎么想的"，"我想您肯定会买的"可改成"您很内行，可不要错过机会"等等。这些提问或陈述能使顾客顺从诱导，引起思考，品味推销员没有说出的销售主题。一旦悟出道理，大多数顾客就会陶醉于自己体会出的快乐心情之中，很少会产生是由推销员诱导出来的怀疑感觉。在公众自己品味出销售的主题以后，推销员还可以用赞美的语气强化诱导的结果。"您讲得很有道理""我完全同意您的想法""您真会核算，比我们还精通"等赞美的话会使顾客油然产生一种兴奋的心情，这种情感体验能够升华为坚定不移的购买信念，产生顺利成交的良好结果。

（9）注意语言的精确性，提高对客户说理的感染力。在推销中，推销人员的语言反映了极其复杂的心理活动，推销员凭借某种语言来传递自己心理活动的信息，表达自己的思想、情感、愿望和要求，而客户也是通过语言交流，接受推销员传递的商品信息，引起思想、情感的共鸣，采取积极的购买行为。因此，推销员要加强语言修养，提高语言的精确性，增强语言的感染力，给客户以身临其境的感觉，强化说理的效果。这要求推销员注意以下三点：

第一，多用肯定语言。这里所说的肯定是指对客户态度的赞美肯定、对商品质量和价格的肯定、对售后服务的肯定，以坚定客户的购买信念。如对客户态度的肯定："您现在这样看问题是很自然的事""过去我也是这样想的"。对一般性商品质量的肯定，可用质地优良、做工考究、款式新颖、老少皆宜等肯定语言；对水果可用果大、皮薄、肉厚、香甜、可口等质量可靠的语言。对价格的肯定："这个价值 50 元""这个报价是最低价格""您不能再削价了"。这里的目的是使顾客消除还价的打算，觉得在价格上别无退路，只能按定价成交。对售后服务的肯定："本公司推销的商品一律实行三包：包退、包换、包修"，"本厂的产品一律送货上门"。这里的"三包"和"送"都是肯定语言，能使客户感到放心、方便，解除其后顾之忧，促使客户下决心实施购买行为。

第二，用请求式的语句以尊重客户，尽量避免用命令式的语句同客户交谈。请求式语句是以协商的态度征求顾客意见，由于推销员态度谦虚，说话和气，所以公众总是乐意接受的。而用命令式语句，推销员居高临下，态度生硬，强制性地要求客户实施购买行为，一般是不受客户欢迎的。比如，客户问推销员："××是否有货？"推销员回答："没有货，到下个月再联系。"这是一种命令式回答客户问题的语句。它不仅要求客户等到下个月，而且命令客户主动来联系。这样就使推销员与客户的关系错位，变成客户求推销员。这种方式除了在商品供应紧张时能有短期效应外，对多数客户来讲，是不可取的。

第三，在国际商务沟通中，刺激性的语句、过于客套的语句都是不恰当的。这些语句容易引起公众反感。

总之，在与客户的沟通中正确使用语言，通过礼貌语言的魅力，影响、感染、引导消费公众，触发购买行为，是有效地开展国际商务沟通所必需的。

沟通小故事8-2　　　　　　　　口才拔高了"营销之神"

在日本有个叫原一平的人，身高只有145厘米，身材矮小。他的工作业绩却是相当惊人，曾连续多年占据日本全国寿险销售业绩之冠，被人们誉为"营销之神"。

原来，原一平的身材虽然矮人一头，但他的口才却不止高人一筹。在营销寿险产品时他经常以独特的矮身材，配上刻意制造的表情和诙谐幽默的言辞逗得客户哈哈大笑。他面见客户时通常是这样开始的：

"您好，我是明治保险的原一平。"

"噢！是明治保险公司。你们公司的营销人员昨天才来过，我最讨厌保险了，所以被我拒绝啦！"

"是吗？不过我比昨天那位同事英俊潇洒吧？"原一平一脸正经地说。

"什么？昨天那位仁兄啊！长得瘦瘦高高的，哈哈，比你好看多了。"

"可是矮个儿没坏人啊。再说辣椒是越小越辣哟！俗话不也说'人越矮俏姑娘越爱'吗？这句话可不是我发明的啊！"

"可也有人说'十个矮子九个怪'哩！矮子太狡猾。"

"我更愿意把它看成是一句表扬我们聪明机灵的话。因为我们的脑袋离大地近，营养充分嘛！"

"哈哈，你这个人真有意思。"

凭着出色的口才，原一平与客户坦诚面谈，在轻松愉快的气氛中不知不觉拉近了自己与客户之间的距离，很快一笔业务就搞定了。

3）与客户沟通的技巧

（1）引起注意。无数的事实证明：在面对面的推销中，能否真的吸引客户的注意力，第一句话是十分重要的，它的重要性并不亚于宣传广告。客户在听我们第一句话的时候比听第二句话乃至以下的话要认真得多。当听完我们第一句话时，很多客户，不论是有心还是无意，都会马上决定是尽快地把我们打发走，还是准备继续谈下去。如果第一句话不能有效地引起客户的兴趣，那么之后即使谈下去，结果也不会太乐观。

第一，急人所需。抓住对方之急需提出问题是引起注意的常用方法。美国一位食品搅拌器推销员到一住户家推销，当男主人为其开门后，他第一句话就发问道："家里有高级搅拌器吗？"男主人被这突如其来的发问给难住了，他转过脸来与太太商量，太太有点窘迫又有点好奇地说："搅拌器我家里倒有一个，但不是最高级的。"推销员马上说："我这里有一个高级的。"说着，从提袋中拿出搅拌器，一边讲解，一边演示。

假如第一句不是这样说，而是换一种方式，一开口就说"我想来问一下，你们是否愿意购买一个新型的食品搅拌器？"或者"你需要一个高级食品搅拌器吗？"，结果就会不一样了。上述案例中的问法，要对方回答的是"有"还是"没有"。当然差不多是明知故问，但这个问题问得好，有两个好处：一是没有使客户立刻觉得你是向他们推销东西。我们已经说过，人们讨厌别人卖给他们什么，而喜欢自己去买什么。二是我们只说我们有一台高级搅拌器，并没有问客户买不买，因此客户会产生兴趣：看看高级别的与我们家里的有什么不同，演示说明就成为顺理成章的事情了。至于最后的购买，不是乞求的结果，也不是高压的结果，而是客户的一种满意的选择。

第二，设身处地。如果一开口，便说出一句替客户设身处地着想的话，同样也能赢得对方的注意。因为人们对与自己有关的事特别关注，而对那些与自己无关或关系不大的事，往往不太关心。有一个推销家庭用品的推销员，总能够成功地运用第一句来吸引顾客的注意。"我能向您介绍一下怎样才能减轻家务劳动吗？"这句话一下子就抓住了对方的心理，被烦琐家务劳动搞得十分伤脑筋而且又无计可施的人，这时听说有方法可减轻家务劳动，当然会加以注意了。请想想，如果这位推销员一开口就问人家："我能向您推销一台洗衣机吗？"或者"我能给您介绍一下我厂的新吸尘器吗？"效果就不会有第一种说法好，因为后面的说法没有把产品对客户的效用一下子明确地提出来，而且没有设身处地地为对方着想，强调的是"我"，而不是"你"。

第三，正话反说。有的时候推销人员为了引起对方的注意，故意正话反说，这也是一种出其不意的妙法。一个高压锅厂的推销员找到一个批发部经理进行访问推销，他一开始就说了这么一句："你愿意卖1 000只高压锅吗？"推销员在推销的时候，往往不说"买"而说"卖"。这句话一说，经理感到这个人很有意思，便高兴地请他谈下去，推销员抓住机会向经理详细地介绍他们工厂正在准备通过宣传广告大量推销高压锅的计划，并说明这样做的目的是给销售商提高销量，这个经理便愉快地向他订下一批货。

第四，形象演示。关于产品的戏剧性形象演示，效果明显，可以极好地引起公众注意。一个纺织品推销员脸朝着太阳的方向，双手举起一块真丝产品，这时，从挂在墙上的玻璃镜中，可以看到这块真丝产品，他对顾客说："您从来没有见过这样有光泽的图案，这样清晰的丝织品吧？"一个推销录音机的推销员，走进一个潜在客户的办公室，客户正在打电话，他马上将录音机打开，把对方说的话录了下来，等客户打完电话后，马上放录音，同时对客户说："您可能还没有听过自己的浑厚而悦耳的男低音吧？"这两个故事中的推销员，都善于因地制宜地利用自己所推销的商品，制造戏剧性情节。实践证明：人们对戏剧性情节会产生很大的注意力和好奇心。假如不是这样，而是直截了当地问对方"你要丝织品吗""你要录音机吗"，效果就肯定差得远。

第五，顺水推舟。"在上个月的展销会上，我看到你们展示的橱窗很漂亮，那是你们的产品吗？"这句话马上引起了对方的注意，并使对方十分高兴。推销员紧接着对这位客户说："我想，如果在你们生产的橱窗上再配上我厂的这种新产品，那就是锦上添花了。"顺手递上了自己所要推销的产品。这个推销员顺着他人产品之水，推动自己产品之舟，可谓巧妙，这种借向客户提出新的构想来推销自己的产品的方法，也是一种吸引对方注意的有效途径。

第六，从众效应法。从众，是一种有趣的社会心理现象，它指的是，人们往往不自觉地以周围的人的行为动作作为自己的行动指导，特别是当自己难以选择的时候，更会以他人的行动作为自己行动的借鉴。例如，如果你的亲朋好友、邻居、同事购买了"飞鸽牌"自行车，当你打算买自行车的时候，就很有可能也买"飞鸽牌"。这个原理用于推销，就要求推销员在介绍产品时，同时举出已购买本产品的公司或知名人士及顾客的熟人例子。

"这种国产车很受欢迎，深圳、广州、珠海几家旅游公司都各订了10台。"

"李先生，你是否注意到红光印刷厂王经理采用了我们的印刷机后，营业状况大为改善？"

"这种综合电疗器特别受老师的欢迎，工学院的老师一买就是几十只，你们师范学院的老师也买了不少。例如，你们都认识的中文系王天教授、数学系刘明教授，都使用这种电疗器，效果不错。"

当然，推销时所碰到的场面何止千种，所谓运用之妙，存乎一心。以上几种方法仅供借鉴，到底要怎样说，才能最有效地吸引对方的注意，引起对方的兴趣，还要我们在实践中不断摸索。

（2）介绍商品。介绍商品是营销过程中的一个重要环节，营销就是通过对商品的介绍，达到满足客户真正需求和销售商品的双重目的的过程。介绍应注意以下几点：

第一，突出重点。通常，一种商品或服务本身具有众多的优点和特征，如果我们不看对象，一股脑儿将这些优点和特征加以罗列，一一介绍，不但会白白浪费许多时间，顾客也会由于我们的"狂轰滥炸"而头昏眼花，不得要领。在介绍时，我们应将商品或服务的特点，转换成对顾客的益处，依客户的不同而进行重点不同的说明。以电冰箱为例，同样一个电冰箱，也随时间、地点、人物的不同而具有不同的效用，国际商务人员在介绍的时候，只要抓住这一条，就会事半功倍。

美国的一位推销员曾经向住在北极圈内冰天雪地中的因纽特人推销电冰箱，他是这样来介绍他所推销的产品的："这个电冰箱的最大效用是'保温'，不致使我们食物的结构被冻坏而丧失它的营养价值。"对因纽特人而言，这位聪明的推销员将温度的差别对食物营养价值的影响作为说明的重点，是非常恰当的。试想，如果对因纽特人说明由于冰箱里的温度低，可使食物保鲜，对方听了可能认为你到这里来是开玩笑的，因为这里根本不存在食物腐败的问题。

商品虽然成千上万，不胜枚举，但是说明的重点不外乎以下几个方面：适合性——是否适合对方的需要；通融性——是否也可用于其他目的；耐久性——是否能长期使用；安全性——是否具有某种潜在的危险；舒适性——是否能给人们带来愉快的感觉；简便性——是否可以很快地掌握它的使用方法，不需要反复钻研说明书；流行性——是不是新产品，而不是过时货；身价性——是否能使顾客提高身价，自夸于人；美观性——外观是否美观；便宜性——价格是否合理，是否可以为客户所接受。这些方面因人而异、因物而异、因时而异，要求我们在作说明的时候，能突出重点，对症下药。

第二，因情制宜。因情制宜，就是指介绍商品时应根据商品的特点和推销对象的具体情况加以介绍，做到有的放矢。比如，对高档商品要强调其质优物美的一面。对廉价商品则要偏重其价廉的特点。对试销商品要突出其"新颖独特"的一面，着力介绍其新功能、新结构，体现新的审美观和价值观。对于畅销商品，因其功能、质量已广为人知，因此对商品本身不需详细介绍，而应着重说明其畅销的行情和原因，使顾客不但感到畅销合情合理，而且产生一种"如不从速购买，可能失去机会"的心理。而对于滞销商品，则应强调其价格低廉、经济实惠的特点，同时适当地对照说明其滞销的某些原因和可取的优点。比如，对老年人介绍说："这种羽绒服是名牌产品，保暖性强，结实耐穿，式样大方，就是款式不够新颖，没有皮衣那么时髦，所以年轻人不太欣赏。"这正切合了老年人求经济实用、重内在质量的心理。

从营销对象来看，不同的顾客有不同的心理和需求，介绍商品时更应抓住不同顾客的心理特点，因人施语，获得顾客的认同。如年轻人喜欢新颖奇特，而老年人则注重价格；女士往往偏重款式，男士则更讲究品牌；向女士推销服装，应强调款式的新颖、风格的独特，而对男士，则应着重介绍品牌的知名度、质料的考究。又如，对老成稳重的顾客，介绍时应力求周全，讲话可以慢一点，要留有余地；对自我意识很强的顾客，不妨先听其言，然后因势利导；对性情急躁的顾客，介绍商品时应保持平静，设身处地为之权衡利弊，促其当机立断；而对优柔寡断者，则应察言观色，晓之以利，促发其购买冲动。

第三，充满热情。商务人员在营销过程中要充满信心和热诚，热情往往会感染顾客，使顾客产生信任感，构成情感上的共鸣，进而引发顾客的购买欲。如有位女士给小孩买马蹄衫上用的扣子，营业员见到她的小孩说："这是您的小孩吧，真漂亮。"女士高兴地说："您不知道，淘气着哪！"营业员说："小子玩玩是好，女儿玩玩是巧，将来一定有出息！"问："您想看点啥？""我想买5颗扣子。"营业员说："市面上卖的马蹄衫胸前钉的是5颗扣子，袖上还应分别钉2颗。小孩好动，常掉扣子，加上1颗备用。您买10颗吧。"这位顾客很高兴："您比我想得还周到，听您的买10颗。"

国际商务人员以热情待人，可以使本来不想买的买了，本来想少买的多买，而比原来打算的买得更满意、更高兴。总的来说，情能动人、能感人，产生好的效果。

第四，实事求是。实事求是指介绍商品应尊重事实，恰如其分，切忌虚假吹嘘，蒙骗顾客。应当看到，任何商品都有其长处和短处，客户所关注的是商品的长处在多大程度上大于短处，商品的长处和价值要与其价格相称。所以，对商品的成功的介绍并不在于过分渲染和夸大商品的优点，这样做只能引起客户怀疑和反感，而应当实事求是地介绍，以使客户全面了解商品情况，消除疑虑和犹豫心理，增强对商品和企业的信任度，买得放心并且称心。国际商务人员应当铭记的是：商品介绍中最重要的不在于推销者说了些什么，而在于客户相信什么，不在于告诉客户商品如何完美无缺，而在于客户了解此种商品有什么适应其需求的好处，所以实事求是地介绍商品是颇有说服力的。

（3）诱导购买。美国推销员贺伊拉说："如果您想勾起对方吃牛排的欲望，将牛排放在他的面前固然有效，但最令人无法抗拒的是煎牛排的声音，他会想到牛排正躺在黑色铁板上，滋滋作响，浑身冒油，香味四溢，不由得咽下口水。"响声使人们产生了联想，刺激了欲望。我们在推销说明中，就是凭借我们的口，针对顾客的欲望，利用商品的某种效用，为顾客描述商品，使之产生联想，甚至产生"梦幻般的感觉"，以达到刺激欲望的目的。

第一，描绘购买后的美景。为了使顾客产生购买欲望，只让顾客看商品或进行演示是不够的，我们必须同时加以适当的劝诱，使顾客头脑中呈现出一幅美景。我们首先要将有魅力的形象在我们的脑海中描绘出来，并将形象转换成丰富动人的言辞，然后用我们的口才当"放像机"，在对方脑海的屏幕上映现出来，借以打动对方。

一位推销室内空调机的能手，不总是滔滔不绝地向顾客介绍空调机的优点如何如何，因为他明白，人们并非完全因为东西好才想得到它，而是由于先有想要的需求，才可能购买，如果不想要的话，东西再好，他也不会买。因此，他在说明他的产品时并不说"这般闷热的天气，如果没有冷气，实在令人难受"之类的刻板的话，而是为有意向购买的顾客设想刚从炎热的阳光下回到一间没有空调机的屋子里："您在炎热的阳光下挥汗如雨地劳动后回家了，一打开房门，迎接您的是一间更加闷热的蒸笼，您刚刚抹掉脸上的汗水，可是马上额头上又渗出了新的汗珠。您打开窗子，但一点风也没有，您打开风扇，却是热风扑面，使您本来疲劳的身体更加烦闷。可是，您想过没有，假如您一进家门，迎面吹来的是阵阵凉风，那是一种多么惬意的享受啊！"

凡是成功的推销员都明白，在进行商品说明的时候，不能仅以商品的各种物理性能为限，因为这样做，还难以令顾客动心。要使顾客产生购买的念头，还必须在此基础上勾画出一幅梦幻般图景，这会使商品增加吸引人的魅力。使用这种描述说明方式有几点必须注意：

● 不要描述没有事实根据的虚幻形象。我们的描述，目的是使我们的商品或服务锦上添花。要做到这一点，首先必须是"锦"，而不是"破布"，如果我们所描述的是没有事实根据的虚幻形象，日后必招来顾客的抱怨。我国某城市的报纸曾为该市新建的一座森林公园大做广告，称如何如何壮丽。开业那天，不少人慕名而来，结果大呼上当，森林公园中根本见不到几棵树，倒有不少建筑工地，市民纷纷写信向报社投诉，该公园亦声誉扫地。

● 以具体的措辞描绘。如果我们只说"太爷鸡"（这是广州市一个著名的个体户的拿手菜），人们的脑海中仅会浮现一只鸡的形象，至于什么颜色、什么香味、软硬如何，人们就不得而知了，很难产生美味的形象。光说"价廉物美"也不行，还应具体描述一下，价廉到什么程度，物美又美到何种地步。

● 以传达感觉的措辞来描述。如果我们只说"痛"，便不大能令人了解到底有多痛，是怎样的痛法。如果说是"隐隐作痛"或"针刺似的痛"，人们理解得就深刻多了，因为后者的描述中用了传达感觉的措辞。

● 活用比较和对照的方法来描述。"空调比电风扇好用得多了""电饭锅比烧煤烧柴省事得多了，且没有污染"，这样进行比较，人们的印象就会特别深刻。

● 活用实例来描述。一位卖相机的推销员对一位欲购相机的年轻女士说："如果您出差、旅游，背上这样一部相机，不但使您更加时尚，而且会给您带来永久的回忆。请您想一想，如果因为没有相机而失去这些宝贵的一刹那，岂不是终生的憾事？"

如果我们把合理的说明与描述性的说话术结合起来，将起到画龙点睛的作用，使我们的说明更能激发起顾客的欲望。

第二，提供有价值的情报。向顾客提供有价值的情报，也是刺激顾客购买欲望的一种说话方法，这也是很多不擅长谈吐的推销员得以成功的秘诀。什么是有价值的情报呢？顾客的利益及消费的时尚、顾客的需要都是有价值的情报，这里重点讲述应该如何抓住人们消费价值取向的变化，去引导顾客适应新形势，从而激发他们购买的欲望。由于技术的革新，市面上相继出现了带有新奇包装的商品。消费者的收入水准或教育水平都在提高，生活方式随之改变，需求也日益多样化、个性化，购买态度、购买方法、选择方式等都一直在急速地改变，顾客的价值取向也和以前完全不同，所以，仅仅质量过硬或工厂设备精良，就自视商品佳，而自陷于千篇一律的推销法，注定要失败。

所谓推销，已不仅是推销东西，而且也推销情报了。例如，小汽车，销售的重点已从便宜的经济性等因素，转向了外观、性能、乘坐的舒适性等方面。服装，从耐用性转移到色泽、花纹、设计、流行性等方面。商品房也同样如此，卖的不仅是建筑物，而且包括建筑物周围的环境或商业配套设施。即使是领带，卖的也不是单纯的领带，而是由领带、西装、衬衫等组合成的有个性的自我表现方式。这些销售特点，比起商品本身的价值和附加价值，更容易使顾客产生购买动机。现代的推销人员已不光是卖货、运货，而且要提供对购买决策有用的情报。要当好这个消费顾问，在关键时刻得会说话，即推销员不但本人要明了消费趋势的变化，而且要善于把这些变化传达给那些不知情的顾客。

（4）消除异议。曾有这样一段有趣的对话，两个人正在聊天，其中一个人问道："如果比尔·盖茨现在突然要约见你，你准备穿什么样的衣服去赴约呢？"另一个人回答："穿什么都可以，只要不穿西装、打领带，不手提公文包就行了。""为什么？""很简单，如果你穿成那样去的话，大老远一看见你，比尔·盖茨就会认为你是来向他推销保险的，还没等你走到他跟前，他的秘书就会把你赶走……"

不难看出，销售的第一步是与顾客进行沟通，而沟通的第一步则是消除顾客的异议、疑惑、戒备或误解。无论顾客的异议是来自推销人员、所推销的产品、企业的信誉，还是来自顾客本身，推销人员都有义务为顾客解决问题，而不应该轻易放弃，更不应该抱怨顾客。

第一，产品异议。这是指顾客对产品的质量、样式、设计、款式、规格等提出的异议。这类异议带有一定的主观色彩，其根源在于顾客的认识水平、广告宣传、购买习惯及各种社会成见等因素。这种异议处理的关键是推销人员必须首先对产品有充分的认识，然后再根据不同的顾客采用不同的办法去消除异议。

沟通小故事8-3　　　　　　　　　　　　　　您真是好眼力

某家具经销商："这种衣柜的外形设计非常独特，颜色搭配也非常棒，令人耳目一新，可惜选用的材质不太好……"

某衣柜厂家的推销人员："您真是好眼力，一般人是很难看出这一点的，这种衣柜选用的木料确实不是最好的，但如果选用最好的木料进行加工的话，价格恐怕就要高出两倍以上。现在这类产品更新换代很快，不是吗？这种衣柜已经不错了，尤其是外形设计十分时尚，可以吸引很多年轻人。订购这种价位适中、外形独特的衣柜既可以使您的资金得以迅速流通，又可以节省成本。"

沟通小故事8-4　　　　　　　　　　　　激发学习兴趣的书

某图书经销商："现在的学生根本就不认真读书，他们连学校的课本都没兴趣读，怎么可能看课外书呢？"

某出版社发行人员："是啊，现在的孩子的确没有我们小时候读书用功了，我们这套图书就是为了激发他们的学习兴趣而编写的。图书内容丰富，形式新颖、活泼，对学校教材可以起到很好的辅助作用。"

第二，货源异议。这是指顾客对推销品来源于哪家企业和哪个推销员而产生的异议。如"没听说过你们这家企业""很抱歉，这种商品我们和××厂有固定的供应关系"。

货源异议乍看不可克服，令人难堪，但它又说明顾客对产品是需要的，推销机会是存在的，这时推销员可以询问顾客目前用的产品品牌和供应厂商。如所用产品与推销品类似，则可侧重介绍推销品的优点。但是千万不能说同行的坏话。称赞对方就是表示对自己的产品有信心，说别人的坏话反而会引起顾客的反感；如两种产品不同，则货源异议并不成立，成功希望更大，推销员可着重说明两种产品的不同点，向顾客详细分析推销品会给他带来什么新的利益。例如：

顾客："我从来没听说你们的公司和产品，我们只和知名企业打交道。"

推销员："是啊，但您是否知道，我们公司今年已占了本市市场销售额的40%呢？"

然后，推销员用简洁的语言向顾客介绍企业生产、引以为豪的成绩、公司的发展前景等，尽量解除顾客的疑惑和不安全感，同时特别强调所推销的产品会给顾客带来的利益。

当推销员向顾客证明了自己所提供的产品比其他企业提供的同类产品更物美价廉时，他就击败了竞争对手，获得了交易成功。

第三，价格异议。顾客关注产品的价格，并且为了降低价格而进行协商，多半表明他需要这样的产品。顾客说"太贵了"，是追求物美价廉的心理使然，同时顾客也想听听你的解释。这时你要做的就是要让他相信你的产品绝对物有所值，甚至是物超所值。如果能够成功地做到这一点，就成交有望了。

因此，顾客提出对价格的异议时，推销人员不用紧张，也不要仅仅围绕着价格问题与顾客展开争论，而是应该看到价格问题背后的价值问题，尽可能地让顾客相信产品的价格完全符合产品的真实价值，最终说服顾客，实现交易。如果顾客咬定价格问题不肯放松，推销人员也不必受顾客的影响，而应该找到顾客认为价格太高的深层次原因，然后再根据这些原因展开有效的销售活动。要记住：不要跟顾客讨论价格，而要跟顾客讨论价值。价格隐含于价值之中，价格本身就不会显得那么突出了。有一种叫"价格三明治"的方法，就是把价格分解为产品的功能，A功能、B功能与C功能加在一起值这么多价钱。所以我们要学会作价格分析，要告诉顾客价格里面具体包括了什么。

在面对价格争议时，推销人员可以尝试采用价格分解的方式处理顾客的反对意见。在实际销售活动当中，对价格进行分解的方式有如下三种：

● 差额比较法。当顾客对产品的价格感到不满时，推销人员可以引导顾客说出他们认为比较合理的价格，然后针对产品价格与顾客预期价格的差额对顾客进行有效说服。采用这种方法最大的好处是，一旦确定了价格差额，商谈的焦点问题就不再是庞大的价格总额了，而只是很小的差价。这时，你进一步说明产品的价值，把顾客的注意力吸引到产品的价值上去，顾客可能就不会过于坚持了。

沟通小故事8-5　　　　　　　　　　给顾客算算账

顾客："这个价格实在太高了，远远超出我的预算。"

推销人员："那怎样的价格您才能接受呢？"

顾客："我的最高预算是18 000元。"

推销人员："我们的报价是19 000元，与您提出的价格只相差1 000元，不是吗？"

顾客："是的。"

推销人员："这种机器平均每天可以为您增加效益200余元。也就是说，只要购买这台机器，不到5天的时间您就可以把这1 000元的差价赚回来，难道您打算放弃这台机器为您带来的巨大效益吗？"

● 整除分解法。其目的是通过化整为零的计算，让顾客知道产品的价值所在，把顾客的注意力从较大的数额转移到容易接受的小数额上，更容易让顾客认同产品的价值，从而有利于达成交易。例如：

顾客："这个房子的整体设计、质量很好，可是价格实在是太高了。"

推销人员："房子其实并不如您想象的那么贵。您看，房子的现价是每平方米7 000元，这种房子以后一定会继续升值，其潜在的价值将远远高于它目前的价格。"

顾客："这个房子我是准备自己住的，不太可能出让，升不升值与我没有太大的关系。"

推销人员："即使是这样，您也不希望今天每平方米7 000元买到的房子，明年就跌到每平方米5 000元吧。这个房子用来自己住最合适了。您算一算，房子的产权期限是70年，而房价总额大概为70万元，那么您一年其实只要花1万元就可以住在如此高品质的商品房之内了；再算一下，即使您每年只在其中住10个月，一个月也只需要花

1 000元，一天才需要花多少钱呢？"

顾客："大概33元钱吧。"

推销人员："是啊！才33元钱，您每天只要少在外面吃一顿快餐就能够一辈子住在如此高档的住宅中了，而且您还可以享受到高品质的物业服务。难道您愿意为了每天少花33元钱而放弃这样的人生享受吗？"

这里推销人员运用整除分解法，把顾客一年需要交1万元（大数目），分摊到每天差不多33元（小数目），这样会更容易让顾客动心。

•转移注意力法。在解决顾客提出的价格异议时，如果顾客一直抓住价格问题不放，推销人员就需要想办法将顾客的注意力转移到他们感兴趣的其他问题上，比如让顾客把关注的焦点从价格问题转移到产品价值上。在具体的实施过程中，推销人员可以采用积极的询问、引导式的说明方法，再配合相应的产品演示等。

沟通小案例8-1　　　　　　　　　　　**另一款产品**

顾客："你们公司的这款复印机显然要比××公司的价格高一些，所以我们打算再考虑考虑。"

推销人员："我知道您说的那家公司，您认为他们公司的产品质量和性能与我们公司相比哪个更好呢？"

分析提示8-1

顾客："产品的质量不太容易比较，不过我觉得他们公司的产品功能好像更多一些，他们公司的复印机还可以……"

推销人员："我们公司的另外一款产品也具有您提到的这种功能，这是针对专业使用者设计的。我觉得贵公司使用复印机的人员比较杂，而且每天需要复印的东西也很多，所以这款操作简单、复印速度快、寿命长的机器更适合贵公司……"

第四，服务异议。服务异议是指顾客对企业或推销员提供的服务不满意而拒购商品的异议。对待顾客的服务异议，推销员应诚恳接受，并耐心解释，以树立企业良好的形象。

沟通小案例8-2　　　　　　　　　　　**配足零件的服务**

一次，某经营通用机械的跨国公司的一位推销员向农民推销一种先进的农业机械，一个农民说："你们公司在我们国家只有很少几个经销维修点，而且离我们农场很远，今后机械零件损坏怎么办？"推销员回答："本公司不提供机械服务，但我们在进行了严格测试的基础上，为每台机械配足了使用寿命所需的配件，一旦机械出现问题，你们可以自己换零件和维修，这样既省钱又不会误农时。"

分析提示8-2

小贴士8-1　　　　　　　　　　　**从倾听到发言**

卖方的主动式倾听模式见表8-1。卖方的积极发言模式见表8-2。

表8-1 卖方的主动式倾听模式

我方对潜在买方行动的解读	潜在买方所说的	作为卖方的我所说的	作为卖方的我心里想的
他开口说话，开始对话	您好		我进入主动式倾听的状态。面带微笑，充满善意。我把自己所有的注意力都集中到顾客身上
他已经开始考虑接下来要说什么了		您好，先生，我有什么可以帮您的吗	我邀请对方给出他的动机
他开始说他想要什么	我还不太清楚；总之，我就是想买一辆汽车		我一边点头，一边安静地倾听

表8-2 卖方的积极发言模式

我方对潜在买方行动的解读	潜在买方所说的	作为卖方的我所说的	作为卖方的我心里想的
他一边听我说话，一边犹豫着要不要继续说		一辆汽车，好的，您对车型有什么想法吗	我用自己的话复述对方刚刚所说的内容，并鼓励对方继续说下去
他把他的具体想法说了出来	一辆买给我妻子的汽车		我一边点头，一边安静地倾听
由于我似乎没有明白他的意思，所以他显得有些不耐烦		啊，那这是您买的第二辆车了，就是买给您妻子用的	我继续复述，但是同时也提出了一个假设
他肯定了我复述的内容，如果有必要的话，他会纠正其中某些错误的说法	是的，是买给我妻子的，但是这辆车最好要足够宽敞，可以容下我们的孩子们		我安静地听着，同时举起食指表示："啊，我明白了。"
他看到我很注意细节，我还用点头表示理解		您想要辆家用型汽车，要足够宽敞，可以同时坐下您的妻子和孩子们	我一边复述，一边补充上一次遗落的部分
他肯定了我刚刚说的内容	就是这样。您说得不错		我一边点头，一边安静地倾听
他听着我说话，神情更加自然。这时我们之间已经建立起一种良好的关系		您喜欢什么型号的？您的预算大概是多少	我提出几个开放性问题，邀请对方深入对话
他回答了一个问题，但同时也回避了另一个他可能觉得不舒服的问题。此外，他还向我提了一个问题，征求我的意见	我很喜欢本田车，但是它对于我而言可能太大了		我一边安静地听着，一边想现在他还不愿意明确给出他的预算金额，所以现在正是我切换到积极发言模式的时候

我方对潜在买方行动的解读	潜在买方所说的	作为卖方的我所说的	作为卖方的我心里想的
他等着我的回答。我之前的倾听态度是保证他现在的倾听态度的王牌		本田车的确很受大家的欢迎。假如您的妻子带孩子们去购物的话，那么本田车的大后备箱就再实用不过了	我隐晦地肯定了对方的选择。为了既可以照顾到他的需要，又可以维持对话联系，于是我强调了这一选择的合理性，并向他提供了可以帮助他说服他妻子的论据
他隐晦地肯定了我的假设，然后在无意识的情况下，又补充了一个关键信息	是的，而且如果要去外地度假的话，它也是很合适的		我记下了这一新的信息
他觉得第一轮的对话已经结束。现在轮到我重新发起对话了		我也给我妻子买了一辆本田车，因为她常常需要去离我们家60千米的地方看望我的岳母	为了进一步保证我和潜在买主之间的联系，我给出了自己的一个真实信息
这一看似无关紧要的信息似乎让他觉得很有趣。他的回答就是他第一时间所想到的东西	啊，是吗？您不和她一起去吗		我用微笑作为回应
他很喜欢这种站在同一战线上的感觉。这个时候很适合将一个新的选择引入对话		是啊，就是因为这个原因，我还为她配了一整套的车内皮具做礼物	通过向我的买主暗示他还可以配上皮具，我提出了一个对卖方有利的提议
他似乎不太喜欢这个主意。对于我的建议他的反应十分激动	一整套车内皮具，这得多贵啊		我有点走过头了。为了争取时间，我用微笑作为回应
也许他的预算有限，他希望我可以注意到这一点		也是，皮具是贵了点，而且如果以后想转卖这辆车，有皮具也不是加分项	在刚刚的尝试失败之后，我试图重新建立起双方之间的联系
他似乎很欣赏我态度的转变。他点头肯定了我最后提的那一点	没错		我松了口气。是时候向他提一下他的妻子一起来了
他很高兴我可以注意到这一点，他似乎正等着我继续说下去		您愿意约个时间，和您的妻子一起来试车吗	我猜他不会在他的妻子不在场的时候买车，而且如果没有试过车，他也不会买。所以我应该建议他带他妻子再来一趟
他似乎很喜欢这个提议。他已经拿出他的记事本，准备预约试车	当然愿意，下周六的上午10点如何		我打开我的记事本，准备记下他的名字

续表

我方对潜在买方行动的解读	潜在买方所说的	作为卖方的我所说的	作为卖方的我心里想的
他注意到我认真的态度		周六的上午10点，我记下了。可以把您的姓名和联系方式留下吗	我重新转回到积极倾听模式下的复述环节，以保证预约顺利进行
他把关键信息给我	热拉尔·德·马吉奥，0708091011		我仔细地记下这些内容，让顾客感受到我的用心
他点头表示同意和感谢		好的，我记下了，德·马吉奥先生。这是一些关于本田车的介绍册页，您和您妻子可以参考一下。感谢您的光临。下周六上午再见，先生	在告别的时候，我用顾客的姓名称呼他。我向他提供了一些可供他和真正的决定人参考的补充信息。然后我礼貌地向他告别
他拿起介绍册页，和我握手告别	谢谢，周六见		我为他打开商店的大门

资料来源　杨群祥. 商务谈判［M］. 北京：高等教育出版社，2015.

在接待工作中，相关人员若能妥善地处理顾客的投诉问题，不仅可以缓和组织与顾客的对立情绪，而且能够把顾客的投诉变成提高组织声誉的良好机会。

拓展阅读

不同性格客户的沟通技巧

人的思维模式不同造就了不同性格的人，不同性格的人在做事时会有不同的行为发生，表现在语言行为、肢体动作、语气语调语速、做事风格、观察力等方面。所以，不同顾客，因为不同的性格特点，不同的需求，不同的审美观、价值观、生活观……产生了不同的购买行为。

业务员（导购人员）在现场若能通过顾客的行为表现，很快把握其性格特点，就会比较容易地了解到他在作购买决定时的思考过程以及步骤，把握营销的要领。

1）理智型

特征：比较理智，他知道自己想要的产品，知道能够承受的价格，只要今天你能够满足他的需求，能够有合适的价格，他就会购买。

优点：购买过程直接、干脆，不是很在意他与你之间亲和关系的建立。

缺点：比较固执，一旦作出决定，不容易改变、说服他，不喜欢被强迫推销。

判断技巧：在你与顾客接触的过程中，要注意观察，这种类型的顾客说话比较干脆，并且有些傲气，他会主动问你一些问题，比较关注技术性问题，一般男士较多。

销售要领：以理来作诉求，耐心倾听，以商量的方式、站在客观的立场向他介绍产品或服务，以及所具有的优点。一般这种顾客喜欢别人称赞他有主见、有眼光和判断力。

2）感性型

特征：作决定时犹豫不决，缺乏主见，容易受别人的影响。

优点：如果能够"同流"，进入一个频道，方法得当，很容易说服他。

缺点：非常敏感，比较在意人与人相处的感觉，非常在乎你的服务态度，如果他看你不顺眼，就不会购买你的产品。

判断技巧：这种类型的顾客容易在几个品牌之间犹豫不定，无从选择，并且一般都同朋友或同事前来选购，让别人帮他拿主意，比较关注促销活动，一般女士较多。

销售要领：需要提供给他一些客户的见证、媒体的报道、某些专家的意见。对于此类型的顾客，要更多地介绍产品的利益和优点以及带给他的好处，必要的时候可以拿售货记录给他看，告诉他别人或与他相关的人买了产品以后的使用感觉。

3）实惠型

特征：非常在意购买的东西是否很便宜，他把杀价当成一种乐趣。

判断技巧：这种类型的顾客非常关心价格，在你给他介绍产品时他会迫不及待地询问价格，并且关注是否还有优惠活动、有什么礼品赠送，在购买时会不断地压价，要求加送赠品。

销售要领：此类型顾客的经济实力一般，所以在推荐时，可更多地推荐特价品，并且要强调物美价廉、实用、有赠品相送、限量销售等。

4）品质型

特征：比较在意产品的品质，在他的头脑中始终相信便宜没好货，用价格来判定品质。

判断技巧：当你给这种类型的顾客介绍一般家具时，他会不屑地说"还有没有更好的"。

销售要领：一般这种类型的顾客经济实力较强，很注重生活品质，产品介绍的重点需要不断强调产品品牌、质量、服务等。

5）恋旧型

特征：在看事情的时候比较倾向于看相同点，他喜欢同他所熟悉的事物相类似或相关联的事物，不喜欢差异性。

判断技巧：你可以问他以前用什么样的产品。

销售要领：在说服他的时候，你要强调你的产品与他所熟悉的产品或事物之间相类似的地方。

6）求新型

特征：比较有个性，喜欢跟潮流，喜欢差异性大的产品。

判断技巧：同样，你可以问他以前用的是什么样的产品；求新型顾客会说以前所用的产品有许多缺点，并且对新款式的产品很感兴趣。

销售要领：介绍现在的产品与他以前所使用的产品之间的差异、优势，并强调现在的产品的工艺、技术和质量。

7）谨慎型

特征：与一般顾客刚好相反，其主要注意力都放在所有细节问题上，一小步一小步提问，他的观察力比较敏锐，常常会看到别人看不到的细节。

缺点：在作决定的时候比较小心谨慎，甚至比较挑剔，他可能会问连你自己都没有办法回答的问题。

判断技巧：这种类型的顾客说话较慢，并且问得非常详细，在你给他介绍的过程中，他会不断地仔细观察产品，甚至会问你螺丝钉、铆钉是什么材料的。

销售要领：你给他提供的关于产品的信息越详细，越能够让他放心。有时你要给他一些参考数字或数据，这样对他说服力会更大。

8）粗放型

特征：专注于掌握大方向、大原则、大的结构，一般不注重细节。

判断技巧：这种类型的顾客说话比较快，在你给他详细介绍产品时没等你说完这一点，他就会迫不及待地问下一个问题。

销售要领：在向他介绍产品时，切记不要太啰唆，不要讲得太详细，要知晓他在意哪些东西，你只要很清楚、很有条理地把大结构、主体抓住，然后不断强调他的购买利益或购买用意就可以了。

课堂实训

1）实训：手机销售的客户沟通

（1）实训目的：通过同学间相互售卖手机的游戏，体会销售技巧。

（2）实训学时：2学时。

（3）实训地点：教室。

（4）实训准备：手机等。

（5）实训方法：①相邻座位的同学两人一组，分别扮演销售员和客户。销售员要将手中的手机成功地销售给客户。在推销过程中，客户提出各种疑问和拒绝，直到被销售员说服主动购买。时间5分钟。②邀请2～3组同学上台演练，请其余同学仔细观察细节。③表演结束后请参与者谈谈角色感受。④总结销售各环节的技巧。

2）实训：顾客投诉处理

本训练为模拟公众来访投诉的接待。一位顾客冲进办公室，怒气冲天，因为她上个月刚买的电视机坏了，维修部的工作人员答应前去修理，但迟迟未见人。模拟演示秘书接待的情景。学生可分别扮演企业投诉中心接待人员和顾客，顾客就其问题进行投诉。注意模拟演示必须强调进入情景之中，注意接待礼节中的细节，讲究语言艺术，注意体态语，把握好表情。学生也可以设计其他场景进行练习。

课后练习

1）案例分析

案例分析一

失败的推销

　　一年夏天，推销员小刘浓妆艳抹、衣着时髦地来到顾客家推销商品。她敲开门后立即作自我介绍："我是来推销××消毒液的。"当主人正在犹豫时，她已进入室内，拿出商品说："我厂的产品质量好，×元一瓶。"顾客说："我从来不用消毒液，请你介绍一下消毒液有何用途。"小刘随即往沙发上一坐，对顾客说："天这么热，你先打开空调我再告诉你。"顾客不悦："那算了，你走吧，我不要了。"小刘临走时说："你真傻，这么好的东西都不要，你会后悔的！"

　　资料来源　张岩松. 新型现代交际礼仪实用教程［M］. 北京：清华大学出版社，2008.

　　思考与讨论：

　　（1）为什么顾客没有接受推销的商品？小刘在推销商品时有哪些不足之处？

　　（2）如果是你，你将会如何进行推销？

案例分析二

与众不同的营销沟通

　　有个人十年来始终开着一辆车，未曾换过。有许多汽车营销人员跟他接触过，劝他换辆新车。

　　甲营销人员说："你这种老爷车很容易发生车祸。"

　　乙营销人员说："像这种老爷车，修理费相当高。"

　　这些话触怒了他，他固执地拒绝了。

　　有一天，有个中年营销人员到他家拜访，对他说："我看你那辆车子还可以用半年；现在若要换辆新的，真有点可惜！"事实上，这个人心中早就想换辆新车，经营销人员这么一说，遂决定实现这个心愿，次日他就向这位与众不同的营销人员购买了一辆崭新的汽车。

　　资料来源　佚名. 市场营销的定义［EB/OL］. ［2019-08-08］. https://wenku.baidu.com/view/5668c05b81eb6294dd88d0d233d4b14e84243e53.html.

　　思考与讨论：

　　（1）中年营销人员为何能推销成功？

　　（2）如何根据客户的心理进行沟通？

案例分析三

三位房产营销人员

　　李先生一家三口想在市区买一套新房子，经过综合分析和对比后，他选定了市区较为繁华地段的一个楼盘。李先生先后三次走进了楼盘的售楼处，遇到了三位不同的营销人员：张明、李涛和王海洋。

　　第一次，他一个人先去售楼处考察了一下，张明接待了他。刚入职的张明很热情地询问李先生的购房动机、家庭状况、孩子读书情况和爱人就业情况等。李先生想仔细了解一下房屋的建筑质量和户型，但苦于一直被询问，可看着张明热情年轻的脸，李先生想生气又生气不起来。

第二次，李先生跟好朋友再度考察了该楼盘，有着多年销售经验的李涛接待了他。李涛先是在售楼处门口热情地迎接李先生，并及时递送了自己的名片，然后引导李先生到沙盘旁，对楼盘的整体情况进行了简单介绍，之后先退到了一旁，暂时休息一会儿，也给李先生考虑和观察楼盘的时间。这时，又进来几位看房者，李涛又忙着接待去了，李先生数次抬头想咨询李涛，发现李涛分身乏术。李先生跟朋友有点失望地走出了售楼处。

过了大半个月，李先生带着家人一起第三次来到了售楼处，这次接待他的是王海洋。王海洋有着多年的楼盘销售经验，销售业绩一直都很好，是大家公认的"销售王者"。他看到李先生一家下了车往售楼处门口走过来，便热情地走上前，跟大家打招呼，还拿了一个粉色的玩偶小礼品给了李先生6岁的女儿。首先，他引领李先生一家在等候区入座，并周到地为李先生准备了一杯绿茶，为李太太准备了一杯热乎乎的红茶，然后开始轻松地跟李先生一家交谈，先询问了李先生的购房目的，了解到李先生是想改善住房条件的二次购房者，并且对该楼盘比较看好，购买意向比较强烈。简单地介绍后，王海洋带领李先生夫妇二人仔细查看了沙盘及销售情况，筛选出备选户型，还介绍了该楼盘周边的规划建设和发展情况。看到李先生夫妇都表现出很满意的情绪后，王海洋带领他们参观了样板间，样板间的设计让李太太非常心动，看房过程中不停地在规划以后家里的布置和装饰。参观完样板间后，李先生夫妇脸上露出满意的笑容，王海洋这时告知近期公司有优惠活动，对于李先生想要购买的户型，这样的优惠活动平时是很少的，而且活动的期限很快就要到了，等活动一结束，就不能再享受这样的优惠了。李太太表示非常愿意当天就签订购房协议书，李先生还在犹豫。这时王海洋拿出近期的销售统计表，告诉李先生楼盘自推出后，销售一直非常火爆，他就算愿意帮李先生暂时保留这套房子，也不能保证一定能保留成功，如果有其他客户当场签订购房合同的话，他就无能为力了。李先生听了王海洋的介绍后，也表示今天就签订购房协议书，并交了购房保证金。

资料来源　徐静，陶莉. 有效沟通技能实训［M］. 北京：中国人民大学出版社，2014.

思考与讨论：

（1）为什么第三位售楼员王海洋能够成功，而其他两位售楼员却失败了呢？

（2）结合本案例，谈谈在与客户沟通的过程中应该注意哪些方面。

案例分析四

感谢并道歉

乳制品厂接待了一位在酸奶中喝到碎玻璃的消费者。消费者火药味十足："你们难道就只顾挣钱，把消费者的健康、安全置之度外？这块碎玻璃足以让人丧命！我要告诉媒体！"接待人员连忙关切地询问："碎玻璃有没有伤着您哪里？要不要我陪您去医院检查一下？"当得知消费者并未受伤后，接待人员又说："这真是不幸中的万幸。如果是老人，特别是孩子喝到这瓶酸奶，那可就糟糕了。"听到这里，消费者的怒气渐消。接待人员又真诚地说："今天您来反映我们酸奶的质量问题，真是对我们的关心，我代表公司谢谢您了！"一个深深的鞠躬之后，接待人员与消费者交换了联系方式，承诺该事故若造成伤害，公司将负全责。同时，真诚地邀请这位消费者到生产车间去看看，请他多提宝贵意见，并保证今后不再出现类似的事故。

资料来源　未来之舟. 销售礼仪［M］. 北京：中国经济出版社，2009.

思考与讨论：

（1）本案例中乳制品厂的接待人员是怎样平息顾客的怒气的？

（2）本案例对你有何启示？

案例分析五

<h3 style="text-align:center">客户关系管理的魔力</h3>

一位朋友因公务经常出差到泰国，并下榻东方饭店，第一次入住时良好的饭店环境和服务给他留下了深刻的印象。当他第二次入住时几个细节更使他对饭店的好感迅速升级。

那天早上，在他走出房门准备去餐厅时，楼层服务生恭敬地问道："于先生是要用早餐吗？"于先生很奇怪，反问："你怎么知道我姓于？"服务生说："我们饭店规定，晚上要背熟所有客人的姓名。"这令于先生大吃一惊，因为他频繁往返于世界各地，入住过很多高级酒店，但这种情况还是第一次碰到。

于先生高兴地乘电梯下到餐厅所在的楼层，刚刚走出电梯门，餐厅的服务生就说："于先生，里面请。"于先生更加疑惑，因为服务生没有看到他的房卡，就问："你知道我姓于？"服务生答："上面刚刚打过电话，说您已经下楼了。"如此高的效率让于先生再次大吃一惊。

于先生刚走进餐厅，服务小姐就微笑着问："于先生还要老位置吗？"于先生的惊讶再次升级，心想："尽管我不是第一次到这里吃饭，但离最近的一次也有一年多了，难道这里的服务小姐记忆力那么好？"

看到于先生惊讶的表情，服务小姐就主动解释说："我刚刚查过电脑记录资料，您去年8月8日在靠近第二个窗口的位子上用过早餐。"于先生听完兴奋地说："老位子！老位子！"服务小姐接着问："老菜单，一个三明治，一杯咖啡，一个鸡蛋？"现在于先生已经不再惊讶了，"老菜单，就要老菜单！"于先生已经兴奋到了极点。

上餐时餐厅赠送了一碟小菜，由于这种小菜于先生是第一次看到，就问："这是什么？"服务生后退两步说："这是我们特有的小菜。"服务生为什么要先后退两步呢？他是怕自己说话时口水不小心落在客人的食品上，这种细致的服务不要说在一般的饭店，就是在美国最好的饭店里于先生都没有见到过！这一次早餐给于先生留下了终生难忘的印象。

后来，由于业务调整的原因，于先生有3年的时间没有再到泰国去。在于先生生日那天，突然收到一张东方饭店发来的生日贺卡，里面还附了一封短信，内容是："亲爱的于先生，您已经有3年没有来过我们这里了，我们全体人员都非常想念您，希望能再次见到您。今天是您的生日，祝您生日愉快。"

于先生当时激动得热泪盈眶，发誓如果再去泰国，绝对不会到任何其他的饭店，一定要住东方饭店，而且要说服所有的朋友也像他一样选择！于先生看了一下信封，上面贴着一枚6元的邮票，6元钱就这样坚定了一颗心。这就是客户关系管理的魔力！

思考与讨论：

（1）泰国东方饭店与客户沟通有何独到之处？

（2）本案例对你有何启示？

2）思考与训练

（1）参加一家企业的营业推广或公共关系促销活动，观察和体验促销礼仪在这些活动中的作用，并写出实训小结。

（2）你正在和一家百货商场的经理谈"星海"牌加湿器，他说："我的库房里已经有很多加湿器了。"对于这点"否定"，你怎样应对？

（3）你在倾听时存在哪些不良习惯？为什么在沟通过程中倾听具有十分重要的作用？请谈谈你的体会。

（4）一位顾客硬是说他在商场买的香烟是假的，而商场从进货渠道看根本不可能出现这样的情况。模拟演示商场接待人员接待投诉者的情景。

（5）你是一家房地产公司的秘书，这天有20多位住户认为你公司开发的房产有质量问题，集体闯到你的办公室，请演示接待的情景。

主要参考文献

［1］王玉苓. 商务礼仪：案例与实践［M］. 北京：人民邮电出版社，2018.

［2］高琳. 人际沟通与礼仪［M］. 北京：人民邮电出版社，2017.

［3］马春紫. 商务谈判与礼仪［M］. 北京：北京理工大学出版社，2017.

［4］刘春生. 国际商务谈判［M］. 北京：电子工业出版社，2016.

［5］李海滨. 商务谈判［M］. 上海：上海交通大学出版社，2016.

［6］鲁小慧. 商务谈判［M］. 北京：中国财政经济出版社，2016.

［7］聂元昆. 商务谈判学［M］. 2版. 北京：高等教育出版社，2016.

［8］王振翼. 商务谈判与沟通技巧［M］. 2版. 大连：东北财经大学出版社，2015.

［9］蒋小龙. 商务谈判与推销技巧［M］. 北京：化学工业出版社，2015.

［10］谢群英，丁小芳. 商务沟通与谈判［M］. 大连：东北财经大学出版社，2015.

［11］张学娟. 实用商务礼仪［M］. 2版. 北京：人民邮电出版社，2015.

［12］陈文静. 国际商务谈判中说服技巧的应用［J］. 对外经贸实务，2015（1）.

［13］杨群祥. 商务谈判［M］. 北京：高等教育出版社，2015.

［14］鲁小慧. 浅析商务谈判中的说服技巧［J］. 江苏商论，2014（9）.

［15］庞爱玲，岳军平. 商务谈判［M］. 4版. 大连：大连理工大学出版社，2014.

［16］李冬芹，张幸花. 推销与商务谈判［M］. 2版. 大连：大连理工大学出版社，2014.

［17］刘洋. 商务谈判与销售技巧［M］. 北京：清华大学出版社，2014.

［18］李春红，李立，李婧. 商务谈判与推销技巧［M］. 南京：南京大学出版社，2014.

［19］丁建忠. 商务谈判学［M］. 北京：中国商务出版社，2004.

［20］吴湘频. 商务谈判［M］. 北京：北京大学出版社，2014.

［21］袁其刚. 商务谈判学［M］. 北京：电子工业出版社，2014.

［22］张强. 商务谈判学［M］. 2版. 北京：中国人民大学出版社，2014.

［23］李元授. 人际沟通训练［M］. 武汉：华中科技大学出版社，2014.

［24］王淙，丁晶. 国际商务谈判［M］. 北京：对外经济贸易大学出版社，2013.

［25］陈文汉. 商务谈判实务［M］. 3版. 北京：电子工业出版社，2013.

［26］杨群祥. 商务谈判［M］. 5版. 大连：东北财经大学出版社，2017.

［27］夏美英，徐姗姗. 商务谈判实训［M］. 北京：北京大学出版社，2013.

［28］黄捷，孙佳，郗敬华. 商务谈判［M］. 北京：教育科学出版社，2013.

［29］付强，施海霞. 商务谈判［M］. 上海：上海财经大学出版社，2012.

［30］王运金，常浩. 关于哈佛商务谈判四原则的思考［J］. 知识经济，2012（9）.

［31］卢姆．没什么谈不了［M］．姜丽丽，许捷，陈福勇，译．北京：世界图书出版公司，2012.

［32］李占文，钟海．人际沟通与交往［M］．2版．北京：科学出版社，2018.

［33］于国庆．国际商务谈判［M］．2版．大连：大连理工大学出版社，2012.

［34］许罗丹，林蓉蓉．管理沟通［M］．北京：机械工业出版社，2011.

［35］谢红霞．沟通技巧［M］．北京：中国人民大学出版社，2011.

［36］王皓白．商务沟通［M］．杭州：浙江大学出版社，2011.

［37］丁宁．管理沟通［M］．北京：清华大学出版社，北京交通大学出版社，2011.

［38］刘宏，白桦．国际商务谈判［M］．4版．大连：东北财经大学出版社，2019.

［39］胡介埙，王征，唐玮．商务沟通：原理与技巧［M］．3版．大连：东北财经大学出版社，2017.

［40］郭秀君．商务谈判［M］．2版．北京：北京大学出版社，2011.

［41］彭于寿．商务沟通［M］．2版．北京：北京大学出版社，2011.

［42］彭庆武．商务谈判［M］．2版．大连：东北财经大学出版社，2011.

［43］洪艳梅．解"说"：浅谈对推销中"说"的认识［J］．商业文化（下半月），2011（3）．

［44］廖春红．中国式商务应酬细节全攻略［M］．广州：广东人民出版社，2010.

［45］陈岩．国际商务谈判学［M］．北京：中国纺织出版社，2010.

［46］郭文臣．管理沟通［M］．北京：清华大学出版社，2010.

［47］胡红霞．浅谈会议中的个人礼仪［J］．秘书之友，2010（1）．

［48］龚荒，李克东．商务谈判：理论·策略·实训［M］．北京：清华大学出版社，北京交通大学出版社，2010.

［49］陈丽清，韩丽亚．现代商务谈判［M］．北京：经济科学出版社，2010.

［50］张韬，施春华，尹凤芝．沟通与演讲［M］．北京：清华大学出版社，2010.

［51］水中鱼．销售金口财［M］．武汉：华中科技大学出版社，2010.

［52］张吉国．国际商务谈判［M］．济南：山东人民出版社，2010.

［53］黄漫宇．商务沟通［M］．2版．北京：机械工业出版社，2010.

［54］康青，蔡惠伟．管理沟通教程［M］．3版．上海：立信会计出版社，2009.

［55］赵颖．秘书沟通协调与谈判技巧［M］．北京：中国人民大学出版社，2009.

［56］张文光．人际关系与沟通［M］．北京：机械工业出版社，2009.

［57］汤秀莲．国际商务谈判［M］．北京：清华大学出版社，2009.

［58］窦然．国际商务谈判与沟通技巧［M］．上海：复旦大学出版社，2009.

［59］未来之舟．销售礼仪［M］．北京：中国经济出版社，2009.

［60］莫林虎．商务交流［M］．北京：中国人民大学出版社，2008.

［61］惠亚爱．沟通技巧［M］．北京：人民邮电出版社，2008.

［62］杨友苏，石达平．品礼：中外礼仪故事选评［M］．上海：学林出版社，2008.

［63］邹晓春．沟通能力培训全案［M］．北京：人民邮电出版社，2008.

［64］白远. 国际商务谈判：理论、案例分析与实践 ［M］. 4版. 北京：中国人民大学出版社，2015.

［65］吴炜，邱家明. 商务谈判实务 ［M］. 重庆：重庆大学出版社，2008.

［66］张翠英. 商务谈判理论与实训 ［M］. 北京：首都经济贸易大学出版社，2008.

［67］张岩松. 新型现代交际礼仪实用教程 ［M］. 北京：清华大学出版社，2008.

［68］徐丽君，明卫红. 秘书沟通技能训练 ［M］. 北京：科学出版社，2008.

［69］吕书梅. 管理沟通技能 ［M］. 4版. 大连：东北财经大学出版社，2018.

［70］明卫红. 沟通技能训练 ［M］. 北京：机械工业出版社，2008.

［71］樊丽丽. 实用生活礼仪常识 ［M］. 北京：中国经济出版社，2008.

［72］徐春林. 商务谈判 ［M］. 2版. 重庆：重庆大学出版社，2007.

［73］王晓. 现代商务谈判 ［M］. 北京：高等教育出版社，2007.

［74］陈秀泉. 实用情境口才：口才与沟通训练 ［M］. 北京：科学出版社，2007.

［75］吕晨钟. 学谈判必读的95个中外案例 ［M］. 北京：北京工业大学出版社，2005.

［76］王景山，范银萍. 商务谈判 ［M］. 北京：北京理工大学出版社，2007.

［77］乔淑英，王爱晶. 商务谈判 ［M］. 北京：北京师范大学出版社，2007.

［78］高建军，卞纪兰. 商务谈判实务 ［M］. 北京：北京航空航天大学出版社，2007.

［79］李品媛. 国际商务谈判 ［M］. 武汉：武汉大学出版社，2006.